Maya
Die klassische Periode

Maya

Die klassische Periode

A. Arellano Hernández
M. Ayala Falcón
B. de la Fuente
M. de la Garza
L. Staines Cicero
B. Olmedo Vera

Hirmer Verlag München

Übersetzung aus dem Spanischen: Ingrid Hacker-Klier

Auf dem Umschlag: Kopf einer Skulptur in Copán (Farbtafel 55)

Fotonachweis der Farbtafeln

M. de la Garza, Mexiko 73, 115.
Dirección general de publicaciones del CNCA, Mexiko 87, 88, 97, 100, 104, 106, 107, 108, 109, 110, 111, 112, 113, 114, 118, 131.
D. Domenici, Mailand 9, 11, 35, 36, 37, 68, 86.
V. Domenici, Mailand 1, 2, 39, 40, 46, 48, 49, 50, 51, 91, 92, 95.
Instituto de investigaciones estéticas UNAM/Mexiko 116, 117.
Justin Kerr, New York 89, 98, 99, 101, 102, 103, 119, 120, 121, 122, 123, 124, 125, 126, 127, 128, 129, 130, 132, 133.
A. Maffeis, Mailand 19.
M. Vautier, Paris 4, 7, 12, 13, 14, 16, 18, 20, 21, 22, 24, 26, 27, 28, 29, 30, 31, 33, 34, 42, 43, 44, 53, 54, 55, 56, 58, 59, 60, 61, 63, 64, 66, 67, 69, 70, 71, 74, 76, 77, 78, 80, 81, 83, 84, 85, 90, 93, 96, 105.

Die Deutsche Bibliothek – CIP-Einheitsaufnahme
Maya – Die klassische Periode. - München : Hirmer
Einheitssacht.: Maya classici ‹dt.›
A. Arellano Hernández … [Übers. aus dem Span.: Ingrid Hacker-Klier] 1998
ISBN 3-7774-7690-0

Titel der italienischen Originalausgabe: I Maya Classici

Lektorat: Annette Schommers
Umschlaggestaltung: Dieter Vollendorf, München
Satz: Utesch GmbH, Hamburg
Lithographie: Mac Raster, Mailand
Druck und Bindung: Grafiche Milani, Mailand
Printed in Italy
ISBN 3-7774-7690-0

Inhalt

Geleitwort

Mit der vorliegenden Publikation, die in Zusammenarbeit mit dem Instituto Nacional de Antropología e Historia, Mexiko, und dem Verlag Jaca Book, Mailand, entstanden ist, präsentieren wir eine der fesselndsten Kulturen der präkolumbianischen Welt: die Kultur der Maya. Zu einem Großteil im Gebiet des heutigen Mexiko, aber auch in Bereichen von Guatemala, Belize, Salvador und Honduras angesiedelt, spielten die Maya mehr als tausend Jahre hindurch ihre Rolle auf der Bühne der Geschichte und hinterließen eine tiefe Spur sowohl durch ihre erlesene Kunst als auch ihre Schrift, die auf vielen Stelen und Monumenten eingemeißelt ist. Die überlieferten Denkmäler halten heute eine Fülle von Informationen für die Forscher bereit, mit deren Hilfe sie in die mayanische Vergangenheit eindringen können. Es ist kein Zufall, daß bereits Mitte des 18. Jahrhunderts Palenque seine Besucher in den Bann zog; unter ungeheuren Strapazen schlugen sie sich einen Weg durch den schier undurchdringlichen Urwald, der so viele Jahrhunderte hindurch die Relikte von Städten, Gräbern und Menschen gehütet hatte.

Dieser Band ist der klassischen Welt der Maya gewidmet. Vier namhafte Wissenschaftlerinnen haben ihre Fachkenntnisse verbunden, um uns ein Bild der Maya des Klassikums vor Augen zu führen. So berichten Beatriz de la Fuente und ihre Mitarbeiter von der künstlerischen Kreativität der Maya, die in ihrer Architektur, Malerei, Keramik und Skulptur Gestalt angenommen hat. Mercedes de la Garza behandelt die religiöse Vorstellungswelt der alten Maya, während Bertina Olmedo Vera uns an die Ausgrabungsgeschichte der Region, die chronologische Entwicklung, das Siedlungsmuster und die ökonomische, politische und soziale Organisation dieses Volkes heranführt. Maricela Ayala Falcón dringt in die verschlungenen Pfade des mayanischen Schriftsystems ein – ein Beitrag, der sicherlich einen der wichtigsten Schritte zur Erforschung und zum Verständnis der Maya darstellt.

Auf den folgenden Seiten werden wir einem einzigartigen Volk aus der mesoamerikanischen Vergangenheit begegnen. Unsere Autorinnen, alle herausragende Wissenschaftlerinnen an der Universidad Nacional Autónoma de México und am Instituto Nacional de Antropología e Historia, haben diese Annäherung möglich gemacht. Ihnen gilt unser Dank und dem Leser unsere Versicherung, daß er eine Reise durch mehrere Jahrhunderte und zu einem der erstaunlichsten Völker der Menschheit machen wird: ins Herz des Maya-Volkes.

Ein Folgeband über die Maya der postklassischen Periode befindet sich in Vorbereitung.

Eduardo Matos Moctezuma

Die Maya der klassischen Periode

Bertina Olmedo Vera

Einführung

Die erste Kunde von der Welt der Maya gelangte durch die spanischen Soldaten und Mönche nach Europa, die an der Eroberung und Christianisierung der Neuen Welt teilgenommen hatten. Diese Chronisten verfaßten ausführliche Beschreibungen der Ruinenstätten, auf die sie in den eroberten Gebieten gestoßen waren und trugen interessante Zeugnisse über die Lebensweise, die Sitten und Gebräuche ihrer Einwohner zusammen, um die Geschichte der Region zu schreiben und auf ihrer Grundlage die Unterwerfung und Christianisierung der Eingeborenen voranzutreiben.[1] Ihre Schriften wurden nach Spanien geschickt, wo sie in Archiven verstaubten, während die Ruinen, die niemand mehr aufsuchte, in Vergessenheit gerieten, da sie sich in weit abgelegenen und unzugänglichen Gebieten befanden. Der größte Teil von ihnen blieb lange Zeit unter dem wuchernden Vegetationsteppich des Urwalds im Südosten von Mexiko und im Norden Mittelamerikas verborgen.

Erst in der zweiten Hälfte des 18. Jahrhunderts, als Karl III. von Spanien Nachrichten über eine im tropischen Regenwald von Chiapas entdeckte prachtvolle Stadt zu Ohren kamen und seine Neugier erweckten, gab er den Befehl, die Erforschung des Gebiets in Angriff zu nehmen. Damals begann die Ära der Reisenden und Forscher, die faszinierende Berichte über die Entdeckung einer fremdartigen und erstaunlichen Zivilisation lieferten. Mit dem Bekanntwerden ihrer Kulturschöpfungen setzte in Europa eine Fülle von Untersuchungen ein, die ihren Ursprung und ihre Entwicklung auf verschiedenste Weise zu erklären suchten und sie fast immer mit den großen Zentren der Antike wie Ägypten, Chaldäa, Griechenland oder Rom verglichen. Damals wagten es nur Wenige, sich einzugestehen, daß sie es mit einer einheimischen und einzigartigen Kultur zu tun hatten.

Aus der Reihe der ersten Forscher und Entdecker, die heute als Wegbereiter der Maya-Archäologie betrachtet werden, ragen die spanischen Hauptleute Antonio del Río und Guillermo Dupaix hervor, die von der spanischen Krone beauftragt waren, einige angeblich in der Nähe der Stadt Palenque in Chiapas befindliche Ruinenkomplexe zu erforschen.

1787 untersuchte der Hauptmann Antonio del Río in königlicher Mission die besagten Ruinen. Nach mehrwöchiger Arbeit sandte er den spanischen Behörden einen detaillierten Bericht. Seine Schilderung – die erste Beschreibung einer Maya-Fundstätte – sollte eines fernen Tages im Ausland im Druck erscheinen und die Grundlage für die Arbeit seiner Nachfolger bilden. Unter großen Strapazen befreite er einige Bauwerke vom Buschwerk, grub Opfergaben aus und trug einige von den Behörden angeforderte Relieftafeln und andere Artefakte zusammen, während der ihn begleitende Zeichner Ricardo Almendáriz 25 Stichvorlagen der Ruinenstätte anfertigte. Die Funde und der mit den Zeichnungen illustrierte Bericht wurden nach Spanien geschickt, wo sie viele Jahre lang unbeachtet blieben. Sie wären vollkommen in Vergessenheit geraten, wenn nicht im Jahr 1822 ein englischer Buchhändler und Verleger eine unter ungeklärten Umständen nach London gelangte Kopie erworben und sie in englischer Übersetzung unter dem Titel *Description of the Ruins of an Ancient City, Discovered near Palenque … from the Original Manuscript Report of Captain Don Antonio Del Río: Followed by Teatro Critico Americano … by Doctor Paul Felix Cabrera* herausgebracht hätte. Der kleine Band enthielt 16 von Jean Frédéric Waldeck (alias Graf Johann Friedrich Maximilian von Waldeck) nach den Zeichnungen von Almendáriz gestochene Bildtafeln (Abb. 3). Die archäologischen Fundstücke gelangten in das 1771 in Madrid gegründete Königliche Naturalienkabinett, Real Gabinete de Historia Natural, das heutige Museo de Américas.

Im Jahr 1804, fast zwei Jahrzehnte nach Del Ríos Expedition, betraute der spanische König Karl IV. den im Ruhestand lebenden Hauptmann Guillermo Dupaix mit der Aufgabe, die Erforschung der prähispanischen Fundstätten von Palenque fortzusetzen. Dupaix stellte eine auf vier Jahre geplante Expedition zusammen. Auf seinem Weg nach Palenque besichtigte und entdeckte er weitere Stätten wie Chalco, Xochimilco, Mitla und Monte Albán. Eine Kopie seines Berichts mit illustrierenden Zeichnungen des mexikanischen Künstlers

1 Eine von G. Dupaix aus dem Palast von Palenque entfernte Steintafel nach einer Zeichnung von J. L. Castañeda (aus: *The Art of Maya Hieroglyphic Writing*).

José Luciano Castañeda (Abb. 1 und 2) wurde von Lord Kingsborough in einen Band seines zwischen 1831 und 1848 in London veröffentlichten Monumentalwerks *Antiquities of Mexico* aufgenommen. Aus den Schriften von Dupaix geht sein tiefes Interesse für die prähispanischen Kulturen ebenso hervor wie die Faszination, die die wissenschaftlichen Errungenschaften der Ureinwohner Mexikos auf ihn ausübten. Besonders die ästhetische Vollkommenheit der Monumente jener von ihm erforschten Stadt Palenque – er nennt sie »die berühmte Stadt« – hatten es ihm angetan. Was die Zeichnungen von Castañeda betrifft, so ist interessant, daß man bis vor kurzem der Meinung war, der Künstler habe sie nach seinen ästhetischen Vorstellungen verfremdet und »geschönt«. Doch nun scheint es, daß die uns bekannten Zeichnungen spätere, von europäischen Künstlern zur Veröffentlichung in Europa geschaffene Kopien sind, und die 1970 von José Alcina Franch entdeckten Originale weit getreuere Abbilder darstellen.

Aus den Erzählungen dieser Entdecker kristallisieren sich zwei grundlegende Vorstellungen zur Maya-Kultur heraus: Del Río erkannte als erster, daß die Hieroglyphen eine Art Schrift waren, und Dupaix bemerkte, daß sie in nichts den ägyptischen Hieroglyphen glichen, nicht einmal den Zeichen aus Zentralmexiko, was der Maya-Zivilisation einen einzigartigen Charakter verlieh. Zum anderen nahmen sowohl Del Río wie auch Dupaix an, daß in den zahllosen Stuckreliefs in Palenque Herrscherpersönlichkeiten dargestellt waren, und daß die Inschriften die Geschichte der Stadt erzählten. Obwohl zunächst verworfen, sollte diese Idee richtungweisend für die künftigen Forschungen sein. Allerdings ist die Schlußfolgerung, zu der beide Entdecker gelangten, durch die neuesten Entdeckungen widerlegt worden: Sowohl Del Río wie Dupaix waren nämlich irrigerweise der Ansicht, daß sich die Einwohner Palenques eines großen politischen und sozialen Friedens erfreut und in vollkommener Harmonie mit ihrer Umwelt gelebt hätten.

Das durch diese ersten Berichte geweckte und oft von dem Wunsch nach Berühmtheit begleitete Interesse motivierte verschiedene begeisterte Forscher, Reisende und Künstler, die Maya-Region auf der Suche nach weiteren prähispanischen Ruinen zu durchstreifen, wobei sie ihre Aufmerksamkeit offensichtlich auf die gewaltigen Tempel und Paläste und die prachtvollen aus Stein geschaffenen Monumente richteten. Der allgemeine Wissensstand über die Maya wurde auf vielfältige Weise bereichert: durch pittoreske wie informative Beschreibungen und lange Abhandlungen zu Ursprung, Dauer und Verfall dieser Kultur, erstaunliche Zeichnungen und Stiche der Ruinen sowie Lagepläne der Ansiedlungen bis hin zu Abformungen des Figurenschmucks der Gebäude. Leider ging all dies Hand in Hand mit einer ständigen Plünderung der Ruinenstätten und einer Abwanderung der originalen Fundstücke ins Ausland.

Die Tagebücher und Berichte dieser Forscher legen Zeugnis ab von den Schwierigkeiten, die sich ihnen in den Weg stellten. Ihre Expeditionen wurden häufig durch Krankheiten, das Fehlen von einheimischen Hilfskräften, durch politische Probleme oder das Ausbleiben finanzieller Mittel unterbrochen. Die Dokumente lassen uns jedoch auch teilhaben an ihrer Verblüffung angesichts eines neuen Fundes und an dem begeisterten Interesse, das jedes Zeugnis dieser Kultur hervorrief. Unter den Entdeckern, Reisenden und Wissenschaftlern des 19. Jahrhunderts haben sich Juan Galindo, Jean Frédéric Waldeck, der Abbé Charles Etienne Brasseur de Bourbourg, Augustus Le Plongeon, Desiré Charnay, John Lloyd Stephens und Frederick Catherwood als Vorläufer der Maya-Archäologie um die Nachwelt verdient gemacht.

Die beiden letzteren nehmen in der Geschichte der Maya-Forschung einen besonderen Rang ein. Stephens (Abb. 4), ein nordamerikanischer Anwalt, der mit Büchern über seine Reisen Geld verdiente, war davon überzeugt, daß Beschreibungen von wenig bekannten Regionen die größte Anziehungskraft auf das breite Publikum ausübten. Als er den Band von Antonio del Río mit den Stichen Waldecks sah, hatte er sofort die Intuition, daß ein Reisebericht über die Ruinen dieser exotischen und noch unbekannten Zivilisation riesiges Interesse erwecken würde. Mit großem Geschick erreichte er, daß ihn die Regierung der Vereinigten Staaten in diplomatischer Mission nach Mittelamerika schickte, womit sein großes Abenteuer begann. Zwischen 1839 und 1842 hatte er Gelegenheit, ein weiträumiges Gebiet zu erkunden, so daß er schließlich insgesamt mehr als 40 Ruinenkomplexe der Maya untersuchte und beschrieb. Er verfaßte zwei Bücher über dieses Thema, die von dem englischen Architekten Catherwood, einem hochtalentierten Künstler, der ihn auf seinen Reisen begleitete, hervorragend illustriert wurden (Abb. 5) und sofort begeisterten Anklang fanden.[2] Die Erkenntnisse von Stephens eröffneten eine neue Phase in der Maya-Forschung, als er offen erklärte, daß die Bauten, die er mit Catherwood untersucht hatte, nicht von Kelten, Wikingern oder Ägyptern errichtet worden seien, sondern von einem einheimischen Volk, dessen Ursprung und Entwicklung in diesem Land lag, wie er selbst bei der Beschreibung seines Besuches in Uxmal erklärt:

»Es ist das Bild eines im Bereich von Architektur, Skulptur und Zeichnung hochbegabten Volkes, das ohne den Schatten eines Zweifels in anderen Kunstfertigkeiten mit vergänglichem Material ebenso talentiert ist, das zudem eine dementsprechende Kultur und Verfeinerung besitzt, die beide nicht der Alten Welt entstammen, sondern hier ihren Ursprung haben und wachsen, ohne Vorbilder und Meister, die eigenständig und unabhängig für sich existieren, wie die Pflanzen und Früchte des einheimischen Bodens.«[3]

Er zog aus seinen Beobachtungen den Schluß, daß die Eingeborenen, die er in diesen Regionen traf, zu den direkten Abkömmlingen der Schöpfer der alten Zivilisation gehörten, und daß angesichts der herrlichen Kunstwerke, die sie zu schaffen vermocht hatten, fest-

2 Stuckrelief aus dem Palast von Palenque nach einer Zeichnung von J. L. Castañeda (aus: *Palenque. Esplendor del arte maya*).

3 Stuckrelief aus Palenque nach einer Zeichnung von J. F. Waldeck (aus: *Palenque. Esplendor del arte maya*).

4 John Lloyd Stephens (aus: *The Art of Maya Hieroglyphic Writing*).

stand, daß sie keinesfalls einem wilden Naturvolk angehörten. Heute muten uns diese Überlegungen simpel an und werden allgemein akzeptiert, aber damals bedeuteten sie einen Bruch in der vorherrschenden Denkrichtung. Die in einer fesselnden und leicht verständlichen Sprache verfaßten Bücher von Stephens, perfekt ergänzt durch die außergewöhnlichen und detaillierten Reproduktionen von Catherwood, vermittelten der Leserschaft den bislang umfassendsten Überblick über die Welt der Maya. Völlig zu Recht nannte man ihn »den Entdecker der Maya-Kultur«, denn ausgehend von seinen Erkenntnissen und Thesen, die auf einem scharfsinnigen gesunden Menschenverstand basierten, begann das Studium dieser Zivilisation eine einzigartige Bedeutung zu gewinnen.

Gegen Ende des 19. Jahrhunderts hebt sich die Forschungsarbeit des Engländers Alfred Percival Maudsley (Abb. 6) aufgrund ihrer hohen Qualität von der Menge der anderen ab. Dieser Forscher wird von vielen Autoren als der erste Maya-Archäologe im modernen Sinn betrachtet. Seiner Überzeugung nach mußte man, um mehr von dieser Kultur zu erfahren, die erhaltenen materiellen Reste aufs gründlichste untersuchen, weswegen er sich in allen ihm zur Verfügung stehenden Aufzeichnungstechniken vervollkommnete. Die Dokumentation, die er im Verlauf seiner Forschungen anlegte – Lagepläne der Fundstätten, Ausgrabungsberichte, Photographien (Abb. 7) und Zeichnungen von Monumenten und Hieroglypheninschriften – ist von hervorragender Qualität, wie aus seinem Buch *Archaeology: Biologia Centrali-Americana* hervorgeht, das zwischen 1889 und 1902 in London erschien. Mit ihm erreichte die Epoche der von persönlichen Interessen getriebenen und privat finanzierten Forschungsunternehmungen ihren Höhepunkt; danach setzte die Ära der von großen Institutionen unternommenen und gesponserten archäologischen Projekte ein.

Ende des 19. Jahrhunderts hatten Interesse und Begeisterung für die Erforschung der Maya-Kultur ein solches Ausmaß erreicht, daß sie unter der Federführung wissenschaftlicher Institutionen, wie etwa Museen, Universitäten und wissenschaftlichen Gesellschaften – in der Hauptsache von Einrichtungen aus den Vereinigten Staaten – durchgeführt wurde. Zu den wichtigsten Unternehmungen dieser ersten Epoche, die vom Ende des letzten Jahrhunderts bis in die erste Hälfte des 20. Jahrhunderts reicht, zählen die in großem Maßstab vom Peabody Museum der Harvard University ab 1890 in Copán und ab 1912 in Holmul durchgeführten Ausgrabungsprojekte. Die beiden Programme hatten zum Ziel, die Zeremonialzentren der klassischen Periode freizulegen und zu kartieren. Die Carnegie Institution in Washington finanzierte bedeutende Expeditionen und Projekte im Maya-

5 Gebäude des sogenannten Nonnenklosters von Chichén Itzá nach einer Zeichnung von F. Catherwood (aus: *Colhá e i maya dei bassipiani*).

Gebiet, unter denen besonders das Forschungs- und Rekonstruktionsprojekt der Ruinen von Chichén Itzá der Jahre 1923 bis 1940 und die zwischen 1926 und 1937 durchgeführte wichtige Untersuchung von Uaxactún hervorzuheben sind, die die erste chronologische Kulturabfolge des Tieflandes auf der Basis des Studiums der Hieroglypheninschriften, der Keramik und der Entwicklung der Architektur der Fundstätte begründete; dazu gehören auch die Expeditionen nach Calakmul in den Jahren 1932 und 1940, die Kartierungen und Analysen von 106 im zentralen Bezirk der Anlage errichteten Monumenten sowie der eingemeißelten Inschriften lieferten. Auch die von Frans Blom geleitete und unter dem Protektorat der Universität von Tulane stehende Expedition von 1925 ist hier zu erwähnen, bei der man linguistische und ethnologische Aspekte abdeckte und den Erhaltungszustand der archäologischen Monumente der damals bekannten Maya-Region dokumentierte. Diesen Forschungsprogrammen hinzuzuzählen ist auch das archäologische Projekt, das vom mexikanischen Institut für Anthropologie und Geschichte ab 1949 in Palenque durchgeführt und von Alberto Ruz Lhuillier geleitet wurde, der in diesem Komplex die prachtvolle prähispanische Grabstätte im Tempel der Inschriften entdeckte.

Doch nach einem halben Jahrhundert hatten diese im großen Maßstab vorgenommenen Ausgrabungen wenig über die ursprünglichen Bewohner dieser Fundstätten enthüllt, und

6 Berühmte Photographie von Alfred Percival Maudslay im Innenraum eines Gebäudes von Chichén Itzá (aus: Graham, 1987).

die Kartierung der monumentalen Anlagen lieferte weder Informationen über deren gesamte Ausbreitung noch über ihr Alter oder den Zeitraum, in dem sie bewohnt wurden. Die Archäologen äußerten sich nicht zur Funktion der Gebäude und wußten sehr wenig über die Herkunft der von ihnen gefundenen Objekte aus Keramik, Jade oder Knochen. Dessenungeachtet erwiesen sich die während dieser Zeit gesammelten Informationen als unschätzbar für alle künftigen Untersuchungen, denn es wurden Hunderte von Steinmonumenten und kleineren Gegenständen photographiert und gezeichnet, hervorragende Lagepläne angefertigt, sowie Tausende von Glyphen und skulptierten und gemalten Bildwerken dokumentiert.

Zu den wichtigsten Forschern dieser Epoche gehören zwei Männer: der nordamerikanische Archäologe Sylvanus G. Morley, der nach zahlreichen Expeditionen in das Tiefland des Südens von der Carnegie Institution in Washington dazu ausersehen wurde, das archäologische Forschungs- und Rekonstruktionsprojekt der Ruinen von Chichén Itzá von 1924 bis 1940 zu leiten. Die zweite Persönlichkeit ist Sir J. Eric S. Thompson, ein hervorragender Archäologe und Epigraphiker, der seine Karriere als Morleys Mitarbeiter in Chichén Itzá begann. Er vertrat stets beharrlich den Standpunkt, man müsse die Archäologie mit historischen und ethnographischen Studien verbinden, um einen umfassenderen Überblick über die gesellschaftliche Struktur der Maya zu erlangen. Diesen beiden glänzenden Wissenschaftlern gelang es, eine Synthese der herrschenden Lehrmeinungen ihrer Zeit über die Entwicklung dieser alten Kultur zu schaffen. Ihre klar und präzise vorgebrachten Ausführungen[4] bilden die Grundlage dessen, was heute von verschiedenen Autoren als »das traditionelle Modell der Maya-Zivilisation« beschrieben wird.[5] Das Hauptproblem dieses Modells lag darin, daß viele seiner Theorien auf falschen oder fehlerhaften Prämissen beruhten, so daß es in den letzten Jahrzehnten stark kontrovers diskutiert und in vielen Aspekten überwunden wurde.

Die uns von diesen Forschern entworfene Vision von der Kultur der Maya, die bis vor wenigen Jahren als die vorherrschende galt, bestand aus dem romantischen Bild einer friedlichen Welt, bevölkert von zahllosen Göttern und anonymen Priestern, die in das Geheimnis der kosmischen Ordnung und des unerbittlichen Verrinnens der Zeit eingeweiht waren. Unter ihrer Führung hatten die Maya herrlichste Kunstwerke und Gebäude geschaffen und große Gebiete des tropischen Regenwaldes abgeholzt und brandgerodet, um den Boden zu bebauen und sich selbst und die Priesterelite zu ernähren, die ihnen den besten Zeitpunkt zum Pflanzen und Säen vorgab. Das Volk lebte auf dem Lande bei seinen Äckern und nicht in Städten, in vollkommener Harmonie mit seiner Umwelt; die Kultzentren waren unbewohnt, menschenleer, mit Ausnahme von besonderen Gelegenheiten, wenn religiöse Zeremonien oder Markttage abgehalten wurden. Diese Maya wurden uns als hochstehende Kultur präsentiert, in der die Verirrungen des menschlichen Geistes, etwa Menschenopfer und Kriege, wie sie in anderen Kulturen Mesoamerikas üblich waren, keinen Platz hatten. All dies, so sagten die beiden Gelehrten, ginge aus den Inschriften hervor, die die Maya auf Monumenten, Stelen, Türstürzen, in Wandmalereien oder Zeichnungen auf Keramikgefäßen hinterlassen hatten. In diesen Kunstwerken ließe sich neben den von ihnen verehrten Priester- und Götterbildnissen die geradezu mystische Besessenheit der Maya vom Gedanken des Verrinnens der Zeit erkennen. Die Vorstellung, daß die Maya die Zeit wie einen Gott verehrt hatten, war entstanden, weil die einzigen Symbole, die man bis dahin entziffern konnte, mit Zahlen, astronomischen Zyklen und der Zeit zu tun hatten.

Laut Morley und Thompson blieben die Maya der klassischen Periode vom politischen und wirtschaftlichen Geschehen im übrigen Mesoamerika, insbesondere aber von Teotihuacán und Monte Albán isoliert, Städten, die im Zentrum Mexikos beziehungsweise im Tal von Oaxaca eine beherrschende Position einnahmen. Von anderen bedeutenden Zentren der Epoche durch den undurchdringlichen tropischen Urwald und weite Entfernungen getrennt und geschützt, hätten die Maya eine homogene und von anderen mittelamerikanischen Zivilisationen unterschiedene Kultur aufrecht erhalten können.

Nach diesem traditionellen Modell war alles, was sich vor dem Jahr 300 unserer Zeitrechnung im Maya-Gebiet zugetragen hatte, und alles, was nach dem Jahr 900 geschehen war, nicht von Interesse, da sich die großen Leistungen dieser Zivilisation lediglich in dieser als Klassikum bekannten kurzen Zeitspanne von 600 Jahren bewegten. Die bäuerlichen

Gegenüberliegende Seite:
7 Der Tempel der Sonne von Palenque vor den Ausgrabungen auf einer Ende des letzten Jahrhunderts von Alfred Percival Maudslay aufgenommenen Photographie (aus: Graham, 1987).

Dörfer des Präklassikums waren allzu primitiv, und die Relikte des Postklassikums zeigten deutlich, daß diese Epoche eine Zeit der Dekadenz gewesen war, die den Anfang vom Ende der Maya-Zivilisation kennzeichnete.

Diese hier skizzierte romantische Sicht muß man vor folgendem Hintergrund sehen: Die frühen Forscher und Archäologen hatten sich nämlich bei ihren Entdeckungen auf die Monumente der Maya-Zivilisation der klassischen Periode konzentriert. Ihr Hauptinteresse und demzufolge auch alle Informationen, die sie ihren Nachfolgern hinterließen, richteten sich auf die kulturellen Aspekte, die von den herrschenden Klassen ausgingen. So hoben sie Leistungen wie etwa die Errichtung der prunkvollen Pyramiden-Tempel und luxuriösen Paläste ebenso hervor wie den in die Monumente eingemeißelten oder stuckierten Dekor und die erlesen schönen und sehr wertvollen Fundobjekte. Das war die Art von Informationen, über die die traditionellen Archäologen verfügten, und da sie selbst in der Mehrzahl den höheren Klassen angehörten, liegt die Vermutung nahe, daß sich ihr Interesse ganz unwillkürlich der Erforschung ihrer Pendants in der Maya-Gesellschaft zuneigte. Da man außerdem damals nur wenig über die Glyphenschrift wußte, ließ sich über deren Inhalt bestens spekulieren und das Modell einer friedlichen Gesellschaft mit einer herrschenden Klasse, die sich vor allem mit religiösen und esoterischen Anliegen beschäftigte, stützen.

Dieses Bild begann sich erst vor kaum drei Jahrzehnten zu wandeln. Die Fortschritte bei der Entschlüsselung der Maya-Schrift haben gezeigt, daß der Inhalt der Inschriften nicht astronomisch, rituell oder esoterisch ausgerichtet, sondern historischer und weltlicher Natur ist.[6] Die Archäologie mit ihren neuen Techniken und Schwerpunkten hat auch die Reaktionen der Maya auf starken ökologischen und wirtschaftlichen Druck aufgedeckt und treibt die Erforschung wichtiger Fragen voran, wie etwa die nach der Art der Beziehungen zwischen den einzelnen Städten des Maya-Territoriums untereinander und dieser zum übrigen Mesoamerika. Die Welt der Maya hat dadurch einen Teil ihrer Magie und ihres Geheimnisses verloren, doch im Gegenzug haben sich einige Türen zum besseren Verständnis ihrer Entwicklung aufgetan.

So basiert das neue Interpretationsmodell über die Zivilisation der Maya zunehmend auf der Arbeit der Epigraphiker und schreitet mit den Ergebnissen zahlreicher interdisziplinärer Projekte fort, die sich in der zweiten Hälfte dieses Jahrhunderts noch vermehrt haben. In einigen Fällen hat man sich wieder mit Theorien aus dem vorigen oder aus den Anfängen unseres Jahrhunderts beschäftigt, die das traditionelle Modell verworfen hatte.[7] Bei anderen wurden alte Fragestellungen durch neue Interpretationsansätze vorangetrieben.

Der allgemeine Brennpunkt des Interesses hat sich verschoben. Mit den Projekten von heute werden zum einen verstärkt die vor dem Klassikum gelegenen Perioden erforscht, um den Ursprung und die Entwicklung der Maya-Zivilisation besser verstehen zu können; zum anderen wendet man sich bislang wenig interessierenden Themen zu, etwa der Demographie, der Ernährungsweise, den Wohnstätten, der handwerklichen Produktion und der Lebensweise des Volkes, so daß sich die archäologische Forschung in der zweiten Hälfte des 20. Jahrhunderts nicht mehr allein auf die großen Bauwerke der Zeremonialzentren der klassischen Periode konzentriert. Selbstverständlich bemüht man sich weiterhin um die Konservierung und Erhaltung dieser Zentren, und auch die Ausgrabungen von Ruinenstätten und Monumenten gehen weiter. Gleichzeitig versucht man aber, die Funktion eines jeden Elements innerhalb des Ganzen zu bestimmen und die Informationen in den Glyphentexten durch archäologische Daten zu belegen, die in den letzten Jahrzehnten entschlüsselt worden sind. Gleichwohl richten sich die gegenwärtigen Projekte hauptsächlich auf die Erforschung der außerhalb der Zeremonialzentren gelegenen Ansiedlungen, in denen sich das Alltagsleben der Maya abspielte. Hauptziel ist dabei, die Beziehung zwischen diesen Orten und den Zeremonialzentren in ihrer Nachbarschaft festzustellen und auf diese Weise einen weit umfassenderen Einblick in die innere Funktionsweise von Städten wie etwa Palenque, Copán oder Yaxchilán zu erhalten. Und welcher Klasse der Maya-Gesellschaft die Ausgrabungsfunde auch zuzuordnen sein mögen – vom Bauern über den Kunsthandwerker bis zum Herrscher –, die Archäologen messen ihnen allen die gleiche Aufmerksamkeit und Bedeutung zu. Auf regionaler Ebene werden die Ansiedlungen im Umkreis der großen Niederlassungen untersucht, um ihre Rolle diesen gegenüber zu entschlüsseln; man erkundet die Beziehungen zwischen bedeutenden Zentren, die Größe ihres jeweiligen Einflußbereichs usw. Dies alles geschieht unter Anwendung neuer Ausgrabungs- und Analysetechniken.

Zur Zeit gelten die größten Anstrengungen der Wissenschaft der Zusammenführung der vielen sich rasch ansammelnden Erkenntnisse aus der Arbeit der Archäologen, Topographen, Ethno-Historiker, Epigraphiker, Anthropologen, Paläobotaniker, Paläozoologen, Keramikexperten, Herstellungstechniker, Petrographiker, kurz: all jener, die an einem multidisziplinären Projekt zusammenarbeiten (oder zusammenarbeiten sollten).

Im folgenden sollen nur einige der vielen Projekte Erwähnung finden, die in den letzten Jahrzehnten im Maya-Gebiet durchgeführt worden sind, um eine Vorstellung von den Themen zu geben, die zur Zeit von der Archäologie bearbeitet werden und den Grundstein zur Ausarbeitung eines neuen Interpretationsmodells legen.

Durch seine Bedeutung hervorzuheben ist das von Gordon R. Willey, einem Archäologen der Harvard University, an der Fundstätte von Barton Ramie im Tal des Río Belize geleitete Siedlungsmuster-Projekt. Die in den fünfziger Jahren in Angriff genommene Arbeit Willeys markierte eine neue Ära in der amerikanischen Archäologie, denn zum ersten Mal wurden die Strukturen der Wohnanlagen berücksichtigt, die kartiert und ausgegraben wurden und so unschätzbare Auskünfte über die Lebensweise des einfachen Volkes wie auch über dessen Wechselbeziehungen mit seiner Umwelt lieferten. Seit Willey gibt es nur noch wenige Projekte, die sich nicht mit der Erkundung des Siedlungsmusters befassen; im Maya-Gebiet hat sich sein Vorgehen als Grundlage für die Feststellung des städtischen Charakters der Hauptorte erwiesen.

Die endgültige Abkehr vom traditionellen Erklärungsmodell bewirkte das in Tikal von 1956 bis 1970 durchgeführte und vom Museum der University of Pennsylvania finanzierte Projekt, das zunächst von Edwin Shook und dann von William R. Coe geleitet wurde. Dieses Projekt ist ein sinnfälliges Beispiel dafür, wie die Setzung neuer Schwerpunkte und die Anwendung fortschrittlicher archäologischer Methoden (darunter eine detaillierte Analyse des Siedlungsmusters nach dem Vorbild von Willey) unserem Kenntnisstand über die Entwicklung der Maya-Zivilisation ganz neue Perspektiven eröffneten, durch die die Prämissen des traditionellen Modells sich aufzulösen begannen.

Das Ausgrabungsprojekt Copán, das die Regierung von Honduras ab 1975 in Angriff genommen hat, ist der Leitung von Archäologen vom Rang eines Gordon R. Willey, wie Claude Baudez, William T. Sanders, David Webster und William L. Fash von der Harvard University (ab 1985), anvertraut worden; letzterer setzt diese Arbeit im Kerngebiet zusammen mit Ricardo Agurcia vom honduranischen Institut für Anthropologie und Geschichte bis heute fort, hauptsächlich in der Akropolis. Es handelt sich um ein multidisziplinäres und von verschiedenen amerikanischen und honduranischen Institutionen finanziertes Projekt. Die Hauptziele richteten sich einerseits auf die Restaurierung und Konservierung des Monumentalzentrums, andererseits aber auch auf die Erforschung von Entstehung und Entwicklung der alten Stadt und ihrer Beziehungen zum Umland. In diesem Fall hat die Zusammenarbeit von Epigraphikern und Archäologen eine Fülle von Informationen hervorgebracht. Darüber hinaus haben die Projektteilnehmer ihre Forschungsergebnisse ausführlich veröffentlicht, was die Kenntnisse über die wichtigsten Aspekte der Maya-Zivilisation entscheidend erweitert und verbreitet hat.

Im Jahr 1979 begann Ray T. Matheny mit seinen Forschungen in El Mirador, der ersten großen Maya-Stadt im tropischen Regenwald des Petén im Norden von Guatemala. Diese riesige Ruinenstätte weist die höchste Dichte von profanen und religiösen Gebäuden des Maya-Gebiets auf; ihre Bevölkerungszahl muß einst in die Zehntausende gegangen sein. Die Ergebnisse der unter dem Patronat der New World Archaeological Foundation der Brigham Young University und der National Geographic Society stehenden Ausgrabungen haben die Kenntnis über die späte präklassische Periode in der Maya-Region stark gefördert, die zwischen 100 v. Chr. und 150 n. Chr. ihre Blütezeit erlebte.

Das zwischen 1980 und 1983 durchgeführte Projekt *Belize Archaic Archaeological Reconnaissance* unter der Leitung von Richard S. MacNeish von der R. S. Peabody Foundation war das erste Unternehmen, das sich zum Ziel gesetzt hatte, die ältesten Perioden der Vorgeschichte im Maya-Gebiet zu erforschen: die Paläoindianische und die Archaische Periode (10 000–2 000 v. Chr.). Die Ergebnisse von MacNeish haben unser Wissen über die Geschichte menschlicher Tätigkeit in der Region gefördert und die traditionelle Vorstellung getilgt, daß das Tiefland nicht vor der präklassischen Periode besiedelt wurde.

Seit 1989 ist Arthur A. Demarest der Leiter des *Petexbatún Regional Archaeological Project* im tropischen Regenwald im Norden der heutigen Republik Guatemala. Die Region umfaßt die Ruinenstätten auf den zum Petexbatún-See im Süden des Río de la Pasión gerichteten Hängen: Dos Pilas, Tamarindito, Arroyo de Piedra, Aguateca und Punta de Chimino. Dieses Projekt ist ein Beispiel dafür, wie aus der fruchtbaren Zusammenarbeit von Epigraphikern und Archäologen die Geschichte eines Ortes ans Licht gebracht wird. In diesem besonderen Fall handelt es sich um Erkenntnisse über die Geburt einer Dynastie und über Kriege, die stattgefunden hatten, bevor die Region im 9. Jahrhundert verlassen wurde. Die archäologische Forschung auf regionaler Ebene, wie sie hier durchgeführt wurde, gibt nunmehr eine viel klarere Vorstellung von der politischen Organisation des Maya-Territoriums, wie wir später noch sehen werden.

Jeremy A. Sabloff hat 1988 die Feldforschung seines von der National Science Foundation finanzierten Ausgrabungsprojekts in Sayil, einer bedeutenden Fundstätte der Region Puuc im Tiefland des Nordens, abgeschlossen. Eines seiner Ziele war, die Blütezeit dieser Region nach dem im Tiefland des Südens im 9. Jahrhundert festgestellten Zusammenbruch zu untersuchen. Aus diesem Grund wählte er diesen praktisch unerforschten Ort, an dem er eine intensive Studie des Besiedlungsmusters durchführte, um die Grenzen der urbanen Zone und der Bevölkerung zu verschiedenen geschichtlichen Zeitpunkten abzustecken.

Ende 1992 rief der Consejo Nacional para la Cultura y las Artes über das Instituto Nacional de Antropología e Historia von Mexiko ein sehr wichtiges Programm ins Leben, das den Schutz, die Erhaltung, Erforschung und Publikation verschiedener archäologischer Stätten der Republik Mexiko zum Ziel hatte. In dieses unter der Bezeichnung *Proyectos Especiales de Arqueología* bekannte Programm sind verschiedene Fundstätten des Maya-Gebiets einbezogen: Palenque und Toniná in Chiapas, Calakmul im Süden von Campeche, Chichén Itzá und Dzibilchaltún in Yucatán sowie Dzibanché, Kinichná und Kohunlich im Süden von Quintana Roo. Mit der finanziellen Unterstützung, die diese Projekte erhielten, sind archäologische Ausgrabungen ebenso wie Restaurierungs- und Konservierungsmaßnahmen in großem Maßstab durchgeführt worden. An einigen dieser Stätten hat man Museen errichtet, um ihr kulturelles Vermächtnis zu bewahren und zu verbreiten. Wir wollen kurz die wichtigsten Ziele der einzelnen in dieses bedeutende Unternehmen eingebundenen Projekte vorstellen, wie sie erst vor kurzem von den jeweiligen Leitern veröffentlicht wurden.[8]

Das Proyecto Especial Palenque, das von Arnoldo González Cruz und dann von Rosalba Nieto geleitet wurde, hat sich größtenteils archäologischen Ausgrabungen und Forschungen in verschiedenen Bauwerken und Strukturen des zentralen Bezirks wie auch architektonischen Komplexen in seiner Peripherie zugewandt, um auf diese Weise einen vollständigeren Überblick der inneren Funktion und Organisation von Palenque, der Chronologie seiner Keramik, der Abfolge der Bauphasen, der Lage und Merkmale der Wohnbezirke und der Beziehung zu den benachbarten Gebieten zu erhalten. Unter den zahlreichen Funden sticht vor allem der vom 1. Juni 1994 hervor: Damals entdeckten die Archäologen nämlich die prächtige Grabstätte einer hierarchisch sehr hochstehenden Dame im Inneren eines Bauwerks in nächster Nähe des Tempels der Inschriften (Tempel XIII). Zum anderen hat man in einem Umkreis von 50 Kilometer um Palenque 49 prähispanische Ansiedlungen entdeckt, die kartiert und in einigen Fällen mit Sondierungsschächten erkundet wurden, um archäologisches Material zu bergen, das es gestatten würde, sie mit dem Stadtkern in Beziehung zu setzen. Erst kürzlich wurde in Palenque ein neues Museum eingeweiht, in dem die im Verlauf des Projekts entdeckten Funde ausgestellt sind.

In Calakmul, einer halb vom Urwald des Petén überwucherten Stadt, leitet der Archäologe Ramón Carrasco das Proyecto Especial in Zusammenarbeit mit der Regierung des Bundesstaates Campeche, der Secretaría de Turismo, der Secretaría de Desarrollo und dem Instituto Nacional Indigenista. Hier hat man sich einem ganzheitlichen Vorgehen in Form von ökologischen Erhaltungsmaßnahmen, verbunden mit der archäologischen Erforschung dieser Stätte, verschrieben, die sich mitten in einem der größten Naturreservate Mexikos befindet und ohne jeden Zweifel eines der bedeutendsten Zentren in der Maya-Welt des Klassikums war. Die archäologischen Forschungen sind gezielt darauf ausgerichtet, die Rol-

Gegenüberliegende Seite:
8 Stele 8 von Yaxchilán auf einer im letzten Jahrhundert von Teobert Maler aufgenommenen Photographie (aus: Graham, 1987).

le zu erhellen, die Calakmul in der regionalen Politik des Petén spielte und zu klären, ob es – nach dem von verschiedenen zeitgenössischen Autoren vorgeschlagenen theoretischen Modell – als Hauptstadt der Region fungierte.

Nach den Worten von Enrique Nalda, dem Leiter des Proyecto Arqueológico Especial Sur de Quintana Roo, wurden die Stätten Dzibanché, Kinichná und Kohunlich ausgewählt, weil sie »aus archäologischer Sicht in einer Übergangszone zwischen zwei Brennpunkten kultureller Entwicklung liegen: dem zentralen Petén (Frühes und Mittleres Klassikum) und Yucatán (Späte klassische Periode und Endphase). Diese Stätten spielen eine entscheidende Rolle, um uns die Verdrängung dieser kulturellen Überlieferungen und die Bildung neuer politischer Gruppierungen in der Epoche verstehen zu lassen, in der das Zentralgebiet von seiner Einwohnerschaft verlassen wurde.«[9]

Dzibanché und Kinichná sind relativ unbekannt; die Untersuchungen verfolgten das Ziel, die grundlegenden Aspekte der Geschichte ihrer Ansiedlung festzustellen, etwa die Siedlungs- und Ernährungsweise, die chronologische Entwicklung, die Architektur und die Rolle, die diese Orte auf regionaler Ebene spielten. In Kohunlich – einer weit gründlicher erforschten Ruinenstätte – richtet sich das Projekt auf die Freilegung und Sicherung der Bauwerke des Zeremonialzentrums sowie die Ausgrabung von Wohnkomplexen, womit die zwischen 1971 und 1981 begonnene Arbeit des Centro Regional del Sureste fortgesetzt wird.

Das Proyecto Especial Chichén Itzá wird unter der Leitung des Archäologen Peter Schmidt vorangetrieben. In dem während der Endphase der klassischen Periode und des frühen Postklassikums bedeutendsten Machtzentrum des nördlichen Tieflandes sind seit Beginn des Projekts bis heute Restaurierungs- und Konservierungsarbeiten ebenso durchgeführt worden wie archäologische Forschungen und Grabungen. Die wichtigsten Untersuchungen kreisen um die Fragen, wie man etwa die Ausdehnung der Stadt bestimmen, ihre innere Organisation im Zeitablauf rekonstruieren, die Wasserversorgung für den städtischen Verbrauch und die landwirtschaftliche Nutzung erkunden, eine Verfeinerung der Chronologie und die Erhaltung der Stätte erreichen kann. Um die Zone abzustecken und die zukünftigen Grabungsarbeiten festzulegen, hat man eine intensive Kartierung vorgenommen; es wurden systematische Untersuchungen von Überbauungen durchgeführt, Bauwerke und gepflasterte Straßen freigelegt und restauriert.

Dzibilchaltún war eines der großen urbanen Zentren, die vor dem Eindringen der Spanier im Norden von Yucatán blühten. Seit dem Beginn des Proyecto Especial unter der Leitung des Archäologen Rubén Maldonado werden Forschungs-, Grabungs-, Freilegungs- und Erhaltungsarbeiten in verschiedenen Teilen der Stadt durchgeführt, so auch im Bereich einer prähispanischen gepflasterten Straße (oder *sacbé*) und einer Wohngruppe in der Nähe dieser Straße. Doch das Herzstück dieses Projekts war der Bau eines archäologischen Museums inmitten der archäologischen Zone von Dzibilchaltún: des Museo del Pueblo Maya.

Ein weiteres Museum in der alten Stadt Toniná im Tal von Ocosingo in Chiapas befindet sich als Teil des von Juan Yadéun geleiteten Proyecto Arqueológico Especial gerade im Bau. Bis heute sind sehr bedeutende Rekonstruktionsmaßnahmen zur Erhaltung des sakralen Bezirks dieser prähispanischen Stadt durchgeführt worden; er bestand aus einem pyramidenförmigen Unterbau mit sieben Plattformen, über die sich Paläste und Tempel verteilten: die größte Akropolis des gesamten Maya-Gebiets. Die an dieser Stätte unternommenen Forschungsarbeiten und die Menge der bis heute zutage geförderten Materialien erlauben es, im Museum die Abfolge der Kulturen von Toniná und ihre Beziehungen zu den Hauptzentren der Macht ihrer Zeit zu dokumentieren.

Definition der Maya-Kultur

Die Kultur und Zivilisation der Maya waren gekennzeichnet von einer Reihe von Merkmalen, die sich in einem zusammenhängenden, den Südosten von Mexiko und den Norden von Mittelamerika umfassenden Territorium verteilt fanden. Ihren höchsten Glanz entfaltete diese Kultur in der sogenannten Klassischen Periode. Den Maya-Experten zufolge handelt es sich um folgende Charakteristika: eine monumentale Architektur in den Zeremonialzentren unter Verwendung des sogenannten »falschen Gewölbes« und durchbrochenen Dachkämmen (*cresterías*), die auf beeindruckende Weise die Gebäudehöhe vergrößern; dazu die Herausbildung einer Hieroglyphenschrift und eines höchst komplexen Kalenders, Datumsinschriften nach der sogenannten »Langen Zählung«, ein absolutes System der Datierung, welches die Maya zu erstaunlicher Präzision brachten, sowie der skulptierte Stele-Altar-Komplex in den Zeremonialzentren, die Herstellung polychromer Keramik von hoher Qualität und ein höchst erlesener und eigenständiger künstlerischer Stil, der in verschwenderischer Fülle in den Flachreliefs und den Wandmalereien in Erscheinung tritt.

Das Umfeld

Die Ausbreitung der alten Maya-Bevölkerung entspricht im allgemeinen der Verteilung der heutigen Volksgruppen, die mit der Maya-Sprachfamilie eng verwandte Dialekte sprechen. Auf die jetzigen Grenzen bezogen, umfaßte das weitgespannte Territorium der Maya einen großen Teil der mexikanischen Bundesstaaten Chiapas und Tabasco, die gesamte Halbinsel Yucatán, die heutige Republik Guatemala und Belize und einen kleinen Teil der Republiken von Honduras und El Salvador. Dieses Gebiet von etwa 400 000 Quadratkilometern ist in dem als mesoamerikanischer Südosten bekannten Kulturraum enthalten.

Das Umfeld, in dem sich die prähispanische Maya-Kultur entfaltete, gliedert sich in drei geographisch wie kulturell stark voneinander unterschiedene Zonen (Abb. 9):

In der südlichen Zone dominieren Hochebenen, die hauptsächlich im südlichen Guatemala zu finden sind, sich aber vom Südosten von Chiapas bis zum Westen von El Salvador erstrecken. Es ist eine Region voll majestätischer Vulkane mit reichen Lava- und Obsidianlagern, reichen Mineralvorkommen wie Jade, Serpentin, Zinnober und Hämatit, Tälern mit mildem Klima und Kiefernwäldern, Seen und großen Hochflächen (*mesetas*). In der höchstgelegenen Region entspringen die wasserreichen Flüsse wie der Usumacinta, der Grijalva und der Motagua; dort ist die Heimat des Quetzal-Vogels. Am Pazifik fallen die Höhen abrupt ab und bilden einen Küstenstreifen, an dem sich ebenfalls einige Maya-Gruppen niederließen, die aus diesen reichen Böden vulkanischen Ursprungs Nutzen zogen. Die Zone hat regelmäßige Niederschläge, die eine reichhaltige und vielfältige landwirtschaftliche Produktion ermöglichen.

Vom kulturellen Gesichtspunkt aus gesehen ist diese Zone etwas zwiespältig. Es gibt Autoren, die sie nicht in das Gebiet einschließen, in dem sich die Maya-Kultur des Klassikums entwickelte, weil die Fundstätten aus dieser Epoche Einflüsse aus Zentralmexiko aufweisen, und sich in ihr auch keine Zeugnisse der diese Kultur definierenden Hauptmerkmale gefunden haben. Dessenungeachtet ist das Territorium Teil des geographischen Umfelds der prähispanischen wie der heutigen Maya, und das Studium dieser Region erweist sich als unverzichtbar, wenn man die Anfänge der Maya-Kultur zu verstehen sucht.

Zwischen dem Golf von Mexiko und dem Karibischen Meer erstreckt sich als weites Territorium das Herzstück der Maya-Zivilisation – die zentrale Zone. Sie umfaßt die sogenannten Tiefebenen oder das Tiefland des Südens und schließt einen Teil von Honduras, Belize, Guatemala, Chiapas und Tabasco ein. Hier herrscht der tropische Regenwald vor mit Palmen, Mahagoni-, Sapotill- und Kapokbäumen, dem Breiapfel- und dem Kautschukbaum, wo sich Jaguare, Kaimane und Giftschlangen, Hirsche und Kaninchen, Gürteltiere, Adler, Truthühner und Affen tummeln. Die Bodenentwässerung ist gut, da es ausgedehnte Karsteinbrüche und einige Seen gibt. Zudem fließen durch diese Zone die größten und wasserreichsten Flüsse des Maya-Gebiets, etwa der Usumacinta, an dessen Ufern Städte wie Yaxchilán und Piedras Negras errichtet wurden, oder der Motagua, der in seinem Becken den in Mesoamerika am höchsten geschätzten Edelstein – in Form von Kieseln und Gesteinsbrocken – anschwemmt: die apfelgrüne Jade. Das Zentrum der Zone ist das Gebiet des Petén, eine Tropenwaldregion von einst überwältigender kultureller Blüte, wo die bekanntesten Fundstätten der klassischen Periode zu finden sind.

Die nördliche Zone, das sogenannte Tiefland des Nordens, umfaßt die große Kalksteinplattform der Halbinsel Yucatán. Hier fallen nur geringe Niederschläge, und die vorherrschende Vegetation besteht aus niedrigem und stachligem Buschwald, ganz wie in den sumpfigen Küstenebenen von Campeche und Quintana Roo. Mit Ausnahme von einigen Seen im Osten hat diese Zone praktisch keine Wasserreservoirs. Dennoch verfügt sie in einigen Teilen über große natürliche Wasserlöcher, *cenotes* genannt, die durch den Einbruch unterirdischer Höhlen entstanden sind. In den Gebieten, wo es diese Brunnen nicht gab, konstruierten die Maya große, flaschenförmige Zisternen, die sogenannten *chultunes*. Die einzigen Erhebungen des Terrains sind die Hügel von Puuc, die einen niedrigen Höhenzug bilden, der den Norden von Campeche und den Südwesten von Yucatán durchzieht. Die vorherrschende Fauna in dieser Zone ist das Rotwild, das Pekari (Nabelschwein) und natürlich die Meeresfauna an den Küsten, deren Salzvorkommen in prähispanischer Zeit ausgebeutet wurden. In diesem Umfeld blühte die Kultur der Maya in der postklassischen Periode.

Chronologische Entwicklung

Wenn auch die meisten Forschungen immer noch ihr Hauptaugenmerk auf die glanzvollste Periode der Maya-Kultur richten, so interessieren sich einige archäologische Projekte der jüngsten Zeit nachdrücklich für die Erhellung der Abfolge der Kulturen im Maya-Territorium seit der Frühgeschichte. In diesem Zusammenhang sind die kürzlich in den Sumpfgebieten von Belize durchgeführten Untersuchungen von MacNeish höchst bedeutsam, denn dort hat man einige der ältesten Siedlungsstätten des Maya-Gebiets gefunden, die bezeugen, daß es in dieser Region lange vor dem Präklassikum eine einheimische Bevölkerung gegeben hat.

Wir können von einer Kultursequenz sprechen, die vor über 10 000 Jahren begann, als nomadische Gruppen von Jägern und Sammlern das Maya-Territorium durchstreiften und mit der Zeit eine halbnomadische, jahreszeitlich bedingte Siedlungsform übernahmen. An den Orten, an denen sie länger blieben, begannen sie mit der Domestizierung einiger Pflanzenarten, die ihnen als Nahrung dienten. Die frühesten Spuren extensiven Maisanbaus reichen bis in die Zeit um 2 500 v. Chr. zurück, als – nach Auskunft der fossilen Pollenanalyse – große Flächen des Tropenwalds brandgerodet wurden, um Getreide anzubauen. Ab diesem Augenblick läßt sich über einen langen Zeitraum hinweg eine kulturelle Kontinuität feststellen, während der die Einwohner der Region bis etwa 1 800 v. Chr. eine halbnomadische Lebensweise pflegten, indem sie Jagen, Sammeln und Landwirtschaft miteinander verbanden. Danach tauchten im Gebiet der fruchtbaren Böden des Küstenstreifens der südlichen Zone die ersten dauerhaften Siedlungen von Ackerbauern auf. Diese neue Epoche brachte tiefgreifende technologische und gesellschaftliche Veränderungen mit sich. Archäologische Bestandsaufnahmen verzeichnen neue Werkzeuge für den Ackerbau, die Fertigung von Töpferwaren und Figurinen – Indizien der revolutionären Erfindung der Keramik – und die ersten vor allem in den Gräbern entdeckten Belege für eine gesellschaftliche Hierarchisierung. Diese Lebensweise ist wohl nicht gleichzeitig in der gesamten Maya-Region aufgetreten, erscheinen doch in der zentralen wie auch in der nördlichen Zone die ersten Bauerndörfer weit später, nämlich um etwa 800 v. Chr.

Die Besiedler des Tieflands hatten etwa zu Beginn unserer Ära bereits in einem langsamen Prozeß die Grundlagen einer komplexen Kultur entwickelt, die ihre Hochblüte in der als Klassikum bekannten Periode erreichen sollte. Diese Phase wird als das Goldene Zeitalter der Maya-Kultur bezeichnet, vor allem in der zentralen Zone. In diesem Gebiet galt traditionell das Jahr 292 n. Chr. als Beginn des Klassikums. Dieses Jahr entspricht dem eingemeißelten Datum nach der Langen Zählung auf der Stele 29 von Tikal (Abb. 10–11), jenem Monument im mayanischen Stil mit der bislang ältesten bekannten Datierung. Die Periode endet um das Jahr 910 unserer Zeitrechnung – die letzte entdeckte Datumsinschrift auf der Stele 6 von Itzimté – mit dem Zusammenbruch der großen Städte der Zentralzone. Das Klassikum wurde also als diejenige Periode definiert, in der die Maya des südlichen Tieflands Monumente aus Stein errichteten, in die sie Datierungen nach dem System der Langen Zählung einmeißelten.[10] Diese Periode wurde ihrerseits in frühes (250–600 n. Chr.) und spätes Klassikum (600–900 n.Chr.) untergegliedert, und zwar aufgrund tiefgreifender Veränderungen in der Region, die diese Unterteilung durchaus recht-

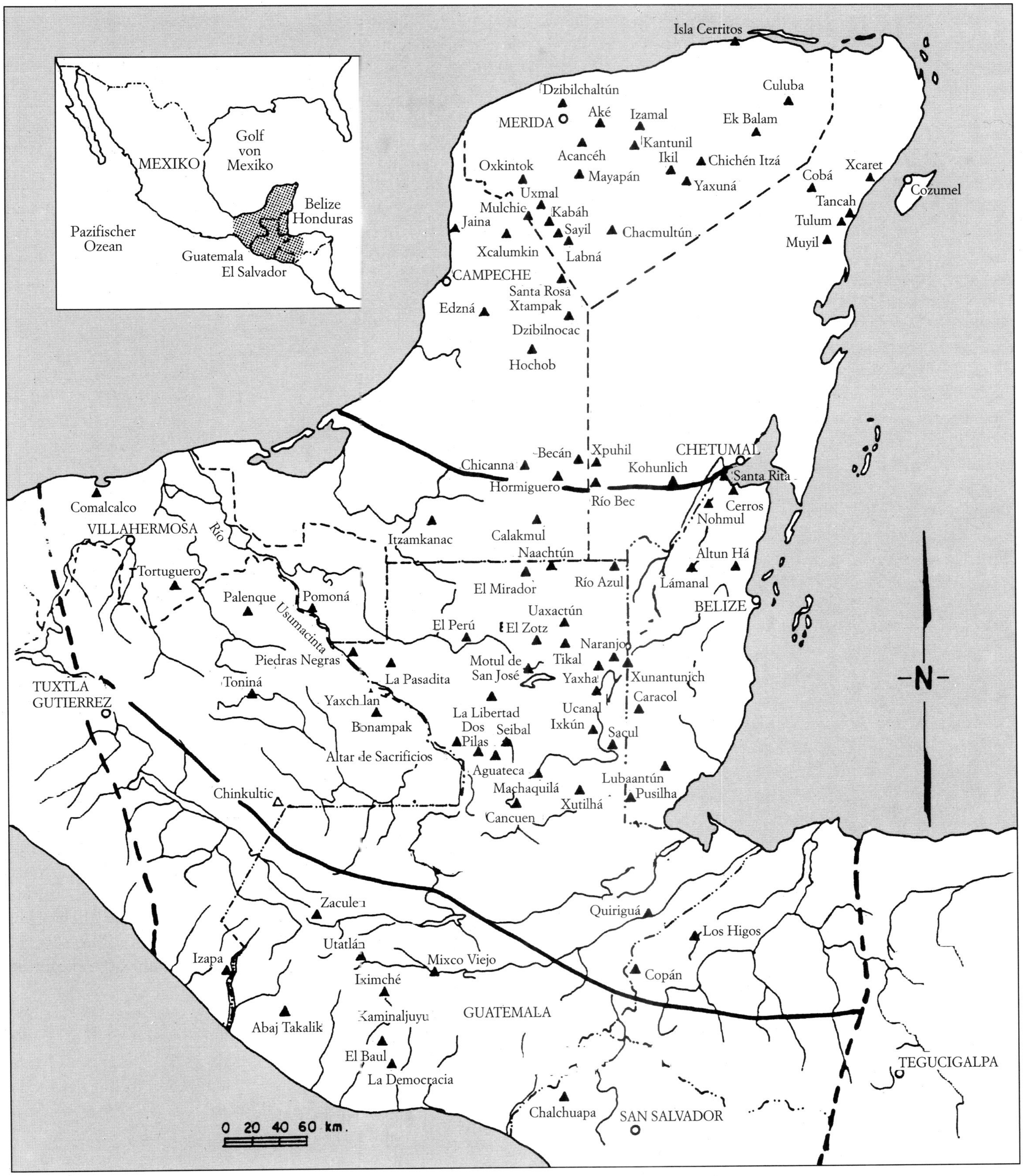

9 Karte des Maya-Gebiets mit den drei großen geographisch-kulturellen Regionen und den wichtigsten archäologischen Fundstätten (Zeichnung von A. Resendiz).

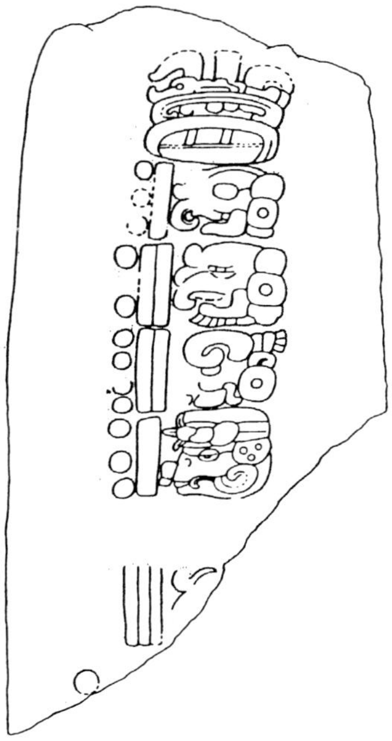

10 Rückseite der Stele 29 von Tikal mit dem frühesten im Maya-Tiefland entdeckten Datum nach dem System der Langen Zählung (8.12.14.8.15, 13 Men), das dem 8. Juli des Jahres 292 n. Chr. entspricht (Zeichnung von W. R. Coe, aus: Miller, 1986).

11 Vorderseite derselben Stele mit der Darstellung eines Herrschers von Tikal (Zeichnung von W. R. Coe, aus: Miller, 1986).

fertigen.[11] Das frühe Klassikum ist gekennzeichnet durch einen starken Einfluß aus Teotihuacán. Aus bislang nicht geklärten Gründen endet der Einfluß in dem Gebiet etwa um das 7. Jahrhundert, und es beginnt die Zeit der kulturellen und wirtschaftlichen Hochblüte der Maya-Zivilisation, die dem späten Klassikum entsprechen sollte. Einige Autoren ziehen eine andere zeitliche Einteilung vor, wonach in der Regel die Endphase des Klassikums die Zeit von 800 bis 1 000 unserer Zeitrechnung umfaßt. Diese sich zweifellos von der vorausgegangenen deutlich unterscheidende Phase wurde insbesondere durch zwei Umstände geprägt: zum einen vom allgemeinen Verfall und der Preisgabe der großen Städte im Tiefland des Südens, die infolge eines sehr kontrovers diskutierten Phänomens, das wir als »Zusammenbruch der Maya-Zivilisation« kennen, von ihrer Bevölkerung verlassen wurden; zum anderen durch das Aufblühen mächtiger Stadtstaaten im Tiefland des Nordens, dessen Glanzzeit in die Periode des Postklassikums fallen sollte. Während dieses letzten Abschnitts des Klassikums erreichte der mayanische Einfluß weit von Mesoamerika entfernte Orte und hinterließ seine Spuren in Stätten wie Cacaxtla, El Tajín und Xochicalco.

Die Entfaltung einer Kultur – Präklassische Periode (1 800 v. Chr.–250 n. Chr.)

Die Frage nach dem Ursprung der Maya-Kultur ist einer der Aspekte, auf den sich die moderne Archäologie besonders konzentriert, und wo sie bedeutende Resultate erzielt hat, auch wenn noch viele Fragen offen bleiben müsen. Die neuen Erkenntnisse widersprechen der traditionellen Vorstellung, die den Ursprung dieser Kultur der klassischen Periode zuordnete, weil man das Präklassikum mit sehr primitiven Dörfern und das Postklassikum mit einer Phase kultureller Dekadenz gleichsetzte, in der die Maya nur noch die Errungenschaften ihrer Vorfahren roh nachahmten. Heute wissen wir, daß die alte Maya-Kultur früher entwickelt, und die späte verfeinerter war als angenommen.

Mit einem kurzen Überblick über einige jüngste Forschungen zum Ursprung dieser großen mesoamerikanischen Zivilisation werden wir versuchen, auf folgende Fragen eine Antwort zu finden: Wie und wo trat sie hervor? Wie hat sie sich im Lauf der Zeit gewandelt und warum? Sind die Errungenschaften der Maya während des Klassikums einem eigenständigen Entwicklungsprozeß zu verdanken oder dem Zustrom höher entwickelter Nachbarn und Eindringlinge?

Glücklicherweise hat die Archäologie in den letzten Jahren wichtige neue Erkenntisse gewonnen, die vor allem die Entwicklung der Maya-Kultur vor jener uns als Klassikum bekannten Glanzzeit betreffen, um die es uns im vorliegenden Buch geht.[12] Obschon die Annahme ganz natürlich ist, daß die prägenden Merkmale der Maya-Kultur nicht plötzlich und unvermittelt im 3. Jahrhundert unserer Zeitrechnung hervortraten, so ist dies in der traditionellen Literatur nicht weiter hervorgehoben worden. Tatsächlich glaubten die Archäologen, daß sich diese komplexe Kultur und Gesellschaft im Tiefland erst kurz vor dem Jahr 300 v. Chr. herausgebildet habe. Man hielt es für ausgeschlossen, daß die primitiven Dörfer des Präklassikums die beeindruckenden Fortschritte entwickelt hätten, von denen die darauffolgende Periode geprägt war, und nahm an, diese seien durch aus anderen Regionen zugewanderte Volksgruppen bewirkt worden. Doch die jüngsten Ausgrabungen haben gezeigt, daß dies nicht zutrifft: Die Eigenständigkeit der Wurzeln, Leistungen und Fortschritte der Maya ist zweifelsfrei erwiesen. Erwiesen ist auch, daß sie zwar niemals isoliert waren und wichtige Einflüsse von anderen mesoamerikanischen Kulturen durchaus aufnahmen, ihre Zivilisation aber nicht das Produkt fremder Eindringlinge darstellt.

Die dauerhafte Seßhaftwerdung in Dörfern mit Ackerbau ist eine Lebensform, die in ganz Mesoamerika den Beginn des Präklassikums markiert. Im Gebiet der Maya beginnt es um 1 800 v. Chr. in den Küstenebenen des Pazifik der heutigen Staaten Chiapas, Guatemala und im Westen von El Salvador. Trotz jüngster Forschungen und aus bislang ungeklärten Gründen hat man keine Fundstätten der frühen präklassischen Periode entdeckt, weder im Hochland noch in der zentralen oder der nördlichen Zone.[13]

Die ersten Dörfer bestanden aus kleinen Häusergruppen aus Lehm und Stroh mit einem Dach aus Palmblättern oder Reisiggeflecht; sie befanden sich stets in der Nähe irgendeiner

Wasserstelle, die ja die Feldbestellung erst ermöglichte. Die Bewohner dieser Dörfer schufen eine sehr kunstvolle Keramik, die zu den ältesten Mexikos zählt, und führten die Tradition der Figurinen aus gebranntem Ton ein (Abb. 13), die sich während der ganzen Periode großer Beliebtheit erfreuen sollten. Mit der Zeit schlossen sich die Dörfer der Region zu politischen Gruppen unter der Oberherrschaft einer größeren Ansiedlung (mit etwa 1 000 Einwohnern) zusammen, die als Kapitale fungierte. In diesen Hauptstädten sind zum ersten Mal Zeichen eines hierarchischen sozialen Gefälles feststellbar: Einige Häuser sind viel größer als andere, in bestimmten Gräbern wurden reichere Opfergaben gefunden als in anderen usw.

Vor dem Jahr 1 000 v. Chr. ist in dieser flachen Küstenebene ein starker Einfluß der olmekischen Hochkultur zu beobachten, die sich an den Küsten des Golfs von Mexiko entwickelte und ihre höchste Blüte im Mittleren Präklassikum erleben sollte.

Zwischen 1 000 und 300 v. Chr. beginnt sich die übrige Maya-Region durch die Ausbildung von landwirtschaftlichen Dörfern im Hochland wie im Tiefland zu wandeln. Es ist schwierig, die kulturelle Entwicklung in dieser Phase zu charakterisieren, da wir sehr wenig darüber wissen. Die materiellen Spuren sind nämlich aufgrund des mesoamerikanischen Brauchs der Überbauung unter Gebäuden und Plattformen aus vorangegangenen Kulturphasen sehr tief im Boden verborgen. Daher ist der ethnische Ursprung der ersten

DATUM	PERIODEN	TIEFLAND DES NORDENS	TIEFLAND DES SÜDENS	HOCHLAND UND PAZIFISCHE KÜSTE
1530	Kolonialzeit	1528: F. de Montejo erobert Yucatán	1697: Eroberung von Tayasal, der letzten unabhängigen Stadt der Maya	1523: P. de Alvarado erobert das Hochland
1200	Spätes Postklassikum	Mayapán	Tayasal (Itzá)	Staaten der Quiché und Cakchiquel
1000	Frühes Postklassikum	Toltekischer Einfluß in Chichén Itzá	Itzá	
900	Endphase des Klassikums		910: Stele von Itzimté	
600	Spätes Klassikum	Puuc Chenes Río Bec	Höhepunkt der Maya-Städte	Cotzumalhuapa
250	Frühes Klassikum		534–593: Unterbrechung der Inschriften 292: Stele 29 von Tikal	Teotihuacanischer Einfluß in Kaminaljuyú
100	Protoklassikum			Chiapa de Corzo
300	Spätes Präklassikum	Erste Monumentalbauten	Uaxactún: E VII-sub	Kaminaljuyú (Phase Miraflores) El Baúl Abaj Takalik
800	Mittleres Präklassikum			Izapa
2000	Frühes Präklassikum		Erste Besiedlung in Cuello (Belize)	Ocós

12 Zeittafel des Maya-Gebiets.

seßhaften Siedler noch ungewiß, doch die erhaltenen Überreste beweisen, daß sie schon Keramik herzustellen verstanden, daß sie keine Schrift besaßen und in den Künsten und der Architektur noch sehr schwach entwickelt waren. Gruppen von Bauern ließen sich in kleinen Dörfern nieder, widmeten sich hauptsächlich dem Maisanbau und beteiligten sich bereits am beginnenden Tauschhandel.

Einer der bekanntesten in dieser Periode bewohnten Orte ist die in einem weiten und fruchtbaren Tal im Westen von Guatemala-Stadt im Hochland gelegene Ruinenstätte Kaminaljuyú. Die frühesten Dörfer des Tieflandes hat man etwa im Tal von Copán in Honduras, in Altar de Sacrificios und Seibal im guatemaltekischen Petén – deren Überreste auf eine gewisse Beziehung zur olmekischen Kultur verweisen – und in Cuello im Norden von Belize archäologisch erfaßt.

Bis zur Mitte des Präklassikums war die Bevölkerung der Zentralzone überraschend stark angewachsen, und die kleinen Dörfer begannen sich in Städte zu verwandeln, in denen sich Anfänge der öffentlichen Monumentalarchitektur erkennen lassen. In Nakbé, im Norden des guatemaltekischen Petén, hat man zum Beispiel große, allerdings noch immer sehr schlichte Gebäude und Plattformen gefunden, die aus dem Jahr 750 v. Chr. datieren, die aber belegen, daß das einfache Leben der Dorfgemeinschaft komplexere Züge annahm. In dieser Epoche wurden die Grundlagen für einen kulturellen und sozialen Wandel gelegt, doch es sollten noch einige Jahrhunderte vergehen, bevor sich in der letzten Phase des Präklassikums die charakteristischen Merkmale der Maya-Kultur zu zeigen begannen.

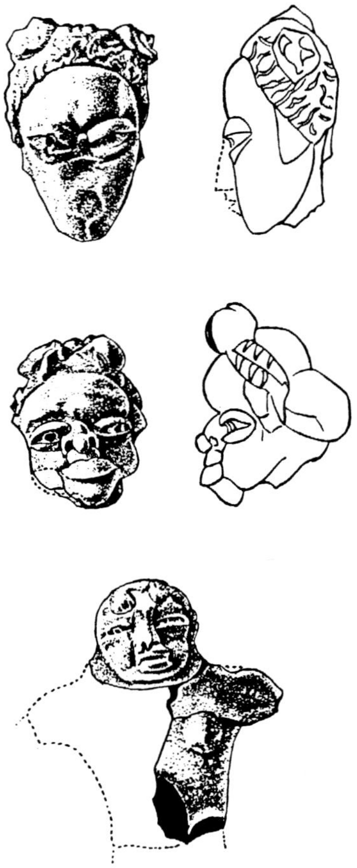

13 Tonfigurinen des Ocós-Stils, frühe präklassische Periode (aus: M. Coe, 1987).

Bei etlichen der jüngsten archäologischen Projekte hat man sich darauf konzentriert, die kulturellen Spuren zu erforschen, die der klassischen Periode unmittelbar vorausgehen. Die Ergebnisse haben gezeigt, daß es mindestens seit dem Jahr 300 v. Chr. – dem Jahr, das den Beginn des Späten Präklassikums (von einigen Autoren Protoklassikum genannt) markiert – in der gesamten Maya-Region schon komplexe urbane Zentren gab. Heute weiß man, daß in dieser Epoche die Klassenunterschiede bereits fest verankert waren, und man begonnen hatte, das für die Blütezeit so charakteristische politische System der dynastischen Thronfolge zu institutionalisieren. Die Systeme von Schrift, Zählung und Kalender entstanden; in großem Maßstab wurden monumentale Architekturprojekte in Angriff genommen, die Orte wie Tikal, Cerros, Lamanai, Cuello oder Dzibilchaltún (Abb. 14, Farbtafeln 46–48) in höchst komplexe protourbane Zentren verwandelten. In der ganzen Region begann sich ein gemeinsamer Kunststil durchzusetzen, so schmückten die Künstler in Orten wie Uaxactún, Cerros, Tikal, El Mirador, Lamanai und Nakbé die pyramidenförmigen Plattformen mit spektakulären Stuckmasken der von ihnen verehrten Gottheiten (Abb. 15, 16, Farbtafeln 7, 8, 48). An vielen Stätten findet man nun komplexe ikonographische Symbole wie etwa das Zeichen der Venus, die mit dem Krieg in Beziehung zu stehen scheint. Auf regionaler Ebene hielten die Maya-Zentren untereinander Kontakt, da sie sich aktiv an einem fruchtbaren Güteraustausch beteiligten, wie das Aufblühen von Manai bezeugt, eines Hafens im Norden von Belize, wo zwischen dem Hochland und der Tiefebene mit Rohstoffen und Fertigwaren Handel getrieben wurde. In dieser Phase taten sich Izapa

14 Die Struktur N10-43 von Lamanai, Belize, ein Beispiel der für das späte Präklassikum typischen großen Pyramiden (aus: M. Coe, 1987).

und Kaminaljuyú in der südlichen und El Mirador, Uaxactún (Farbtafeln 4–8) und Tikal im Herzen der zentralen Zone hervor. In den ersteren hat man die Prototypen der Gottheiten des Maya-Pantheons des Klassikums gefunden, ebenso die frühesten Zeugnisse für den Gebrauch des Kalenders und der Schrift. Die Orte der Zentralzone sind der Schlüssel zum Verständnis der Entwicklung der komplexen Städte, die die folgende Phase kennzeichnen sollten. In der nördlichen Zone verkörpert sich das Späte Präklassikum in Stätten wie Edzná in Campeche, dessen Einwohner ein kompliziertes Wasserspeichersystem konstruierten.

In der Südzone blühte eine Kultur mit den Charakteristika, die später, in der Glanzzeit der Maya-Kultur, als deren entscheidende Merkmale auftreten sollten. Gemeint ist die Izapa-Kultur, die sich aus der Verbindung von olmekischem Einfluß und örtlichen Kulturen gebildet haben soll und sich an Stätten wie Abaj Takalik, El Baúl, Kaminaljuyú und Izapa selbst – dem Ort, nach dem diese Kultur benannt ist – entwickelte.

Der olmekische Einfluß prägte die Geschichte der Maya ganz entscheidend, war er doch mit Sicherheit für die Einführung des Kalenders und der Schrift in der Region verantwortlich. Tatsächlich sind die ältesten Monumente Mesoamerikas mit Langer Zählung an Orten gefunden worden, an denen diese Kultur blühte: In Tres Zapotes, Veracruz, hat man die Stele C mit einer Datierung entdeckt, die dem Jahr 31 v. Chr. entspricht (Abb. 17), eine Stele von Chiapa de Corzo im Herzen von Chiapas trägt ein dem Jahr 36 v. Chr. (Abb. 190) entsprechendes Datum, und die Stele 1 von La Mojarra, einer Stätte im Süden von Veracruz, Inschriften, die mit unseren Jahren 143 und 156 v. Chr. (Abb. 19) gleichzusetzen sind. Im Maya-Gebiet setzte der Gebrauch der Langen Zählung und der Schrift an den Orten der Südzone ein, wo die Izapa-Kultur blühte, dann verbreiteten sie sich im Tiefland.

Izapa wurde an der Pazifikküste, im Bergland des südöstlichen Chiapas gegründet. Noch immer gehen die Meinungen darüber auseinander, ob dieser Ort zum Maya-Gebiet zählt oder nicht: Geographisch gesehen liegt er an dessen südwestlicher Grenze und kulturell gesehen war er von einer Bevölkerung bewohnt, deren Sprache mit dem Mixe-zoque verwandt war, einer Sprachfamilie, der einigen Forschern zufolge auch die Olmeken angehörten. Aus diesem Grund, und weil sich hier die direkten Vorboten einiger der später die Maya-Kultur prägenden Merkmale finden, hält man Izapa für die räumliche und zeitliche Naht- und Verbindungsstelle zwischen den Olmeken des Mittleren Klassikums und den Maya des Frühen Klassikums. Wenngleich der Ort bereits ab dem Anfang des Präklassikums besiedelt war, trat der Glanz der Izapa-Kultur mit dem sie kennzeichnenden vollendeten künstlerischen Stil erst in der Spätphase dieser Periode auf, als sich die direkten Vorläufer der Maya-Kultur herausbildeten: mit Flachreliefs verzierte Stelen und Altäre, die mythische und historische Szenen zeigen (Abb. 18, 58, 59, 60, 132, 166; Farbtafeln 87, 88); Darstellungen von Vorfahren der Herrscher oder Prototypen der Gottheiten, die das Pantheon der Maya bilden sollten; auch wurden ikonographische Motive eingeführt, die später während des Klassikums in der Kunst der Zentralzone auftauchten. Hier haben sich keine Zeugnisse für den Schrift- und Kalendergebrauch gefunden, aber in Abaj Takalik, einem nahegelegenen Ort, der ebenfalls das Eindringen olmekischen Gedankenguts verrät, beginnen In-

15 Einige Beispiele präklassischer Masken. *Oben:* Maske der Struktur E VII-sub von Uaxactún (aus: Covarrubias, 1957). *Mitte:* Darstellung des Sonnengottes aus dem ersten Tempel von Cerros, Belize. *Unten:* Räuchergefäß aus Ton, gefunden im Dorf von Cerros (aus: Schele und Freidel, 1990).

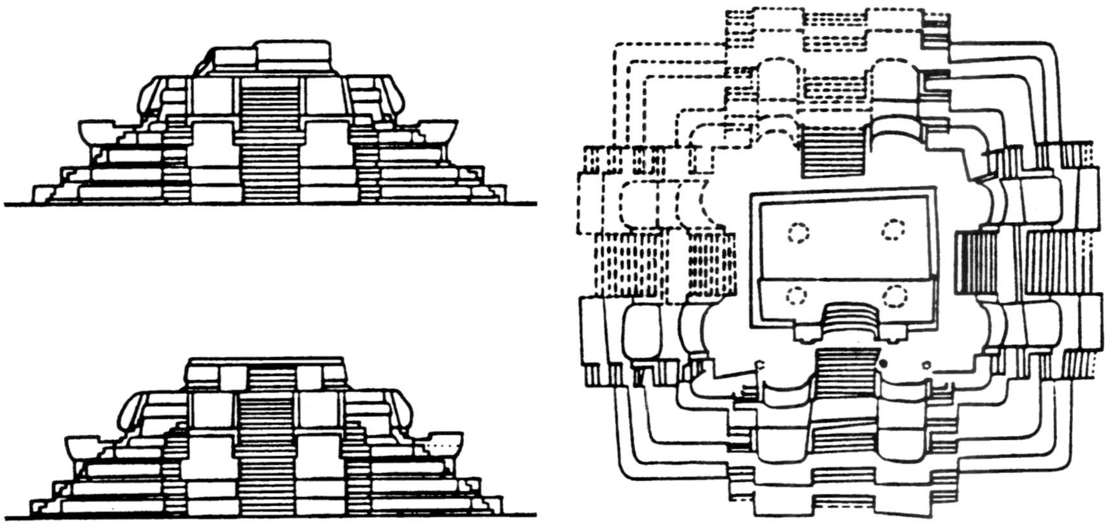

16 Aufsicht und Seitenansichten der Struktur E VII-sub von Uaxactún, Guatemala (aus: Kubler, 1984).

schriften mit Datierungen nach der Langen Zählung aufzutreten, wie etwa bei der Stele 2 im reinen Izapa-Stil (Abb. 21). Weiter im Südosten findet sich der Ort El Baúl, in dem man Stele 1 mit einer Datierung nach der Langen Zählung gefunden hat, die dem Jahr 37 n. Chr. unserer Zeitrechnung entspricht (Abb. 21).

Im Hochland blühte der Izapa-Stil während seiner Miraflores-Phase (Spätes Präklassikum) in Kaminaljuyú. Die meisten Hügel der Fundstätte gehören der Zeit an, als der Ort die wirtschaftliche und politische Kontrolle über einen Großteil der Region und auch starken Einfluß auf das Tiefland des Südens ausgeübt haben dürfte. Sehr interessant ist, daß hier zum ersten Mal im Maya-Gebiet Pyramiden als Grabmonumente dienten, denn man hat luxuriöse, im Inneren von pyramidenartig gestuften Monumenten angelegte Gräber entdeckt, die von reichen Beigaben und Menschenopfern begleitete Bestattungen bargen. In Kaminaljuyú sind zahllose Skulpturen im Izapa-Stil, wie etwa die riesigen Granitstelen mit Izapa-Gottheiten (Abb. 20), zu finden. Eine dieser Stelen trägt einen Text, dessen Schrift zwar formal der Maya-Schrift des Klassikums ähnelt, aber noch nicht entziffert werden konnte. Kaminaljuyú war bereits im ausgehenden Präklassikum eine verlassene Ruinenstadt, knüpfte aber durch den Zustrom von Volksgruppen aus dem Zentrum von Mexiko bald erneut an seinen alten Glanz an.

Die in El Mirador durchgeführten Untersuchungen haben dazu beigetragen, irrige Annahmen der traditionellen Archäologie zu korrigieren, ist doch dieser Ort ein schlagendes Beispiel für die großartige Entwicklung, die die Maya der Zentralzone ab dem Präklassikum durchgemacht hatten. Tatsächlich war diese Stätte wegen ihrer Größe und der Pracht ihrer Bauten als repräsentativ für die Klassische Periode eingestuft worden – das war jedoch vor dem 1979 von Ray T. Matheny in Angriff genommenen Projekt. Heute wissen wir, daß diese Stätte viele Jahre vorher, während des späten Präklassikums, blühte und von Zehntausenden von Menschen bewohnt war. Durch die riesigen Dimensionen der von El Mirador inmitten des guatemaltekischen Regenwalds des Petén eingenommenen Fläche (ungefähr 16 Quadratkilometer) mit den beeindruckenden, um 150 v. Chr. errichteten Gebäudekomplexen von El Tigre oder Danta, angesichts der mit reliefierten Stelen und glatten, vielleicht bemalten Altären geschmückten Plazas, der gepflasterten Straßen und Wasserreservoirs, besteht nicht der geringste Zweifel, daß wir eine der ersten Metropolen der zivilisierten Welt der Maya vor uns haben. Aus den Forschungen an diesem Ort haben sich sehr wichtige Erkenntnisse ergeben, denn aufgrund der archäologischen Belege und unter Berücksichtigung dessen, was die Erhaltung einer Stadt dieser Ausdehnung impliziert, hat man auf die große Komplexität der Maya-Gesellschaft seit der vorklassischen Periode rückschließen können. Die strategische Lage von El Mirador zwischen der Halbinsel Yucatán und dem Süden des Maya-Gebiets sowie das Straßennetz, das die Stadt mit anderen

17 Rückseite der Stele C von Tres Zapotes, Veracruz, mit dem Datum (7.16.6.16.18 [6 Etznab]), das dem 3. September des Jahres 31 v. Chr. entspricht (aus: Marcus, 1992).

18 Stele 23 (links) und 7 (rechts) von Izapa, Chiapas (aus: Lowe, Lee und Martínez Espinosa, 1982).

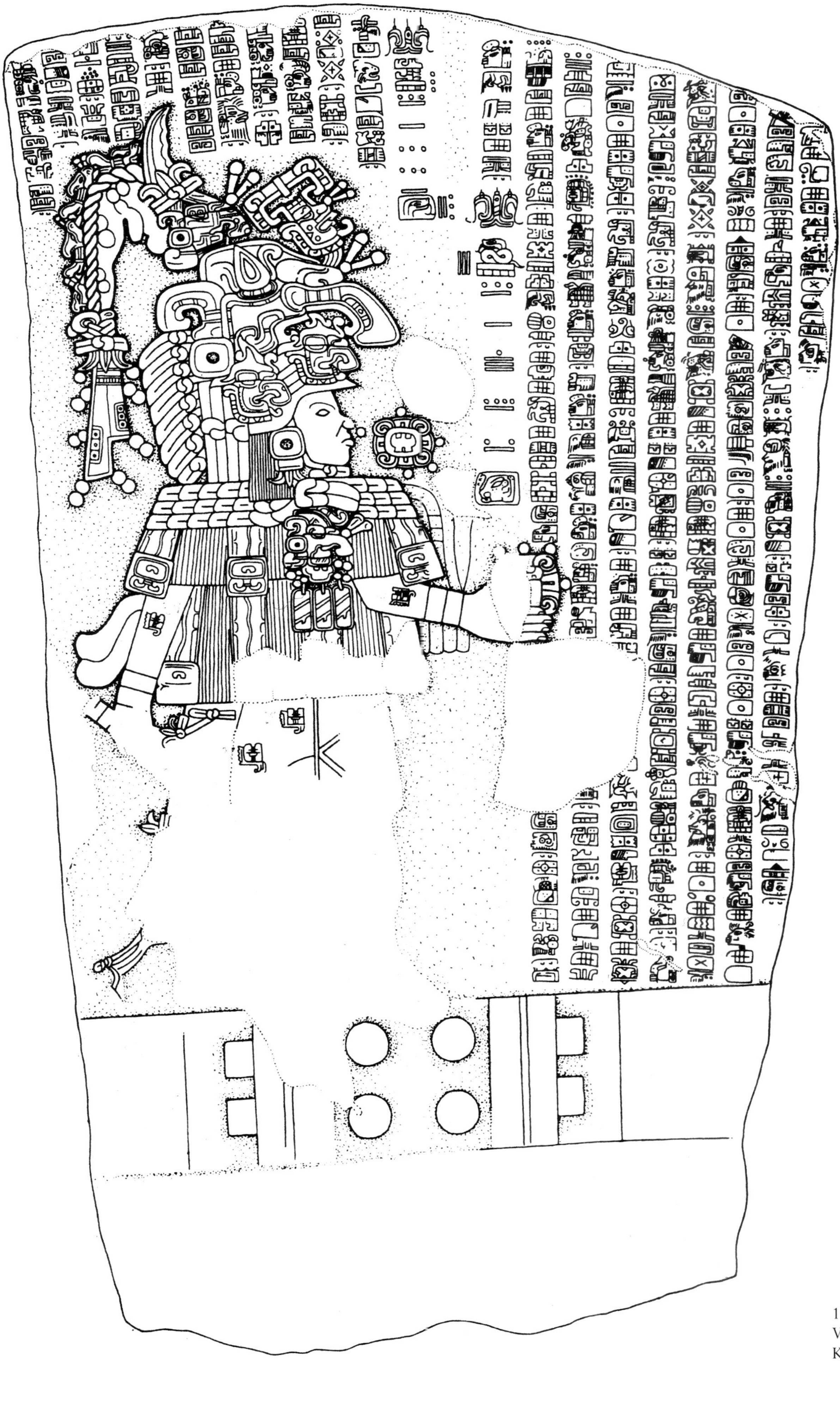

19 Stele 1 von La Mojarra, Veracruz (aus: Justeson und Kaufman, 1993).

20 Stele 11 von Kaminaljuyú (aus: *Palenque. Esplendor del arte maya*).

Zentren des Präklassikums verbindet, weisen darauf hin, daß der Ort möglicherweise zur Kontrolle des regionalen Handels gewählt wurde, was uns eine Vorstellung von der Wichtigkeit gibt, die dieser Austausch gewonnen hatte. Andererseits deutet die nur kurze Blütezeit von etwa 300 Jahren und das baldige Verlassen der Stadt (um 150 n. Chr.) auf eine zwischen den Machtzentren in dieser Epoche existierende Konkurrenzsituation. El Mirador wurde viele Jahre später während des Klassikums wieder besiedelt. Die neuen Einwohner bauten ihre Häuser über den alten und reaktivierten die gewaltigen Tempel und öffentlichen Bauten der präklassischen Stadt.

Man hat festgestellt, daß die Mehrzahl der Bauten von Uaxactún der späten präklassischen Periode entstammen, und daß dort damals schon das »falsche Gewölbe« in Gebrauch war. Bei der Beschäftigung mit dieser Periode in Tikal hat man außergewöhnliche Wandmalereien in Tempeln und Gräbern gefunden (Abb. 22, 152, 153), die in dem in Kaminaljuyú vorherrschenden Izapa-Stil ausgeführt waren.

Wir wissen heute, daß die kulturellen Fortschritte in dieser Periode außergewöhnlich waren, und daß die Zivilisation der Maya ihre Wurzeln in derselben Region hatte. Die Maya des Klassikums erbten von den alten Siedlern eine glänzende Kultur, die sie zu höchsten Höhen weiterentwickelten. Aber sie übernahmen als deren Vermächtnis auch soziale Probleme wie Übervölkerung, Rivalität zwischen den Hauptzentren und Machtkämpfe, die sie zwingen sollten, neue Formen politischer und ökonomischer Ordnung zu etablieren. Ein Zeichen des beginnenden Wandels war die Einführung der Schrift und des Kalenders nach dem System der Langen Zählung im Tiefland des Südens, wo sie zur politischen Propaganda eingesetzt wurden. Das älteste Datum nach der Langen Zählung, in ein Monument der zentralen Zone eingemeißelt, markiert den Beginn der glanzvollsten Periode der Maya-Kultur.

Das Maya-Territorium in der klassischen Periode (250–850 n. Chr.)

Allgemeine Grundlagen der Maya-Kultur

Die kulturellen Merkmale, deren Entwicklung wir seit dem Präklassikum verfolgt haben, beginnen sich in einem Großteil des Maya-Gebiets allgemein durchzusetzen; zunächst in Verbindung mit kulturellen Einflüssen aus Izapa und Teotihuacán, danach jedoch mit eigenständigem Charakter. Im Klassikum entstehen überall große Städte mit monumentalen Gebäuden, aus Bruchsteinen mit Mörtel gemauert, die aus verschiedenen Grundelementen nach bestimmten, sehr harmonisch wirkenden Bauprinzipien konstruiert sind. Die Plazas

21 Stele 2 von Abaj Takalik, Guatemala (aus: Bernal, 1969) und Stele 1 von El Baúl, Guatemala, datiert in das Jahr 37 n. Chr. (aus: M. Coe, 1987).

vieler Zeremonialzentren sind geschmückt mit Stelen und Altären, die Porträts ihrer Herrscher und ausführliche Texte mit Datierungen nach der Langen Zählung zur Schau stellen; viele der um diese Plazas gruppierten Tempel sind mit einer *cresteria* – einem ornamentalen Dachkamm – bekrönt und erreichen eine beeindruckende Höhe. An einigen Orten haben die mayanischen Baumeister die Innenräume der Gebäude mit einem »falschen Gewölbe« überwölbt. Der verfeinerte Stil der Maya tritt deutlich in der Malerei in Erscheinung – wie man aus der polychromen Keramik oder den außergewöhnlichen Wandgemälden ersehen kann –, aber auch in der Skulptur, wie die Stelen, Türstürze und Tafeln mit herrlich gearbeiteten Flachreliefs zeigen, die Plazas, Paläste und Tempel schmücken. In dieser Epoche wächst die Bevölkerung beträchtlich, Landwirtschaft und Handel werden intensiviert, und es finden ständig Kriege um die Macht statt.

Wie zuvor erwähnt, ist diese Periode aufgrund der Unterschiedlichkeit der archäologischen Funde in zwei Phasen aufgeteilt worden. Diese Differenzen sind zweifellos als Reaktion auf einen tiefgreifenden Umsturz in der sozialen Ordnung zu werten, den man auch daran ablesen kann, daß zeitweilig die Errichtung von Monumenten mit Inschriften unterbrochen wurde (534–593 n. Chr.). In der ersten Phase – dem frühen Klassikum – verraten die Funde einen starken teotihuacanischen Einfluß: Es finden sich mayanische Imitationen der für die Metropole Zentralmexikos charakteristischen dreifüßigen Gefäße, importierte Gegenstände aus dem grünen Obsidian der von Teotihuacán kontrollierten Minen des Staates Hidalgo, und an einigen Orten ist die *talud-tablero*-Bauweise festzustellen. In der zweiten Phase – dem späten Klassikum – hört dieser Einfluß auf, die Maya-Kultur erhält wieder einen eigenständigen Charakter, und die Region erlebt die Zeit des höchsten Glanzes.

Wie in der vorhergehenden Epoche auch, erwies sich die Südzone weiterhin für fremde Einflüsse empfänglich. In der ersten Phase des Klassikums waren es die der Kultur von Teotihuacán – der das Zentrum Mexikos beherrschenden Hauptstadt –, die sich im Hochland des Maya-Gebietes, wo zuvor die Izapa-Kultur geblüht hatte, zu zeigen begannen. Erinnern wir uns zum Beispiel, daß Kaminaljuyú im ausgehenden Präklassikum verlassen, in der Folge jedoch erneut besiedelt wurde und um das Jahr 400 n. Chr. Bedeutung erlangte, in einer Zeit also, in der der teotihuacanische Einfluß vor allem in der Architektur seines Zeremonialzentrums (Abb. 24, 25) in Erscheinung trat. Das Problem ist, daß wir sehr wenig über die Art der Beziehung zwischen beiden Orten wissen. Vielleicht wurde Kaminaljuyú in dieser Epoche wieder als wichtiger Umschlagplatz reaktiviert, da die Stadt ja durch ihre strategische Lage die Möglichkeit hatte, den Zugang zu den verschiedenen Nahrungsmittelressourcen zu kontrollieren. Es kann aber auch sein, daß ihre reichen Einwohner aus Prestigegründen Objekte aus Teotihuacán importierten (Abb. 26) und den Baustil dieser großen Stadt kopierten, die in der damaligen mesoamerikanischen Welt so sehr en vogue war. Einige Wissenschaftler vertreten aber auch die Meinung, daß die guatemaltekische Stadt durch die Teotihuacaner erobert und in eine Enklave umgewandelt wurde, da man von hier aus die Produktion und Verteilung von so wichtigen Gütern wie Obsidian aus El Chayal (Abb. 23), Jade aus dem Becken des Motagua und Kakao von der Küste des Pazifiks bis nach Zentralmexiko hinein kontrollieren konnte. Tatsache ist, daß der Einfluß von Teotihuacán in dieser Epoche in der Südzone vorherrscht, und daß auch, als gewisse mayanische Merkmale auftauchen, seltsamerweise die wichtigsten fehlen: So haben sich weder Inschriften nach dem System der Langen Zählung noch monumentale Skulpturen wie Stelen und Altäre oder »falsche Gewölbe« gefunden.

Dagegen blüht die Maya-Kultur in der Zentralzone mit den bereits erwähnten und für diese Kultur typischen Charakteristika. Das politische System der dynastischen Thronfolge wird etabliert, und es gibt Eroberungs- und Erbfolgekriege, nach denen sich die Politik der Region richten sollte. In einigen Orten dieser Zone, etwa in Tikal, Uaxactún und Yaxhá, ist die teotihuacanische Präsenz zwar offensichtlich, wird aber weithin verkannt. Gleichwohl besteht allgemeine Einigkeit über die Existenz von teotihuacanischen Kolonien in bestimmten Gegenden und über die intensiven Handelsbeziehungen der Stadt vor allem im Gebiet des Petén und Zentralmexikos, wie es die in beide Gegenden importierten Materialien belegen. Man nimmt an, daß Teotihuacán einen gewissen Einfluß auf die politischen Angelegenheiten einiger Stätten besaß; das scheint jedenfalls eine Stele aus Tikal anzuzeigen, auf der die dargestellten Maya-Könige nach teotihuacanischer Art kriegerisch geschmückt sind

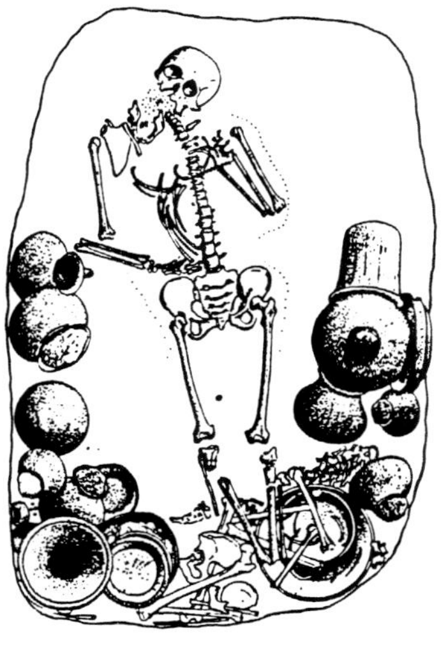

22 Grab 166 von Tikal, ein Beispiel für die Bestattungsbräuche der Maya des Präklassikums (aus: W. R. Coe, 1977).

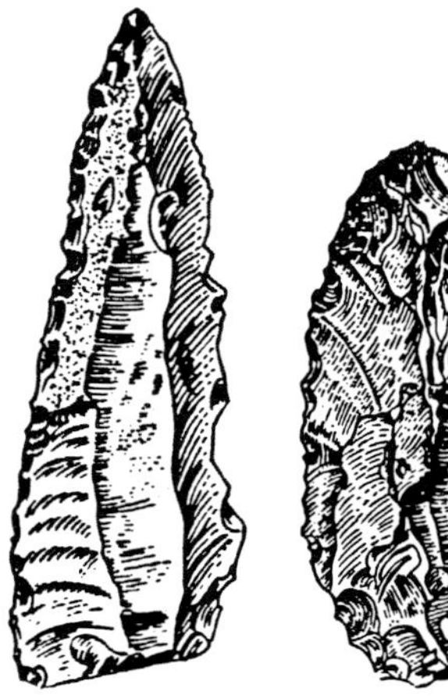

23 Obsidianwerkzeuge aus der guatemaltekischen Lagerstätte El Chayal (aus: M. Coe, 1987).

24 Dekordetail eines aus Tikal stammenden Maya-Gefäßes, auf dem ein Bauwerk im teotihuacanischen Stil erscheint (aus: Freidel, Schele und Parker, 1993).

(Abb. 27; Farbtafel 89). Dies könnte bedeuten, daß die tatsächliche königliche Dynastie aus der bedeutendsten Metropole Zentralmexikos kam, vielleicht via Kaminaljuyú, oder auch, daß die Könige teotihuacanische Symbole und Kriegsschmuck wegen des Prestiges trugen, das diese für sie verkörperten, und in der eindeutigen Absicht, die Lineage oder Abstammungslinie zu legitimieren. Worin auch immer das Wesen dieser Beziehung bestand, die archäologischen Funde zeigen, daß zwischen dem 4. und 5. Jahrhundert unserer Zeitrechnung die intensivsten Kontakte zwischen der Zentralzone des Maya-Gebiets und Teotihuacán bestanden.

Über die frühe Phase des Klassikums in der Nordzone ist noch sehr wenig bekannt: Stilistisch gesehen zeigen die Überreste einen Bezug zu den Lokalstilen der Zentralzone, vor allem zu der Region des Petén. Der teotihuacanische Einfluß erreichte auch diese abgelegenen Orte, wie einige architektonische und symbolische Motive belegen, die an Fundstätten der Halbinsel Yucatán wie Acanceh, Dzibilchaltún und Becán entdeckt wurden.

Anfang des 7. Jahrhunderts begann der politische und wirtschaftliche Untergang von Kaminaljuyú in der Südzone, während gleichzeitig eine schwere Krise das Kerngebiet der Zentralzone erschütterte: Aus bisher noch ungeklärten Gründen[14] hörten zwischen 534 und 593 n. Chr. die Bewohner auf, Stelen zu errichten und verstümmelten systematisch die öffentlichen Monumente ihrer Zeremonialzentren, wenngleich sie die Orte nicht verließen. Jahre später stabilisierte sich die Lage, der teotihuacanische Einfluß riß ab, und es begann die glanzvollste Epoche in der Region, die uns als Spätes Klassikum bekannt ist. Doch im Osten der Zone, in Orten wie Caracol oder Copán, vollzog sich der Übergang zwischen den beiden Phasen der klassischen Periode auf andere Art, und während der erwähnten Krisenzeit wurden sehr wohl Monumente mit Glypheninschriften errichtet. In Caracol demonstrieren die Inschriften die politische Macht der regierenden Dynastie, und in Copán gab es – vielleicht weil es geographisch isoliert war – keine gewalttätigen Auseinandersetzungen wie im Petén; seine Anfang des 5. Jahrhunderts gegründete Dynastie setzte sich ununterbrochen bis 820 n. Chr. fort.

Das späte Klassikum war die glanzvollste Epoche, doch muß betont werden, daß sie nicht in allen Zonen identisch ablief. Die Entwicklung im Hochland der Südzone begann schrittweise nachzulassen, und an der Pazifikküste, in den fruchtbaren Gebieten am Fuß der Berge, entstand die als Cotzumalhuapa bekannte Nahua-Kultur der Pipilen (Abb. 28).

In der Nordzone zeichnen sich zwei Traditionen oder Kultursphären ab: eine im Osten der Halbinsel Yucatán mit Cobá als bedeutendster Stadt, und eine von den Zentren Uxmal und Kabáh dominierte im Westen der Halbinsel. Die erstgenannte Tradition zeichnet sich hauptsächlich durch deutliche Einflüsse aus dem Petén aus und die zweite durch die Entwicklung einer regionalen künstlerischen Ausdrucksweise, die als Puuc-Stil bekannt geworden ist. Es war die Zentralzone, der es nach der Periode politischer Instabilität auf beeindruckende Weise gelang, neu aufzuerstehen. Städte wie Tikal, Copán, Toniná, Palenque,

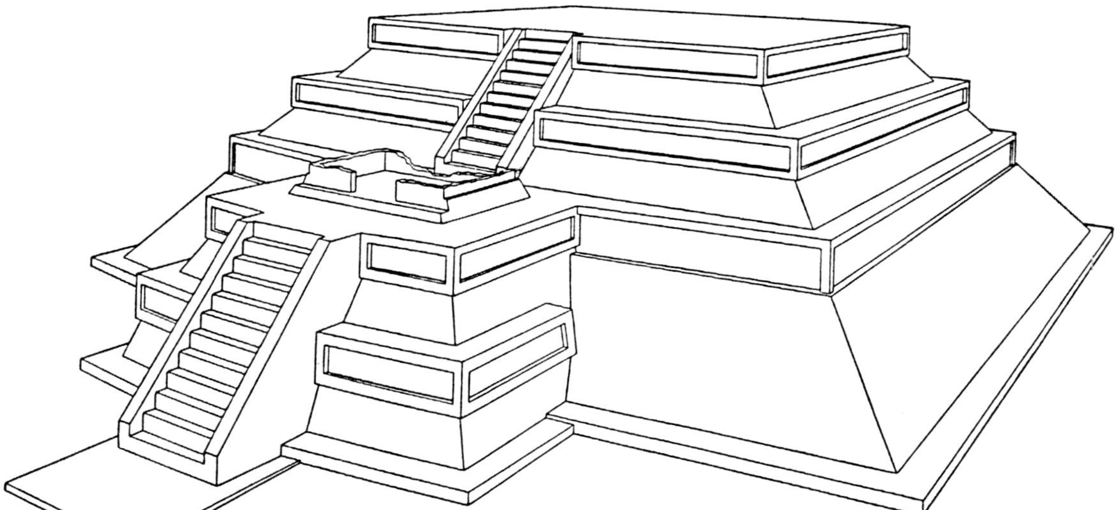

25 Bauwerk im teotihuacanischen Stil, Kaminaljuyú, Guatemala (aus: Willey, 1966).

Bonampak und Yaxchilán erreichten in dieser Epoche ihre höchste Bevölkerungszahl und einen architektonischen und künstlerischen Höhepunkt ohnegleichen.

26 Teotihuacanisches Dreifußgefäß aus Kaminaljuyú (aus: Willey, 1966).

Siedlungsmuster und politisches System

Unter den frühen Entdeckern und den Anfang dieses Jahrhunderts tätigen Archäologen bestand niemals der geringste Zweifel, daß die Maya-Ruinen der klassischen Periode Überreste herrlicher Städte waren, deren Tausende von Einwohnern in Hütten rings um die monumentalen Anlagen lebten. Doch ab den dreißiger Jahren begannen Thompson und andere Archäologen, die diametral entgegengesetzte Vorstellung zu verbreiten, nämlich daß im Maya-Gebiet nicht reale Städte existiert hätten, sondern vielmehr »unbewohnte« Zeremonialzentren, zu denen die Bevölkerung der bäuerlichen Gemeinschaften lediglich an Fest- oder Markttagen pilgerte. Diese Zeremonialzentren hätten einem weitläufigen Territorium gedient, dessen Bewohner sich an der Errichtung und Erhaltung der öffentlichen Gebäude beteiligten.

In diesem Fall also kehrt die moderne Archäologie zu angeblich überwundenen Thesen zurück, doch nun auf einer weit solideren Grundlage, besonders unter Einbeziehung detaillierter Forschungen über die Siedlungsmuster.

Die Pionierarbeit bei der Anwendung dieser Studien in Mesoamerika leistete Gordon R. Willey, der das Siedlungskonzept als die Art und Weise definierte, in der der Mensch seine Wohnstätten und andere für das Gemeinschaftsleben wichtigen Gebäude im Raum verteilt, indem er sie gleichzeitig dynamisch auf seine natürliche Umwelt bezieht. Die Untersuchung verschiedener Siedlungsmuster bietet nach Willey bedeutende Schlüsselerkenntnisse über Technologie und Kontrollinstanzen der Gesellschaften, von denen die besagten Modelle getragen wurden. Daher ist es heute unerläßlich, nicht nur die monumentalen Bauten

27 Stele 31 von Tikal mit dem Datum 445 n. Chr. Der Herrscher »Sturmhimmel« wird von zwei Personen flankiert, deren Kleidung teotihuacanische Elemente aufweist (aus: Schobinger, 1994).

28 Stele 3 von Bilbao, Santa Lucia Cotzumalhuapa (aus: Willey, 1966).

im urbanen Kern einer Fundstätte zu untersuchen, sondern auch die niedrigen Plattformen, auf denen die bescheidenen Häuser der Bauern standen sowie die in der Nähe befindlichen Brunnen, die Topographie und die Beschaffenheit der Böden der Umgebung. Die anhand dieser Informationen erstellten Karten werden analysiert, um Modellmuster zu finden und den Gebäuden wie auch dem gesamten Siedlungskomplex mögliche Funktionen in Bezug auf die Landschaft zuzuordnen. Dank dieser Forschungen wissen wir heute zum Beispiel, daß Tikal eine wirkliche Stadt und nicht nur ein prächtiges Zeremonialzentrum war: Die sorgfältige Untersuchung und Kartierung offenbarte eine sehr hohe Bevölkerungsdichte mit Tausenden von Wohnhügeln, die ein weit umfangreicheres Gebiet rings um das Zeremonialzentrum bedeckten, als man gedacht hatte (Abb. 29; Farbtafel 10). In Tikal lebten um das Jahr 600 n. Chr. an die 40 000 Einwohner auf einer sich rings um den monumentalen Kern erstreckenden Fläche von 63 Quadratkilometern. Ein Teil der Bevölkerung widmete sich der Landwirtschaft und ein anderer Teil künstlerischen, religiösen, militärischen, administrativen und kommerziellen Aktivitäten, so daß hier eine echte städtische Gemeinschaft existierte.

Die Maya-Städte, so prächtig sie auch waren, zeigen dennoch keinen ähnlich geordneten Plan wie den von Teotihuacán.[15] Es scheint eher, daß sie anarchisch wucherten; nach und nach wurden immer mehr Tempel, Paläste und ganze Komplexe hinzugefügt, was es sehr schwierig macht, ihre Grenzen festzulegen.[16] Eine typische Maya-Stadt bestand aus einem zeremonialen und administrativen Zentrum, umgeben von unregelmäßig über die weiten Areale verteilten Wohnhäusergruppen, in denen die Mehrzahl der Bevölkerung wohnte.

In den Zeremonialzentren lagen Tempel, königliche Paläste, öffentliche Gebäude und Plazas. Dort wohnte die herrschende Schicht, dort wurden die administrativen und religiösen Aufgaben erfüllt, und dort versammelten sich die Einwohner der Stadt, um an besonderen Ereignissen teilzunehmen.

Diese Zentren waren wahre kosmologische Modelle, wie Form, Anordnung und Fassadendekor ihrer Bauten vor Augen führen. In einigen Fällen herrschte bei der Gruppierung der Tempel eine triadische Ordnung vor – ein Haupttempel und zwei einander gegenüberstehende bilden eine zentrale Plaza –, die vielleicht in Bezug zu der Triade der Götter steht, die immer wieder in der Maya-Mythologie auftaucht. Andererseits symbolisierten die Plazas und Pyramiden der Maya-Städte die von den Göttern erschaffene heilige Landschaft: Die auf der Plaza errichteten Stelen verkörperten offensichtlich kosmische Bäume, die Unterwelt und Himmel verbanden, und die Altäre – die den Stelen fast stets gegenüberstehen – galten als Abbild und Sinnbild der Erde, aus deren Schoß Pflanzen und Menschen hervorgehen. Die pyramidenförmigen Tempel sind wie heilige Berge oder *uitz* konstruiert; viele von ihnen besitzen Eingänge, die als offener Rachen des Erdmonsters gestaltet sind; damit zeigen sie den Weg in die Höhle an, die ins Herz der Erde oder das Innere des Berges führt, eine übernatürliche, jenseitige Parallelwelt, in der die Götter und Ahnen wohnten. Schließlich sei noch erwähnt, daß einige Grabmonumente der Maya-Region aus neun pyramidal ansteigenden Plattformen bestehen, was auf die Vorstellung der neun Ebenen anspielen könnte, die der Tote überschreiten muß, um in die *Xibalbá* genannte Unterwelt zu gelangen. Die Wiedererschaffung der heiligen Geographie in ihren Zeremonialzentren erlaubte es dem Volk der Maya, mit seinen Göttern oder Ahnen mittels komplexer Rituale in Verbindung zu treten, die von dem höchsten Herrscher zelebriert wurden, der als einzige Person die Macht besaß, diese Verbindung herzustellen.

Um die Monumentalzentren gruppierten sich die Wohnkomplexe, in denen die Großfamilien lebten. Diese Wohngruppen standen auf einem befestigten kleinen Unterbau oder Sockel aus Erd- oder Steinaufschüttungen, der die Wohnungen während der tropischen Regenzeit vor Überschwemmungen schützte. Sie setzten sich im allgemeinen aus kleinen einzelnen Hütten zusammen, die jeweils nur einer Funktion dienten (schlafen, kochen oder essen) und rings um einen Patio angeordnet waren (Abb. 30). Die eleganten Wohnkomplexe der Elite lagen zumeist in der Nähe der Zeremonialzentren und auf den besten Böden, während sich die niedere Bevölkerung in zunehmender Entfernung von den privilegierten Wohngegenden niederlassen mußte.

In einigen Fällen standen die Städte durch gerade Verbindungsstraßen miteinander in Verbindung, die mit Kalkstein gepflastert waren, den sogenannten *sacbéob* (Farbtafel 73).

Über ihre ursprüngliche Funktion besteht noch keine Einigung – war sie politischer, kommerzieller oder ritueller Natur?

Die entscheidenden Faktoren für eine Stadtgründung waren zweifellos das Vorhandensein von Wasser und fruchtbaren Böden in nächster Nähe, doch Wachstum und Weiterentwicklung, sowie die Rangordnung zwischen den Orten war durch andere Faktoren soziopolitischer und wirtschaftlicher Art bedingt, etwa die Kontrolle über natürliche strategische Ressourcen. Wie wir später sehen werden, schuf diese Situation hierarchische Beziehungen zwischen den Orten, wobei diejenigen dominierten, die in privilegierten, d. h. über diese Ressourcen verfügenden Zonen lagen.

Wir haben gesehen, daß das Besiedlungsmuster des Maya-Gebiets auf regionaler Ebene komplex war und sich im Lauf der Zeit häufig wandelte. Das Territorium scheint in der ersten Phase des Klassikums in politisch autonome Einheiten – von einigen Autoren Provinzen genannt – unterteilt gewesen zu sein, die aus verschiedenen Dörfern bestanden. Einige dieser Provinzen blieben erhalten, da ihre Dörfer von Mitgliedern derselben Lineage regiert wurden und andere, weil sie in Abhängigkeit von einem Zentrum oder einer Stadt wie Tikal oder Uaxactún standen. Während des späten Klassikums, der glanzvollsten Epoche der Maya-Zivilisation, fanden sich diese politischen Einheiten zu einer Organisation auf höherer Ebene zusammen (freiwillig, durch Zwang oder durch Allianzen), als es einigen der führenden Zentren gelang, sich hervorzuheben und in Hauptstädte mächtiger regionaler Staaten zu verwandeln, was durch die hierarchische Struktur ihres Siedlungsmusters reflektiert wird. Ihrer Bedeutung nach, die aus den Inschriften der Monumente hervorgeht und sich in der Größe der Niederlassungen wie auch in der Anzahl und Qualität ihrer öffentlichen Gebäude spiegelt, konnten diese Stätten entweder Metropolen sein, was für die großen Zentren zutraf, nachrangige Städte oder Unterzentren (zuvor Provinzhauptstädte), Dörfer, Weiler oder Gehöfte.

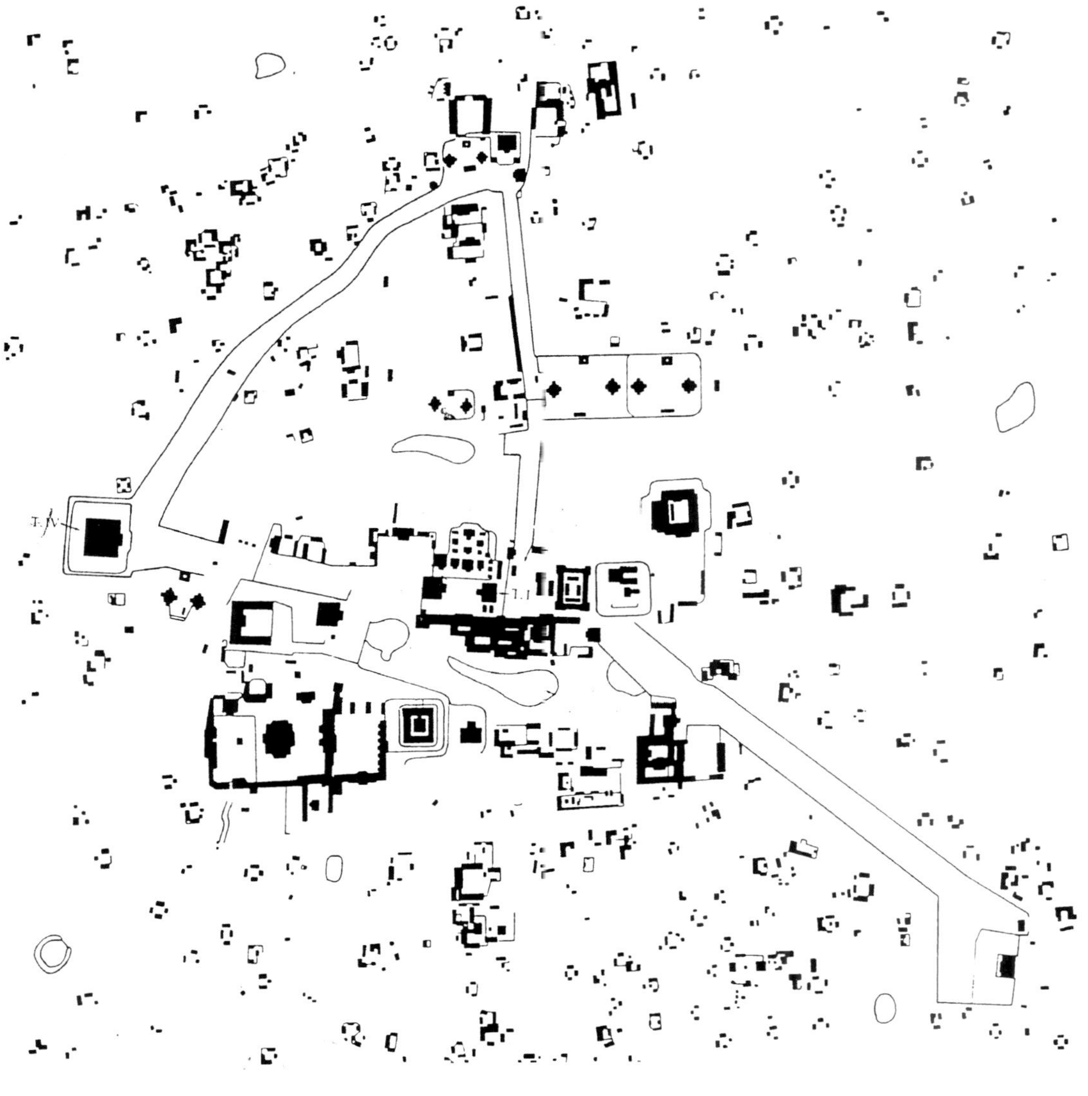

29 Plan von Tikal. Die Wohneinheiten sind ohne jedes urbane Konzept um das Zentrum gruppiert (aus: Kubler, 1984).

Die großen Zentren fungierten als Hauptstädte bestimmter Regionen oder Stadtstaaten und waren fast stets von einem bestimmten architektonischen und künstlerischen Stil geprägt. Kraft der militärischen Oberhoheit und der durch Heiraten geknüpften strategischen Bande zwischen den Angehörigen der Eliteschicht herrschten diese Zentren über die nachrangigen Unterzentren und die sie umgebenden Dörfer. Dieses System aus einigen wenigen mächtigen Domänen, die über andere, schwächere herrschten, trat in vielen Teilen Mesoamerikas auf.

Die Anzahl der Hauptstädte in der Maya-Region während dieser Phase läßt sich schwer bestimmen, weil sich die hierarchische Stellung jedes Ortes im Lauf der Zeit ändern und eine Hauptstadt leicht zugunsten einer anderen untergehen konnte. Doch können wir einige nennen, die ohne jeden Zweifel während des späten Klassikums Zentren ersten Ranges waren: In der Zentralzone fungierte Copán (Farbtafeln 51–55) als Kapitale der südöstlichen Region; Tikal[17] (Farbtafeln 9–14) und die große Rivalin Calakmul (Farbtafel 15) waren die größten und mächtigsten Zentren im zentralen Petén; Yaxchilán (Farbtafeln 35–38) beherrschte die Region des Usumacinta, und Palenque (Farbtafeln 19–30) war die Hauptstadt der nordwestlichen Region. In der Nordzone sah die Lage anders aus, denn wenn auch Orte wie Cobá (Farbtafeln 42–45), Dzibilchaltún, Becán und gegen Ende der Periode eine Gruppe von Stätten der Puuc-Region (Farbtafeln 64–80) eine Art regionaler Allianz gebildet hatten, die von Angehörigen ein und derselben Lineage regiert wurde, so schuf doch keiner von ihnen in dieser Periode einen echten Regionalstaat. Das geschah erst im Postklassikum, als Chichén Itzá (Farbtafeln 81–84) um 950 n. Chr. die Macht auf der Halbinsel Yucatán zentralisierte.

Die Fortschritte in der Auslegung der Inschriften auf den Maya-Monumenten des Klassikums haben zum Verständnis der zwischen den Orten herrschenden Art politischer Beziehungen beigetragen. Das läßt sich am Beispiel einiger durch den Mayanisten Heinrich Berlin (1958) identifizierter Glyphen klar belegen. Er hatte an vielen Stätten der Zentralzone Glyphen entdeckt, die aus einem Hauptzeichen, begleitet von zwei kleineren Nebenzeichen bestanden. Berlin stellte fest, daß die letzteren relativ konstant blieben, daß sich aber die Hauptglyphe von Ort zu Ort veränderte, was ihn zu der Schlußfolgerung führte, daß es sich bei der variablen Komponente um den Namen der betreffenden Stadt oder ihrer königlichen Dynastie handeln müsse. Heute wissen wir, daß sie das von dem Herrscher kontrollierte Territorium bezeichnet, dessen Titel neben diesem Hauptzeichen erscheint. Der Forscher nannte sie »Emblemglyphen« (Abb. 31, 179, 187). Neuere Untersuchungen dieser Glyphen (Martin und Grube, 1995) haben in Verbindung mit den jüngsten ikonographischen und archäologischen Forschungen Ergebnisse ans Licht gebracht, die die hierarchische Beziehung zwischen den Orten erhärten, derzufolge Hauptzentren nachrangige oder abhängige Zentren dominierten: Auf den ersten Blick könnten alle Emblemglyphen

30 Ein Wohnkomplex der Fundstätte von Colhá, Belize (aus: *Colhá e i maya dei bassipiani*).

von der Struktur her gleich erscheinen, aber man hat bei einigen von ihnen ein mit dem Titel des Herrschers verbundenes Possessivpräfix (*y*) entdeckt, das eine Beziehung von Dominanz und Unterordnung zwischen Herrschern verschiedener Städte anzeigt. Das Wort *ahau*, »Herr« oder »Herrscher«, bezeichnet den höchsten Rang und *y-ahau*, »der Herr von«, nämlich der seines Vasallen.

Gelegentlich enthalten die Inthronisationsinschriften einen Satz mit einer einführenden Formel, die besagt, daß der Herrscher den Thron »auf Geheiß«, »per Mandat« oder »unter der Schirmherrschaft« des auswärtigen *ahau* bestieg, dessen Emblemglyphe und Name den zweiten Teil des Satzes bilden. Diese in der Schrift enthaltenen Details implizieren, daß es Herrscher gab, die anderen, mächtigeren Herrschern untergeordnet waren, was man anfangs für undenkbar gehalten hatte (Abb. 34).

Die großen Metropolen benutzten eine besondere Glyphe (»Er bestieg den Thron«, Abb. 32), um die Inthronisation ihres Herrschers anzuzeigen, die jedoch bei den nachgeordneten Zentren eine andere Form hatte (eine Glyphe, die nach ihrem Erscheinungsbild »Zahnschmerzen-Glyphe« genannt wird, Abb. 33).

In der Ikonographie des Klassikums wurde gelegentlich der *ahau* eines bestimmten Ortes als Sieger über andere Herrscher oder als Eroberer ganzer Regionen dargestellt.

In einigen Fällen sind Eheschließungen von Frauen aus der königlichen Familie einer Hauptstadt mit den Herrschern nachgeordneter Zentren festgehalten (Abb. 35, 36); dies stärkte die Loyalität der von der Metropole des Staates abhängigen Völkerschaften, auch wenn sich dieser Schachzug manchmal ins Gegenteil verkehrte, etwa wenn der Sohn aus einer solchen Verbindung eine Rebellion anzettelte, um seine eigene autonome Herrschaft zu gründen. Daß einige Orte andere, nachgeordnete kontrollierten, indem sie als Vermittler in deren inneren Angelegenheiten auftraten, läßt sich auch an den aufgezeichneten königlichen Besuchen anläßlich des Todes oder der Inthronisation der lokalen Herrscher ablesen. Gewiß wurden sie unternommen, um bei der Nachfolge mitzubestimmen (Abb. 37).

Die politische Situation war nie unkompliziert und stabil. Die nachrangigen oder abhängigen Zentren rebellierten häufig und untergruben so die Macht des regionalen Herrschers. Wie später in den Puuc-Stätten im Norden Yucatáns, gab es eine Epoche, in der sich in der Region des Río de la Pasión im zentralen Petengebiet eine Konföderation von Stätten bildete, die eng miteinander verbunden waren, weil sie von Abkömmlingen derselben Lineage regiert wurden. Jüngste Forschungen haben gezeigt, daß sie zweitrangige und von dem großen von Tikal dominierten Regionalstaat abhängige Zentren waren, die sich zu einem bestimmten Zeitpunkt in der Konföderation von Petexbatún organisiert hatten, der Aguateca, Tamarindito, Dos Pilas, La Amelia und Seibal angehörten. Gemeinsam machten sie sich von Tikal unabhängig, wurden aber durch innere kriegerische Auseinandersetzungen um die Macht geschwächt, so daß sich Seibal an die Spitze stellen konnte und sich in

31 Einige Emblemglyphen der wichtigsten Maya-Städte (Zeichnung von R. Pérez Enriquez).

32 Zwei Beispiele der Glyphe »Er bestieg den Thron«, die die Inthronisation eines Herrschers eines bedeutenden Zentrums anzeigt (aus: Marcus, 1992).

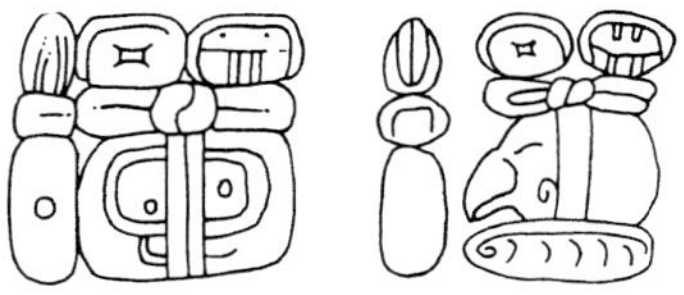

33 Die Glyphe »Zahnschmerzen« zeigt die Inthronisation des Herrschers eines nachrangigen Zentrums an (aus: Marcus, 1992).

34 Die Glyphe *u-kahiy*, »von ihm getan«, zeigt die Intervention des Herrschers eines Hauptzentrums anläßlich der Inthronisation des Herrn eines nachrangigen Zentrums an (aus: Martin und Grube, 1995).

seiner Hauptstadt bis zum Ende des Klassikums konstitutionell festigte. Die Staaten lösten sich auf und verbanden sich aufs neue.

Sehr wahrscheinlich fanden die meisten der im Klassikum aufgezeichneten Kriege (Abb. 39) auf der Ebene der nachrangigen Zentren statt, sei es, daß sie untereinander oder gegen die regionale Hauptstadt geführt wurden. Es gibt wenig Indizien dafür, daß die Hauptzentren gegeneinander gekämpft hätten, mit Ausnahme der zwischen Tikal und Calakmul dokumentierten Kriege (falls die Identifikation dieser Stadt mit der Emblemglyphe »Schlangenkopf« korrekt ist), bei denen es sich um jahrhundertelange Rivalitäten handelte. Einmal gelang es Calakmul, Tikal zu besiegen, was überschwenglich in den Monumenten festgehalten wurde. Durch die Kriege konnten die abhängigen Zentren in der politischen Hierarchie nach oben gelangen, wie Seibal, das sich von einem abhängigen Ort zu einem der bedeutendsten Machtzentren des Tieflandes entwickelte.

Wie bereits erwähnt, ist die Anzahl der in der zweiten Phase der klassischen Periode bestehenden Regionalstaaten schwer zu bestimmen, was sich auch in der Literatur spiegelt[18] (Abb. 41). Betrachten wir einige Beispiele: Nach einer Stele von Copán aus dem Ende des Jahres 731 n. Chr. waren die vier großen Hauptstädte der Maya-Welt seinerzeit Copán, Tikal, Calakmul (?) und Palenque (von Martin und Grube »Superstaaten« genannt). Diese Vierteilung, in der sich die Gliederung des Raums nach Himmelsrichtungen widerspiegelte und in der jede Metropole einer Himmelsrichtung entsprach, folgte dem kosmischen Weltbild der Maya: Jede der vier Metropolen verkörperte nach der Vision des Herrschers von Copán, der die Stele errichten ließ, die mächtigste Stadt eines jeden Quadranten der Maya-Welt.

Heute gehen einige Forscher von der Existenz eines fünften Staates im späten Klassikum aus, weil sie Yaxchilán als regionale Hauptstadt in der Zentralzone mit einschließen. Hauptsächlich gestützt auf die räumliche Verbreitung bestimmter Architekturstile, hat man für die Niederungen des Tieflands sogar die Existenz von 15 bis 17 Regionen oder Stadtstaaten behauptet, jede einzelne mit einem großen urbanen Zentrum oder einer Hauptstadt. Ob es nun fünf oder mehr gewesen sein mögen, ist nicht die entscheidende Frage. Obschon das Vorhandensein von Emblemglyphen, die Größe, die Anzahl der Stelen und die monumentalen Bauwerke der mutmaßlichen regionalen Metropolen sie klar von den übrigen unterscheiden, und wenn man auch sehen kann, daß sie hierarchisch über den anderen in ihren jeweiligen Regionen verstreuten Staaten standen, so liegt das Problem auf einem anderen Sektor. Trotz verschiedener geometrischer und statistischer Modelle ist es bis heute nicht gelungen, die Macht- und Einflußgrenze eines jeden Regionalstaats klar zu definieren und die ursprüngliche hierarchische Rangfolge der Stätten festzulegen.[19]

Ökonomische und soziale Ordnung

Die Basis der Maya-Gesellschaft war die Großfamilie mit patrilokalem Wohnsitz, deren Mitglieder in den bereits beschriebenen Hofanlagen aus mehreren Einraumhäusern lebten und die täglichen Aktivitäten miteinander teilten. Diese Wohneinheiten bildeten größere Wohnkomplexe, die dort lebenden Familiengruppen waren miteinander verwandt, da sie ein und derselben Lineage entstammten und einen gemeinsamen Ahnen verehrten.

Die täglichen Pflichten wurden in der Großfamilie nach Geschlecht und Altersgruppe aufgeteilt; so hatten etwa die Frauen die Aufgabe, das Tuch für die Kleidung zu spinnen und zu weben, den Mais zu mahlen, die Mahlzeiten zuzubereiten und die Keramik für den täglichen Gebrauch herzustellen. Frauen und Kinder widmeten sich der Aufzucht der Tiere, die sie als Nahrungslieferanten brauchten, wie Truthühner, Hunde, Tauben; in einigen Fällen züchteten sie auch Bienen, um Honig und Wachs, und Kochenille, eine Schildlausart, um rotes Pigment zu gewinnen. Den Männern fiel die Feldbestellung, die Jagd, der Fischfang und das Sammeln von Nahrungsmitteln sowie die Herstellung der Arbeitsgeräte zu. Einige Forscher, wie etwa Sanders, sind der Meinung, daß die Großfamilienhaushalte der Hofanlagen praktisch Selbstversorger waren, und selbst wenn es unter ihnen spezialisierte Kunsthandwerker gegeben haben sollte (Steinschneider, Töpfer usw.), dann keine, die sich vollzeitlich damit beschäftigten.[20]

An vielen Orten hat man Belege dafür gefunden, daß die Maya in der Nähe ihrer Wohngruppen kleine, meist von den Frauen und Kindern gepflegte Gärten unterhielten, in denen sie Früchte, Gemüse, Heil- und Gewürzpflanzen anbauten. Dies reichte jedoch nicht aus, eine sich ständig vergrößernde Bevölkerung zu ernähren, die noch dazu einen großen Prozentsatz von Menschen enthielt, die keinerlei Nahrungsmittel erzeugten, seien es Angehörige der Adelsschicht oder mit dem Bau öffentlicher Gebäude oder anderen Dienstleistungen in den Städten beschäftigte Personen. Um die große Nachfrage nach Nahrungsmitteln zu befriedigen, entwarfen die Maya verschiedene landwirtschaftliche Systeme entsprechend der natürlichen Umgebung der jeweiligen Ansiedlung. So brandrodeten sie etwa große Partien der Urwaldvegetation, um neue Anbauflächen zu gewinnen (extensives System); wenn dann nach einigen Jahren die Ernteerträge wieder nachließen, wurden die Felder aufgegeben. Sie nutzten das flache Schwemmland und die sumpfigen Flußgebiete durch die Anlage von Hochfeldern oder »schwimmenden Gärten« nach Art der *chinampas* in Zentralmexiko, und in den Bergen legten sie Terrassen mit Steinmauern an, um die Abhänge zur Bodenbestellung zu nivellieren und die Erosion auszuschalten (intensive Landwirtschaft).[21] Die Konstruktion und Instandhaltung von Staudämmen, Kanälen und anderen Be- und Entwässerungssystemen für die intensiv bewirtschafteten Felder bedeutete eine gewaltige komplexe Arbeitsleistung, die vom Staat organisiert und verwaltet wurde; zweifellos verlieh die Kontrolle über das Wasser der herrschenden Elite große Macht.

Aufgrund der erwähnten Anbaumethoden verfügten die Einwohner der Maya-Region über eine große Vielfalt an Nahrungsmitteln, die von den Paläobotanikern durch die Analyse der organischen Bestandteile der Böden herausgefunden wurden. Aus den Untersuchungen geht hervor, daß die Maya neben den grundlegenden einheimischen Pflanzen Mesoamerikas wie Mais (*Zea mays*), Bohnen (*Phaseolus vulgaris*), Chilipfeffer (*Capsicum spp.*),

35 Diese beiden Stelen aus El Perú, Guatemala, zeigen den Herrn der Stadt (links) und seine Gattin (rechts), eine Edeldame aus Calakmul, Campeche, wahrscheinlich die Schwester von »Jaguartatze«, dem Herrscher über das mächtige mexikanische Zentrum. 692 n. Chr., späte klassische Periode (aus: Marcus, 1992).

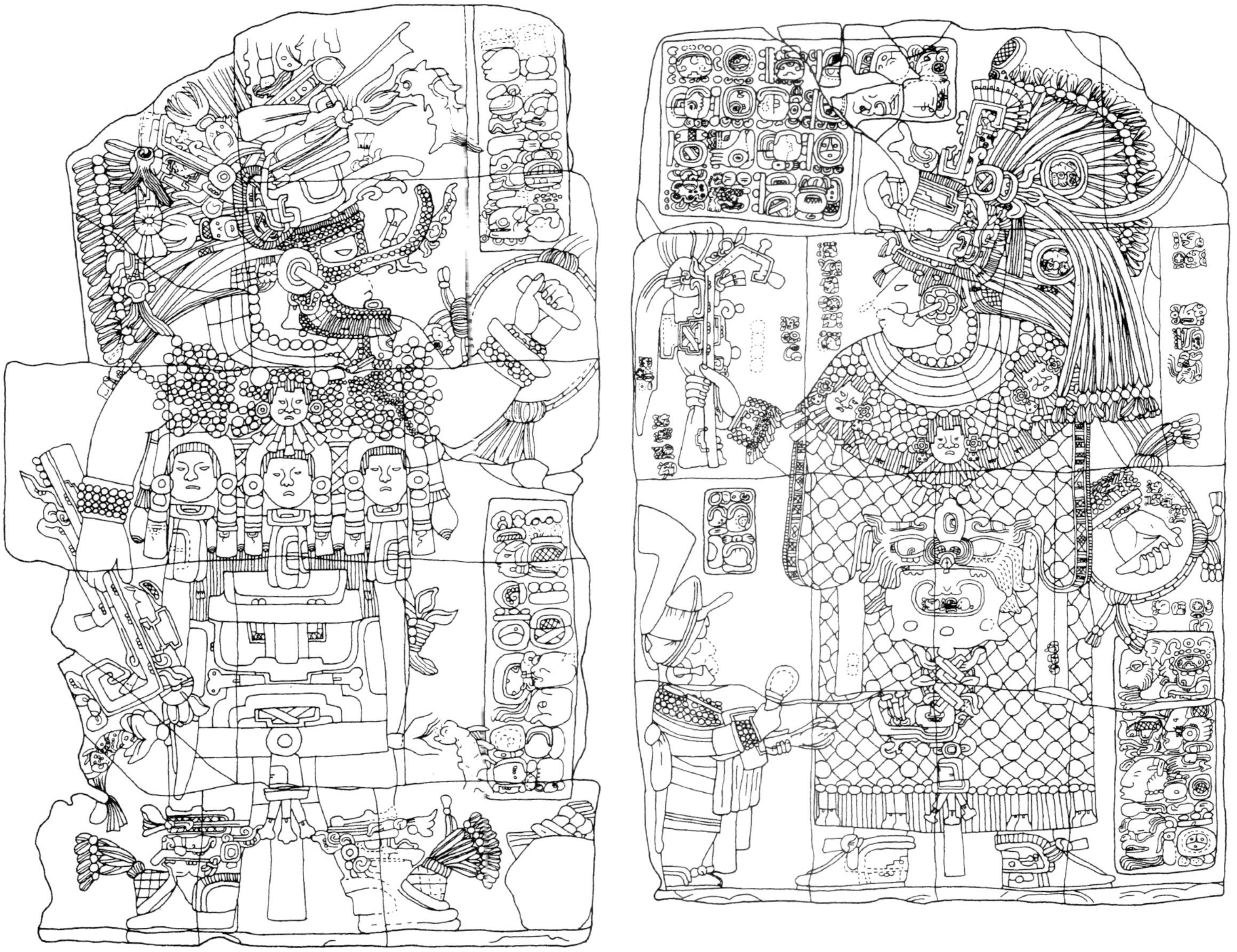

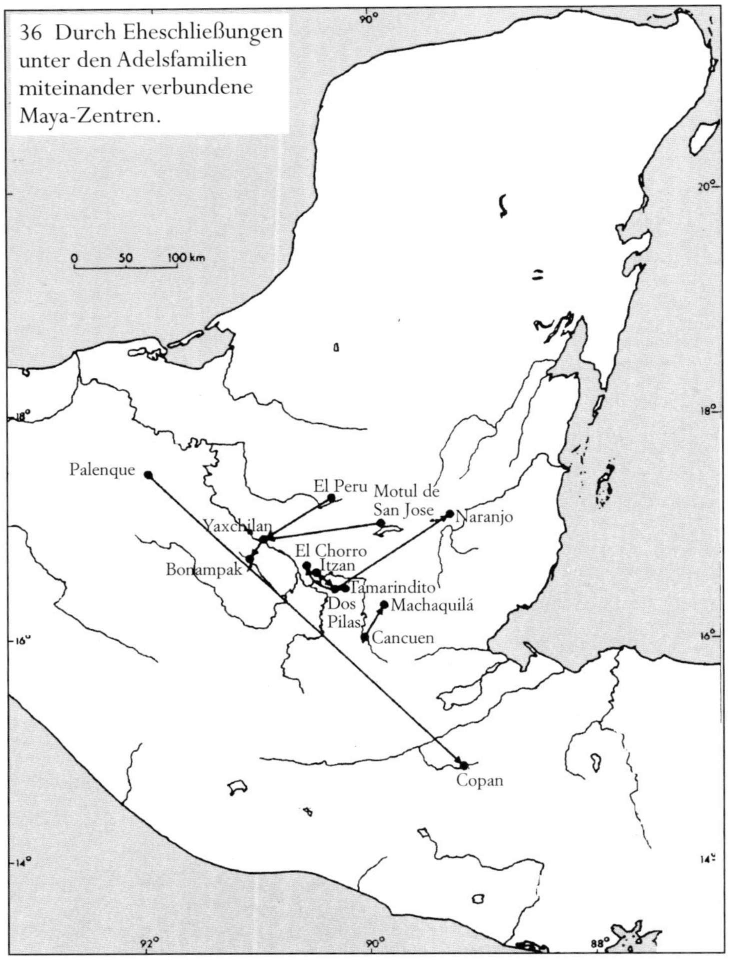

36 Durch Eheschließungen unter den Adelsfamilien miteinander verbundene Maya-Zentren.

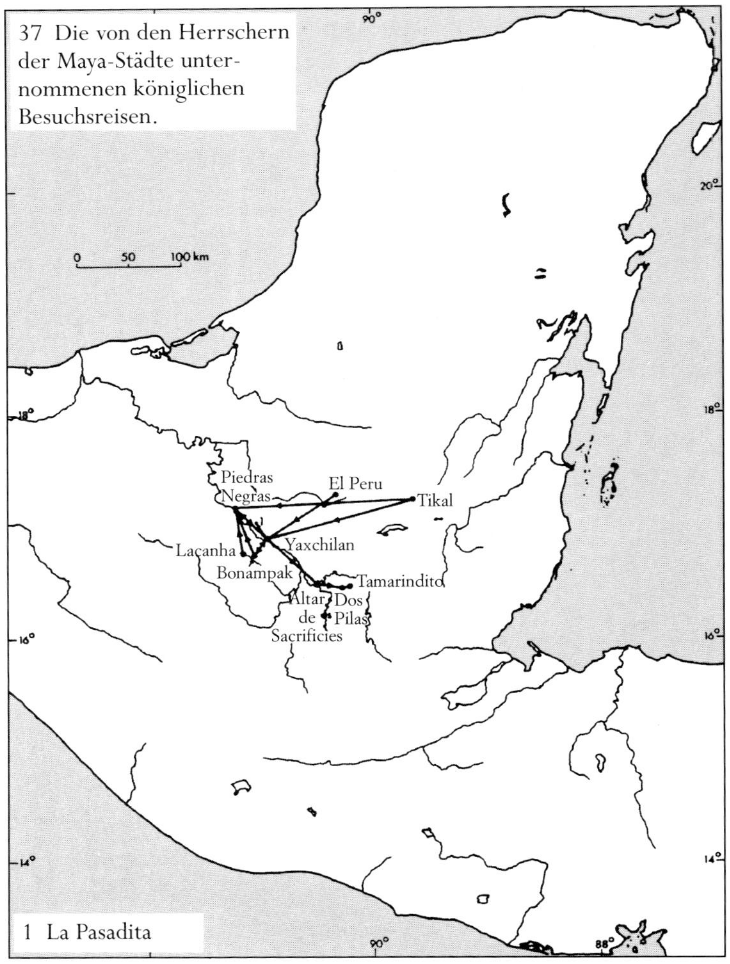

37 Die von den Herrschern der Maya-Städte unternommenen königlichen Besuchsreisen.

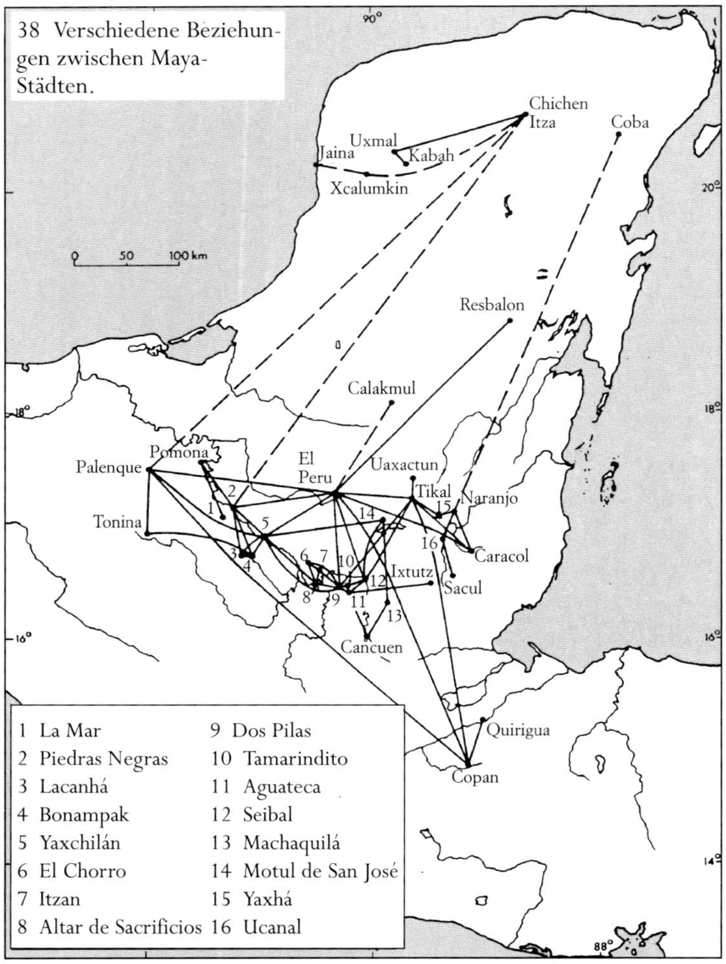

38 Verschiedene Beziehungen zwischen Maya-Städten.

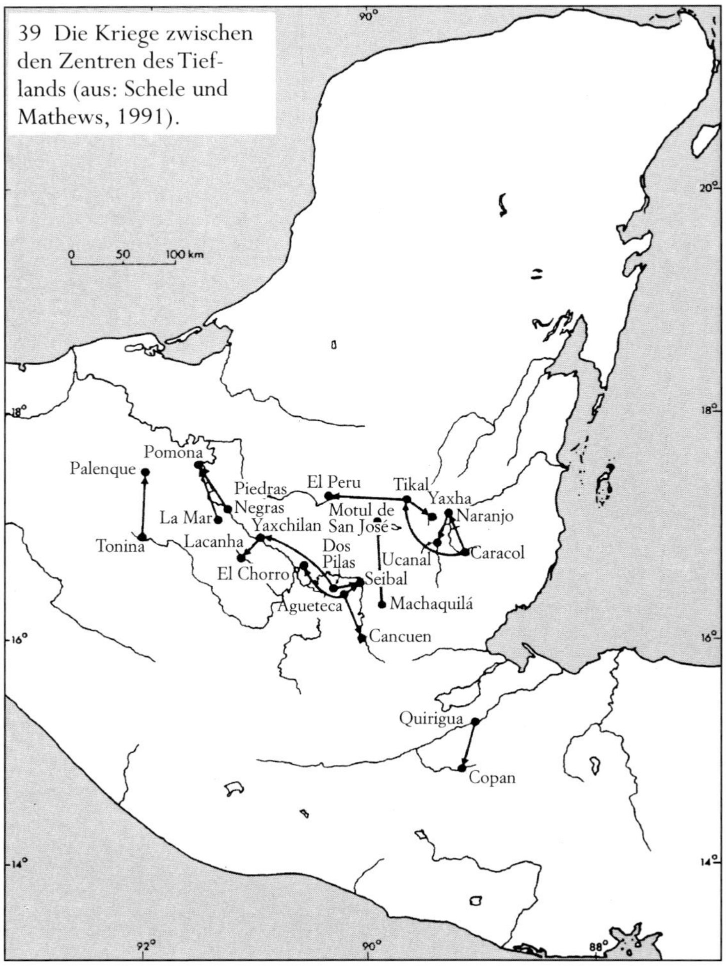

39 Die Kriege zwischen den Zentren des Tieflands (aus: Schele und Mathews, 1991).

1 Cerros, Belize, vom Karibischen Meer aus gesehen.

2 Einer der Tempel von Cerros.

3 Lageplan der Monumentalbauten des nördlichen Teils von Cerros.

4 Bauwerke in Uaxactún, Guatemala.

5 und 6 Lagepläne der wichtigsten Baukomplexe in Uaxactún.

7 Blick auf Uaxactún mit der Struktur E VII-sub (rechts).

8 Rekonstruktion der Struktur E VII-sub, nach einer Zeichnung von T. Proskouriakoff.

9 Luftaufnahme von Tikal, Guatemala, auf der Tempel I, Tempel II und die zentrale Akropolis zu sehen sind.

10 Lageplan von Tikal.

11 Die Spitzen der Tempel von Tikal im Urwald des Petén.

Gegenüberliegende Seite:

12 Blick auf Tempel II von Tikal. Im Hintergrund Tempel III (links) und Tempel IV (rechts).

13 Die zentrale Akropolis von Tikal.

CALAKMUL

Vorhergehende Seiten:

14 Die Plaza von Tikal mit dem Tempel I oder dem Tempel des Großen Jaguars.

15 Lageplan von Calakmul, Campe

16 Wanddekor der Akropolis von Toniná, Chiapas.

17 Plan von Toniná.

18 Einer der Tempel von Toniná.

TAYLOR

22 Der Tempel der Inschriften.

23 Plan des Zentralbezirks von Palenque.

Gegenüberliegende Seite:

19 Der Palast von Palenque, Chiapas.

20 Die »Küche« von D. Charnay in einem der Gebäude von Palenque.

21 Detail eines Gebäudes innerhalb des Großen Palastes.

24 Der Tempel der Inschriften.

25 Sarkophagdeckel Pacals II.

26 Seitenansicht des Tempels der Inschriften.

27 Der Tempel des Kreuzes.

28 Der Tempel des Blattkreuzes.

Gegenüberliegende Seite:

29 Der Tempel der Sonne.

30 Blick auf die Tempel der Kreuzgruppe.

31 Tempel I von Comalcalco, Tabasco.

32 Lageplan von Comalcalco.

33 Tempel I von Comalcalco aus einem anderen Blickwinkel; deutlich erkennbar die Ziegelbauweise.

34 Oberer Teil eines Bauwerks in Comalcalco.

35 Blick auf den Río Usumacinta.

36 Einer der Tempel von Yaxchilán, Chiapas.

37 Die Plaza von Yaxchilán. Im Hintergrund der Ballspielplatz.

38 Lageplan von Yaxchilán am Río Usumacinta.

39 Struktur A-3 von Seibal, Guatemala.

40 Stele 10 von Seibal.

41 Lageplan von Seibal.

42 Blick auf die Pyramide von Nohoch Mul de Cobá, Quintana Roo.

43 Detail des Treppenaufgangs von Struktur I der Cobá-Gruppe.

Gegenüberliegende Seite:

44 Struktur I der Cobá-Gruppe oder der Tempel der Kirchen.

45 Plan der Cobá-Gruppe, einer der Baukomplexe der archäologischen Fundstätte von Cobá.

N

46 Pyramide von Lamanai, Belize.

47 Lageplan von Lamanai.

48 Struktur N10-43 von Lamanai mit ihren großen, seitlich angebrachten Masken.

Gegenüberliegende Seite:

49 Blick von der Struktur A-6 in Xunantunich, Belize, auch unter dem Namen Benque Viejo bekannt.

50 Struktur A-6 von Xunantunich mit ihrem Maskenfries.

51 Gebäude in Copán, Honduras.

52 Lageplan von Copán.

Gegenüberliegende Seite:

53 Die Hieroglyphentreppe von Copán.

Folgende Seiten:

54 Der Ballspielplatz A-III und die Große Plaza von Copán.

55 Kopf einer Skulptur in Copán.

56 Struktur I von Xpuhil, Quintana Roo.

57 Lageplan der Río-Bec-Orte.

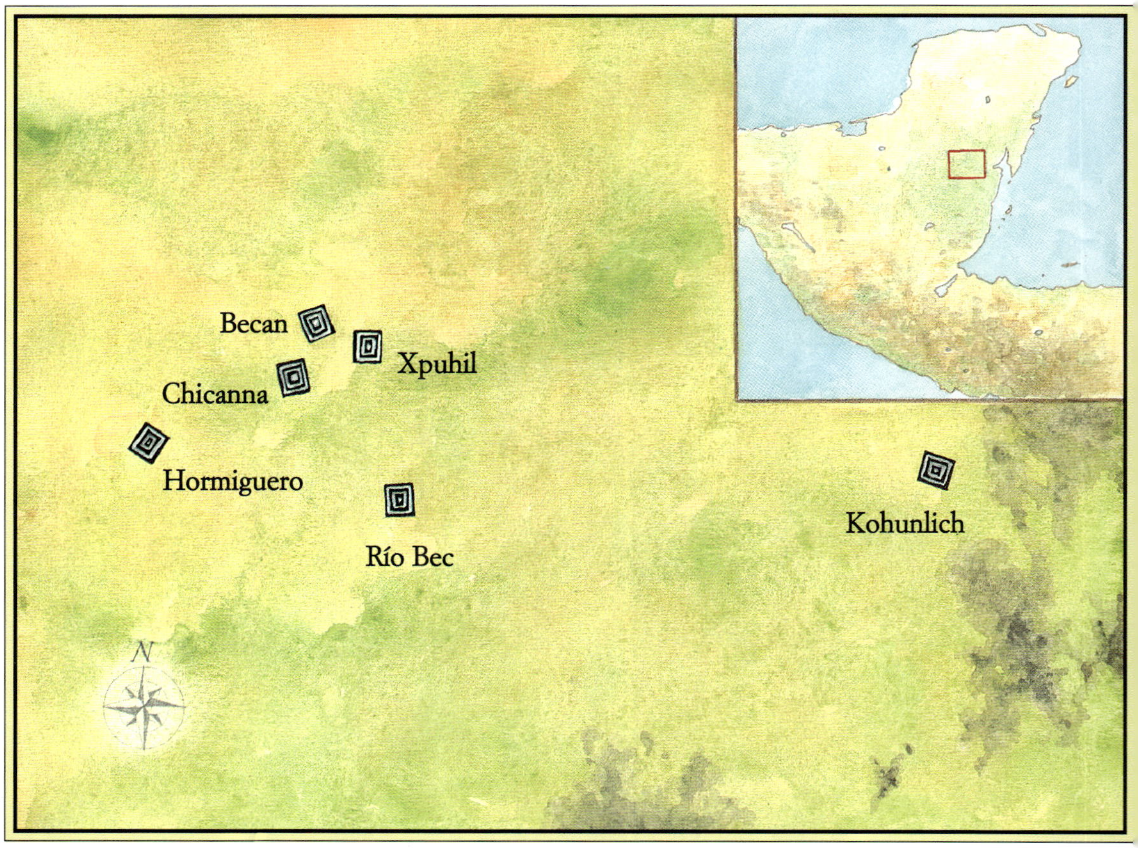

58 Tempel mit zoomorphem Fassadendekor in Hormiguero, Campeche.

59 Struktur von Kohunlich, Quintana Roo.

Folgende Seiten:

60 Zoomorpher Fassadendekor in Chicanná, Campeche.

EDZNA

61 Gebäude in Edzná, Campeche.

62 Plan der Akropolis von Edzná.

63 Das Stadtzentrum von Edzná.

64 Der Palast des Gouverneurs in Uxmal, Yucatán.

65 Plan des Stadtzentrums von Uxmal.

Gegenüberliegende Seite:

66 Der Tempel der Schildkröten in Uxmal.

67 Die Pyramide des Wahrsagers in Uxmal.

68 Blick in den rechteckigen Hof und auf das westliche Gebäude (links) des sogenannten Nonnenklosters oder Nonnenvierecks.

69 Blick auf die Gesamtanlage des Nonnenklosters.

Folgende Seiten:

70 Das Stadtzentrum von Uxmal mit der Pyramide des Wahrsagers, dem Nonnenkloster und dem Ballspielplatz.

71 Fassade des westlichen Gebäudes des Nonnenklosters.

LABNA

72 Lageplan von Labná, Yucatán.

73 Die *sacbé* (gepflasterte Straße) von Labná.

74 Der »Triumphbogen« von Labná.

SAYIL

75 Lageplan von Sayil, Yucatán.

76 Detail der Palastfassade von Sayil.

77 Fassade des Codz-Poop-Tempels (Tempel der Masken) von Kabáh, Yucatán.

78 Der »Triumphbogen« von Kabáh.

79 Lageplan von Kabáh.

Gegenüberliegende Seite:

80 Große Maske des Gottes mit der langen Nase vom Codz-Poop-Tempel.

81 Die sogenannte Kirche (La Iglesia) von Chichén Itzá, Yucatán.

82 Lageplan von Chichén Itzá.

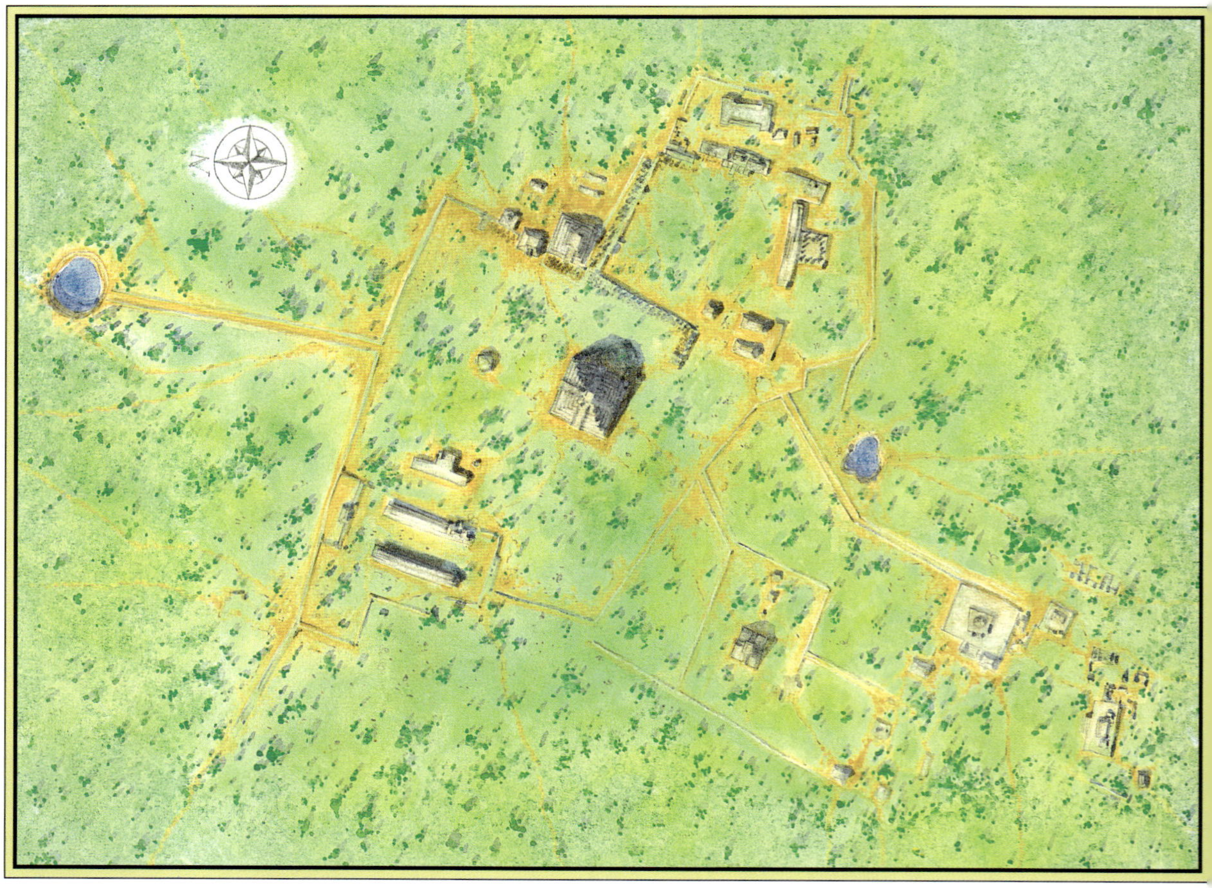

Gegenüberliegende Seite:

83 Der große Rundtempel El Caracol von Chichén Itzá.

84 Der Heilige Cenote (Brunnen) von Chichén Itzá.

85 Gebäude in Xlapac, Yucatán.

86 Dasselbe Gebäude aus einem anderen Blickwinkel.

Kürbis (*Cucurbita sp.*) und Tomaten (*Physalis sp.*) auch Kakao (*Theobroma cacao*, Abb. 42) genossen, Achiote (*Bixia orellana*), Amaranthkorn (*Amaranthus spp.*) und Ramón (*Brosimum alicastrum*), Wurzelknollen wie Maniok (*Manihot esculenta*), Jícama (*Pachyrrhizus errosus*) und die Süßkartoffel oder Batate (*Ipomea batata*), Früchte wie die Vanille (*Vainilla fragrans*), die Chayote (*Sechium edule*), die Avocado (*Persea orellana*), den Breiapfel, Frucht des Sapotillbaums (*Maniklara zapota*), den Honigapfel, Frucht des Flaschenbaums (*Anona reticulata*), die Chirimoya (*Anona cherimola*), die Guanábana (*Anona muricata*), Pflaumen (*Spondias sp.*), Guajaven (*Psidium guajava*), die Früchte des Mameybaums (*Poutería zapota*), die Früchte des Feigenkaktus (*Opuntia sp.*), Papayas (*Carica papaya*), Ananas (*Ananas comosus*) und andere. Wegen ihrer großen wirtschaftlichen Bedeutung wurden wahrscheinlich Kakao, Baumwolle (*Gossypium hirsutum*) und Tabak (*Nicotiana tabacum*) in besonderen Plantagen und auch nur in speziellen Gegenden angebaut, weil sie entsprechende Wachstumsbedingungen benötigten.

Zu den Tieren, die sie jagten, um ihr Nahrungsangebot zu bereichern, gehörten der Hirsch, das *Tepezcuintle* (ein kleines Nagetier) und das Nabelschwein (*Pekari*); daneben fingen und aßen sie Kaninchen, Affen, Gürteltiere, Wachteln, Fasane, Gebirgstruthühner, Leguane, Frösche und Schildkröten. Die Nahrungsmittel aus dem Meer wie Fische und Krustentiere, auch die Süßwasser-Mollusken, spielten eine sehr wichtige Rolle auf der Speisekarte.

Die Maya bedienten sich bei ihren Arbeiten sehr einfacher Methoden und Mittel; sie benutzten Werkzeuge und Jagdwaffen aus geschliffenem und poliertem Stein, aus Holz und Knochen: Projektilspitzen, Äxte, Messer, Meißel, Schlegel, Hämmer, Mahlsteine und Reiber für den Mais aus Granit, Basalt, Kiesel und Feuerstein (Abb. 43, 44, 45, 46); Lanzetten, Schaber und Pfeilspitzen aus Obsidian; Grabstöcke und andere Geräte aus den harten Hölzern des tropischen Urwalds, wie zum Beispiel dem Mahagonibaum (*Swietenia macrophyla*), dem Sapotillbaum (*Manilkara zapota*) und dem Kapokbaum (*Ceiba pentrandra*); Pfriemen und Nadeln aus Knochen oder Hirschgeweih. Mit diesem einfachen Instrumentarium schufen die Maya große Leistungen, was nicht zuletzt darauf zurückzuführen ist, daß sie den Mangel an verfeinerten Werkzeugen oder das Fehlen von Lasttieren durch eine strikte gesellschaftliche Arbeitsteilung und Organisation wettmachten.

40 Die Glyphe »Krieg«, die sich aus einem Schild und einer Feuersteinklinge über dem Zeichen für »Erde« zusammensetzt (aus: Marcus, 1992).

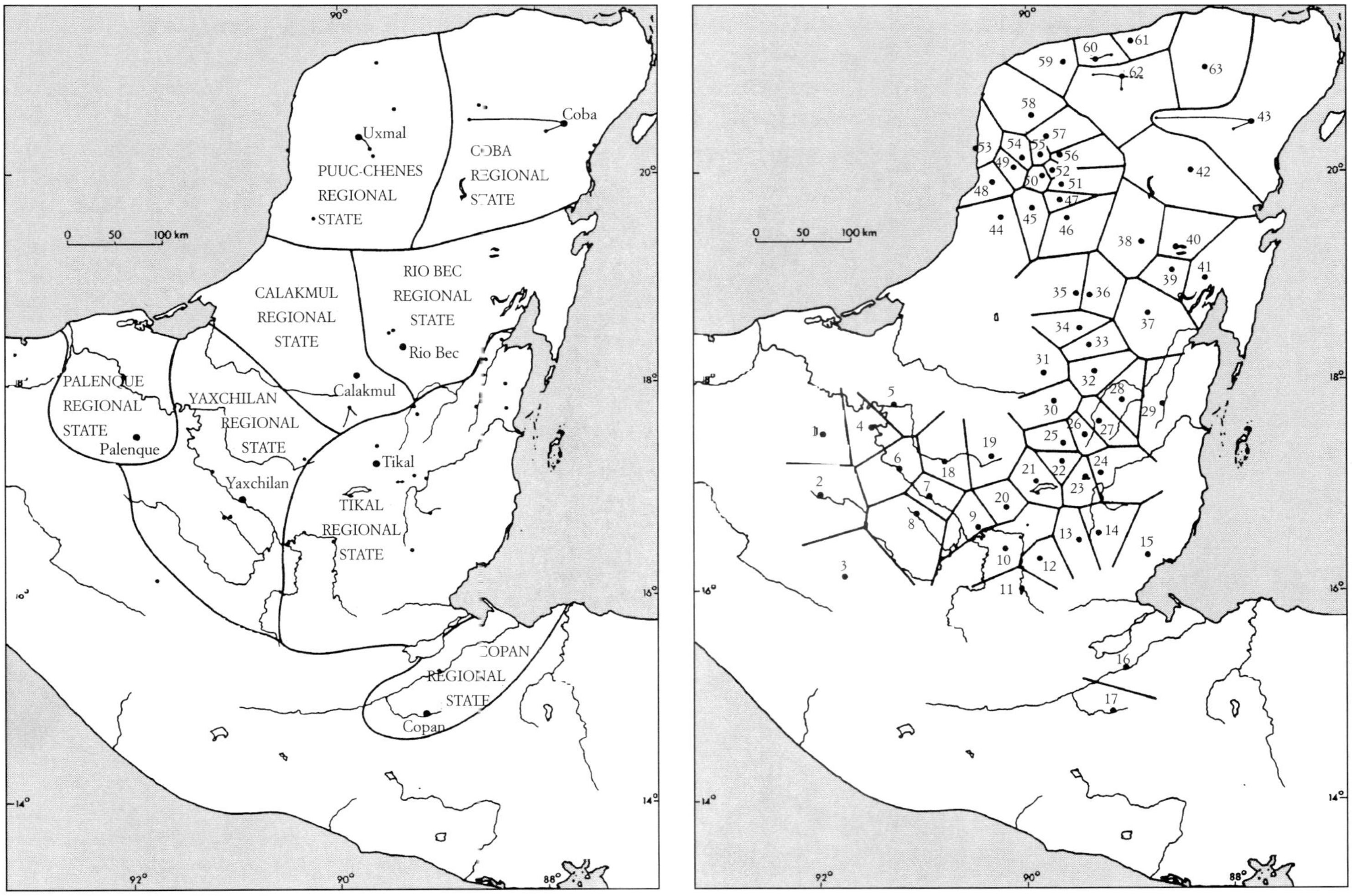

41 Zwei Hypothesen zur politischen Organisation des Maya-Tieflandes während des späten Klassikums. Links die von R. Adams und rechts die von P. Mathews vorgeschlagene Einteilung (aus: Mathews, 1991).

42 Kakaoschote.

43 Metate (Mahlstein) und Reiber aus Stein (aus: Willey, 1966).

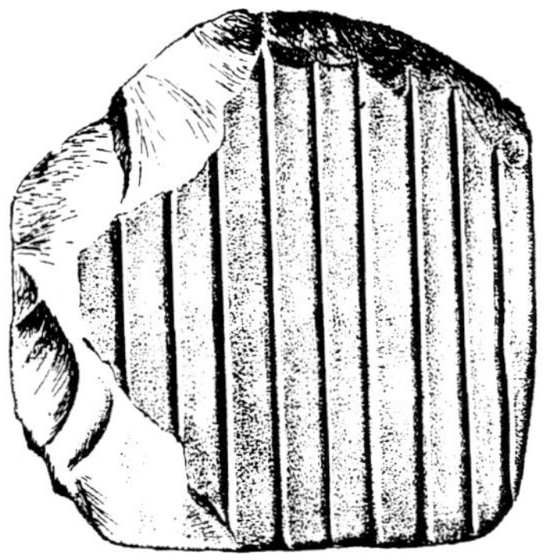

44 Gerät zum Zerstoßen von Baumrinden für die Papierherstellung (aus: Willey, 1966).

Wie bereits erwähnt, waren die Nähe, die angemessene Ausbeutung und Verwaltung von Ressourcen Faktoren, die an Wachstum und Blüte bestimmter Maya-Städte entscheidenden Anteil hatten. Bei diesen Ressourcen mochte es sich um Rohstoffe wie Salz, Muscheln oder Meeresschnecken, Obsidian, Kiesel, Feuerstein, Granit, Basalt, Serpentin, Jadeit und Jade für die Herstellung von Werkzeugen und Geräten sowie Luxusgegenständen gehandelt haben; vielleicht aber auch um Böden, die sich besonders zum Anbau von Kakao oder Baumwolle eigneten, sowie die Nähe und Zugänglichkeit von Handelswegen, bildete doch der überregionale und Fernhandel mit den genannten Rohstoffen und den aus ihnen gefertigten Produkten die wichtigste Verbindung zwischen den Metropolen des Klassikums. Diese Güter wurden von den Händlern und ihren Sklaven entweder auf dem Landweg oder aber in großen Einbäumen aus Hartholz auf den breiten, das Gebiet durchziehenden Flüssen transportiert. Die Waren zirkulierten auf zweierlei Art: als Tauschobjekte, indem man zum Beispiel Salz gegen Honig tauschte, oder als Währung, da einige einen fest angesetzten Wert hatten wie etwa Kakaobohnen, Baumwollstoffe oder Perlen aus der roten Schale der Spondylusmuschel.

Benavides (1995 a) führt zum Beispiel die ineinander mündenden und mit beiden Küsten verbundenen Wasserstraßen der Flußläufe als natürliche Ressourcen an, sowie für die intensive Landwirtschaft geeignete, überschwemmungssichere Böden und die Kalkstein- und Feuersteinlagerstätten des Hügellandes von Tikal, die zur Entwicklung dieser großen Hauptstadt beigetragen haben. Die Stadt Río Azul, die eine Zeitlang Teil des von Tikal beherrschten Gebietes war, nahm wegen ihrer Rolle als Schutzherrin der wichtigen Handelsroute über die Wasserstraßen des Río Azul und des Río Hondo einen größeren Aufschwung als andere nachgeordnete Zentren. Wahrscheinlich ist die Bedeutung von Caracol zu einem großen Teil der Tatsache zu verdanken, daß es aus seinem Zugang zu den Feuersteinvorkommen Nutzen zu ziehen verstand und die Herstellung und den Handel mit Gegenständen aus Basalt, also Mahlsteinen und Reibern, Äxten und Hämmern, bestimmte. Lubaantún wurde im späten Klassikum zur regionalen Kakaoerzeugung gegründet; Altún Há lieferte Geräte aus Feuerstein von hoher Qualität, die in den Werkstätten von Colhá gefertigt wurden (Abb. 46). Yaxchilán, eine zunächst von Tikal abhängige Stadt, erstarkte zu einer großen Metropole, als sie durch ihre strategische Lage den Handelsverkehr entlang des Usumacinta zu kontrollieren begann. Es ist auch sehr wahrscheinlich, daß Palenque politische und wirtschaftliche Macht über die Kakao produzierenden Orte wie Tortuguero und Comalcalco ausübte. Im Becken des Río Motagua dominierte Copán lange Zeit über Quiriguá und andere kleinere Zentren der Region, weil es den dortigen Flußhandel überwachte und sich mit dem Verkauf der hier vorkommenden sehr wertvollen Steine wie Jadeit, Serpentin und der hochgeschätzten apfelgrünen Jade befaßte. Kaminaljuyú im Hochland war ein Ort, der während des frühen Klassikums aus der ökologischen Vielfalt seiner Umgebung Nutzen zog und den Austausch äußerst vielfältiger Ressourcen kontrollierte, die in relativ nahegelegenen, aber recht unterschiedlichen Gebieten zur Verfügung standen; aufgrund seiner geographischen Lage kontrollierte Kaminaljuyú den Zugang zu den Ressourcen der nahegelegenen Berge, Küsten und Täler und dominierte daher in der Südzone, während es gleichzeitig das Tiefland mit Produkten wie Kakao, Obsidian, Jadeit, Zinnober, Hämatit, Häuten und Fellen, Federn, Fischen, Muscheln, Schnecken usw. versorgte.[22] Über diese Stadt, die entscheidenden Anteil an der Ausbreitung teotihuacanischer Handelswirtschaft und Ideologie hatte, strömten zahlreiche Waren und Ideen in viele Städte des Maya-Gebiets.

Ganz offensichtlich spielte der Krieg über seine Bedeutung auf politischer und ideologischer Ebene hinaus eine entscheidende wirtschaftliche Rolle. Einerseits vermehrten die eroberten Ressourcen und der dem Verlierer auferlegte Tribut den Reichtum des Siegers, und andererseits endete ein Großteil der Gefangenen als Diener in den Palästen der Adeligen, als Bauern oder als Arbeiter beim Bau öffentlicher Projekte sowie als Sklaven. Wie bei jedem Bauernvolk war die geeignetste Zeit für die Feldzüge der Maya die Trockenperiode (Winter), denn so waren die männlichen Arbeitskräfte nicht während Aussaat und Ernte von ihren Feldern abgezogen. Es versteht sich von selbst, daß das ökonomische Ziel stets durch die ideologische Propaganda verbrämt wurde, die den Sinn des Krieges darin sah, Gefangene zu machen, um sie den Göttern zu opfern.

Wie jede Zivilisation besaßen auch die Maya eine komplexe und hierarchisch struktrierte Gesellschaft, die sich grundsätzlich in zwei Schichten gliederte: die Oberschicht der Adeligen und die aus den Plebejern oder dem gewöhnlichen Volk bestehende Unterschicht. Jede dieser ihrerseits hierarchisch strukturierten Schichten besaß ihre Grundlagen in verwandtschaftlichen Bindungen sowie in den Aktivitäten des Einzelnen, die sich im jeweils unterschiedlichen Zugang zu Gütern und Dienstleistungen widerspiegelte.

An der Spitze der Maya-Gesellschaft stand die dynastische Elite, die aus dem höchsten Herrscher nach dem Prinzip der Primogenitur – dem *ahau* – und seiner unmittelbaren Familie bestand. Der *ahau* vereinigte in sich die politische, ökonomische und religiöse Macht, regierte über eine ganze Region und wohnte in der Hauptstadt. Seine politische Autorität war absolut, während sich seine wirtschaftliche Macht darin reflektierte, daß er durch die Arbeit der Gemeinschaft Reichtümer anhäufte und Güter universell verteilen konnte. Innerhalb des religiösen Systems spielte er eine zentrale Rolle, denn er mußte den Fortbestand der Ordnung in seiner Welt mit Hilfe sehr komplexer Rituale gewährleisten. Im mayanischen Denken wurde der *ahau* mit der Sonne verglichen und die dynastische Thronfolge mit dem Sonnenzyklus: Der neue *ahau* entsprach der aufgehenden Sonne, während sein toter Vorgänger die nächtliche Sonne verkörperte, die in die Unterwelt hinabstieg.

Weitere Mitglieder der Oberschicht waren die Herrscher der Vasallenstädte oder nachrangigen Zentren, die gleichzeitig Angehörige der zentralen Abstammungslinie des Königs und dem *ahau* unterstellt waren: also die politischen und religiösen Funktionäre der Stadt (Beamte, Priester, Feldherren); unter ihnen standen auf eine bestimmte Tätigkeit spezialisierte Personen, wie etwa die Fernhandelskaufleute, Wahrsager, Schreiber, Architekten, Künstler und Kunsthandwerker, die sich von den bäuerlichen Wohnsiedlungen distanzieren konnten und oft enorme Privilegien bei Hofe genossen. Die Angehörigen dieser gesellschaftlichen Kaste lebten in den Wohnkomplexen unmittelbar um den monumentalen Kern der Städte, wo der *ahau* und die königliche Familie residierten. Schritt für Schritt gewann dieser Bevölkerungsteil einen großen Machtzuwachs, was wohl in manchen Orten dazu führte, daß sie den Sturz der regierenden Dynastie provozierten.

Auf der untersten Stufe der sozialen Pyramide standen die Plebejer, die den produktiven Teil der Gesellschaft bildeten: Bauern, Arbeiter, Lastenträger und Sklaven, die in den bescheidenen Wohnanlagen an der Peripherie der Städte lebten. Sie mußten Tribut in Form von Naturalien für die Erhaltung des Adels und in Form von Dienstleistungen bei der Errichtung von Gebäuden und öffentlichen Anlagen leisten.

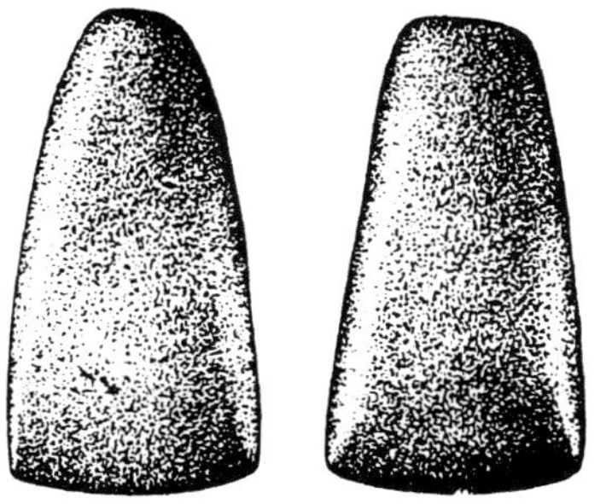

45 Zwei Steinäxte (aus: Morley, Brainerd und Sharer, 1983).

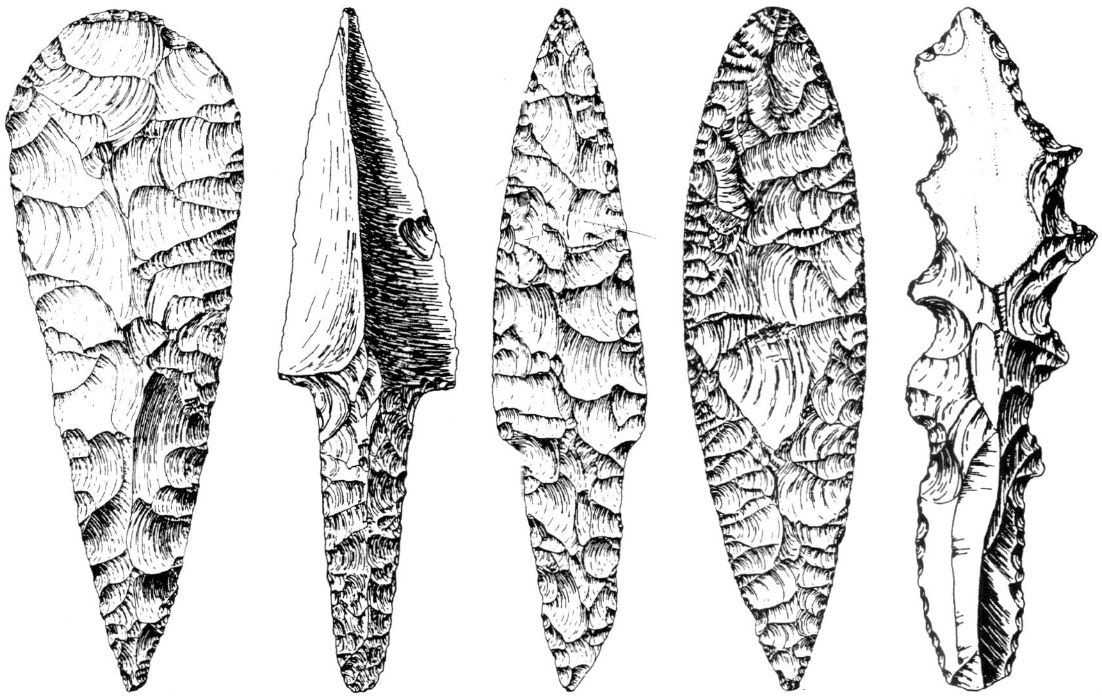

46 Eine Axt, drei Speerspitzen und eine sogenannte exzentrische Spitze aus Feuerstein, Colhá, Belize (aus: *Colhá e i maya dei bassipiani*).

47 Thron in Form eines Jaguars. Detail der Stele 20 von Tikal. 751 n. Chr., späte klassische Periode (aus: Marcus, 1992).

Um als Klasse an der Macht zu bleiben, suchte der Adel die gesellschaftlichen Unterschiede noch zu verstärken; so behielt er sich zum Beispiel den Gebrauch der Schrift und das esoterische Wissen vor, während der Rest der Gesellschaft im Analphabetentum gehalten wurde; er deutete den Kalender und gab die günstigen und weniger günstigen Tage in verschiedenen Datierungen oder Zählungen an, je nach dem sozialen Niveau, dem sie zugedacht waren. Was jedoch die Kluft zwischen Adel und Volk in der klassischen Periode am meisten vertiefte, war die Institutionalisierung der regierenden Dynastien (oder der auf der patrilinealen Abstammung basierenden Erbfolgeordnung), die mit Sicherheit im Jahr 292 n. Chr. bereits in Tikal etabliert war, deren früheste Wurzeln sich aber wohl bis zu dem vorhergehenden Jahrhundert zurückverfolgen lassen. Mit diesem politischen System wurde die soziale Ungleichheit, die sich seit der vorhergehenden Kulturperiode verschärft hatte, als legitime, unumgängliche und in der kosmischen Weltordnung begründete Gegebenheit definiert, denn der *ahau* hatte das göttliche Recht zu regieren, hatte er es doch in direkter Linie von seinen königlichen oder mythischen Ahnen geerbt. Seine absolute und vom Vater auf den Sohn vererbte Macht sicherte eine gesellschaftliche Struktur, in der die Untertanen ihre vollkommene Unterwerfung akzeptierten.

Doch dieses System trug den Keim seiner Zerstörung in sich; da es streng von den Regeln der Thronfolge abhing, kam der Moment, in dem Schwierigkeiten bei der Machtübertragung in den Generationen innerhalb der königlichen Lineage auftraten. Wenn eine Dynastie endete und der nachfolgende König seine Position nicht legitimieren konnte, verließ die Einwohnerschaft den Ort: Sie verbrannte rituell die Masken ihrer Götter und Ahnen, »tötete« die Objekte der Verehrung, um die in ihnen angesammelte Macht zu neutralisieren, bedeckte die zerstörten Monumente mit Kalkmergel und Stuck und kehrte zu ihrem alten bäuerlichen Dorfleben zurück.

Verschiedene frühe Dynastien scheiterten, doch das System als solches hielt sich mehrere Jahrhunderte hindurch dank der politischen Propaganda, die von der Eliteschicht über die Kunst, den Kalender und die Schrift verbreitet wurde, die im Gebiet der Maya eine Vielfalt und Pracht erreichten, wie man sie in anderen Teilen Mesoamerikas nicht kannte, wo es das auf patrilinealer Abstammung beruhende Königtum nicht gab.[23] Dank der Fortschritte in der Entzifferung der Maya-Schrift wissen wir heute, daß die Inschriften auf den Stelen und anderen Monumenten das obsessive Anliegen der Herrscher widerspiegeln, ihre Genealogie als Ursprung ihrer Legitimierung zu betonen und zu demonstrieren, daß die historischen Tatsachen das unvermeidliche Ergebnis kosmischer und göttlicher Fügung waren.

Der *ahau*, natürlich von der Priesterschaft und dem gesamten Regierungsapparat gestützt, mußte sehr geschickt vorgehen, um seine göttliche Abkunft glaubhaft zu machen, indem er überzeugende Beweise für seine Blutsbande mit dem vergöttlichten Ahnen präsentierte, der der Gründer der königlichen Lineage gewesen war, denn aus dieser Tatsache entsprang die dynastische Macht und sein legitimes Recht zu herrschen.

Die Götter vermittelten ihre Absichten dem Volk nur über den *ahau*. Darum bestand eine Form der Legitimierung darin, daß er in regelmäßigen Abständen Rituale vollzog, um in

48 Dekor eines polychromen Tongefäßes aus Grab 196 von Tikal, späte klassische Periode. Die Szene zeigt zwei Adelige vor dem *ahau* (aus: W. R. Coe, 1977).

Verbindung mit seinen göttlichen Ahnen zu treten. Grundlegender Teil dieser Rituale war das Selbstopfer der Blutentnahme, das der *ahau* an sich selbst durchführte (Abb. 53), und das auch die gesamte königliche Familie übte, wie zum Beispiel Ehefrauen und Mütter (Abb. 101, Farbtafel 99). Das Blut wurde den Göttern geopfert, denn mit seiner Hilfe konnte man sich mit ihnen in Verbindung setzen. Das Königtum vollzog dieses Ritual zum Gedenken an den 5. oder den 25. Jahrestag der Inthronisation des *ahau*, zur Feier der Geburt eines Erben oder auch zum Gedenken an den 20. Todestag eines Ahnen.

49 Die Glyphe mit einem Herrschernamen von Tikal: »Jaguartatze« (aus: Marcus, 1992).

Eine andere Art, sich mit einem göttlichen Ahnen in Verbindung zu setzen, bestand aus der Manipulation des Kalenders, um irgendein wichtiges Ereignis im Leben des *ahau* – das Datum seiner Geburt, seiner Inthronisation oder der Einweihung irgendeines von ihm in Auftrag gegebenen Bauwerks – mit dem Jahrestag eines Ereignisses zusammenfallen zu lassen, an dem die mythischen Ahnen beteiligt gewesen waren. Der verblüffendste dieser Fälle betrifft die Triade der Tempel von Palenque, den Tempel der Sonne, den Tempel des Kreuzes und den Tempel des Blattkreuzes (Farbtafeln 27–30). Diese drei herrlichen Bauwerke, die zu den schönsten der Maya-Region gehören, waren von dem *ahau* Chan Bahlum, dem Sohn Pacals, in Auftrag gegeben worden. In jedem der Tempel gibt es eine Inschrift, die sich auf die Geburt von drei Personen bezieht, deren Mutter zum Zeitpunkt der Entbindung 754 Jahre alt war. Diese Geburt hatte sich genau 3 000 Jahre vor der Einweihung der Tempel ereignet. Als der *ahau* dieses Geschehens auf so bedeutsame Weise gedachte, wollte er wohl demonstrieren, daß sie die vergöttlichten mythischen Vorfahren waren, von denen die Herrscher von Palenque – er und sein Vater – abzustammen beanspruchten.[24] Für den *ahau* fiel ins Gewicht, daß niemand an seinem Wort zweifelte und alle glaubten, daß er von einem göttlichen Wesen abstammte, das vor 3 000 Jahren gelebt hatte.

Die Geschichte der Dynastien wurde auf den Objekten und Monumenten des gesamten Maya-Gebiets festgehalten.[25] Doch die Herrscher gebrauchten die Glyphenschrift auch, um ihre persönliche Geschichte zu erzählen, indem sie ihre Verbindung mit den Gründerahnen der königlichen Lineage und die wichtigsten Ereignisse ihres Lebens aufzeichnen ließen: die Inthronisation, Heiraten mit einflußreichen Ehefrauen, die Geburt des jeweiligen Erben, den Erwerb von Ehrentiteln, die Expansion des jeweiligen Territoriums und die Siege im Krieg. So verschmolzen Propaganda, Mythos und Geschichte in den Maya-Inschriften untrennbar miteinander.

Obschon nur die Elite die Kunst des Lesens beherrschte, waren die Texte auf den Monumenten fast immer kurz und bündig; was wirklich einschlug – sowohl bei den des Lesens Kundigen wie den Analphabeten – waren die eingemeißelten oder gemalten bildlichen Szenen. Viele stellten Ereignisse wie die Übergabe der Macht dar, die Weihe eines Erben, Blutentnahmerituale, oder es wurden Gefangene abgebildet, die der *ahau* gemacht hatte. Ihre Botschaft konnte von jedermann unmittelbar erfaßt werden. Das war auf bestimmte ikonographische Konventionen zurückzuführen, die für die gesamte Bevölkerung als Embleme der Macht identifiziert werden konnten, wenn auch ein Großteil der Betrachter nicht deren wahre Bedeutung ermessen sollte: Der *ahau* setzte sich auf »die Matte des Jaguars«, ein

50 Gemalte Szene auf einem anderen Tongefäß aus Grab 196 von Tikal. Der *ahau* sitzt auf einem mit einem Jaguarfell bedeckten Thron (aus: W. R. Coe, 1977).

Ausdruck, der besagt, daß er die allerhöchste Stufe in der gesellschaftlichen Hierarchie einnahm, den des allerhöchsten Herrschers. Die anderen Adeligen setzten sich ebenfalls »auf die Matte«, um ihren politischen Rang zu demonstrieren, aber nur die des *ahau* bestand aus dem Fell des Jaguars, und so wurde sein Thron auch bildlich dargestellt (Abb. 47, 50). Der allerhöchste Herrscher wird als einziger mit dem Zeremonialstab oder dem Figurinenzepter in der Hand gezeigt, das Gott K als Symbol der Königsherrschaft (Abb. 51) verkörperte. Zur Veranschaulichung der Machtübertragung gab es bestimmte ikonographische Konventionen, die es erlaubten, den vollzogenen politischen Akt zu identifizieren: In einigen Fällen ist das Bild des Nachfolgers größer als das des *ahau*, der ihm die politische Verantwortung überträgt; es kann aber auch sein, daß der tote Herrscher oder irgendein ihm nahestehendes Familienmitglied im symbolischen Akt der Übertragung der Paraphernalien der Macht an den Nachfolger dargestellt wird. Das Volk konnte feststellen, daß sein Herrscher in direkter Linie göttlicher Abstammung war, wenn es bestimmte Szenen auf den Monumenten sah, vor allem dort, wo die Ahnen als Begleiter des *ahau* und anderer Mitglieder der königlichen Familie auftraten. Manchmal sind diese übernatürlichen Wesen als kleine umherfliegende Figuren im oberen Teil zu sehen, oder sie wurden von tropfenförmigen

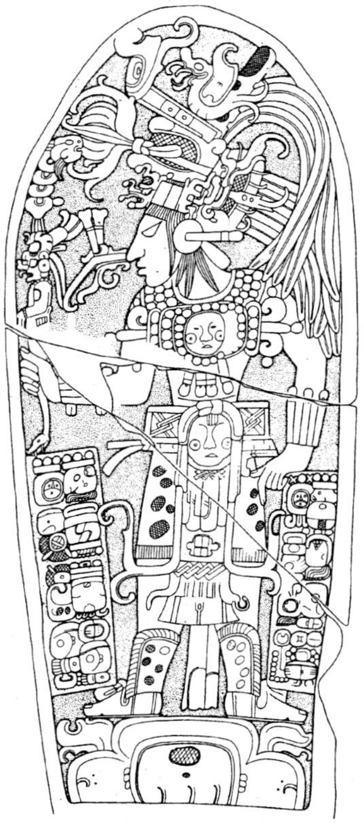

51 Stele 4 von Machaquilá, Guatemala, mit der Darstellung eines Herrschers, der ein Figurinenzepter in der Hand hält (Zeichnung von I. Graham, aus: Schobinger, 1994).

52 Die ovale Tafel des Palastes von Palenque. Dargestellt ist Frau Sak-K'uk' (Zak-Kuk), die ihrem Sohn Pacal II., der auf einem Thron in Form eines Doppeljaguars sitzt, die Insignien der Macht überreicht. 652 n. Chr., späte klassische Periode (aus: Schobinger, 1994).

Kreisen umrahmt, was ihre Blutsverwandtschaft mit den dargestellten Mitgliedern der königlichen Familie implizieren sollte (Abb. 54). Sie wurden aber auch dargestellt, wie sie sich vor dem *ahau*, seiner Mutter oder seiner Ehefrau materialisierten (Abb. 110; Farbtafel 98), denn diese konnten durch den Blutopferritus die Ahnen beschwören und aus dem Rachen einer phantastischen Schlange, der sogenannten Visionsschlange, hervortreten lassen. Diese Schlange symbolisierte bei den Maya den Weg, auf dem in einer jenseitigen Welt lebende Wesen in die irdische Welt gelangten

Der Untergang einer Kultur

Um 800 n. Chr. setzte der Niedergang der glanzvollen Maya-Städte der Zentralzone ein. Die großen Regionalstaaten begannen sich in weniger zentralisierte politische Einheiten

53 Türsturz 2 von La Pasadita, Guatemala. In der Szene sieht man den Herrn von Yaxchilán, »Vogel-Jaguar«, der vor seinem *cahal,* dem Statthalter des guatemaltekischen Ortes, an dem das Ritual stattfindet, ein Selbstopfer mit Blutentnahme durchführt. 766 n. Chr., späte klassische Periode (aus: Schele und Miller, 1986).

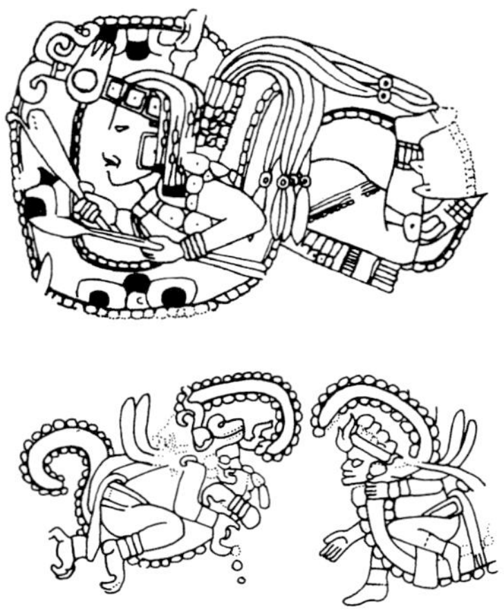

54 Von Punktreihen gerahmte Ahnenbilder im oberen Teil der skulptierten Stele 4 von Ucanal, 849 n. Chr., und auf Stele 1 von Jimbal, späte klassische Periode (aus: Marcus, 1992).

aufzulösen, und einige Unterzentren versuchten, die Machtposition ihrer eigenen königlichen Linie zu festigen. Neue Stelen sprechen von neuen Zentren, die jetzt näher beieinander lagen, aber über ein kleineres Territorium und eine geringere Bevölkerung herrschten. Die Flächenausdehnung der Regionalstaaten schrumpfte, bis einige schließlich vollständig verschwanden, während andere für kurze Zeit noch einmal auflebten. Letzteres trifft für die Konföderation von Petexbatún zu, die sich nach heftigen inneren Kriegen zu einem Regionalstaat mit Seibal als Metropole konsolidierte (Farbtafeln 39–41), vielleicht mit der Beteiligung von Putún-Volksgruppen, die von der Golfküste zugewandert waren.[26]

Während in einem großen Teil der Zentralregion die Herrscher keine Stelen mehr errichteten, die Bauprojekte aufhörten und ganze Städte verlassen wurden, blühten an der Ostküste der Nordzone und in der Puuc-Region im Norden von Yucatán Städte – wie etwa Kabáh (Farbtafeln 77–80), Uxmal (Farbtafeln 64–71) oder Sayil (Farbtafeln 75,76) –, die um die Macht in der Region zu rivalisieren begannen.

Trotz einer Fülle von Hypothesen hat keine von ihnen das Phänomen dieses Zusammenbruchs der Zentralzone befriedigend erhellen können – vielleicht, weil der Niedergang als ein Prozeß betrachtet wurde, der sich in der ganzen Region rasch und heftig vollzogen hatte, und man einheitliche Gründe dafür verantwortlich machte. Heute wissen wir, daß dem nicht so war: Einige Städte wurden nach der Zerstörung der Monumente ihrer Zeremonialzentren vollständig verlassen, aber andere nicht, und die Gründe, die dies an gewissen Orten erklären, lassen sich auf andere nicht anwenden. Wenn wir zudem die historische Entwicklung nicht nur im Tiefland des Südens analysieren, sondern auch die Nordzone als Teil des Maya-Gebiets betrachten, wird deutlich, daß sich dieselbe Geschichte zu verschiedenen Zeiten wiederholt: Einige Orte der Zentralzone besaßen die Macht und das politische Geschick, große Territorien unter ihre Oberherrschaft zu bringen, was sie mit Hilfe einer mächtigen, auf der Basis dynastischer Erbfolge institutionalisierten Regierung erreichten; als diese sich spaltete, brachen die großen regionalen Metropolen zusammen, und die Stätten wurden schließlich verlassen. Diesem Machtvakuum entsprachen seinerzeit die Versuche zu regionaler Integration im Tiefland des Nordens, wo glanzvolle Stadtstaaten wie Uxmal blühten. Die Maya-Kultur verschwand nicht von der Bildfläche, was schon die Verfeinerung beweist, zu der sie während des 9. Jahrhunderts an Orten wie diesem gelangten.

Der Zusammenbruch der dynastischen Regierungsform in der Zentralregion war wahrscheinlich auf verschiedene Gründe zurückzuführen. Auch scheint alles darauf hinzuweisen, daß die Bedingungen an jedem Ort unterschiedlich waren. Als einer der am häufigsten erwähnten Faktoren ist das ungewöhnliche Anwachsen der nicht produktiven Bevölkerung hervorzuheben, das für einen großen Teil der Region während des späten Klassikums festgestellt wurde: Dies brachte eine große Nachfrage nach Lebensmitteln mit sich, die die Bauern befriedigen mußten. Man weiß, daß die Maya an einigen Orten die Fruchtbarkeit der Böden erschöpften, weil sie das Brachliegen der Felder zwischen den Aussaaten erheblich verkürzten und so das Ausruhen des Bodens verhinderten, daß sie durch das Abholzen

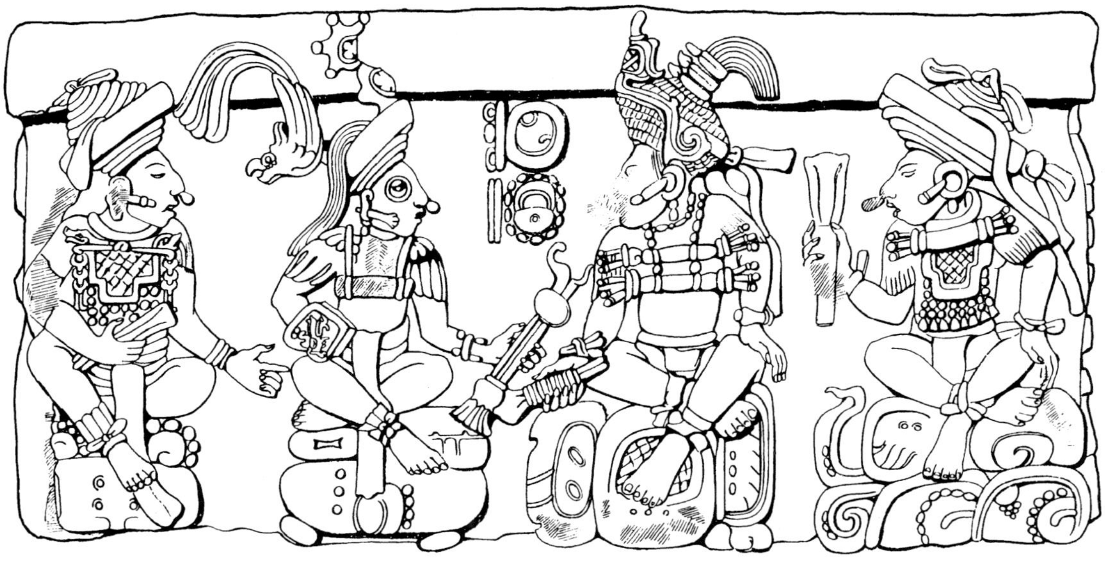

55 Altar Q von Copán. Auf diesem Altar sind die Herrscher der Stadt dargestellt. Die Szene zeigt den Gründer der Dynastie, Yax-K'uk'-Mo', der die Macht auf Yax-Pac, den letzten Herrn der Dynastie, überträgt. 763 n. Chr. (aus: Marcus, 1992).

und Brandroden Erosionen großer Ackerflächen hervorriefen. In anderen Fällen bewirkte die intensive Landwirtschaft eine Versalzung der Böden. Andererseits zog die ständig wachsende Eliteschicht und ihre steigende Macht eine große Menge von Bauern vom Land und der Feldbestellung zu Dienstleistungen in den Palästen und auf den Ländereien ab. Die Kluft zwischen Bauern und Adeligen klaffte immer weiter auseinander, die Tributleistungen, die auf den ersteren lasteten, waren gewaltig, und mit Sicherheit kam der Moment, an dem sie rebellierten und den Kern der Städte vernichteten, wo die Macht des *ahau* ihren Sitz hatte. In einigen Fällen führte die Bevölkerung nach der Absetzung der regierenden Klasse ihr Leben am selben Ort fort, bevor sie ihn ganz verließ, wie in Copán.

Die in der Region herrschende kriegerische Atmosphäre schwächte das politische System, da es außer den Revolten der Bauern ständige Kriege zwischen den rivalisierenden Orten um Territorien, strategische Ressourcen oder um die Unabhängigkeit von einer Metropole gab. Viele Herrscher wurden gefangengenommen und geopfert, ganze Dynastien gingen zugrunde, und Usurpatoren bemächtigten sich des Thrones.

Dieses Zusammenspiel von Faktoren rief den unaufhaltsamen Niedergang der dynastischen Regierungsform in der Zentralzone hervor. Dies bedeutete nicht nur ein Schwinden politischer Verantwortlichkeiten, sondern auch eines ganzen ideologischen Systems, das eingeführt worden war, um die Macht des *ahau* zu perpetuieren, ein System, das mit einer außergewöhnlichen Kultur im Einklang stand. Der kulturelle Brennpunkt verlagerte sich in den Norden; im Tiefland des Südens war der Niedergang von Dauer. Offiziell ging die Maya-Zivilisation um das Jahr 910 mit der letzten Verlautbarung der Herrscher des Klassikums zu Ende: einer Inschrift in einem Monument von Itzimté.

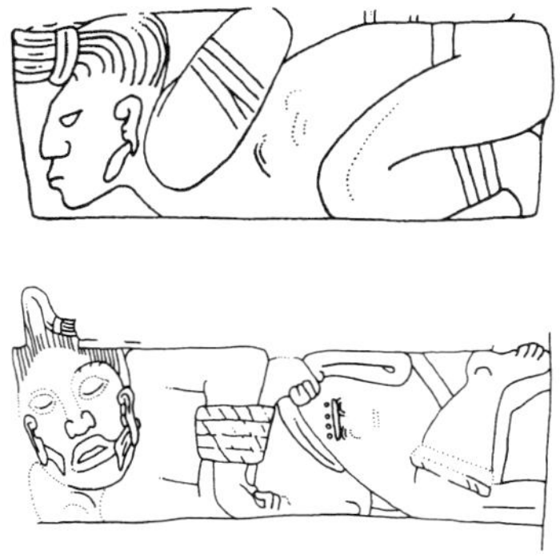

56 Darstellungen von Gefangenen im unteren Teil skulptierter Stelen in Naranjo, Guatemala, späte klassische Periode (aus: Marcus, 1992).

57 Türsturz 1 von La Pasadita, Guatemala. Die Gestalt rechts ist »Vogel-Jaguar« von Yaxchilán, der gerade einen sich unterwerfenden Gefangenen packt. Gegenüber steht der *cahal* von La Pasadita, ein Vasall des Herrn von Yaxchilán. 759 n. Chr., späte klassische Periode (aus: Marcus, 1992).

Anmerkungen

1 Diese Dokumente sind seit ihrer Veröffentlichung eine unschätzbare Informationsquelle für die Maya-Forschung gewesen. Unter ihnen ragen die in der berühmten *Historia Verdadera de la Conquista de la Nueva España* enthaltenen Berichte des Konquistadors Bernal Díaz del Castillo hervor (dt. Ausgabe: *Wahrhafte Geschichte der Entdeckung und Eroberung von Mexiko*, Frankfurt, 1982); ebenso *Las Cartas de Relación* von Hernán Cortés, die er Kaiser Karl V. zwischen 1519 und 1526 schrieb (dt. Ausgabe: *Die Eroberung Mexicos*, Tübingen und Basel, 1975); sowie die *carta de relación* des Richters Diego García de Palacio an den König von Spanien (1576 geschrieben, aber erst 1860 veröffentlicht) und natürlich das Werk des Franziskanermönchs Diego de Landa mit dem Titel *Relación de las Cosas de Yucatán* (1566).

2 Diese Bücher waren: *Incidents of Travel in Central America, Chiapas and Yucatán*, 2 Bde, New York, 1841 und *Incidents of Travel in Yucatán*, 2 Bde, New York, 1843.

3 *Incidents of Travel in Central America*, Bd. 2, S. 442, New York, 1962.

4 Die bekanntesten Werke dieser Autoren, die deren theoretisches Modell über die Kultur der Maya zusammenfassen, sind: *The Ancient Maya* von Sylvanus G. Morley, veröffentlicht 1946; *The Civilization of the Mayas* (1927) und *The Rise and Fall of Maya Civilization* (1954) von J. Eric S. Thompson; dt. Ausgabe: *Die Maya, die Griechen Amerikas*, München, 1968.

5 Eine vorzügliche komparatistische Studie zwischen dem traditionellen Modell und der neuen Sicht von der Welt der Maya ist die Arbeit von Sabloff: *The New Archeology and the Ancient Maya* (1994).

6 Die Entdeckung des historischen Charakters einiger Inschriften und der ersten linguistischen methodologischen Ansätze, die die Entzifferung einer großen Zahl von Glyphen gestatteten, sind den Forschungen von Heinrich Berlin (der 1958 die Emblemglyphen entdeckte) und Tatjana Proskouriakoff zu verdanken (die 1960 ihre Entdeckungen über den historischen Inhalt der von ihr in Piedras Negras und Yaxchilán untersuchten Inschriften veröffentlichte, die dynastische Abfolgen verzeichneten).

7 Zur umfassenden Diskussion über diesen Punkt siehe J. Marcus, »Lowland Maya Archaeology at the Crossroads«, *American Antiquity* (1983), wo die Autorin mit großer Klarheit die zyklische Rückkehr zu alten Postulaten analysiert.

8 Siehe *Arqueología. Memoria e Identidad*, 1993; *Proyectos Especiales de Arqueología*, 1993; *Arqueología Mexicana*, Bd. II, Nr. 10, 1994.

9 Nalda, E., Luz E. Campaña und Javier López Camacho, *Arqueología Mexicana*, Bd. II, Nr. 10, 1994, S. 14.

10 Obschon die in diese Monumente eingemeißelten Datierungen sehr präzise die Grenzen der klassischen Phase markieren, setzen einige Autoren der Einfachheit halber ihren Beginn auf das Jahr 250 und andere auf das Jahr 300 n. Chr., während das Jahr 900 n. Chr. allgemein als Ende der Periode angesehen wird.

11 Ein folgenschwerer und nicht vollständig erklärter Wandel setzte um das Jahr 534 n. Chr. ein, als eine Zeitlang die Inschriften und die Errichtung von Monumenten unterblieben. Diese Lücke wurde von der Archäologie in Tikal festgestellt, und einige Autoren erklären sie durch die schreckliche Niederlage, die diese große regionale Hauptstadt nach sechs Jahren kriegerischer Auseinandersetzungen mit Caracol erleiden mußte; ein Ereignis, das noch Jahre danach in den Inschriften von Caracol gefeiert wurde, in denen sich diese Stadt als Sieger manifestierte. Andere Forscher haben die Meinung geäußert, dieser Krise oder Lücke könnte die bis heute unaufgeklärte Unterbrechung des Handels zwischen Teotihuacán und dem Süden und Zentrum des Maya-Gebiets zugrundegelegen haben.

12 In den letzten Jahrzehnten sind im Maya-Gebiet sehr bedeutende archäologische Programme in Angriff genommen worden, um Erkenntnisse über die präklassische Periode zu gewinnen. Dabei zeichnen sich unter anderem aus: das zwischen 1974 und 1981 in Cerros von David Freidel und Robin Robertson durchgeführte Projekt der Southern Methodist University; das Projekt in Lamanai, geleitet von David Pendergast vom Royal Ontario Museum in den 1970er und 1980er Jahren, eine Zeit, in der auch die Untersuchungen in Cuello unter der Leitung von Norman Hammond von der Boston University durchgeführt wurden.

13 Vor kurzem berichtete Norman Hammond von der Boston University über den Fund einer Phase der Keramikproduktion in Cuello, Belize (Phase Swasey), die mittels der Radiokarbonmethode auf 2 500 v. Chr. datiert wurde, was den Beginn des dörflichen Lebens in der zentralen Zone in eine unwahrscheinlich frühe Periode verlegen und ihm ein wenig glaubhaftes hohes Alter zuschreiben würde. Doch haben spätere Untersuchungen diese Keramik in eine spätere Zeit eingeordnet, nämlich zwischen 1 000 und 800 v. Chr., d.h. in den Beginn des mittleren Präklassikums. Fest steht, daß man eine für das Tiefland des Südens sehr alte keramische Produktionsphase gefunden hat, und daß diese – in Verbindung mit den ebenfalls in Belize bei den Feldforschungen von MacNeish gemachten Funden präkeramischer Phasen – beweist, daß das Gebiet Jahrtausende vor unserer Zeitrechnung bevölkert war, und daß sich die keramikbesitzenden Dörfer höchstwahrscheinlich hier entwickelten, bevor sie sich zu der prachtvollen Kultur des Klassikums entfalteten.

14 Siehe Anmerkung 11.

15 Hier muß als Ausnahme Yaxhá genannt werden, eine kleine Maya-Stadt im Südosten von Tikal, deren Stadtplan das amorphe mayanische Muster mit im Stil von Teotihuacán gezogenen Straßen kombiniert.

16 Auch in diesem Fall gibt es Ausnahmen: Bestimmte Orte – u.a. Becán im Tiefland des Nordens oder Punta de Chimino und Dos Pilas im Tiefland des Südens – besitzen durchaus feste Grenzen, da sie mit Verteidigungsgräben oder -wällen umgeben sind.

17 Man hat geschätzt, daß der Herrschaftsbereich von Tikal in seiner glanzvollsten Epoche etwa um die Mitte des 8. Jahrhunderts etwa 2 500 Quadratkilometer mit ungefähr 425 000 Einwohnern umfaßte.

18 Siehe J. Marcus, »Ancient Maya Political Organization«, 1993, wo die Autorin ihr dynamisches Modell politischer Organisation und eine Synthese der Fortschritte in diesem Thema vorlegt.

19 Das hier Ausgeführte ist lediglich ein Erklärungsmodell der territorialen und politischen Organisationsform der Maya-Region während des Klassikums. Es muß jedoch darauf hingewiesen werden, daß es hierzu auch andere

Vorschläge gibt, wie etwa den von Mathews (1985), der die Meinung vertritt, daß jeder Ort mit einer Emblemglyphe unabhängig war, was uns zu Thompsons Modell zurückbringt, der sich das Maya-Gebiet von einer Fülle autonomer Stadtstaaten bevölkert vorstellt. Es steht zudem zu erwarten, daß als Ergebnis der im Maya-Gebiet durchgeführten Forschungen andere Erklärungsmodelle auf den Plan treten werden, die auf einer größeren Informationsfülle und -qualität basieren.

20 Sanders (Dokumentation PBS, *Artisans and Traders* 1993) merkt an, daß die Teilnehmer am archäologischen Copán-Projekt nahe den Riolitvorkommen Wohnsiedlungen entdeckten, wo Bauern in kleinen Hütten aus lehmgebundenem Rohrgeflecht lebten; in dem ganzen Gebiet verstreut fanden sie Reste von Mahlsteinen und Reibern, die einen zerbrochen, die anderen halbfertig, was darauf schließen läßt, daß es sich um Werkstätten handelte, in denen diese Produkte hergestellt wurden. Durch ethnographischen Analogieschluß kam er zu der Meinung, daß die betreffenden Bauern nicht von diesem Handwerk lebten, sondern daß dieses vielmehr eine Freizeitbeschäftigung darstellte. Dies im Unterschied zu den teotihuacanischen Wohnkomplexen, in denen sich die Familien auf die Herstellung von bestimmten Gütern in Vollzeitbeschäftigung spezialisiert hatten.

21 Zuvor hatte man behauptet, daß die Maya lediglich das extensive landwirtschaftliche System durch Brandrodung (*tumba y quema*) praktiziert hätten. Doch aufgrund der Untersuchungen der Siedlungsmuster wissen wir heute, daß die hohe Bevölkerungsdichte in den Städten sehr wenig Raum bot, um dieses System in einer Größenordnung durchzuführen, die den Nahrungsmittelbedarf gedeckt hätte. Es ist daher sehr wahrscheinlich, daß sie mindestens seit dem späten Präklassikum zu intensiven Anbaumethoden gegriffen haben und sich hier neue Nischen erschlossen. Das wurde durch archäologische Entdeckungen von prähispanischen Terrassen, Furchenrainen und Kanälen in verschiedenen Orten der Maya-Region verifiziert.

22 Verschiedene Autoren behaupten, daß Kaminaljuyú das Monopol zur Ausbeutung der Obsidianvorkommen von El Chayal besaß, was indessen eine gewagte Annahme ist angesichts der Tatsache, daß weder die Gesamtausdehnung noch die Größenordnung der Ausbeutung dieser Lagerstätte nach Epochen bestimmt ist. Dasselbe läßt sich über die Ausbeutung von Ixtepeque in Guatemala sagen, die andere bedeutende Lagerstätte von Obsidianvorkommen im Maya-Gebiet. Vielleicht läßt sich heute höchstens feststellen, daß Kaminaljuyú den Vertrieb dieser Ressource während einer bestimmten Zeit verwaltete (persönliche Mitteilung des Archäologen A. Pastrana, 1996). Ebenso muß man mehr über die Art der Ausbeutung der Lagerstätten des vielfältigen Felsgesteins im Gebiet des Río Motagua in Erfahrung bringen.

23 Eine hervorragende Analyse politischer Propaganda im prähispanischen Mexiko bietet Joy Marcus in ihrem Buch *Mesoamerican Writing Systems. Propaganda, Myth, and History in Four Ancient Civilizations*, 1992.

24 Die Pracht von Pacals Grabstätte und des sie umschließenden Bauwerks (Tempel der Inschriften) wie auch die drei prachtvollen Gebäude, die sein Sohn Schlange-Jaguar oder Chan Bahlum errichten ließ (die Kreuzgruppe) haben einige Entdecker zu der Meinung veranlaßt, Pacal und sein Sohn seien möglicherweise Usurpatoren gewesen, die dieser ungeheuren Machtdemonstration bedurften, um ihre angebliche königliche Abstammung zu legitimieren.

25 Ein hervorragendes Beispiel dafür ist die Hieroglyphentreppe in Copán, die eine wahre Enzyklopädie der Stadtgeschichte darstellt.

26 Die Putún-Stämme waren Volksgruppen von kriegerischen Händlern, die aus den Küstenstreifen von Tabasco und dem Süden von Campeche stammten und über große Mobilität verfügten. Während des 9. Jahrhunderts zogen sie Nutzen aus der Krise der Machtzentren im Maya-Gebiet, drangen in Orte der Zentralzone ein und begründeten einen interessanten Austausch von Ideen und Gütern mit Zentralmexiko. Höchstwahrscheinlich waren sie für die Einführung starker Maya-Einflüsse an Orten wie Cacaxtla und Xochicalco verantwortlich.

Die heiligen Mächte des mayanischen Universums

Mercedes de la Garza

Einführung

Alle kulturellen Leistungen der Maya beruhten auf einem religiösen Weltbild, demzufolge sie sich das ganze Universum heiligen Energien entsprungen und von ihnen durchdrungen dachten. Diese Kräfte manifestierten sich auf vielfältige Weise und in verschiedenen Wesen der Natur und bestimmten die Ereignisse nach der kosmischen Ordnung der Zeit. Übernatürliche Wesen hatten den Kosmos mit einer genau definierten Absicht geschaffen: der Erhaltung ihrer eigenen Existenz. Die Verantwortung für ihr Wohlergehen trug der Mensch, der daher Motor und Erhalter des Kosmos war. Ausgehend von dieser Sicht machte das Volk der Maya die rituelle Handlung zum Mittelpunkt seines Lebens.

Die Maya drückten ihre religiöse Vorstellungswelt in all ihren Kulturschöpfungen aus, unter denen sich besonders die von ihnen erbauten Städte, ihre meist mit Inschriften versehenen Skulpturen, ihre Codices, ihre Mythen und Legenden hervorheben. Um die Identität ihres Volkes gegenüber der eindringenden westeuropäischen Kultur zu bewahren, zeichneten einige gebildete Yucatán-Maya nach der Eroberung durch die Spanier die heiligen Erzählungen während der Kolonialzeit in lateinischer Schrift auf. Wie bei jedem anderen religiösen Volk berichten diese Mythen aus prähispanischer Zeit nicht nur von der Schöpfung der Welt, sondern analysieren auch Wesen und Verhaltensweise der Geschöpfe und ihrer Beziehungen zueinander. Gleichzeitig erzählen die kolonialzeitlichen Bücher von der Wanderung der frühen Maya-Vorfahren, der Gründung ihrer Religion und Stammesordnung, denn die Mythen sind für die Maya keineswegs Fiktion, sondern gelebte und wahre Historie; sie sind ihre Wahrheit und Richtschnur ihres Handelns in der Lebenswelt, weil sie Wesen, Sinn und Ziel ihrer Existenz und ihren Platz im Kosmos erklären.

Deshalb haben die grundlegenden mayanischen Mythen über die Schöpfung und Struktur des Universums bei den Einheimischen bis heute überlebt. Die Mehrzahl der noch existierenden Volksgruppen hat ungeachtet der spanischen Eroberung die Schöpfungsmythen der prähispanischen Zeit fast unverändert so übernommen, wie sie von ihren eigenen mayanischen Vorfahren in der Kolonialzeit gesammelt wurden. Wenn also die Mythen in ihrem Kern die spanische Herrschaft und die übrigen Veränderungen überleben konnten, ist zu vermuten, daß sie aus der präklassischen Periode stammen. Und tatsächlich liegen anhand der Grabungsfunde genügend Indizien vor, die uns, wenn schon nicht den Ursprung, so doch das Alter der in der Kolonialzeit festgehaltenen religiösen Vorstellungen offenbaren; darüber hinaus helfen sie uns, deren Bedeutung zu erhellen und zu begreifen.

Das Überleben der religiösen Weltsicht der prähispanischen Maya ist angesichts des großen Umbruchs, den die spanische Kolonialherrschaft mit sich brachte, und in Anbetracht der späteren Entwicklung wirklich überraschend. Es gibt dafür viele einzelne Gründe aus der Geschichte jeder Volksgruppe und ihrem Drang zur Bewahrung ihrer Identität, der sie mit allen Mitteln gegen die spanischen Einflüsse kämpfen ließ. Daneben gibt es auch eine nahezu allgemeingültige Erklärung: Mythen, die lebenswichtige menschliche Anliegen und Sachverhalte ausdrücken, haben bei allen Völkern die Tendenz zum Überdauern.

Um die religiösen Vorstellungen der Maya zu erhellen, hat man die Quellen aus unterschiedlichen Epochen mittels einer komparatistischen Methode untersucht, die auch andere Disziplinen übernommen haben: So führen zum Beispiel die Epigraphiker heute vergleichende Analysen zwischen den Glypheninschriften der klassischen Periode und den zur Kolonialzeit aufgeschriebenen Texten wie dem *Popol Vuh* durch, was weit wertvollere Einsichten gewährt als die isolierte Auslegung der Inschriften.[1]

Natürlich können wir uns hier weder einer vertieften Analyse der religiösen Inhalte der Bücher aus der Kolonialzeit noch der erhaltenen Codices widmen, da sie der postklassischen Periode entstammen. Im Rahmen des vorliegenden Buches soll lediglich die Religion der Maya der klassischen Phase charakterisiert werden. Dessenungeachtet haben wir aber die Glaubensvorstellungen und Ritualformen des Postklassikums wie auch die Mythen der

58 Die Stele 2 aus Izapa zeigt einen himmlischen Drachen, der sich auf einem Baum niederläßt; zu beiden Seiten huldigen ihm zwei Männer; in den Wurzeln des Baumes erkennt man den Erddrachen. Spätes Präklassikum (aus: Lowe, Lee und Martínez, 1982).

Kolonialzeit und die ethnographischen Daten zur Untermauerung unserer Interpretationen der klassischen – auf die materiellen Funde beschränkten – Quellen herangezogen, weil wir der Meinung sind, daß diese nicht vollständig verstanden werden können, wenn man sich nicht auf das bezieht, was die Maya selbst über sich und ihre Ideen aussagten. Denn hier stehen wir doch einer Vorstellung von der Welt und dem Leben gegenüber, die sich von der unsrigen stark unterscheidet.

Andererseits unterstützt die Kenntnis der religiösen Symbole und Phänomene auf universeller Ebene ganz wesentlich das Verständnis einer jeden Religion, wie die vergleichende Religionsgeschichte und die Phänomenologie der Religion gezeigt haben, deren methodologische Verfahren unserer Arbeit zugrunde liegen.

Präklassische Manifestationen der wichtigsten religiösen Symbole der klassischen Periode

Die Analyse von Darstellungsform und Symbolgehalt übernatürlicher Wesen und Kräfte in der klassischen Skulptur der Maya aus verschiedenen Fundstätten des Hochlands von Guatemala und Chiapas hat große Ähnlichkeiten aufgezeigt. Hier ist besonders Izapa zu erwähnen, das wahrscheinlich in der präklassischen Periode von nicht-mayanischen Volksgruppen erbaut wurde.

Das bildhauerisches Werk dieser sogenannten »Kultur von Izapa« – über die ethnische Identität ihrer Schöpfer wird noch diskutiert – zeigt sich zweifellos als wichtiger Vorläufer der religiösen Symbole und Rituale wie wir sie bei den klassischen Maya der Zentralzone finden, weshalb wir hier einen kurzen Exkurs über diese Darstellungen einschieben.

Die Stelen von Izapa zeigen vielfältige Darstellungen von Göttern in Gestalt von Vogel-Mensch-Mischwesen und Drachen[2], von Menschen oder von einem Gott im Rachen einer Schlange oder eines Jaguars, vom Schlangen-Regengott mit seinem Beil in der Hand sowie Bilder von Menschen, die den Göttern huldigen – und all dies sollte auch zu den Hauptmotiven in der Kunst des Maya-Klassikums zählen.

Der Drache im Izapa-Stil ist ein phantastisches Tier, das Züge der Schlange, des Vogels, des Jaguars, der Eidechse und des Krokodils in sich vereint. Diese Tiere symbolisieren die Heiligkeit des Universums, dargestellt durch die Kräfte der Natur, von denen der bäuerliche Mensch in seiner materiellen Existenz abhängt. Daher spielt der Kontext, in dem wir den Drachen finden, im allgemeinen auf die Fruchtbarkeit an, und die Gottheit konnte, wie später bei den Maya auch, eine himmlische, irdische oder eine Wassergottheit sein.

Als eine der Präfigurationen des klassischen Maya-Drachens kann der Drache auf Stele 2 in Izapa gelten: ein Wesen, das mit dem Kopf nach unten zur Erde stößt, mit menschlichem Körper, Flügeln mit dem Andreaskreuz-Motiv, das bei den Maya zu einer der Himmelsglyphen werden sollte, und einem Schlangenkopf am oberen Ende (Abb. 58). Auf dieser Stele ist auch neben dem Weltenbaum als Weltachse eine menschliche Kulthandlung zu Ehren des Gottes dargestellt. In der Stele 21 sehen wir die Darbringung eines Menschenopfers durch Enthauptung vor den Augen eines großen Herrschers, der in einer Sänfte thront (Abb. 59). Diese Art des Opfers wurde bei den Maya des Klassikums am häufigsten praktiziert.[3]

In der Stele 25 (Abb. 59) verschmelzen verschiedene bedeutungsvolle Symbole des klassischen mayanischen religiösen Denkens miteinander: der Schlangenvogel, der Erddrache, die Weltachse und der Mensch, der Erhalter der Götter, der aus diesem Grund im Zentrum des Kosmos angesiedelt ist. Im unteren Teil der Stele sehen wir die vielleicht älteste bildliche Darstellung des Erddrachens in Form eines Krokodils; er hält den Kopf nach unten, und sein vertikal aufgerichteter Körper wird zum Baum, auf dem ein Vogel sitzt; um die kosmologische Vorstellung der Weltachse zu vervollständigen, steht in der Mitte der Stele ein Mensch auf einem Rechteck (vielleicht Symbol der Erdoberfläche) mit einem Pfahl in der Hand, auf dem sich der Schlangenvogel niedergelassen hat. Dieser Vogel ist wie gesagt der Vorläufer des mayanischen Schlangenvogels, während der Krokodil-Baum seinerseits die Vorform des Erddrachens ist, das große Krokodil Itzam Cab Ain, in der Religion der Maya das symbolische Bild der Erde. Die Eidechse oder das Erdkrokodil erscheint auch in Stele 6 und Stele 11 (Abb. 166, 60).

Der auf Stele 25 dargestellte Mensch als das Wesen, das aufrecht stehend im Zentrum der Welt deren Achse stützt, drückt den essentiellen Anthropozentrismus der mesoamerikanischen Religion aus. In ihr verkörpert der Mensch eine weitere Weltachse, ist er doch das Wesen, das durch sein Bewußtsein und seine Fähigkeit, in alle kosmischen Sphären einzudringen, alle anderen Wesen mit den Göttern verbindet und das kraft seines rituellen Handelns und der Opferung seiner eigenen vitalen Energie, nämlich seines Blutes, das Gleichgewicht und die Existenz des gesamten Universums aufrecht erhält.

In Izapa finden wir auch den mutmaßlichen Vorläufer des mayanischen Regengottes, Chac, in Gestalt eines anthropomorphisierten Drachens, der sein blitzeschleuderndes Beil gegen einen anderen Drachen mit Schlangenkörper schwingt (Abb. 60). Dies sind die heiligen Mächte der kosmischen Fruchtbarkeit in einem dialektischen Spiel, in dem auch der Fruchtbarkeits-Drache zu einem Symbol des Todes wird, um die Dynamik von Tod und Wiedergeburt, die das Universum regiert, zu verdeutlichen.

Die kosmische Vorstellung der Maya von Raum und Zeit[4]

Die Maya zeichnen sich vor allen alten Kulturen durch ihre höchst originellen Vorstellungen von Raum und Zeit aus, wenngleich sie in verschiedenen Aspekten mit den Ideen anderer antiker Völker übereinstimmen; so begreifen sie zum Beispiel die Zeit als fortschreitende Bewegung wie die orientalischen Völker, sehen die Struktur der Zeit als zyklisch wiederkehrenden Ablauf wie die Hindus und Chinesen und glauben, daß die zeitliche Struktur des Universums zwischen Perioden des Chaos und des Stillstands wechselt.

Wie viele religiöse Traditionen steht das mayanische Weltmodell grundsätzlich mit der Sonne und dem Himmel in Zusammenhang; den Weg der Sonne begreift man als deren Kreisen um die Erde, von dem die Veränderungen des kosmischen Raums bestimmt werden, weshalb die Zeit als zyklische Bewegung gilt. So ist der Zeitbegriff für die Maya keine abstrakte Vorstellung, sondern der offensichtliche und ewige Dynamismus des kosmischen Raums, der den Wesen vielfältige und manchmal gegensätzliche Eigenschaften verleiht. Und diese Bewegung, wie sie sich in der regelmäßigen Struktur der Natur und des menschlichen Lebens manifestiert, ist geordnet und stabil. So sehen die Maya wie viele andere Völker die Zeit als gleichbedeutend mit Ordnung und die Zeitlosigkeit als gleichbedeutend mit Chaos an.

59 *Links:* Stele 25 von Izapa mit der Darstellung des Erddrachens in Gestalt eines Krokodils und dem darauf sitzenden Schlangenvogel. *Rechts:* Stele 21 von Izapa mit dem Motiv einer Opferung durch Enthauptung. Spätes Präklassikum (aus: Lowe, Lee und Martínez, 1982).

Die Vorstellungen der Maya über Zeit und Raum finden sich in all ihren Glaubensinhalten, kulturellen und astronomischen Schöpfungen, in ihren kosmogonischen (vom Ursprung des Kosmos) und ihren kosmologischen Mythen (von der Struktur des Kosmos).

Im folgenden möchte ich lediglich die Vorstellungen der Maya von Raum und Zeit in Kosmogonie und Kosmologie nachzeichnen, doch nicht, ohne zuvor zu betonen, daß ihre Kenntnisse in Mathematik, Astronomie und der kalendarischen Zeitrechnung zweifellos die fortschrittlichsten aller alten Kulturen waren. So mag der Hinweis genügen, daß sie zu den ersten gehörten, die ein Positionssystem der Zahlen sowie den Zahlbegriff Null erfanden, und daß ihr Sonnenkalender der genaueste ist, der je geschaffen wurde, denn er weicht in bezug auf die tatsächliche Dauer des tropischen Sonnenjahrs nur um 17,28 Sekunden ab.

Dabei muß betont werden, daß die mathematischen, astronomischen und kalendarischen Kenntnisse der Maya nach unserem konventionellen Wissenschaftsbegriff zwar als »objektive Wissenschaft« gelten können, doch aus der Sicht ihrer Schöpfer ein Weg waren, sich mit dem Heiligen zu verbinden. Denn die Gestirne und das eigene Schicksal sind Aspekte göttlicher Kräfte, unter deren Einfluß die Welt und die Menschen stehen, und diese Kenntnisse sollen den Menschen schützen, ihm helfen, auf Erden zu überleben und seine Zukunft zu antizipieren – darum sind sie Teil der Religion. Die in jedem einzelnen Zeitraum erzeugten heiligen Kräfte wirken sich wohltätig oder nachteilig auf den Menschen aus; doch der Mensch ist den Göttern nicht passiv ausgeliefert, denn da ihre Bewegung zyklisch ist, und er das in der Vergangenheit Geschehene kennt, kann er auch um das Kommende wissen und die Art und Weise suchen, in der er sein Schicksal verbessern kann. So implizieren die »wissenschaftlichen« Errungenschaften eine kreative und freie Haltung gegenüber den Göttern, deren Dreh- und Angelpunkt die Sorge um das menschliche Schicksal ist.[5]

Die Kosmogonie

Die kosmogonischen Mythen der Maya, zu denen wir unmittelbar Zugang haben, sind die in den kolonialzeitlichen Schriften festgehaltenen – zu denen vor allem das *Popol Vuh* der Quiché-Maya, das *Memorial de Sololá* der Cakchiquelen und die *Libros de Chilam Balam* (Bücher des Chilam Balam) der yucatekischen Maya gehören. Doch auch in den prähispanischen Codices und plastischen Werken finden wir Bilder und Texte, die mit diesen Mythen im Einklang stehen und ihr Alter bestätigen.

60 *Links:* Stele 11 von Izapa, auf der wir den Erddrachen in Gestalt eines Krokodils sehen, aus dessen Schlund eine geflügelte Gottheit hervorkommt. *Rechts:* Stele 3 von Izapa mit dem Drachen in Gestalt des Regengottes, der sein blitzeschleuderndes Beil (*hacha-rayo*) gegen einen anderen Drachen schwingt. Spätes Präklassikum (aus: Lowe, Lee und Martínez, 1982).

Die vergleichende Analyse der in den kolonialen Maya-Schriften enthaltenen Mythen erlaubt uns, eine Synthese der mayanischen Kosmogonie zu erstellen, um dann die Bedeutung der aus dem Klassikum stammenden Ausdrucksformen aufzuzeigen

Allgemein gesehen berichten die Ursprungsmythen von einem Prozeß der Schöpfung und Zerstörung, einer Kette von kosmischen Zyklen oder Ären, in denen sich der Mensch und die Welt herausbildeten. Im mayanischen Denken schafft und zerstört sich das Universum in einer qualifizierenden Evolution, was impliziert, daß es unendlich ist.

Die mayanischen Ursprungsmythen sind komplex und reich an Details, und ich möchte im folgenden lediglich in einer kurzen Zusammenschau die repräsentativsten vorstellen.

Der Schöpfungsmythos der Quiché-Maya aus Guatemala[6], der vollständigste unter den mesoamerikanischen Ursprungs-Texten, berichtet, daß die Schöpfungsgottheiten im ruhenden Wasser, in dem »noch nichts verbunden war« und in »statischer Zeit« oder einem Augenblick des Chaos, die Schöpfung der Erde und eines bewußten Wesens beschlossen, das gehorsam und ergeben sein, sie verehren, ernähren und erhalten sollte. Die Schöpfungsgottheiten haben verschiedene Namen, sind aber stets *Gucumátz*, die »Grünfederschlange« oder »Schlangen-Quetzal«, Symbol des Urwassers, und »das Herz des Himmels« (*Huracán*), der Schöpfungsmittelpunkt, der Punkt des Ursprungs, aus dem der Kosmos entstehen sollte. Die Gottheiten schufen die Erde und die Geschöpfe, die sie bevölkern, durch die kreative Energie des Wortes und bildeten dann in einer Abfolge von Schöpfung und Zerstörung zunächst Menschen aus Lehm und später aus Holz. Aber dann sahen sie, daß es nicht gut war. Denn die Menschen aus Lehm wurden durch das Wasser aufgeweicht und schwanden dahin, und die Menschen aus Holz verwandelten sich in Affen, und ihre Welt wurde unter einem Regen von brennendem Harz zerstört. Endlich fanden die Götter eine heilige Materie, den Mais, den sie mit dem Blut von Schlangen und Tapiren (heilige Tiere, die symbolisch mit der Fruchtbarkeit und dem Wasser verbunden sind) mischten, um einen neuen Menschen zu formen, der sich der Götter und seines Auftrags auf Erden bewußt war. Auf diese Weise drückten die Quiché-Maya ihre Vorstellungen über die Einheit von Mensch und Natur und gleichzeitig von der Sonderstellung des Menschen aus.

In den folgenden Schöpfungsetappen erscheinen verschiedene Sonnen, die wie die Menschen unzulänglich sind und deshalb zerstört werden. Doch in der Epoche der Menschen aus Maisteig steigen die Heldenzwillinge Hunahpú und Ixbalanqué, die mit den Göttern des Todes Ball spielen, dann sterben, aber in der Unterwelt wiedergeboren werden, in den Himmel auf, nachdem sie das Böse besiegt haben, und werden zu Sonne und Mond. Die Sterne stehen fest am Himmel, bis die zuletzt geschaffenen Menschen ihnen Menschenopfer darbringen und so ihre Bewegung auslösen, das heißt, es beginnt die weltliche Zeit, die Geschichte der Menschen auf Erden.[7]

Die in den *Libros de Chilam Balam* enthaltenen Mythen der alten yucatekischen Maya sind formal unterschiedlich, und es haben sich auch nur Fragmente davon erhalten. Immerhin drücken sie dieselbe kosmogonische Grundvorstellung aus, berichten von kosmischen Schöpfungen und Zerstörungen und teilen uns auch gleichzeitig die wichtigsten kosmologischen Vorstellungen der Maya mit. Eines dieser Fragmente mit dem Titel »Buch der alten Götter« drückt aus, daß nach verschiedenen Epochen der Schöpfung und Zerstörung des Menschen der Himmel einstürzte, weswegen die Bacab-Götter oder Richtungsgottheiten, die an den vier Ecken der Welt den Himmel tragen, ihn wieder hochhoben und je eine *Ceiba* (Kapokbaum) mit dem Himmelsvogel in seiner Krone in die vier Ecken, aber die »Große Mutter Ceiba« oder die »grüne Ceiba« ins Zentrum des Universums pflanzten.[8]

In den Mythen sowohl der Quiché als auch der yucatekischen Maya sind die Menschen des zuletzt geschaffenen Zeitalters, die Menschen aus Maisteig, das Resultat einer zunehmenden Vervollkommnung der menschlichen Wesen – diese Verbesserung beruht auf der Substanz, aus der sie geformt werden, und die schließlich mit dem Mais den gewünschten Erfolg bringt. Die Menschen des letzten Zeitalters[9] haben besondere Eigenschaften, weil sie in sich eine weitere heilige Substanz tragen: das Blut der Götter. Sie erweisen sich endlich als vernunftbegabte Wesen, die imstande sind, den Rang der Götter zu erkennen, sie anzurufen, zu verehren, zu erhalten und zu ernähren.

Die im *Popol Vuh* und im *Memorial de Sololá* enthaltene Version des mayanischen Schöpfungsmythos scheint sich auch in Glyphentexten, Reliefs und Keramiken der klassischen

Periode auszudrücken und hat mit geringen Veränderungen bis heute bei vielen Maya-Volksgruppen wie den Tzeltal-Maya, den Lacandonen und den yucatekischen Maya überlebt, was die Annahme erhärtet, dieser Mythos sei in prähispanischer Zeit Allgemeingut der verschiedenen mayanischen Gruppen gewesen, und was auch den zuvor erwähnten Fortbestand der grundlegenden Glaubensvorstellungen bekräftigt.[10]

Ein sowohl bei den Maya-Stämmen des Klassikums als auch bei ihren heutigen Nachfahren sehr beliebter Teil des Mythos berichtet von den Abenteuern der Zwillinge Hunahpú und Ixbalanqué, die uns auf Keramiken und Skulpturen des Klassikums in verschiedenen Szenen aus dem Mythos entgegentreten, etwa wie sie mit dem Blasrohr auf Vögel schießen.

Freidel und Schele versichern, daß der im *Popol Vuh* überlieferte mayanische Schöpfungsmythos in allen Perioden der Maya-Geschichte bezeugt ist und sich nicht von dem im 6., 7. und 8. Jahrhundert in die steinernen Monumente der großen Maya-Städte eingemeißelten unterscheidet.[11] Nach ihren Worten »besitzen wir aus der klassischen Periode kein Buch, das dem für das Quiché-Volk nach der spanischen Conquista geschriebenen *Popol Vuh* entspricht. Aber wir haben die Geschichte der Schöpfung, wie sie die Maya-Herrscher in ihren königlichen Monumenten aufgezeichnet haben«.[12]

Diese Autoren haben drei Texte aus der Stadt Cobá entziffert und interpretiert, die besagen, daß die Welt am Tag 13.0.0.0.0. 4 *Ahau* 8 *Cumkú* geschaffen wurde, der nach unserem Kalender dem 13. August 3114 v. Chr. entspricht und in den klassischen Kalenderdatierungen als Achsentag gilt.[13] Die Forscher haben dasselbe Datum auch auf der Stele C von Quiriguá entdeckt und deuten die Inschrift als Protokoll von der Geburt der Welt (Abb. 61). Der Text besagt, daß am Tag 4 *Ahau* 8 *Cumkú* »das Bild sich manifestierte und die drei Steine zusammengefügt wurden ...«; diese scheinen mit den drei Steinen in Beziehung zu stehen, die die Maya in die Mitte ihrer Hütte legen – in diesem kosmogonischen Text stehen sie ganz offensichtlich symbolisch für den Mittelpunkt der Welt.

Die nach Norden gerichtete Rückseite der Stele verkörpert Itzamná, den »Drachen«, die höchste Gottheit der Maya-Religion, in ihrem vermenschlichten Aspekt mit den gekreuzten Himmelsbändern (Abb. 62); dieser Gott ist nach den kolonialen Schriften der Schöpfer des Kosmos, was bestätigt, daß sich der Text der Stele C auf die Schöpfung bezieht.

Ein anderes Werk, auf dem die Epigraphiker den kosmogonischen Mythos entdeckt haben, ist die Relieftafel im Tempel des Kreuzes von Palenque. Die Schöpfung beginnt mit der Geburt des Ersten Vaters (16. Juni 3122 v. Chr.), der zum Mittelpunkt des Himmels und zur Spitze des die Weltachse bildenden Weltenbaums »aufstieg«. Dieser Urvater wird Wak-Chan-Ahau »(Sechs oder) Erhöhter Herr des Himmels« genannt. Später wird die Urmutter geboren (7. Dezember 3121 v. Chr.).

In dem Bild, das diesen Text begleitet (Abb. 64), sehen wir den Weltenbaum als Weltachse, der mit dem höchsten Himmelsgott Itzamná identifiziert wird, denn er besteht aus doppelköpfigen Schlangen, über denen der Schlangenvogel erscheint, den wir als einen Aspekt des Himmelsdrachen interpretieren[14]; dieser Urvater dürfte daher Itzamná selbst sein; in Palenque heißt er Gott G 1, und eben der Tempel des Kreuzes ist ihm geweiht. Das steht mit der Tatsache in Einklang, daß die auf der Nordseite der Stele C von Quiriguá eingemeißelte Gottheit ebenfalls Itzamná ist.

Die Kosmologie

In den Raumvorstellungen der Maya spielen drei religiöse Symbole eine zentrale Rolle: das Kreuz und das Quadrat, die nicht voneinander zu trennen sind, sowie die Pyramide.

Nach ihrer Denkweise gliedert sich der Kosmos in drei große Bereiche: den Himmel, die Erde und die Unterwelt. Der Himmel war laut J. Eric Thompson in drei horizontale Sphären in Form einer gestuften Pyramide unterteilt[15]; diese Vorstellung des Himmels erscheint sehr plausibel, symbolisierten doch die pyramidenförmig gestuften Unterbauten der Tempel, die gleichzeitig die heiligen Berge verkörperten, vor allem den himmlischen Bereich, in dessen letzter Sphäre die höchste Gottheit wohnte.[16] In Korrelation hierzu begriff man auch die Unterwelt als Pyramide, die sich jedoch aus neun Schichten zusammensetzte und vielleicht auch auf den Kopf gestellt war.[17] Die Erde wurde als viereckige und in vier Weltgegenden unterteilte Fläche begriffen. Jedem dieser Sektoren war als Symbol eine Farbe, ein Baum mit einem in der Krone sitzenden Vogel, eine Maisart und eine Bohnenart zugeordnet. Die Bäume stützten zusammen mit den anthropomorphen Bacab-Göttern oder Bacabob den Himmel.[18]

Darüber hinaus sprechen die mayanischen Mythen von einem großen grünen Kapokbaum im Zentrum des Universums, der »Großen Mutter Ceiba«; dieser Baum, der die Weltachse symbolisiert, durchdringt alle drei Stufen des Seins zugleich. Der kosmische Baum im Mittelpunkt der Welt ist im universalen Symbolismus der Völker das gebräuchlichste Sinnbild für die Mitte.

Die in der mayanischen Kosmologie so eindeutige Vorstellung von der Vierteilung der Erdoberfläche scheint das Ergebnis der Erfahrung von Sonnenaufgang und -untergang im Verlauf des Jahreszyklus der Gestirne auf der Linie zu sein, wo Himmel und Erde sich vereinen. Dieser Sachverhalt liefert das Koordinatensystem für die vier Weltgegenden, die vier Himmelsrichtungen und die vier Jahreszeiten.

Alfonso Villa Rojas ging über die Beiträge der archäologischen Astronomie hinaus, als er 1968 eine neuartige und fundierte Interpretation des Prinzips der Quadruplizität im mayanischen Denken veröffentlichte. Er erklärte, daß die vier Weltgegenden den vier Häusern der Sonne entsprächen, von denen sich zwei im Osten und zwei im Westen befänden, interkardinale Punkte als Verkörperung der Extreme, die die Sonne im Lauf des Jahres am Horizont jeweils bei ihrem Aufgang und Untergang an den beiden Sonnenwenden erreicht. Die Position im Zentrum oder Zenit sei das fünfte Haus der Sonne.[19] So wäre der Norden die Richtung »rechts vom Weg der Sonne« und der Süden die Richtung »links vom Weg der Sonne«, und »die vier Ecken der Welt« würden im Nordosten, Nordwesten, Südosten und Südwesten liegen.[20]

Die vier Weltgegenden scheinen sich also nicht exakt mit den Himmelsrichtungen gedeckt zu haben, doch wenn auch der Osten (Sonnenaufgang) und der Westen (Sonnenuntergang) im mayanischen Denken wegen des heiligen Charakters der Sonne von höchster religiöser Bedeutung waren, so spielten doch der Norden und der Süden ebenfalls eine bedeutende Rolle in ihrem kosmologischen Denken, wie einige andere Forscher ohne allzu viele fundierte Belege versichern.[21] Miguel León-Portilla zeigt auf, daß in der religiösen Vorstellungswelt der Maya die vier Himmelsrichtungen eine wichtige religiöse Bedeutung besaßen, wenngleich die Hauptrichtungen sicherlich der Osten und der Westen waren. Dies wird erhärtet durch die Existenz von Glyphen für jede Himmelsrichtung (Abb. 63) und durch das 1985 von Richard E. W. Adams entdeckte Grab in Río Azul, an dessen Wänden die Glyphen der vier Himmelsrichtungen in exakter Ausrichtung erscheinen.[22]

Doch scheinen die Maya in ihrer Kosmologie zwei weitere Punkte berücksichtigt zu haben: den höchsten Punkt im Zentrum des Himmels, den Zenit, und den tiefsten Punkt der Unterwelt, den Nadir.[23] Unter Einbeziehung des Erdmittelpunkts sollten sich also die kosmischen Dimensionen in der mayanischen Kosmologie auf sieben belaufen.

So ist im mayanischen Denken der irdische Raum nicht ohne die Zeit denkbar, die beide vom Sonnenzyklus bestimmt werden. Durch die vier kosmischen Weltgegenden und die drei kosmischen Schichten »gehen« die vier »Lastträger des Jahres«, wie man den Jahresbeginn in jenem Ritualkalender von 260 Tagen nannte, der dem Raum einen geordneten Rhythmus aufprägte und mit seinen positiven oder negativen Energien alle Wesen durchdrang.

Im mayanischen Klassikum finden wir viele Zeremonialstätten, die diese kosmologischen Vorstellungen[24] ausdrücken. Darüber hinaus stellt man sich jede kosmische Schicht als lebendiges heiliges Wesen vor, das in den Skulpturen durch ein reptilienhaftes Monster symbolisiert wird; wir haben es »Drache« genannt, weil es sich um ein Mischwesen mit Zügen verschiedener heiliger Tiere handelt, bei dem jedoch der Schlangencharakter vorherrscht. Bei diesem Wesen handelt es sich wie bereits erwähnt um die höchste Gottheit, deren Herrschaft sich auf alle Ebenen des Universums erstreckt.

In der religiösen Symbolik verkörpert das Quadrat die materielle Welt, das Solide, Greifbare, Fühlbare; da es jedoch aus dem gleichschenkligen Kreuz hervorgeht, ist die heilige Zahl nicht die Vier, sondern die Fünf, da zu den vier Hauptrichtungen der Mittelpunkt, in dem die beiden Linien des Kreuzes einander schneiden, noch hinzukommt. Die vier Richtungen dachte man sich stets in Beziehung auf das gemeinsame Zentrum ihres Schnittpunkts. Und

62 Nordseite der Stele C von Quiriguá. Der anthropomorphisierte Gott Itzamná hält eine Glyphe für Himmel in der Hand. Klassische Periode (Zeichnung von M. Aguirre nach Maudslay, 1974).

Gegenüberliegende Seite:
61 Südseite der Stele C von Quiriguá. Die Inschrift erzählt den kosmogonischen Mythos. Klassische Periode (aus: Freidel und Schele, 1993).

dieser Mittelpunkt existierte in allen drei Stufen des Seins – Himmel, Erde und Unterwelt – da man ihn sich nicht nur als Punkt, sondern als senkrechte Zentralachse, als Verbindungs- und Kommunikationspunkt der beiden Pole des Kosmos dachte.[25] Und da dieser Mittelpunkt die Achse und Nabelschnur der Welt bildet, ist er ein Tor, das einen Durchgang von einer Seinsebene in die andere, einen Sprung in die jenseitige Welt ermöglicht.

Es gibt unterschiedliche mayanische Symbole, die für die Quadruplizität und die fünfte Richtung oder das Zentrum des Kosmos stehen. Zuerst ist die Glyphe der Sonne, eine Blume mit vier Blütenblättern, zu nennen[26] (Abb. 63), ist es doch die Sonne, die die Zeit regiert und die Gliederung des Raums bestimmt. Ein anderes Zeichen, das den viergeteilten Kosmos mit seinem Mittelpunkt darstellt, ist die »Quincunx«-Glyphe[27] (Abb. 63).

Eines der bemerkenswertesten mayanischen Symbole der kosmischen Quadruplizität und der Weltachse ist das Kreuz. Wir finden es in verschiedenen plastischen Werken des Klassikums, zum Beispiel in den Relieftafeln im Tempel der Inschriften (Sarkophag) (Abb. 65), im Tempel des Kreuzes (Abb. 64)[28] und im Tempel des Blattkreuzes (Abb. 67)[29] in Palenque, wie auch in den Türstürzen 2 (Abb. 69) und 5 (Abb. 68) von Yaxchilán. Bei den beiden erstgenannten Werken besteht das Kreuz aus dem Körper des Himmelsdrachen, der auf einer dem Erddrachen verwandten Maske steht und oben mit dem Schlangenvogel, einer Variante der Himmelsgottheit, abschließt. Und im Tempel des Blattkreuzes ist der kosmische Weltenbaum eine in Form eines Kreuzes dargestellte Maispflanze, die auf einer Maske des Sonnengottes als Erddrachen fußt und im oberen Teil der vertikalen Achse einen Schlangenvogel trägt. So manifestieren sich in diesen Werken gleichzeitig die vier Weltgegenden, die drei kosmischen Ebenen und die Weltachse.

Auf den Türstürzen 2 (Abb. 69) und 5 (Abb. 68) von Yaxchilán tragen die Herrscher Zepter in Form eines Kreuzes, das an den Enden des horizontalen Balkens in Blumen ausläuft und auf dessen oberen Teil ein Quetzal herabschwebt, der ebenfalls die himmlische Gottheit auf der Weltachse versinnbildlicht.

Doch in der Maya-Welt zeigt sich die Quadruplizität nicht nur auf der irdischen Ebene, sondern umfaßt auch den Himmel und die Unterwelt; die Mythen sprechen von den vier Regionen des Himmels – die man sich als die vier Flächen der Himmelspyramide dachte, und deren Farben mit denen der vier irdischen Weltgegenden im Einklang standen – und von den vier Regionen der Unterwelt; selbst der höchste Himmelsgott Itzamná ist gleichzeitig einer und vier, mit den vier kosmischen Farben, die auch die Farben des Mais sind: schwarz, weiß, rot und gelb.

Die Pyramide gehört zu den wichtigsten Symbolen der kosmischen Quadruplizität und des Weltmittelpunkts. Sie versinnbildlicht den Berg und ist ein vollkommener geometrischer Körper, dessen Volumen einem Punkt oberhalb der Grundfläche des Vielecks zustrebt und sich in einer Spitze verbindet, was die Pyramide gleichzeitig zu einer Metapher der Einheit macht. Sie besteht aus einander gegenüberliegenden Flächen, in denen sich die kosmischen Gegensätze materialisieren und ruht auf einem viereckigen Fundament auf der Erde, mit der man sie identifiziert, während ihre Spitze die himmlische Ebene repräsentiert.[30]

Folgende Seiten:
64 Tafel aus dem Tempel des Kreuzes, Palenque, mit der Darstellung des Himmelsdrachen und der Weltachse. 692 n. Chr., späte klassische Periode (Zeichnung von L. Schele)

65 Steinerne Deckplatte des Sarkophags Pacals II. von Palenque mit eingemeißelter Weltachse und den Symbolen der drei kosmischen Ebenen. 615–683 n. Chr., späte klassische Periode (Zeichnung von A. Villagra).

66 Tafel aus dem Tempel der Sonne von Palenque mit der Darstellung des Sonnengottes in Form eines Schilds und als Jaguar, der in die Unterwelt hinabsteigt. 690 n. Chr., späte klassische Periode (Zeichnung von L. Schele).

67 Tafel aus dem Tempel des Blattkreuzes mit der Darstellung der Weltachse als Maispflanze. 692 n. Chr., späte klassische Periode (Zeichnung von L. Schele).

63 *Obere Reihe:* Glyphen der vier Himmelsrichtungen. *Von links nach rechts:* Osten (Palenque, Tempel der Inschriften), Norden (Madrider Codex, 50b), Westen (Palenque, Tempel der Inschriften), Süden (Quiriguá, Stele M).
Untere Reihe, links: Glyphe der Sonne; *rechts:* drei Beispiele der »Quincunx«-Glyphe, die das Schema der fünf kosmischen Richtungen zeigt (aus: Thompson, 1962; 1978).

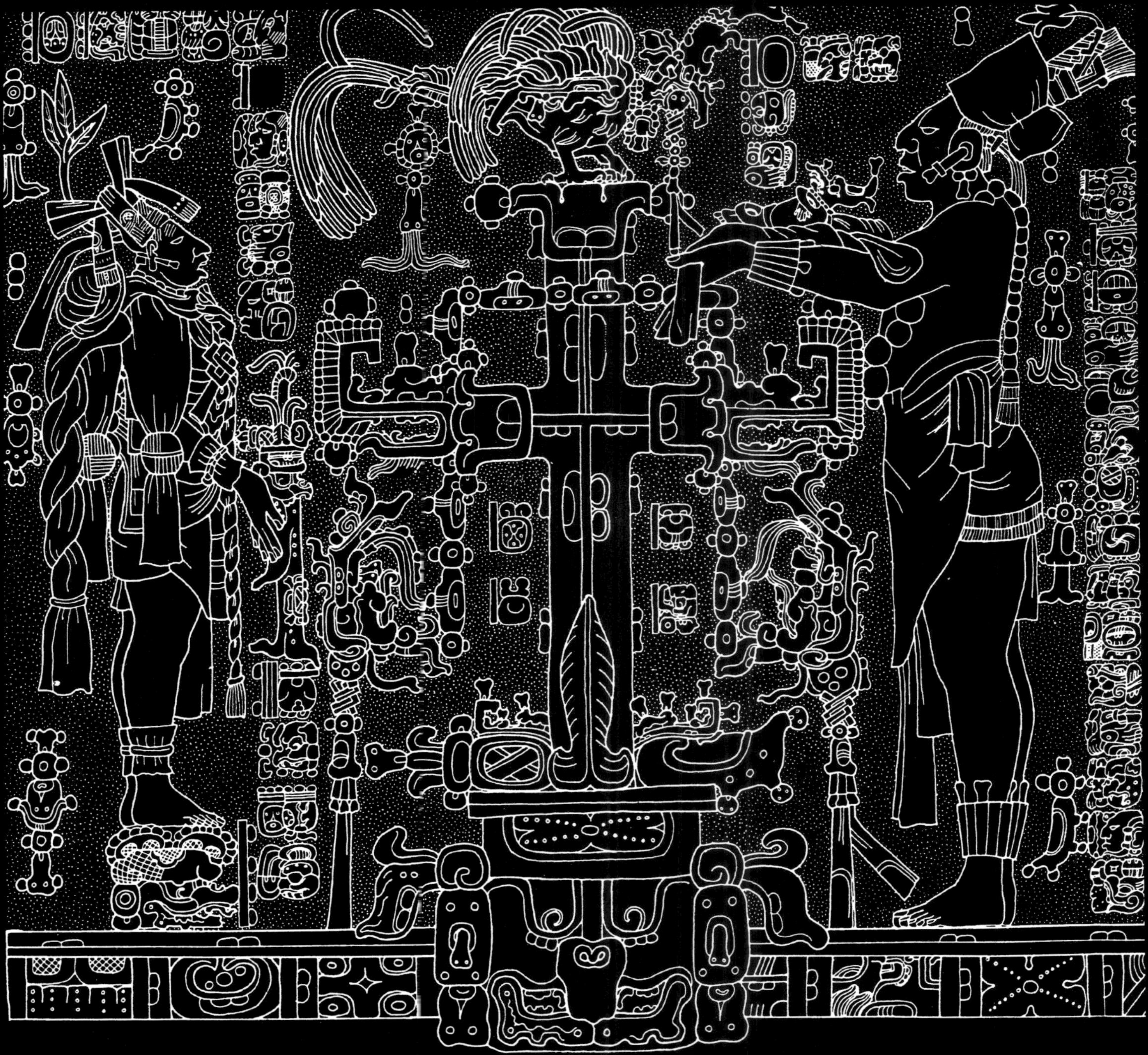

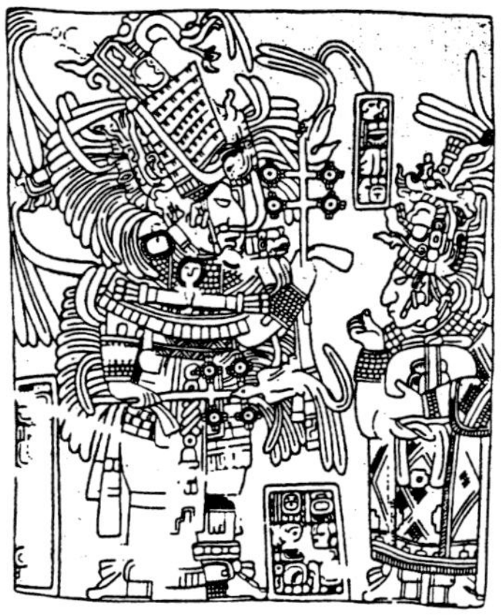

68 Türsturz 5 von Yaxchilán. Um 760 n. Chr., späte klassische Periode (aus: Freidel, Schele und Parker, 1993).

Im mayanischen Denken symbolisiert die Himmelspyramide den stetigen Aufstieg von der irdischen Vielfalt zu der in der Spitze verkörperten Einheit, wo die höchste Gottheit Itzamná thront, »der Drache«, das vitale Prinzip des Kosmos. So zeigt sich die Himmelspyramide als Metapher der zunehmenden Vergöttlichung des Kosmos. Und dieser höchste Punkt ist, da er dem Zenit entspricht, auch der Punkt der Sonne, weshalb der Drache und die Sonne miteinander identifiziert werden.

Die auf den Kopf gestellte Pyramide der Unterwelt bedeutet daher den Abstieg von der irdischen Ebene, dem Ort der Vielfalt und des Wandels, zur heiligen Einheit des Todes, dem Ende der Zeitlichkeit und Erdgebundenheit. Hier, in der untersten Schicht der Unterwelt, dem höchsten Himmelsgott diametral entgegengesetzt, residiert der Gott des Todes. Deshalb wird diese Gottheit auch mit der Sonne in ihrem Nadir, der toten Sonne, identifiziert.

Die Spitzen der beiden kosmologischen Pyramiden symbolisieren also die beiden heiligen und an den beiden äußersten vertikalen Punkten des Sonnenumlaufs befindlichen entgegengesetzten Prinzipien, die Leben und Tod versinnbildlichen, das kosmische Gleichgewicht gewährleisten und in ihrer wechselseitigen Abfolge die Existenz auf Erden hervorbringen.

Diese mesoamerikanischen Symbole sind allgemein verbreitet: Die Pyramide oder das Dreieck mit der nach oben weisenden Spitze ist Berg, Aufstieg zum Himmel, während die auf den Kopf gestellte Pyramide als Symbol der Höhle und der Pforte in die Unterwelt gilt; zudem ist die erstere das maskuline und aktive, die zweite das feminine und passive Prinzip.[31] Für die Maya ist die Unterwelt der Bauch der Mutter Erde, der neben den Toten auch Samen, Keime und Schätze birgt, die zum Ursprung neuen Lebens werden können.

So weitet das mayanische Denken die Vierfältigkeit bis in die himmlische Sphäre und in die Unterwelt aus, während es beide gleichzeitig miteinander verbindet. Die Einheit der heiligen gegensätzlichen Prinzipien ist der Gipfelpunkt einer fortschreitenden Vergeistigung, die sich auf das Leben und den Tod richtet, eines progressiven Abwerfens der Materialität und Konkretion der irdischen Sphäre.

Diese Denkweise ist von einem unvergleichlichen Bewußtsein kosmischer Ganzheitlichkeit beseelt: Die Erde, der Himmel und die Unterwelt sind zwar voneinander unterschiedene Wirklichkeiten, doch diese Seinsebenen durchdringen einander und sind Teil des Heiligen und einer Struktur, in der das Kreuz, das Quadrat, das Dreieck und die Sphäre koexistieren, das heißt, in dem Raum und Zeit eine Einheit bilden.

69 Türsturz 2 von Yaxchilán: Der Herrscher »Vogel-Jaguar« IV. hält ein Kreuz als Zepter, das die Weltachse und die vier kosmischen Richtungen symbolisiert. Mayanisches Datum 9.16.6.0.0. 757 n. Chr., späte klassische Periode (aus: Graham, Bd. 3, Teil 1, 1982).

Die kosmologischen Vorstellungen wie auch die astronomischen Kenntnisse bestimmten den Bau der heiligen Stätten auf Erden, nämlich der Zeremonialzentren. Die Tempel wurden nach den Gestirnen ausgerichtet[32], vor allem nach den Tag- und Nachtgleichen und den Sonnenwenden, und auf pyramidenförmig gestuften Unterbauten errichtet, die nur die Priester besteigen durften, während das Volk die religiösen Zeremonien auf den Plazas verfolgte. Darin drückt sich aus, daß die Ersteigung der Pyramide, die den heiligen kosmischen Berg verkörperte, den Aufstieg zur himmlischen Region bedeutete, um sich mit dem Heiligen in Verbindung zu setzen, denn mit dem Erreichen des höchsten Sockels des Tempels durchbrach der Priester eine Ebene: Er stieg über die Sphäre des Menschen hinaus und drang in die Sphäre der Götter ein.

Zahlreich sind die Werke der Architektur und Bildhauerei, in denen sich die mayanische Kosmologie widerspiegelt und die erhärten, daß die in den Mythen zum Ausdruck gekommenen Vorstellungen bereits im Klassikum präsent waren. Im folgenden seien einige Beispiele angeführt:

Die Fassade des Tempels 22 der Stadt Copán in Honduras (Abb. 70) ist mit einem außergewöhnlichen Hochrelief geschmückt, das die drei horizontalen Ebenen des Kosmos darstellt: Am Fundament und unterhalb des Eingangs zum Tempel sind in einem Fries Totenköpfe und seitlich zwei Masken der Todesgottheit dargestellt, die die Unterwelt symbolisieren. Über ihnen erheben sich zwei halb knieende menschliche Figuren, die anscheinend Darstellungen der Bacab-Götter sind, der uralten Lastträger, die an den vier Ecken des Kosmos stehend den Himmel stützen und die irdische Ebene symbolisieren. Sie tragen auf ihren Schultern eine große doppelköpfige Schlange, die Verkörperung des Himmelsdrachen.

Eines der besten Beispiele kosmologischer mesoamerikanischer Architektur aus der Zeit des Klassikums findet sich in der Maya-Stadt Palenque (im heutigen mexikanischen Bundesstaat Chiapas)[33]. Hier sehen wir eine die Unterwelt symbolisierende neunstufige Pyramide (wenngleich es sich hier nicht um eine auf den Kopf gestellte Pyramide handelt) und eine weitere mit dreizehn Stufen als Metapher des Himmels; beide erhärten also, daß man sich diese kosmischen Bereiche in Form einer Pyramide dachte.

Die Pyramide der Unterwelt, der sogenannte Tempel der Inschriften (Abb. 127, Farbtafeln 22, 24, 26) birgt in ihrem Inneren die prächtige Grabstätte von Pacal, und zwar am tiefsten zentralen Punkt, dem Symbol für die zehnte Ebene der Unterwelt. Dieser Punkt liegt bereits unter dem Niveau der Plaza, zu der man von der Höhe der Pyramide hinabsteigt, was den Abstieg von der irdischen Ebene durch die neun Schichten in die Unterwelt symbolisiert, die die meisten der unsterblichen Geister der Menschen nach ihrem Tod durchschreiten müssen.

70 Tempel 22 von Copán, dessen Fassade die drei kosmischen Ebenen symbolisiert. Klassische Periode (aus: Freidel, Schele und Parker, 1993).

In der Stadt Dzibanché in Campeche gibt es den Tempel des Búho, der ebenfalls als Grabmonument errichtet wurde; er enthält in seinem Inneren mehrere Grabkammern und auf der unmittelbar über der Plaza gelegenen Ebene ein Hauptgrab, das noch nicht freigelegt worden ist.[34] Der Zugang zu ihm führt wie beim Grab Pacals in Palenque über den oberen Teil der Pyramide nach unten, aber das Fundament hat statt neun nur vier Schichten. Thompson erklärte, daß die Pyramide der Unterwelt mit vier Stufen auf der einen und vier Stufen auf der anderen Seite gebaut wurde und die unterste Schicht dann die neunte ergeben habe. Deshalb stellt vielleicht dieses Fundament ganz wie in Palenque jenen unterweltlichen Bereich dar, in den der Geist des Toten hinabsteigt.[35]

Die Himmelspyramide von Palenque manifestiert sich im Tempel des Kreuzes (Abb. 71; Farbtafel 28), den wir als das beste Beispiel einer architektonischen Darstellung des Himmels betrachten, da er sich nicht nur auf einem Fundament von 13 Stufen erhebt, sondern auch in seiner Spitze eine Nische enthält, die dem höchsten Himmelsgott Itzamná, dem »Drachen« geweiht ist, hier Gott G 1 genannt. Darüber hinaus symbolisiert dieser Tempel neben zwei anderen, mit denen er ein Dreieck bildet – dem Tempel des Blattkreuzes und dem Tempel der Sonne (Farbtafel 29), die jeweils im Norden, Osten und Westen einer Plaza liegen (Farbtafel 30) – den heiligen Zyklus des Maisanbaus und den Jahres- und Tageszyklus der Sonne in Verbindung mit den kosmischen Weltgegenden, den Tag- und Nachtgleichen (Äquinoktien) und den Sonnenwenden sowie den Initiationsriten der Herrscher.[36] Die drei Tempel neben dem Tempel der Inschriften stellen so eine bemerkenswerte plastische Umsetzung der Konzepte von Zeit und Raum bei den Maya dar.

Der große Herrscher Pacal, der im Tempel der Inschriften begraben liegt, wurde auf einer skulptierten Steintafel dargestellt, die seinen Sarkophagdeckel bildet, und die ebenfalls die raum-zeitliche Seinsebene versinnbildlicht (Abb. 65; Farbtafel 25). Die Figur des Herrschers im Zentrum ist das Symbol der irdischen Ebene; über ihm erhebt sich als Verkörperung von Itzamná ein aus doppelköpfigen Schlangen bestehendes Kreuz, das den Himmel und die Weltachse versinnbildlicht, und darunter erscheint die Region der Unterwelt mit Bildern von Knochen und der entfleischten Maske des Todesgottes. Die kosmologische Szene ist umgeben von einer Bordüre mit Sternzeichen, was die überragende Bedeutung des Himmels, den zeitlichen Charakter des Universums und die kosmische Einheit aufzeigt.

71 Der Tempel des Kreuzes von Palenque, mit dem der Sonnenzyklus verkörpert wird. 692 n. Chr., späte klassische Periode (Photo von M. de la Garza).

Die Götter

Die Götter der Maya-Religion in der klassischen Periode sind bildliche Umsetzungen übernatürlicher Wesen aus stark stilisierten Elementen verschiedener Tiere und Pflanzen, die sich manchmal mit menschlichen Formen verbinden. Um uns diesen phantastischen Wesen und ihrer Bedeutung anzunähern, müssen wir auf ähnliche Figuren Bezug nehmen, die in den überlieferten Codices aus der postklassischen Periode erscheinen sowie auf die Texte der Spanier und Eingeborenen aus der Kolonialzeit zurückgreifen, die den Charakter und die Manifestationen der heiligen Wesen belegen und uns ihre Namen überliefern, denn die Bezeichnungen und Wortbedeutungen helfen uns, ihre Eigenschaften zu verstehen.

Aus den schriftlichen Quellen wissen wir, daß sich die Maya die Götter als unsichtbare und nicht greifbare Energien dachten, die sich in verschiedenen natürlichen Wesenheiten manifestierten: in Sternen, Regen, Blitzen, in mächtigen Tieren wie der Schlange, dem Jaguar, den Vögeln, den Fledermäusen, in Pflanzen wie dem Mais und den halluzinogenen Pflanzen und Pilzen, in Mineralien wie den Quarzen. Auch wurden die Geister bedeutender Menschen nach dem Tod vergöttlicht.

Neben diesen natürlichen Wesenheiten galten als Erscheinungsformen der Götter die von Menschen gestalteten Bildwerke, die häufig als Inkarnation der heiligen Kräfte während der Riten dienten, um die Weihegaben der Menschen entgegenzunehmen.

Neben anderen Autoren des 16. Jahrhunderts bestätigt uns der Franziskaner Diego de Landa den ätherischen Charakter der Götter:

> »Sie wußten sehr wohl, daß diese Idole ihre eigenen Werke, unbelebt und nicht göttlich waren, aber sie erwiesen ihnen Ehrfurcht aufgrund dessen, was sie darstellten, und weil sie sie mit vielen Zeremonien gemacht hatten, insbesondere die aus Holz.«[37]

Ein anderes Merkmal der Maya-Götter besteht darin, daß sie, obwohl über den Menschen stehend und zur Schöpfung befähigt, als unvollkommene Wesen galten, die geboren werden und sterben, weshalb sie ernährt und verehrt werden mußten, um zu überleben. Diese Vorstellung kommt deutlich in den kosmogonischen Mythen, in den Ritualen und in Glypheninschriften des Klassikums zum Ausdruck, wie etwa in Palenque, wo den Interpretationen der Epigraphiker zufolge die Geburt einiger Götter verzeichnet ist.[38]

Jedes einzelne heilige Wesen hat im Einklang mit seinen Eigenschaften und vor allem mit dem Zeitablauf verschiedene Erscheinungsformen und zahlreiche Namen. Für die Maya gibt es keine statischen Wesen, alles ist in ständiger Bewegung und daher im Wandel begriffen. So sind die Götter, und mit ihnen ihre Einflüsse, in jeder Periode verschieden. Deshalb kann ein und derselbe Gott himmlisch und irdisch sein, wohltätig oder unheilbringend, männlich oder weiblich, todbringend oder lebensspendend. Darüber hinaus können die Götter gleichzeitig einmalig und mehrfach auftreten; insbesondere vervielfachen sie sich auf vier, wenn sie die vier Weltgegenden umfassen; auf dreizehn, wie die Gottheit des Himmels, in Yucatán Oxlahuntikú, »Dreizehn Gott«, genannt, und auf neun, wie die als Bolontikú, also »Neun Gott«, bezeichnete Gottheit der Unterwelt. Das führte natürlich zu ganz unterschiedlichen bildlichen Darstellungen dieser Gottheiten, was in Verbindung mit den verschiedenen Stilausprägungen jeder Region die Erforschung der Maya-Götter sehr erschwert. Dessenungeachtet lassen sich die Götter anhand einiger konstanter symbolischer Elemente in allen Maya-Gebieten und für alle Epochen identifizieren.

Im folgenden sollen die wichtigsten Göttergestalten der Maya des Klassikums vorgestellt werden, und zwar mit ihren Namen im yucatekischen und Quiché-Maya, wie sie uns die schriftlichen Quellen überliefern, aber auch in Verbindung mit den Buchstaben, die ihnen seit der Klassifizierung der Götter in den Codices durch Schellhas zugeteilt wurden.[39] Die Götter des Postklassikums und ihre in den Texten der Kolonialzeit festgehaltenen Namen erlauben uns, die Götter des Klassikums besser zu identifizieren und zu erkennen, denn wenn sie auch unterschiedlich dargestellt werden, so besitzen sie doch dieselben symbolischen Elemente. Darum haben wir uns dafür entschieden, diese Namen zu verwenden.

In der bisherigen wissenschaftlichen Forschung sind die Maya-Götter unterschiedlich interpretiert worden. Wir bevorzugen als die glaubhaftesten Auslegungen diejenigen, die sich aus der komparatistischen Analyse der verschiedenen Quellen ergeben haben; zu den schriftlichen Zeugnissen der Eingeborenen, die wir in Betracht ziehen, gehört nicht nur das

72 Seitenansicht der Stele D von Copán. Späte klassische Periode (Zeichnung von C. Ontiveros nach Robicsek, 1972).

Popol Vuh der Quiché-Maya, sondern auch manch anderer Text in dieser Sprache, Aufzeichnungen in Cakchiquel oder spanische Versionen von ursprünglich in einer Maya-Sprache geschriebenen Texten und Quellen im yucatekischen Maya wie die *Libros de Chilam Balam*.

Der Drache

In den meisten Gottheiten des Klassikums sind Merkmale von Schlangen zu finden, und in der Kunst der Maya dominieren die Darstellungen stilisierter Schlangen, was zeigt, daß es sich hier um ein essentielles sakrales Symbol handelte. Eine Analyse der symbolischen Bedeutung der Schlange bei den Maya[40] hat uns zu der Erkenntnis verholfen, daß für dieses Volk die in einen Drachen[41] verwandelte Schlange – die aber auch durch Elemente anderer mächtiger Tiere bereichert sein kann – eine universelle heilige Macht, eine vitale Kraft, das schöpferische Prinzip des Universums versinnbildlicht, das daher auch mit der Sonne, dem Wasser, der Erde, dem Blut, dem Samen und dem Mais in Verbindung steht, welche sich als verschiedene Gottheiten oder Manifestationen des höchsten heiligen Prinzips präsentieren.

Der Drache ist hauptsächlich eine Kombination aus Vogel und Schlange, wobei sich die Maya prächtige Tiere ausgewählt haben: den Quetzal (*k'uk* im yucatekischen Maya, in Kekchí, Tzeltal und anderen Sprachen, *guc* in Quiché und Cakchiquel) und die tropische Klapperschlange (*ahau can*, *tzab-can*, *zochch* und *cumatz*), denen sie Merkmale und damit Eigenschaften anderer heiliger Tiere einverleibten, etwa des Jaguars, der Eidechse, des Krokodils, des Hirsches, um den Drachen als höchstes Symbol der Heiligkeit zu schaffen. So verbinden sich im Drachen die vitale Kraft der Erde (Schlange und Hirsch), des Uterus der Mutter Erde oder auch der Unterwelt (Jaguar), des Wassers (Eidechse und Krokodil) und des Himmels (Vogel).

Der Drache ist also ein vielschichtiges und polyvalentes Wesen; er ist die heilige Figur par excellence in den plastischen Kunstwerken der Maya des Klassikums. Dank einiger Beschreibungen von Gottheiten in den kolonialen Schriften, die sich auch mit den symbolischen Elementen der bildnerischen Werke decken wie auch durch die Bilder in den Codices kennen wir die Namen, die ihm die yucatekischen Maya gaben: Sie nannten ihn Itzamná, »Der Drache«, in seinem himmlischen Aspekt; Itzam Cab Ain, »Der Erd-Krokodil-Drache« oder Chac Mumul Ain, »Großes Schlammkrokodil«, in seinem irdischen und unterweltlichen Aspekt. In den kosmogonischen Mythen hieß er auch Canhel, »Drache«, in seiner Funktion als Schöpfergottheit, was dem Gucumátz, »Schlangen-Quetzal«, des *Popol Vuh* der Quiché entspricht.

Darüber hinaus gibt es andere Gottheiten, die nach unserem Dafürhalten wegen ihres schlangenhaften Charakters und ihrer engen Verbindung zum Drachen dessen Aspekte oder

73 *Oben:* Die Altäre G 1 (800 n. Chr.) und G 2 (795 n. Chr.) von Copán, die den Himmelsdrachen darstellen (Zeichnung von C. Ontiveros). *Unten:* Altar O von Copán als Verkörperung des Himmelsdrachen und der gefiederten Schlange. Zeitgleich mit den Altären G, späte klassische Periode (Zeichnung von G. Bustos nach Maudslay, 1974).

Ableitungen darstellen: Chicchan, Gott H, »Beißende Schlange«, Symbol des nächtlichen Himmels; Kinich Ahau, Gott G, »Herr des Himmelsauges«; Chac, Gott B, Gott des Wassers, und Bolon Dz'acab, Gott K, »Neun Generationen«, der menschliche geheiligte Fruchtbarkeitsaspekte symbolisiert, wie das Blut und den Samen und der gleichzeitig mit dem Mais in Verbindung steht.

Der Himmelsdrache: Itzamná, Gott D

Im Himmelsdrachen verbinden sich vor allem die Attribute der Schlange und des Vogels. Dargestellt als doppelköpfiger Drache, gefiederte Schlange, geflügelte Schlange und Schlangenvogel, erscheint der Himmelsdrache in plastischen Kunstwerken aller Regionen des Maya-Gebiets und während der gesamten prähispanischen Periode.

Als doppelköpfigen Drachen finden wir ihn auf den Altären G und dem Altar O von Copán (Abb. 73). In diesen Werken ist der gefiederte Schlangenkörper schematisch dargestellt und trägt Symbole des Wassers auf seinem Körper; er hat Eidechsenfüße oder Jaguarklauen; aus dem geöffneten Rachen der beiden Schlangenköpfe treten anthropomorphe Göttergestalten hervor. Auf dem Altar O gibt es zwei Darstellungen: auf der einen Seite den doppelköpfigen Drachen mit Jaguarklauen und auf der anderen die gefiederte Schlange mit demselben Kopf wie ihn der Drache aufweist, was bestätigt, daß es sich um dieselbe Gottheit handelt. Und sogar auf Keramiken wurde Itzamná dargestellt, etwa auf dem in Chacchoben, Quintana Roo[42], gefundenen Gefäß als doppelköpfiger Drache mit einem aus seinem Rachen hervortretenden menschlichen Gesicht.

In verschiedenen Kunstwerken aus Yaxchilán, Palenque, Piedras Negras, Tikal, Copán und Uxmal erscheint der Drache als gefiederte und häufig doppelköpfige Schlange, mit stark stilisierten Köpfen und geöffnetem Rachen, wie etwa auf dem Türsturz 3 des Tempels IV von Tikal (Abb. 80), auf der Stele D von Copán (Abb. 72, 74) und auf den Steintafeln im Tempel des Kreuzes (Abb. 64) und im Tempel der Inschriften von Palenque (Abb. 65).

Wir finden auch geflügelte Drachen, etwa im Kopfputz des Herrschers Pacal und seiner Gattin Ahpo Hel auf der »Sklaventafel« oder in einem Stuckornament im Palast von Palenque (Abb. 77).

Eine andere Darstellungsform des Himmelsdrachen ist die – manchmal skelettierte – Maske mit der Glyphe der Sonne auf der Stirn und dem sogenannten »triadischen Symbol« darüber, das sich aus einem Andreaskreuz-Motiv, das eine der Himmelsglyphen ist, einer Muschel, Symbol des Ursprungs, und einem Stachel für das Selbstopfer, einer Metapher für Blut, zusammensetzt. Diese Elemente, wie auch die Wassergruppen-Zeichen (Scheiben aus Jade) zeigen uns, daß das himmmlische Ungeheuer die befruchtende Energie des Himmels symbolisiert; gleichzeitig aber offenbart die entfleischte Maske seine Verbindung mit der Erde und der Unterwelt. Dies spielt auf die Dualität des Drachen als Symbol des Lebens und des Todes an, und die Sonnenglyphe auf der Stirn der Maske verweist darauf, daß die Gestirne ein Aspekt des Drachen sind. So sehen wir ihn auf der Relieftafel im Tempel des Kreuzes von Palenque (Abb. 64), wo sich zu beiden Seiten der Maske ein Fries aus Sternzeichen entlangzieht und den himmlischen Charakter der Gottheit anzeigt. Das Planetenband als Körper des himmlischen Drachen, das wir auch in den Codices finden, sagt uns, daß die große Himmelsschlange mit der Milchstraße identifiziert wurde.[43]

74 Stele D von Copán mit dem Bild des Herrschers, über dessen Kopf sich eine doppelköpfige Schlange befindet. Späte klassische Periode (Zeichnung von C. Ontiveros nach Robicsek, 1972).

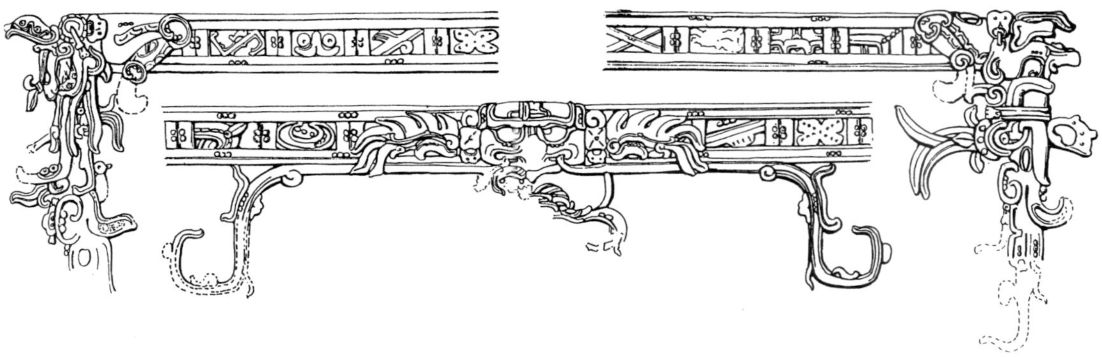

75 Stuckrelief aus dem Haus E des Palastes von Palenque mit der Darstellung des Himmelsdrachen und des Schlangenvogels. Späte klassische Periode (Zeichnung von M. Aguirre nach Maudslay, 1974).

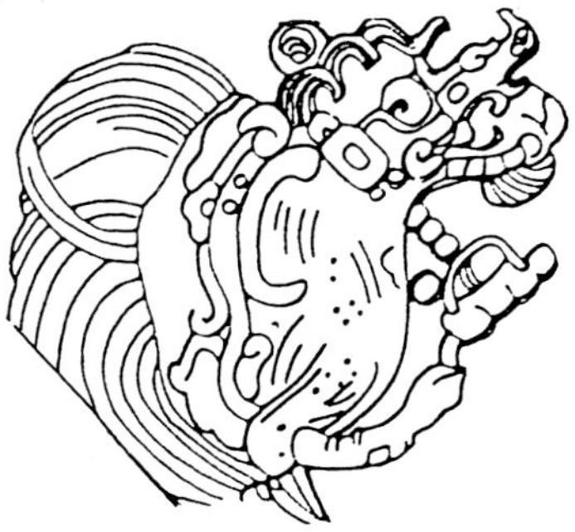

76 Schlangenvogel auf einer Stucktafel aus Toniná, Chiapas. 790–840 n. Chr., späte klassische Periode (Zeichnung von M. Aguirre).

Der Altar 41 von Copán (Abb. 78) zeigt den doppelköpfigen Drachen als eine Art Echse mit vier Pfoten und je einem Schlangenkopf an den Körperenden; ein Kopf wird von dem »triadischen Symbol« bekrönt, was darauf hindeutet, daß die Maske vom Tempel des Kreuzes in Palenque und die anderen, die dieses Symbol tragen, ebenfalls den Himmelsdrachen darstellen; aus dem Rachen des zweiten Kopfes tritt der Maisgott hervor.

Ein anderes heiliges Bild, das wir mit dem Himmelsdrachen identifiziert haben, ist der Schlangenvogel. Im Unterschied zu den gefiederten Schlangen dominiert beim Schlangenvogel der Vogel-Aspekt: Es handelt sich um einen Vogel mit stilisierten Schlangenköpfen über den Flügeln und gelegentlich dem Kopf von Gott K mit Schlangenmerkmalen. Diese Darstellung erscheint in verschiedenen Formen und Kontexten, sehr häufig in Verbindung mit der Figur des doppelköpfigen Drachen und der gefiederten Schlange oder mit ihrem vermenschlichten Aspekt.

Der Schlangenvogel mit dem Kopf von Gott K, Bolon Dz'acab, der ein weiterer Aspekt des Drachen ist, erscheint zum Beispiel in der großen Stucktafel von Toniná (Abb. 76) und in den Relieftafeln von Palenque. In diesen Werken zeigt er sich im Profil, aber in anderen hat er ein Vogelgesicht und wird frontal mit zu beiden Seiten entfalteten Flügeln wiedergegeben, über denen Schlangenköpfe erscheinen. So sehen wir ihn auf den vor kurzem in Palenque gefundenen Räuchergefäßen (Abb. 82; Farbtafel 115).

Häufig sitzt der Schlangenvogel auf dem Schlangendrachen, wie etwa auf dem Türsturz 3 des Tempels IV von Tikal (Abb. 80): Über dem Herrscher, der die Mitte einnimmt, ist eine große doppelköpfige gefiederte Schlange zu sehen, deren Körper mit scheibenförmigen Jade-Wasser-Federn-Zeichen markiert ist; aus einem ihrer Köpfe tritt Gott K hervor, und über ihr befindet sich der Schlangenvogel in Frontalansicht und mit ausgebreiteten Flügeln; er trägt Kopf- und Ohrschmuck und Schlangenschwänze unter den Flügeln sowie die gekreuzten Bänder, die anzeigen, daß es sich um die Himmelsgottheit handelt.

Dieselbe Verbindung dieser beiden Manifestationen von Itzamná, aber in einem ganz anders gearteten Kunststil, ist in dem von doppelköpfigen Schlangen gebildeten trapezförmigen Motiv auf der Fassade des Ostbaus im Nonnenkloster von Uxmal zu finden, auf dem der Kopf des Schlangenvogels in Frontalansicht erscheint (Abb. 79).

Ein weiteres Beispiel zeigt das Stuckrelief von Haus E des Palastes von Palenque (Abb. 75), wo der Körper des doppelköpfigen Drachen, der aus einem Himmelsband mit den Zeichen der Himmelskörper besteht, in der Mitte den Kopf des Schlangenvogels in Frontalansicht mit ausgebreiteten Flügeln und Schlangenköpfen darauf trägt. Dieser doppelköpfige Drache drückt sehr deutlich den Dualismus von Leben und Tod, Himmel und Unterwelt, aus, da der eine Kopf Wasser nach unten speit (wie der berühmte Drache von Seite 74 des Dresdener Codex) und der andere, totenkopfähnliche, nach oben blickt.

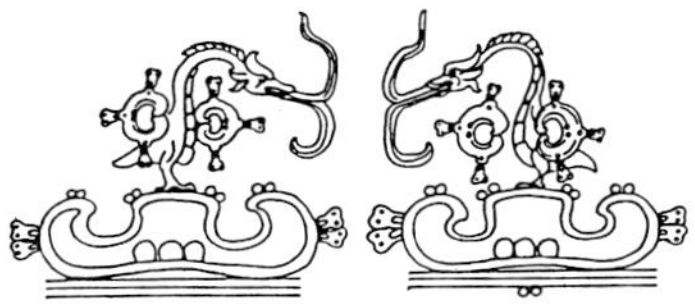

77 Geflügelte Drachen. *Oben:* Detail eines Kopfputzes aus der »Sklaventafel«. *Unten:* Stuckornament aus dem Haus B des Palastes von Palenque. Späte klassische Periode (aus: Hellmuth, 1987).

Von den wichtigsten plastischen Darstellungen des Drachen als Weltachse und seiner Identifikation mit dem Schlangenvogel und mit Gott K seien hier nur die bekanntesten erwähnt, nämlich die Funde aus Palenque.

Der Sarkophagdeckel Pacals in der Gruft des Tempels der Inschriften (Abb. 65) zeigt eine Weltachse in Form eines Kreuzes, die gleichzeitig Itzamná selbst verkörpert, ist doch ihr horizontaler Balken eine doppelköpfige Schlange mit Jadescheiben (Symbole für Wasser und Federn). Ihr vertikaler Balken läuft oben in einem weiteren Schlangenkopf aus, während sich um diesen Balken ein weiteres doppelköpfiges Reptil mit einem flexiblen Körper aus Jadescheiben schlingt, aus dessen Rachen Gott K hervortritt. Auf der Spitze der Welt-

78 Altar 41 von Copán mit dem Himmelsdrachen. Zeitgleich mit den Altären G, späte klassische Periode (Zeichnung von G. Bustos nach Maudslay, 1974).

achse sitzt ein Schlangenvogel mit dem Kopf von Gott K, der im Schnabel ein Bündel oder ein Stück Strohgeflecht trägt, das Zeichen der menschlichen Macht, das auf den zu den Göttern erhobenen Herrscher anspielt. Auf dem Kopfschmuck des Schlangenvogels und auch unter seinem Schwanz und seinem Kopf sehen wir die mit der himmlischen Gottheit assoziierten *Yax*-Zeichen (blau-grün, Wasser).

Das zentrale Motiv der Relieftafel im Tempel des Kreuzes stellt den Drachen in vier verschiedenen Gestalten dar: Im unteren Teil sehen wir ihn mit einem Körper in Form des erwähnten Himmelsbandes. Darüber erhebt sich eine Weltachse als Baum-Kreuz-Schlange, deren Querbalken eine doppelköpfige Schlange ist, über der sich eine weitere doppelköpfige Schlange befindet, deren flexibler Körper aus *Yax*-Zeichen besteht; der Längsbalken gipfelt in einem Schlangenvogel, der mit dem im Tempel der Inschriften fast identisch ist.

79 Trapezförmiges Motiv aus dem Ostbau des sogenannten Nonnenklosters in Uxmal, das den Himmelsdrachen und den Schlangenvogel darstellt. Späte klassische Periode (Zeichnung von C. Ontiveros).

Kinich Ahau, Gott G

Eine Gottheit, die so eng mit dem Himmelsdrachen verbunden ist, daß sie geradezu einer seiner Aspekte sein könnte, ist die Sonne, die in Yucatán Kinich Ahau, »Herr Sonnenauge«, genannt wurde und Itzamná Kinich Ahau, »Herr Sonnenauge des Drachen«. In den Bildwerken des Klassikums besitzt der Sonnengott große eckige und schielende Augen, einen spitz gefeilten Zahn oder eine herausgestreckte Zunge, aus den Mundwinkeln hervortretende gebogene Eckzähne und manchmal einen Wulst in Form einer Acht auf der Stirn, gleichbedeutend mit dem Körper einer Schlange.

In einigen Beispielen, wie den Räuchergefäßen aus Ton von Palenque, trägt er Masken, manchmal die des Erddrachen, und einen Schlangenvogel im Kopfputz (Abb. 82; Farbtafel 115), was wiederum auf seine Verwandtschaft mit dem Himmelsdrachen verweist.

Ein anderes Verbindungsglied zwischen Itzamná und Kinich Ahau besteht darin, daß dessen Glyphe unter dem »triadischen Symbol« steht, das sich wie bereits erwähnt auf dem

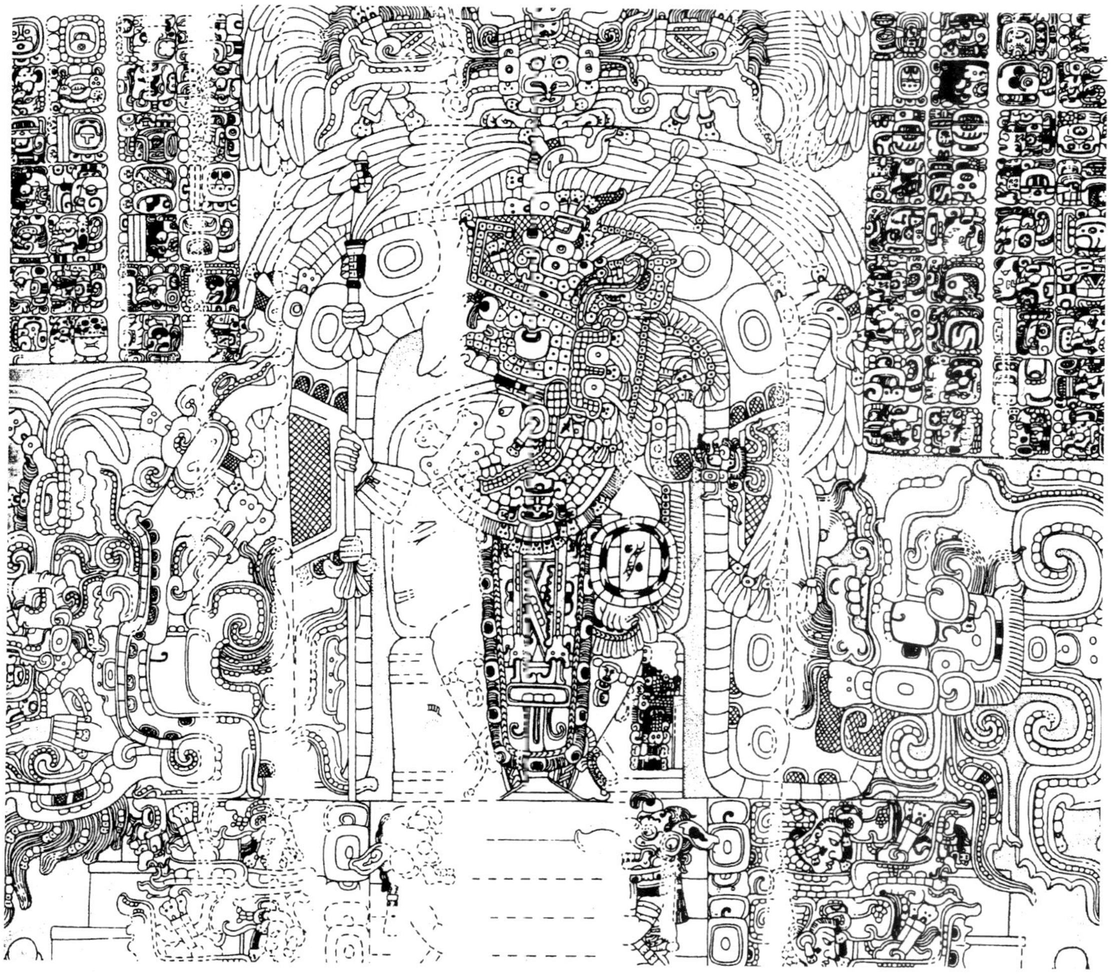

80 Türsturz 3 aus Tempel IV von Tikal, der den vom Himmelsdrachen umrahmten Herrscher zeigt (aus: Morley, Brainerd und Sharer, 1983).

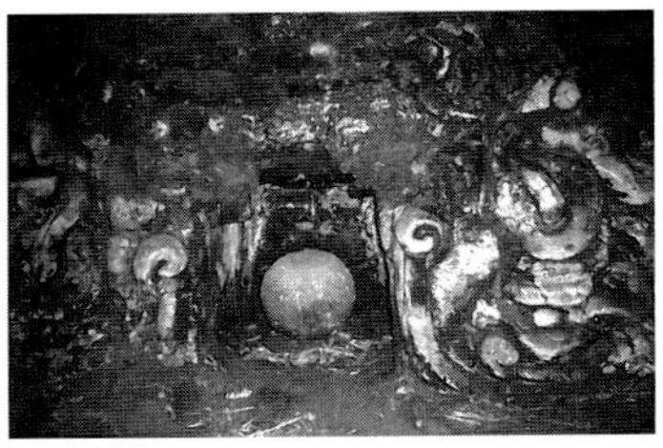

81 Maske des Erddrachen mit der Sonne im Rachen. Toniná, Chiapas (Photo von M. de la Garza).

Kopf des Himmelsdrachen befindet, was die Gleichsetzung der beiden Gottheiten erhärtet. Doch der Sonnengott steht auch in Verbindung mit dem Erddrachen, aus dessen Rachen er am Morgen hervorkommt und in den er am Abend wieder zurückkehrt. Das wird in einigen Werken des Klassikums zum Ausdruck gebracht, zum Beispiel in einer großen Maske des Erddrachen in Toniná, die ebenerdig angebracht ist und in ihrem Rachen eine Kugel als unverkennbares Sonnenzeichen hält (Abb. 81).

Die tierischen Erscheinungsformen des Sonnengottes sind der Hirsch, der Jaguar, der Kolibri, der Adler und der Ara-Papagei. Dieser wird in Yucatán Kinich Kakmoo, »Feuer-Ara des Sonnenauges«, genannt, und es hieß, daß die in diesem Vogel inkarnierte Sonne vom Himmel herabsteige, um im Namen Itzamnás die Gaben der Menschen zu empfangen. Auf dem Ballspielplatz von Copán (Farbtafel 54) haben die steinernen Spielfeldmarkierungen die Form eines Ara-Kopfes (Abb. 83), was uns zeigt, daß seit dem Klassikum dieser Papagei mit der Sonne verbunden wurde, steht doch das Ballspiel in einem symbolischen Zusammenhang mit den Gestirnen, wie wir noch sehen werden.

In Quintana Roo hat man vor kurzem eine große Akropolis entdeckt, die Teil der benachbarten Stadt Dzibanché sein könnte. Man hat sie wegen ihrer auf die Sonnengottheit verweisenden Reliefs Kinichná, »Haus der Sonne«, genannt, und es ist gut möglich, daß sie dem Sonnenkult geweiht war.[44]

Unweit dieser Stadt liegt das im gleichen Stil erbaute Kohunlich, dessen Haupttempel ebenfalls dem Sonnengott geweiht war, flankieren doch große Masken der Gottheit die Pyramidentreppe. Die Masken weisen alle die Symbolzeichen des Sonnengottes auf, und darüber hinaus tragen einige von ihnen die Glyphe *Chuen* in den Augen, die in vielen anderen Kontexten mit der Sonnengottheit verbunden wird. Die Glyphe *Chuen* bedeutet »Affe, Künstler, Schöpfer« und wird nicht nur deswegen mit der Sonne identifiziert, weil sie eine astrale Gottheit bezeichnet – nämlich den Bruder der Sonne im *Popol Vuh* –, sondern weil beide mit der künstlerischen Kreativität assoziiert werden. Außerdem ersetzt der Kopf eines Affen manchmal den Kopf des Sonnengottes als Zeichen für *Kin*, was auf die Verbindung zwischen beiden verweist.[45] Die Maya sahen den Sonnengott unter anderem auch als den Schutzgott von Musik und Gesang an, von daher seine Verbindung zum Affen, die so deutlich in den Masken des Haupttempels von Kohunlich zum Ausdruck kommt, wo es zudem eine Maske des Erddrachen gibt, ganz wie in einigen Räuchergefäßen von Palenque.

Die Sonne war die Hauptgottheit der Zeit: Ihr Tages- und Jahreszyklus bestimmte den Ablauf und die Abfolge der Tage und Nächte, die vier Jahreszeiten und das Koordinatensystem der vier Weltgegenden. Deshalb ist sie Schutzgott der Zahl vier, und ihre Glyphe ist eine vierblättrige Blüte (Abb. 63). Ihr Zyklus verleiht ihr einen ambivalenten Charakter: Wenn sie den Himmel durchquert, ist sie Licht und Leben, Tag, Ordnung, Güte und Helligkeit; dann ist ihr Aspekt wohltätig und vital. Doch wenn sie am Abend in die Unterwelt steigt, wird sie, in die Gestalt des Jaguars verwandelt, zur tödlichen Kraft. Diese Vorstellungen finden im Klassikum unter anderem in der Tafel im Tempel der Sonne von Palenque (Abb. 66) Ausdruck, deren zentrales Motiv eine schildförmige Maske des Sonnengottes mit gekreuzten Lanzen als Symbole der Sonnenstrahlen ist; sie trägt die Schlange in Form einer Acht auf der Stirn, hat Jaguarohren, Schlangenaugen mit volutenartigen Pupillen[46], eine heraushängende Zunge, einen spitz zugefeilten Zahn und gebogene Schlangen-Fangzähne in den Mundwinkeln. Unter dem Sonnenschild ist eine doppelköpfige Schlange zu sehen (Itzamná, der Himmelsdrache) und in ihrer Mitte das frontal gezeigte Gesicht eines Jaguars. Dieser Jaguar ist die Sonne selbst, wenn sie zur Tag- und Nachtgleiche im Frühling in die Unterwelt hinabsteigt, die verbunden ist mit dem Westen, der Himmelsrichtung des Sonnenuntergangs, der auch der Ausrichtung des Tempels zur Plaza entspricht. Einige Autoren haben den Gott als den Schutzgott G III des Tempels bezeichnet, gleichbedeutend mit der Sonne in ihrem Aspekt als Jaguar-Gottheit der Unterwelt oder als Todesgott.

82 Räuchergefäß aus Palenque, das den Sonnengott in seiner Verbindung mit dem Himmelsdrachen darstellt. Späte klassische Periode.

Der Sonnenzyklus bestimmte den Bau dieses Tempels und der anderen Haupttempel von Palenque: »Die Fassade des Sonnentempels ist am Tag der Wintersonnenwende genau zur aufgehenden Sonne hin ausgerichtet, während dieses Gestirn im Augenblick seines Untergangs am selben Tag einen bestimmten Teil des Tempels des Kreuzes beleuchtet. Eine Linie vom Tempel des Blattkreuzes über die Mitte des Sonnentempels hinweg führt zu einem Punkt am Tempel der Inschriften (seinem Eingangstor in der Mitte)«[47].

Chac, Gott B

83 Markierungsstein in Form eines Ara-Kopfes auf dem Ballspielplatz von Copán (Photo M. de la Garza).

Der in den kolonialen Texten genannte Gott Chac, der in den drei prähispanischen mayanischen Codices am häufigsten dargestellt wird, gilt als Gottheit der Maisfelder und Manifestation des Wassers – nicht nur des Regens, sondern auch der Seen, Flüsse und Meere, deren in Dampf verwandeltes Wasser zum Himmel steigt, um sich in Wolken zu konzentrieren und als Regen wieder auf die Erde niederzufallen.

Chac, Gott B, ist eine andere anthropomorphe und vom Drachen abgeleitete Gottheit, die vor allem in den Codices der postklassischen Periode vorkommt, doch finden wir sie auch in klassischen Skulpturen der Halbinsel Yucatán, die den Stilrichtungen Río Bec, Chenes und Puuc angehören. Dort wird der Gott als große geometrische Maske aus Mosaiksteinen dargestellt, ein Motiv, das die meisten Gebäude dieses Stils schmückt (Abb. 84; Farbtafeln 71, 76, 77, 80, 81, 85). Die monumentalen Masken besitzen ausgeprägte Attribute der Schlange und eine lange »Nase«, die sich nach oben strecken oder nach unten fallen kann und die manchmal mit scheibenförmigen Wassergruppen-Zeichen verziert ist und den verlängerten Oberkiefer der Schlange symbolisiert. Einige Masken tragen stilisierte Federn oder Pflanzen, weshalb sie ebensogut Chac wie Itzamná oder Bolon Dz'acab, den mit dem Mais verbundenen Gott verkörpern könnten, haben doch alle drei Götter Schlangencharakter.

In der Zentralzone sind der Regen und das Wasser im allgemeinen mit dem Himmels- und dem Erddrachen assoziiert, und deshalb ist es schwierig, spezielle Chac-Darstellungen zu finden, aber vielleicht ist das sogenannte *Cauac*-Monster, das wir als eine Verkörperung des Erddrachen ansehen, weil es neben den *Cauac*-Zeichen vegetabile Elemente aufweist, eine mit dem irdischen Wasser in Beziehung stehende Gottheit.

Der Erddrache: Itzam Cab Ain

In seinem Verhältnis zur Erde symbolisiert der Drache sowohl die Erdoberfläche wie auch die verborgene Zeugungskraft in ihrem Inneren, weshalb er sich mit dem dort wohnenden Gott des Todes verbindet und mit dem Jaguar, dem Symbol der toten Sonne, der Unterwelt und des nächtlichen Himmels. Im Klassikum wird er als große und manchmal skelettierte Maske dargestellt, die dessenungeachtet Pflanzen- und Wassersymbole trägt, und die man Erdungeheuer oder – wegen der Präsenz der *Cauac*-Glyphe, die Wasser symbolisiert – *Cauac*-Monster genannt hat. Beispiele des Erddrachen sind das *Cauac*-Monster auf dem Altar der Stele M von Copán (Abb. 85), das Zoomorph P von Quiriguá, wo der Drache als *Cauac*-Monster und als große Schlange skulptiert wurde, aus deren Rachen der Herrscher hervorkommt (Abb. 86, 87), die Maske auf der Relieftafel des Tempels des Blattkreuzes von Palenque (Abb. 67), die mit dem Sonnengott identifiziert wird und als Fundament des Weltenbaums mit zwei aus ihrem Rachen hervortretenden Schlangenköpfen erscheint, so-

84 Maske des Regengottes Chac im Codz-Poop-Tempel (Tempel der Masken) von Kabáh. (Zeichnung von C. Ontiveros).

85 Altar der Stele M von Copán, der den Erddrachen als *Cauac*-Monster zeigt. 756 n. Chr., späte klassische Periode (Zeichnung von C. Ontiveros nach Spinden, 1913).

wie die skelettierte, aber mit Maisblättern und dem *Cauac*-Zeichen versehene Figur, die das Piedestal eines der hier dargestellten Herrscher bildet.

Einige bemerkenswerte Darstellungen des Erddrachen sind in der erst kürzlich entdeckten Ausgrabungstätte von Balamkú (Campeche) zu finden. Dort gibt es ein »Haus der vier Könige« genanntes Gebäude mit einem reliefierten Stuckfries, der vier mit vegetabilen Elementen versehene Masken des Erddrachen zeigt, aus deren Rachen jeweils zwei Schlangen dringen (Abb. 88). Der Erdcharakter dieser Masken wird erhärtet, weil auf ihnen Reptilien mit nach oben geöffnetem Rachen sitzen, aus denen Herrscher hervorkommen.[48]

Die Reptilienfiguren von Balamkú stellen ebenfalls den Erddrachen dar, denn seit Izapa wird in vielen Bildwerken wie auch in den kolonialen Texten die Erde durch die Gestalt einer Echse oder eines phantastischen Krokodils symbolisiert, dessen yucatekischer Name Itzam Cab Ain lautet, »Der Erd-Krokodil-Drache«[49] oder Chac Mumul Ain, »Großes Schlammkrokodil«. Im *Popol Vuh* finden wir das Äquivalent zu diesem Krokodil im Kaiman, nämlich Zipacná, Schöpfer der Gebirge und der ganzen Erde, Sohn von Vucub Caquix, der unvollkommenen Sonne aus dem vorangegangenen Zeitalter.

Eines der hervorragendsten Kunstwerke mit der Darstellung des Erddrachen als Krokodil ist der Altar T von Copán (Abb. 89); sein Vorläufer, der das Alter des Symbols bezeugt, ist das bereits von uns beschriebene Krokodil der Stele 25 von Izapa (Abb. 59).

Der Erddrache, der sich auf dem Sarkophagdeckel im Tempel der Inschriften in Palenque unterhalb der Gestalt Pacals befindet (Abb. 65), zeigt sich als skelettierte Maske in einer aus Knochen gebildeten Höhle, unverkennbar ein Abbild des Todes und der Unterwelt, das freilich vegetabile Elemente und auf der Stirn die Glyphe der Sonne und das triadische Symbol des Himmelsdrachen trägt, nur daß statt der Glyphe der gekreuzten Bänder das Zeichen des Todes erscheint. Dieses Bild belegt, daß der Himmelsdrache und der Erddrache, der in diesem Fall auch zur Unterwelt gehört, Manifestationen ein und derselben heiligen Kraft sind, die sich in allen kosmischen Bereichen entfaltet.

86 Oberer Teil des Zoomorphs P von Quiriguá: der Erddrache als *Cauac*-Monster (Zeichnung von M. Aguirre nach Maudslay, 1974).

Ah Puch, Gott A

Darstellungsformen des häufig mit dem Erddrachen identifizierten Todesgottes sind der Totenkopf, das Skelett oder der sich auflösende Kadaver. In den kolonialen Texten heißt er Ah Puch, »der Entfleischte«, oder Kisin, »der Stinkende«, und ist oft mit Gott A der Codices identifiziert worden. Er bewohnt den tiefsten Bereich der Unterwelt, wohin die Geister der meisten Menschen nach dem Tod gelangen. In den Kunstwerken des Klassikums wie auch in den Codices wird er mit einer Kette aus Glöckchen und mit Augen dargestellt, nie-

87 Nordseite des Zoomorphs P von Quiriguá: Ein Herrscher kommt aus dem Rachen des Erddrachen hervor (Photo von V. Domenici).

mals mit leeren Augenhöhlen. Eines seiner bemerkenswertesten Abbilder erscheint auf der großen Stucktafel von Toniná, wo er den Kopf eines zum Opfertod durch Enthauptung bestimmten Gefangenen hält (Farbtafel 107), denn natürlich wurde der Todesgott mit dem Menschenopfer assoziiert.

Am Tempel XII oder Tempel des Totenkopfes von Palenque (Abb. 92) ist er als Stuckplastik am unteren Teil der Türpfeiler zu sehen, was den Tempel mit der Unterwelt verbindet. Und der Altar der Stele D von Copán (Abb. 91) zeigt uns den entfleischten Kopf der Gottheit, in deren Augenhöhlen statt Augen die Glyphe der Sonne erscheint, die auf ihrem Weg durch die Unterwelt eine Todesgottheit ist. Sie wird also mit der Sonne im Nadir oder der toten Sonne (der Nachtsonne) identifiziert.

Im *Popol Vuh* ist die Rede von mehreren Todes- und Krankheitsgöttern, angeführt von Hun Camé, »Eins Tod«, und Vucub Camé, »Sieben Tod«. Diese Götter wurden wohl auch in Werken der klassischen Periode dargestellt, etwa auf dem sogenannten »Gefäß der sieben Götter« aus Naranjo, Guatemala (750–800 n. Chr.) (Abb. 90)[50]. Dort ist der rauchende Gott L zu sehen, den Thompson als Jaguargott und Gott der Glyphe Nummer 7 identifizierte[51]; er sitzt auf einem mit Jaguarfell bezogenen Thron sechs Gottheiten gegenüber, bei denen es sich wohl um einige der im Text erwähnten Herren der Unterwelt handelt oder um Aspekte des Todesgottes, wenngleich ein paar von ihnen Züge des Sonnengottes aufweisen und Jaguarfelle tragen, was sie mit der Nachtsonne assoziiert, deren Erscheinungsform der Jaguar ist. Der Hintergrund ist schwarz, und der Hauptgott L, Vucub Camé, der mit Hun Camé in Verbindung steht, sitzt unter einem Krokodil, das ja die Erdoberfläche versinnbildlicht – alles deutet daraufhin, daß man sich in der Unterwelt befindet. Die Zahl sieben (sieben Götter, Gott der Nummer 7, »Sieben Tod«) auf dem Gefäß und im Text bestätigt diese Interpretation. Das Gefäß trägt das Schöpfungsdatum 4 *Ahau,* 8 *Cumkú*, »Tag Null« der kosmischen Neuordnung, weshalb sich die Szene auf die Geburt der Götter der Unterwelt zu Beginn der gegenwärtigen Ära beziehen könnte.

88 Detail aus dem Stuckfries vom »Haus der vier Könige« in Balamkú mit dem Bild des Erddrachen, aus dem der Herrscher hervorkommt. Frühes Klassikum (aus: Baudez, 1996).

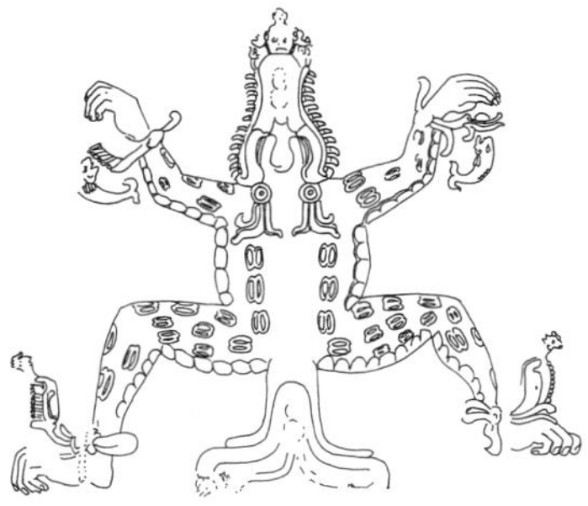

89 Detail des Altars T von Copán: Erdkrokodil (Zeichnung von M. Aguirre nach Maudslay, 1974).

Bolon Dz'acab, Gott K

Einer der am häufigsten in der Kunst des Klassikums dargestellten Götter ist der sogenannte Gott K, der recht übereinstimmend mit Bolon Dz'acab identifiziert wird. Diesbezügli-

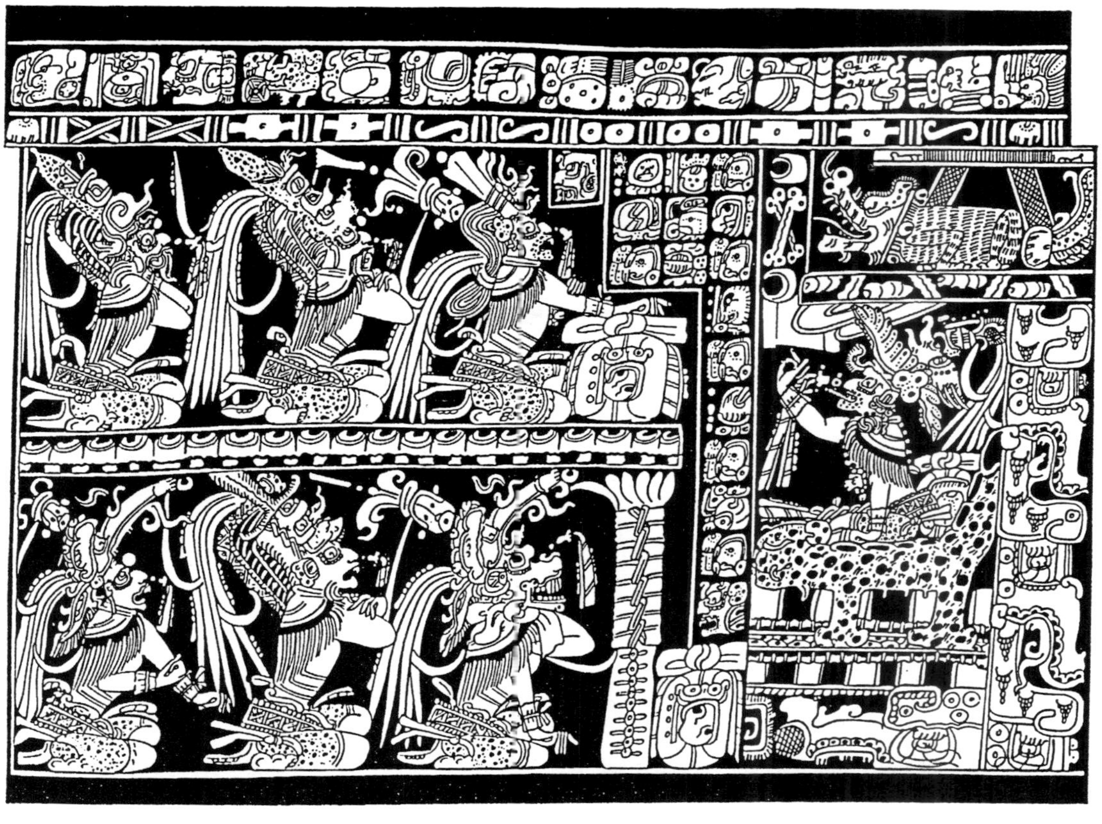

90 »Gefäß der sieben Götter« (Zeichnung von M. Coe in: Freidel und Schele, 1993).

91 Altar der Stele D von Copán mit der Darstellung des Todesgottes. Um 736 n. Chr., späte klassische Periode (Zeichnung von C. Ontiveros nach Spinden, 1913).

92 Todesgottheit in Form eines Totenkopfes im Tempel XII von Palenque (Photo von M. de la Garza).

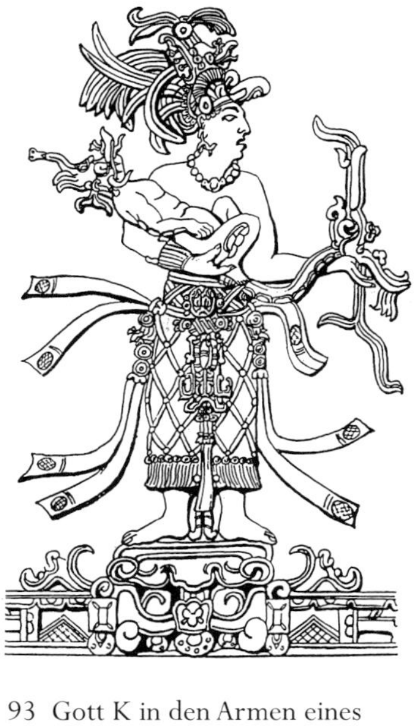

93 Gott K in den Armen eines Herrschers. Tempel der Inschriften, Palenque (Zeichnung von M. Aguirre nach A. Ruz, 1973).

che Übereinstimmungen bestehen vor allem zwischen den Hinweisen von Diego de Landa und den Codices.[52] Darüber hinaus bedeutet Bolon Dz'acab »Neun Generationen«, was deutlich auf die berühmte Lineage der Herrscher verweist, auf die Ahnen, die sich bereits in der Unterwelt befinden. Die klassischen Darstellungen zeigen die Gottheit stets mit diesen Personen verbunden. Dessenungeachtet nennt man ausgehend von epigraphischen Lesarten diesen Gott seit kurzem »K'awil«, wohl wegen seiner Verbindung mit dem Mais.[53]

Bolon Dz'acab ist eine im allgemeinen anthropomorphe Gottheit mit Schlangenattributen; ein Bein läuft in einer Schlange aus, und sein Gesicht endigt manchmal im Körper des Schlangenvogels oder einer Schlange. Sein Antlitz setzt sich zusammen aus Reptilienaugen mit Pupillen in Volutenform und Schuppen über den Augenhöhlen, der Glyphe *Nen* (»Spiegel«) auf der Stirn, aus der Maisblätter sprießen (die manchmal in einer Art Quaste auslaufen), Flammen oder einer Beilklinge, einer langen gabelförmigen Nase als Fortsetzung des Oberkiefers des Reptils und den gekrümmten Reißzähnen der Schlange in den Mundwinkeln, die auch bei anderen Schlangengottheiten vorkommen, etwa bei Chac, dem Gott des Regens und Kinich Ahau, der Sonnengottheit (Abb. 93).

Dieser Gott wurde während des Klassikums in Form von Reliefs oder Skulpturen, ebenso in Keramiken und Figurinen, Figurinenstäben und -zeptern dargestellt, die den Herrschern als Machtsymbole dienten. Diese Figurinenzepter oder »Manikin«, die auf die illustre Abstammung des Herrschers, der sie in der Hand hält, verweisen, haben einen menschlichen Körper, einen Schlangenkopf, und eines ihrer Beine oder der Penis ist in eine Schlange verwandelt (Abb. 94).

Der yucatekische Name für das Figurinenzepter lautet Canhel, den wir auch in den kolonialen Texten als Bezeichnung des Himmelsdrachen in seinem schöpferischen Aspekt finden, was die Identifikation der beiden Gottheiten verdeutlicht. Andererseits scheint der Gott des »Manikin«-Zepters aufgrund der Eigentümlichkeit seines Beins dem Huracán, »Blitz aus einem Bein«, zu entsprechen, einem Quiché-Himmelsgott, der als Regen die Manifestation von Gucumátz ist und der auch »Herz des Himmels« genannt wird, was »Zentrum oder Achse, Wesenheit des Himmels« bedeutet; daher erscheint er als Herr der anderen Gottheiten des heiligen Rates der Quiché.[54]

Bolon Dz'acab symbolisiert auch die Opferung des eigenen Blutes für die Götter, das zu den asketischen Herrscherritualen gehörte. Sein Bild findet sich auf zum Aderlaß benutzten Messerschäften, wie es zum Beispiel auf einigen Türstürzen von Yaxchilán zu erkennen ist. Als Stab oder »Manikin«-Zepter symbolisiert er die onanistischen Rituale der Samenopfer, die die Maya-Herrscher praktizierten und deren Darstellungen sich ebenfalls in Yaxchilán und auf den Stuckreliefs am Eingang zum Tempel der Inschriften in Palenque finden.[55]

Ein außergewöhnliches Bild von Gott K liefert eine Zeichnung auf einem zylindrischen Gefäß im Codex-Stil aus der Region von Nakbé, Guatemala (Abb. 96).[56] Der Schlangenfuß des Gottes umschlingt eine üppige Frau; aus dem riesigen Rachen der Schlange kommt ein weiterer Gott hervor und streckt die Arme nach der Frau aus. Die Szene hat deutlich sexuelle Anklänge, was die Assoziation von Gott K mit dem Samen erhärtet.

Der Gott steht auch mit dem Mais in Beziehung, denn aus seiner Stirn sprießen Blätter der Pflanze; diese Verbindung wird in den Relieftafeln der Kreuzgruppe von Palenque deutlich, wo Gott K als in orientalischer Stellung sitzende Figurine in den Händen der Herrscher erscheint und den Mais verkörpert, dessen Zyklus in den Reliefs aufgezeichnet ist. In der Tafel im Tempel der Sonne, die als zentrales Thema die Maispflanze als Weltachse enthält, denn es wird die Geburt der Pflanze gefeiert, sehen wir zudem Gott K (auch G II genannt) wie er aus einem Schneckenhaus geboren wird. Seiner Hand entsprießen Maisblätter, zwischen denen der Maiskolben in Gestalt eines Menschenkopfes erscheint (Abb. 95). All dies ist ein Beleg dafür, daß Gott K in der klassischen Periode mit dem Mais in Zusammenhang stand. Darüber hinaus ist er auch deshalb ein so eng mit den Menschen verbundener Gott, weil diese dem kosmogonischen Mythos zufolge vom Schöpfergott aus Maisteig geformt wurden.

Die Verbindung von Bolon Dz'acab mit Itzamná offenbart sich in vielen Bildern, in denen wir ihn dem Rachen der doppelköpfigen Himmelsschlange entsteigen sehen, wie auf der Sarkophagplatte im Tempel der Inschriften von Palenque, auf der Stele von Copán und auf dem Türsturz 3 des Tempels IV von Tikal. Es gibt Darstellungen, auf denen er das Gesicht des Schlangenvogels hat, der, wie bereits gesagt, eine Variante des Himmelsdrachen darstellt (Stucktafel von Toniná und Relieftafeln der Kreuzgruppe von Palenque). Aus all diesen Gründen ist Gott K zweifellos ein anderer Aspekt der höchsten Gottheit; er scheint als Symbol der heiligen Macht des Drachen in der Menschenwelt aufzutreten.

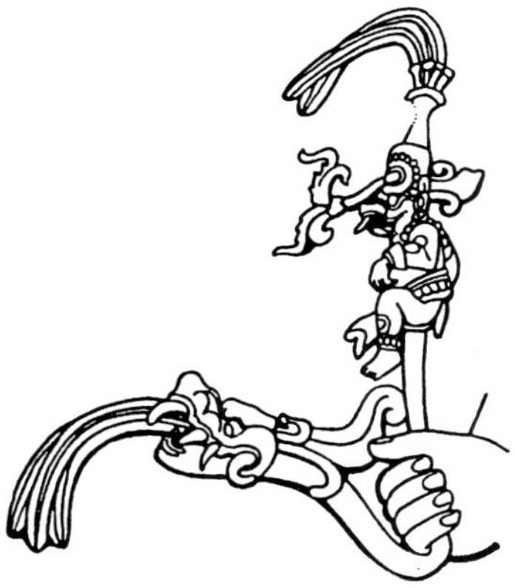

94 Figurinenzepter auf dem Altar P von Quiriguá (aus: Spinden, 1913).

Der Maisgott, Gott E

Wir haben soeben die Verbindung von Gott K mit dem Mais kennengelernt. Es gibt aber noch eine weitere göttliche Figur, die den Mais selbst zu verkörpern scheint, da ihr Kopf in einem Maiskolben ausläuft. Sie ähnelt den Darstellungen des Gott E genannten Maisgottes in den postklassischen Codices, weshalb sie auch mit ihm identifiziert wurde. Die Gottheit besitzt keine animalischen Züge, ihr Gesicht ist das eines Jünglings. Thompson setzt den in den schriftlichen Quellen erwähnten Gott Kauil mit dem Maisgott in Beziehung, weil sein Name »Fülle unseres täglichen Brotes« bedeutet.[57] Itzamná, der höchste Gott, wird manchmal Itzamná Kauil genannt, was zeigt, daß auch der Maisgott mit dem Himmelsdrachen in enge Verbindung gebracht wurde. Der Maisgott ist der Patron der Zahl acht, und seine Glyphe ist die Tagesglyphe *Kan*, Mais.

Als Beispiele klassischer Darstellungen des Maisgottes können wir die bekannten Skulpturen von Copán anführen (Abb. 97), sowie ein Fragment der Stele I von Bonampak, wo der Maisgott aus dem Erddrachen in dessen Aspekt des *Cauac*-Monsters kommt (Abb. 98), dazu verschiedene Keramiken, auf denen der Gott einem Schildkrötenpanzer entsteigt.[58] Weil der Mais die Nutzpflanze für den Menschen par excellence ist, besagt der Quiché-Mythos, der Mensch sei aus Maisteig geformt worden, was erklärt, warum der Gott als menschliche Figur ohne animalische Züge dargestellt wird.

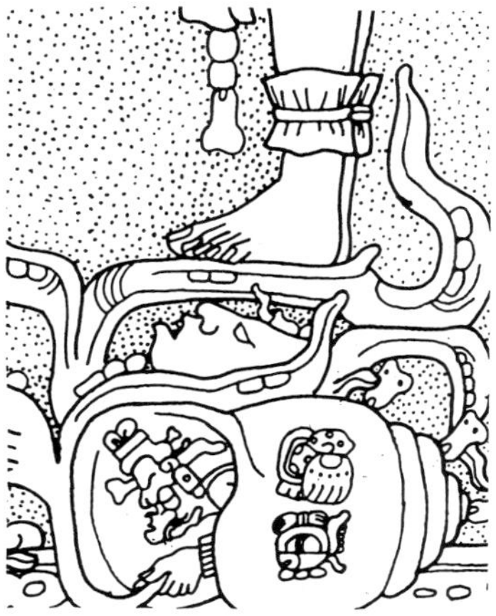

95 Gott K, der aus einer Schnecke mit Maisblättern geboren wird. Detail der Tafel aus dem Tempel des Blattkreuzes von Palenque. 692 n. Chr. (Zeichnung von L. Schele).

Weibliche Gottheiten

Den Epigraphikern zufolge wird in den Texten seit dem Klassikum, besonders in den palenkischen, Bezug auf weibliche Ahnengottheiten genommen, wie etwa auf die Erste Mutter im kosmogonischen Text, die ein Jahr nach dem Ersten Vater geboren wurde.

Dennoch hat man keine in Stein gehauenen oder aus Stuck geformten Skulpturen der klassischen Periode als Muttergottheiten identifizieren können; sie treten aber in den Tonfigürchen in verschiedenen Fundstätten auf, unter denen besonders Jaina, eine der Küste von Campeche vorgelagerte Insel, herausragt (Farbtafeln 111–114). Hier finden wir weibliche Figuren mit sakralen Attributen wie der doppelköpfigen Schlange auf dem Rücken und mit rituell auf die Brust gelegten Händen. Die Präsenz der doppelköpfigen Schlange, dem Symbol des höchsten Gottes, zeigt die Muttergöttin als seinen weiblichen Aspekt und verbindet sie vielleicht mit dem Mond wie die Muttergöttin in den postklassischen Codices.

Es gibt noch viele Gottheiten oder zahlreiche andere Aspekte der Hauptgötter, die in den bildlichen Darstellungen der klassischen Periode zu finden sind, wir haben uns hier jedoch

96 Bolon Dz'acab. Gefäß im Codex-Stil aus dem Gebiet von Nakbé, Guatemala. Um 672–830 n. Chr. (aus: Reents-Budet, 1994).

97 Skulptur des jungen Maisgottes aus Copán (aus: Gendrop, 1972).

darauf beschränkt, die Gottheiten der großen kosmischen Sphären und die mit der Fruchtbarkeit verbundenen Götter herauszustellen, war doch die Fruchtbarkeit eines der Hauptanliegen der Maya des Klassikums.

Die Rituale

Allgemeine Charakteristika

Wie in vielen alten und modernen Religionen suchte sich die mayanische Religion kraft ihrer Rituale hauptsächlich mit den heiligen Mächten zu verbinden, um Glück und Segen, Macht, materielle Güter, Linderung der Leiden, Vergebung für begangene Fehler und, in einem tieferen Sinn, das Überleben der Natur und des Menschen zu gewährleisten.

Vollzogen wurden die Rituale von den Priestern, die allgemein als Erwählte der Götter selbst angesehen wurden, um zwischen den Menschen und den Gottheiten zu vermitteln. Ihr Platz in der Gesellschaft war von höchster Wichtigkeit, da das gesamte Leben der Gemeinschaft auf den Dienst an den Göttern ausgerichtet war. Die Maya waren überzeugt, daß ohne Rituale die Erde unfruchtbar werden würde, kein Regen mehr fallen, die Lebewesen sich nicht mehr fortpflanzen und die Sonne stillstehen und sterben und damit den Tod des gesamten Kosmos herbeiführen würde. Nach den kosmogonischen Mythen war die Erhaltung, Verehrung und Anrufung der Götter die Hauptaufgabe des Menschen auf Erden.

Die Rituale waren komplexe öffentliche Feierlichkeiten, die mit den Kalenderperioden oder Zeremonien der herrscherlichen Machtübernahme in Verbindung standen, sich aber auch als Weihe-, Heil- und Initiationsriten auf das bäuerliche und alltägliche Leben (Schwangerschaft, Geburt, Kindheit, Pubertät, Heirat und Tod) beziehen konnten.

Die mannigfaltigen Ausprägungen der Rituale bei den Maya ab dem Klassikum sind ablesbar an den Zeremonialzentren selbst, dem Herzstück der Städte, wo sich Tempel auf pyramidenförmig gestuften Unterbauten oder auf Plattformen erheben, und die Plazas, Ballspielplätze, Grabstätten und unzählige skulptierte Kunstwerke von ihnen Zeugnis ablegen.

Das Opfer

Die allen Ritualen gemeinsamen Handlungen waren Gebete, Tänze, Gesänge, dramatische Darstellungen der Mythen und der Geschichte der illustren vergöttlichten Vorfahren und – als Höhepunkt – die Opferung, das »Sacrificium«.

Der Begriff »Sacrificium« kommt von »heilig machen, heiligen« und umfaßt alle jene Gaben, die man den Gottheiten darbrachte. Die Opferungen waren zahlreich und mannigfaltig; da sich die Maya die Götter als unsichtbare und ungreifbare Wesenheiten dachten, boten sie ihnen etwa die Düfte von Blumen und Räucherwerk, den Geschmack von Speisen und Getränken dar, doch hauptsächlich opferte man ihnen die dem Blut von Tieren oder Menschen innewohnende Lebens- oder Geisteskraft. Daher wurde in den meisten Ritualen

98 Der Maisgott, der auf der Stele 1 von Bonampak aus dem Erddrachen geboren wird. Späte klassische Periode.

das Blutopfer durch Aderlaß am eigenen Körper oder die Tötung von Tieren und Menschen praktiziert, um diese vitale Energie freizusetzen.

Das Menschenopfer

Das Menschenopfer sollte nicht nur dazu dienen, sich mit den heiligen Wesenheiten in Verbindung zu setzen, um für deren Wohltaten zu danken, sondern auch, sie zu besänftigen. Im Klassikum gab es verschiedene Arten ritueller Tötung: das Herausreißen des Herzens, das Zentrum der vitalen Energien, was wir zum Beispiel auf den Stelen 11 und 14 von Piedras Negras sehen (Abb. 99); die Enthauptung (Farbtafel 107) und die Tötung durch Pfeilschüsse zur Fruchtbarmachung der Felder, da der Kopf mit dem Maiskolben und das Pfeilschießen (Abb. 100) mit dem sexuellen Akt[59] assoziiert wurde.

Das Blutopfer in der mesoamerikanischen Welt erklärt sich hauptsächlich aus der Vorstellung von den Göttern und der Bedeutung des Blutes, insbesondere des Menschenblutes. Für die Maya ist das Blut des Menschen heilig, weil es nach den kosmogonischen Mythen von den Göttern herrührt und ihren Geist oder ihre Lebensenergie enthält, die den Menschen bei der Schöpfung verliehen wurde. Daher gibt es eine bedeutungsvolle Blutsverwandtschaft zwischen den Menschen und den heiligen Mächten: Das Blut kommt als kosmische vitale Energie von den Göttern und kehrt über das Opfer wieder zu ihnen zurück. Das Blut ist das Leben selbst; von daher ist das Blutopfer die Übertragung von Leben auf die Götter, damit diese ihrerseits weiterexistieren und das Leben des Kosmos aufrecht erhalten können. Ohne Blut sterben die Götter, und das Universum geht zugrunde.

Und im umgekehrten Sinn bedeutete das Opfer auch, die Menschen mit dem Wesen der Gottheit zu nähren. Bei vielen Opferungen verwandelte sich das menschliche Opfer während des Rituals in den Gott selbst, wurde wie er geschmückt und verehrt und nach der Opferung von den Gläubigen gegessen. Diese Kommunion mit dem Gott sollte neben der Heiligung des Menschen die Verbindung zwischen den einzelnen Mitgliedern der Gemeinschaft erneuern und festigen. Bei verschiedenen Ritualen wurde die inkarnierte Gottheit vor dem Tempel auf der Spitze der Pyramide getötet und dann über die Treppe auf die Plaza geworfen, wo sie zerteilt und von den Gläubigen verspeist wurde; dies symbolisierte den Abstieg des Gottes aus der heiligen Sphäre des Himmels (repräsentiert durch die Pyramide) in die Welt der Menschen, wo er sich konsubstantiell mit ihnen verband.

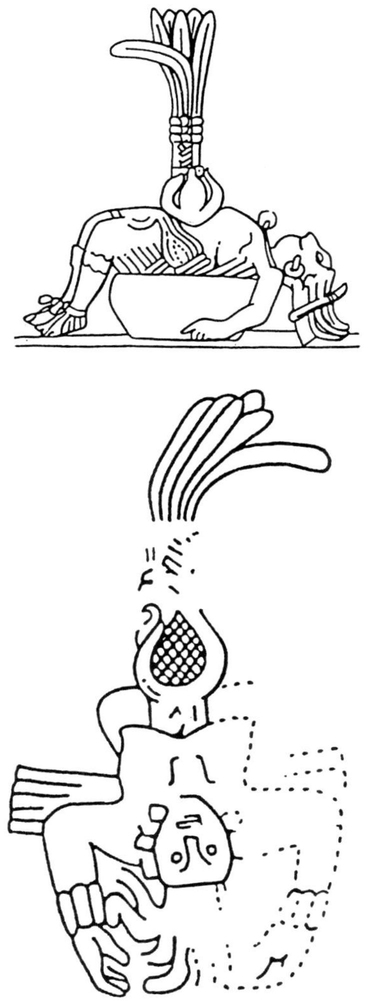

99 Menschenopfer durch Herausreißen des Herzens. Details aus den Stelen 11 und 14 von Piedras Negras (Zeichnung von C. Ontiveros in: Nájera, 1987).

Das Selbstopfer

Ausgehend von dieser Grundvorstellung, daß die Götter mit Blut ernährt werden müßten, wurde bei den Maya das Selbstopfer praktiziert, das darin bestand, eigenes Blut als Opfer darzubringen, ohne dabei den Tod zu finden.

Man verletzte sich mit Lanzetten aus Tierknochen, dornenbesetzten Schnüren und anderen Gegenständen. Im allgemeinen fing man das But mit Papierstreifen und in Gefäßen auf, die den Götterbildern geopfert wurden; dabei wurden die Papierstreifen verbrannt. Verschiedene plastische Kunstwerke, etwa einige Türstürze aus Yaxchilán (Abb. 101; Farbtafel 99), und die Fresken von Bonampak (Abb. 158) zeigen uns, daß dieses Ritual seit dem Klassikum vollzogen wurde.

Doch das Selbstopfer war auch wesentlicher Teil der asketischen Riten, die einerseits Eingangs- und Vorbereitungsriten für die religiösen Zeremonien darstellten und andererseits Initiationsriten und übliche Praktiken der Priester und Schamanen. Wie viele Völker waren auch die Maya überzeugt, daß das Asketentum übernatürliche Kräfte verleiht, durch die man unmittelbarer mit der Gottheit in Verbindung treten kann.[60]

Wie das Blut, so wurde auch das Sperma als heilige Flüssigkeit angesehen, der vitale Energie innewohnte, und den Gottheiten von den Asketen mittels onanistischer Praktiken geopfert. Die Opferung von Blut und Samen ging einher mit Fasten, sexueller Abstinenz, Schlafversagen, reinigenden Bädern oder auch der Abkehr von den Bädern, rhythmischen

100 Ritzzeichnung eines Menschenopfers im Tempel II von Tikal: Ein Gefangener wird durch Pfeilschüsse getötet (aus: Henderson, 1981).

Gebeten, Tänzen und Gesängen und der Einnahme von psychoaktiven Substanzen: Tabak, halluzinogenen Pilzen und Pflanzen wie auch berauschenden Getränken.

Das Bild vom Menschen und die Heiligung des Herrschers

Im Universum der Maya, das ganz und gar durchdrungen ist von der heiligmächtigen Kraft, die Bewegung, Leben und Tod spendet, befindet sich der Mensch, der mit der Natur ein harmonisches Ganzes bildet. Den Mythen zufolge bildet der Mensch einen Teil des Universums, weil er vegetabile, animalische und göttliche Substanzen in sich birgt; doch gleichzeitig ist er ein sich von den anderen Geschöpfen durch Vernunft und Bewußtsein unterscheidendes Wesen, das den raum-zeitlichen Kosmos mit seinem rituellen Handeln begreifen und lenken kann. Diese Ideen manifestieren sich auch in den archäologischen Funden aus dem Klassikum, zum Beispiel in der außergewöhnlichen Grabstätte im Tempel der Inschriften von Palenque, wo das Skelett des heute als Pacal identifizierten Herrschers in einer Hand eine Kugel und in der anderen einen Würfel aus Jade hält, die beiden grundlegenden kosmologischen Symbole für Himmel und Erde, Zeit und Raum. Das zeigt, daß dieser Mann sich seines Universums bewußt war und in Harmonie mit ihm lebte.

Da der Mensch die Verantwortung für die Existenz des Kosmos trägt, fungiert er als Weltachse; daher erscheint der Herrscher auf vielen prähispanischen Monumenten als Weltenbaum. Unter den Zeugnissen hebt sich die bereits erwähnte Stele 25 von Izapa (Abb. 59) ebenso hervor wie die Sarkophagplatte von Pacal (Abb. 65), auf der der Herrscher in der Mitte zwischen Himmel und Unterwelt auf der Erdoberfläche erscheint, genau an der Basis des Kreuzes, jener Achse des Universums, die eine der bildlichen Erscheinungsformen des höchsten Gottes Itzamná ist.

Die auf den Werken des Klassikums dargestellten Männer sind im allgemeinen die von den yucatekischen Maya *halach uinic*, »wahrer Mensch«, genannten Herrscher; obwohl in verschiedenen Kunstzeugnissen auch Menschen aus dem Volk auftauchen, erscheinen sie stets im Zusammenhang mit den Herrschern und häufig in einem Akt der Unterwerfung, wie im Tempel der Wandgemälde von Bonampak.

Das wichtigste Symbol des Herrschers ist der Drache als himmlische, schöpferische und ordnende Kraft, die ihm die Machtbefugnisse verleiht, über die anderen zu herrschen, und

101 Selbstopferszenen auf zwei Türstürzen von Yaxchilán.
Links: Türsturz 17. Frau Balam-Ix zelebriert die Geburt des Sohnes von Vogel-Jaguar, der ihr gegenübersitzt, und seiner Nebenfrau. 770 n. Chr.
Rechts: Türsturz 15. Frau 6-Tun, dritte Frau von Vogel-Jaguar, während der Vision, die sich nach dem rituellen Aderlaß anläßlich desselben Ereignisses (Türsturz 17) eingestellt hat. 770 n. Chr., späte klassische Periode (aus: Schele und Miller, 1986).

als erdverbundene Kraft, die ihn in ein übernatürliches Wesen verwandelt. Der auf zahlreichen Stelen und Türstürzen der mayanischen Zentralzone dargestellte Herrscher hält den himmlischen Drachen in Form der doppelköpfigen Schlange als Zeremonialstab quer vor der Brust in den Armen (Abb. 102); er bildet sein Zepter oder seinen Figurinenstab (Abb. 94), ist aber auch in seinem Kopfputz und anderem Schmuck zu finden, etwa auf Gürtelornamenten, Armbändern und Sandalen. Der Drache symbolisiert auf diese Art die Allmacht des Herrschers, welcher oft sogar mit drachenartigen Gesichtszügen dargestellt wird, um seine Assimilation an die höchste Gottheit zu verdeutlichen (Abb. 103).[61]

Die Herrscher tragen auch Zepter, die die Weltachse in Verbindung mit der himmlischen Gottheit symbolisieren – so zum Beispiel auf den Türstürzen 2 (Abb. 69) und 5 (Abb. 68) von Yaxchilán, wo die dargestellten Personen kreuzförmige Zepter mit Blumen an den Enden des Horizontalbalkens emporhalten, eine schematische Darstellung des Weltenbaums, von dessen Spitze jeweils ein Quetzal herabstößt. Damit sollte ausgedrückt werden, daß der Regierende in seinen Händen die von der himmlischen Gottheit verliehene Macht hält, die sich auf die vier kosmischen Weltgegenden erstreckt.

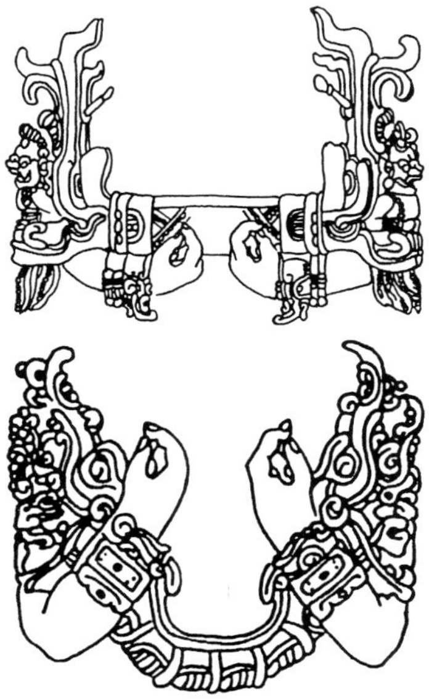

102 Zeremonialstäbe mit der Darstellung des doppelköpfigen Himmelsdrachen. *Oben*: Stele N aus Copán. *Unten*: Stele P aus Copán (Zeichnungen von G. Bustos nach Robicsek, 1972).

Initiationsriten und schamanische Praktiken der Herrscher

Aber diese Vergöttlichung der Herrscher war nicht von vorneherein gegeben, sondern wurde durch ein strenges Ritual der Initiation anläßlich der Thronbesteigung erworben und durch ständige asketische Praktiken während der Dauer der Regierungszeit erhalten. Das heißt, die mayanischen Herrscher des Klassikums waren, ebenso wie viele mayanische Heiler und Wahrsager von heute, Schamanen.

Zahlreiche skulptierte Werke, unter denen sich verschiedene Türstürze von Yaxchilán hervorheben, zeigen uns die Monarchen wie sie aus dem Rachen großer Schlangen hervortreten (Abb. 101; Farbtafel 98). Sie tragen jeweils die Instrumente für eines der wichtigsten schamanischen Rituale, nämlich das Selbstopfer der Blutentnahme, bei sich oder erhalten sie durch eine Frau überreicht, die bei anderen Gelegenheiten dem Herrscher das heilige Bündel der schamanischen Ausrüstung präsentiert[62], das gleichzeitig Symbol der höchsten Macht ist. Der Herrscher entsteigt auch dem Rachen des Erdmonsters wie in dem Zoomorph P von Quiriguá (Abb. 87) und setzt sich so mit der Sonne gleich, deren Bild wir ebenfalls häufig aus dem Rachen des Drachen hervortreten sehen. Der Herrscher ist die Sonne der Menschenwelt.

Bei der ikonographischen Analyse des Frieses am »Haus der vier Könige« von Balamkú kommt Claude Baudez zu folgendem Schluß: »Neben der detaillierten Illustration der gegensätzlichen und komplementären Aspekte der Unterwelt, verweist dieser darauf, daß der dynastische Zyklus mit dem Sonnenzyklus gleichgesetzt wird. Nach dieser Auffassung wird die Thronbesteigung illustriert durch den aus dem Rachen des Erdmonsters hervortretenden König, ganz wie die Sonne aus dem Maul der Erde emporsteigt; der Tod des Königs, wenn er wie der auf der Deckplatte seines Sarkophags dargestellte König Pacal in den Rachen des Erdmonsters fällt, wird als Sonnenuntergang gesehen.«[63]

Die Vorstellung der aus dem Rachen des Erdmonsters kommenden aufgehenden Sonne spielt auch an auf eine Initiation der Götter, die mit der Initiation der Herrscher gleichgesetzt wird, denn die Sonne steigt aus der Unterwelt, das heißt, sie wird jeden Morgen zum Leben erweckt; und wir erinnern uns, daß im *Popol Vuh* die Heldenzwillinge, die sich in die Sonne und den Mond verwandeln sollten, zuvor in der Unterwelt eine Initiation durch Tod und Wiedergeburt durchmachen mußten, um zum Himmel aufzusteigen.

Diese Bilder der Herrscher des Klassikums sind zweifellos Ausdruck gewisser Initiationsriten, von denen in den schriftlichen Quellen berichtet wird[64] und die bei den Maya und anderen mesoamerikanischen Völkern bis heute überdauert haben. Die Initiationsriten bestehen darin, daß sich der Novize nach einer langen Lehrzeit an einen dunklen und einsamen Ort in den Wäldern oder Bergen begibt und sich neben einen Ameisenhaufen legt, dem das Symbol der chthonischen Kräfte, eine riesige Boa entsteigt, die ihn verschlingt, zwischen ihren Kiefern zermalmt und dann ausscheidet. So wird der Schamane geboren, ein geheiligter Mann, der durch die Schlange übernatürliche Kräfte erworben hat, was ihn

103 Stele I von Copán. Herrscher mit Gesichtszügen des Drachen. 668–731 n. Chr. (Zeichnung von C. Ontiveros nach Robicsek, 1972).

befähigt, Macht über die anderen Menschen auszuüben. Die Schlange spielt hier die Rolle des Demiurgen oder »Meisters der Initiation«. Sobald er geheiligt ist, kann der Schamane in ekstatische Trance verfallen und die heiligen Pflanzen (Halluzinogene und Heilpflanzen) zum Wahrsagen und Heilen nutzen.

In den Tempeln der Kreuzgruppe von Palenque findet sich neben dem Sonnen- und dem Maiszyklus auch ein Initiationszyklus der Herrscher. Schele und Freidel meinen, daß die drei Heiligtümer den Eingang in die Unterwelt symbolisieren und verbinden sie mit dem Weg der Zwillinge aus dem *Popol Vuh* in die Unterwelt.[65] Zudem zeigen die heute nur noch fragmentarisch erhaltenen Stuckreliefs der Nord- und Westfriese am Tempel des Kreuzes (gezeichnet von Maudslay) eine Frontalansicht des Drachen mit aufgerissenem Rachen (Abb. 105). Dieser Monster-Tempel, dessen Hauptfassade ebenfalls aus einem Drachenantlitz mit dem Maul als Eingangstor bestanden haben muß, war also ein Initiationstempel[66], was die Initiationsriten der hier dargestellten Herrscher bekräftigen.

Die Transfiguration der *halach uinicob*, der »wahren Männer«, aus der Herrscherschicht steht mit der Schlange oder dem Erddrachen in engster Verbindung, da dieser ein chthonisches Tier der Unterwelt und die Inkarnation des Todes ist. Nicht von ungefähr impliziert die Initiation, daß man sterben muß, um geheiligt wiedergeboren zu werden; die Schlange ist das Tier, das aus sich selbst heraus wiedergeboren wird, da es seine alte Haut verläßt und sich wie die Vegetation zyklisch erneuert und dadurch unsterblich wird. Die Schlange heiligt den Menschen, weil es das Wesen ist, das mit der kosmischen und göttlichen vitalen Energie, der großen Mutter Erde, dem Wasser, dem Phallus und der Weisheit in Verbindung steht. Daher erwirbt der Mensch, der sich mit ihr verbindet, ihre Eigenschaften; wer von der Schlange verschlungen wird, stirbt, um verwandelt ins Leben zurückzukehren – als Mensch, der Zugang hat zu den verborgenen Mysterien des Kosmos, zu den Geheimnissen des Lebens, des Todes und der Zukunft.[67]

104 Markierungssteine des Ballspielplatzes von Copán mit Darstellungen ballspielender Götter. 731–751 n. Chr., späte klassische Periode (aus: Fash, 1991).

Das Ballspiel als Ritual der Herrscher[68]

Eines der am weitesten verbreiteten und wichtigsten prähispanischen Rituale war das Ballspiel, denn Ballspielplätze finden wir in allen klassischen Maya-Städten und zwar stets innerhalb der Zeremonialzentren (Abb. 113; Farbtafeln 54, 70). Die Bedeutung des Spiels wird aus den auf den Ballspielplätzen gefundenen Reliefs offenbar, insbesondere aus den steinernen Spielfeldmarkierungen, und ist häufig mit der Kosmogonie assoziiert, wie uns der Vergleich der Reliefs mit dem im *Popol Vuh* enthaltenen Schöpfungsmythos zeigt.

Die religiöse Bedeutung des Ballspiels wurzelt in einem der Grundmuster mesoamerikanischen Denkens: dem Kampf von Gegensätzen, der die Existenz des Kosmos erst ermöglicht. Er findet Ausdruck in verschiedenen Mythen, die sich auf den Streit zwischen leuchtenden himmlischen und dunklen unterweltlichen Wesen beziehen – ein Kampf, der auf dem Ballspielplatz ausgetragen wird.

Das Spiel der Menschen und der heilige Krieg symbolisierten den Kampf der Götter. Daher besaß das Spiel im Klassikum vielleicht die rituelle Funktion, die Bewegung der Gestirne und damit die Existenz des Universums aufrecht zu erhalten; und deshalb wurde das Ballspiel auch stets mit der Fruchtbarkeit der Erde verbunden. Die erhaltenen Reliefs scheinen sowohl das Spiel der Götter wie auch das rituelle Spiel der Menschen darzustellen, wobei es sich bei den letzteren in der klassischen Epoche hauptsächlich um die Herrscher selbst handelte.

105 Fries vom Tempel des Kreuzes, Palenque (Zeichnung von M. Aguirre nach Maudslay, 1974).

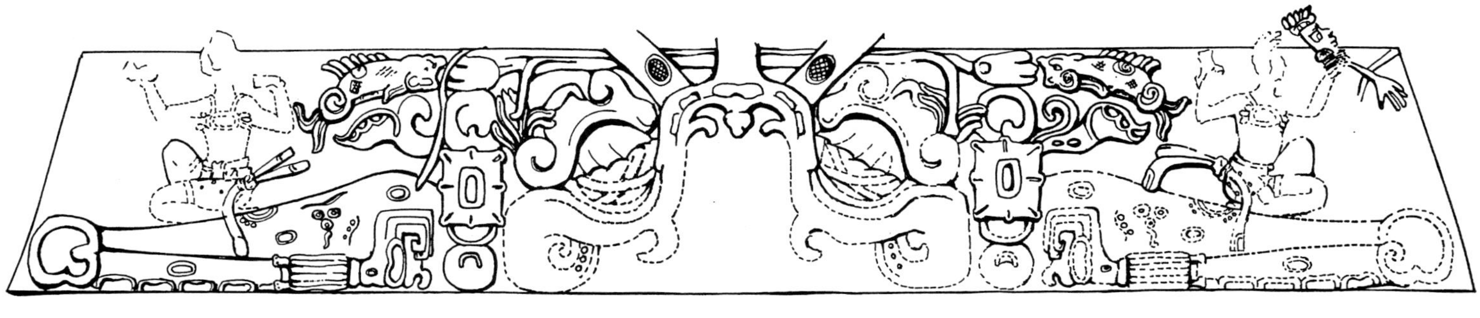

Ein Zeugnis für das Spiel der Götter finden wir in den drei ins 6. Jahrhundert datierten Reliefs der Spielfeldmarkierungen auf dem Ballspielplatz von Copán, die in der Struktur II-b (Abb. 104) entdeckt wurden. Die Analyse der verschiedenen Elemente auf diesen Scheiben deutet darauf hin, daß sich die Aktion bei Nacht abspielt, während die Sonne in der Unterwelt weilt, und man scheint hier die Anfangsepisode der Erscheinung von Sonne und Mond im *Popol Vuh* dargestellt zu haben, deren zentrales Thema das Ballspiel zwischen den Heldenzwillingen und den Göttern der Unterwelt ist.[69]

Die Markierungssteine von Copán zeigen, daß bei den Maya des Tieflandes das Ballspiel schon in der klassischen Epoche eine mythische Erklärung für den Ursprung und den Lauf der Gestirne wie auch für die Gegensätze in der Natur bot und belegen die Fortdauer dieser Glaubensvorstellungen bis zur Niederschrift des *Popol Vuh*.

Wegen dieser sakralen Bedeutung besaß das Ballspiel den Charakter eines Initiationsritus, das heißt des Übergangs von einer profanen Existenz zu einem Leben, in dem sich das Heilige durch den Erwerb übernatürlicher Kräfte manifestierte, die eine direkte Kommunikation mit den Göttern erlaubten. So wie die astralen Götter aus dem *Popol Vuh* ihre Apotheose über das Ballspiel erlangten, scheinen die Herrscher der klassischen Periode einen Teil ihrer Initiation zum Schamanentum über das Ballspielritual realisiert zu haben.

Verschiedene plastische Werke aus derselben Periode, wie etwa die Reliefs auf der Hieroglyphentreppe des Tempels 33 von Yaxchilán (Abb. 107), der Markierungsstein von Cancuén und die Steintafeln im National Museum of the American Indian in New York (Abb. 109, 111), zeigen den Priesterkönig beim Ballspiel; er trägt jeweils einen kostbaren Kopfschmuck, verschiedene Darstellungen von Gott K (der Gottheit der Herrscher) und manchmal von Itzamná, dem höchsten Gott. Die Personen werden entweder in voller Aktion oder in passiver Haltung gezeigt, aber stets mit den Gegenständen für das Spiel ausgerüstet, und ihre Namen erscheinen in den ihnen beigegebenen Glypheninschriften: »Vogel-Jaguar« in Yaxchilán, »Jaguartatze« in Seibal usw. Die kolonialen Texte der Eingeborenen bestätigen, daß das Spiel von den Herrschern ausgeübt wurde.[70]

In den Reliefs einiger Ballspielplätze des Postklassikums sind auch Opferrituale durch Enthauptung oder Durchschneiden der Kehle dargestellt, die mit der Fruchtbarkeit in Zusammenhang standen; diese Bedeutung manifestiert sich in verschiedenen klassischen Werken, unter denen sich die Reliefplatte im Tempel des Blattkreuzes von Palenque hervorhebt, wo die Maiskolben als menschliche Köpfe dargestellt sind (Abb. 67). Der Kopf wird mit dem Spiel durch die zwischen Kopf, Ball und Sternen bestehende formale Beziehung (Kugel) assoziiert. Die Sterne wurden als Köpfe enthaupteter Götter angesehen und mit dem Ball identifiziert. Ebenso ahmte die Bewegung des Balls auf dem Ballspielplatz den Lauf der Gestirne am Himmel nach.

Es gibt keine Quelle, die uns die Interpretation erlaubt, daß ein Spieler geopfert wurde, so daß es sich bei der Opferung durch Enthauptung auf dem Ballspielplatz oder in Verbindung mit diesem um einen Kriegsgefangenen oder einen Sklaven gehandelt haben könnte.

Kurzum, die auf das Ballspiel bezogenen Reliefs und Texte wie auch die Lage der Ballspielplätze in den Zeremonialzentren dokumentieren, daß das Spiel die für das mesoamerikanische Denken so wesentliche Vorstellung des kosmischen Kampfes von Gegensätzen symbolisierte, und daß es einen Initiationsritus darstellte, der von den Herrscher-Schamanen als Teil des Prozesses ihrer Heiligung praktiziert wurde. Zudem zeigen sie, daß das Spiel den Zweck hatte, durch sympathetische Magie die Gestirne in Bewegung zu setzen, was erst den Zeitablauf wie auch die Fruchtbarkeit der Natur und das Leben des Kosmos überhaupt ermöglichte.

106 Auf einem polychromen Gefäß dargestellter Ballspieler. Späte klassische Periode (aus: Hellmuth, 1987 b).

107 Stufe VII der Hieroglyphentreppe der Struktur 33 von Yaxchilán. »Vogel-Jaguar« spielt mit dem zu einem Ball zusammengeschnürten Körper eines Gefangenen. 744 n. Chr., späte klassische Periode (aus: Schele und Miller, 1986).

108 Ballspieler mit dem charakteristischen Schutzgürtel und einem Kopfputz in Form eines Hirschkopfes. Malerei auf einem polychromen Gefäß, späte klassische Periode (aus: Hellmuth, 1987 b).

Vorstellungen über das Leben nach dem Tode und Bestattungsbräuche

Die zahlreichen von den Archäologen gefundenen Grabstätten aus der klassischen Periode geben uns Auskunft über komplexe Bestattungszeremonien und belegen so die in den schriftlichen kolonialen Quellen enthaltenen Vorstellungen über das menschliche Schicksal nach dem Tode. Ihnen zufolge ist der Geist des Menschen unsterblich, und wenn er sich beim Tod vom Körper löst, geht er, je nach der Art des erlittenen Todes, zu ewigem Aufenthalt an einen der drei Hauptorte: zur tiefsten Ebene der Unterwelt, von den Quiché Xibalbá und von den yucatekischen Maya Mitnal genannt, in den Himmel oder aber »ins Paradies des Ceiba-Baumes«, ein irdischer Ort, wo sich ein riesiger Ceiba-Baum erhebt.[71]

Es gab mehrere Verfahren, die Leiche zu bestatten: die (primäre und sekundäre) Beerdigung, die Verbrennung und wahrscheinlich auch die Aussetzung im Freien.[72] Die Skelette sind häufig begleitet von anderen menschlichen oder tierischen Überresten, darunter insbesondere Hunden und Katzen. Auch gibt es viele verschiedene Arten von Gräbern, vom einfachen Erdloch bis zu großen aus Steinen gemauerten Grabkammern, die sogar mit einer Pyramide als Grabmonument überbaut sein können, wie zum Beispiel bei der Grabstätte Pacals in Palenque (Abb. 110) oder dem Tempel des Búho in Dzibanché aus dem frühen Klassikum.[73] Wir finden Gräber unter den Tempeln und Häusern, in Höhlen, Erdspalten und Felslöchern, in verlassenen *chultunes* (Zisternen oder Getreidebehältern), in vergrabenen Gefäßen oder Urnen und in *cenotes* (heiligen Brunnen).

In Uaxactún und anderen Orten hat man Skelette von Kindern entdeckt, denen man Fingerglieder eines Erwachsenen, wahrscheinlich der Mutter, mit ins Grab gegeben hatte, ein Brauch, in dem sich ausdrückt, daß sie ihr Kind gewissermaßen begleitete.[74] Die toten Kinder sind in den meisten Fällen in fötaler Haltung in Tongefäßen begraben worden, die offensichtlich den Bauch der Mutter symbolisieren und zweifellos mit der Vorstellung einer Wiedergeburt in Verbindung stehen.

1994 hat Ramón Carrasco in einem Grab aus dem späten Klassikum in der Struktur 15 von Calakmul eine Art mumifiziertes Bündel gefunden, das heißt die Reste eines mit Stoffstreifen umwickelten Körpers, wobei der Stoff vielleicht mit Harz oder einer bestimmten Flüssigkeit getränkt und starr geworden war.

Es finden sich zahlreiche Gräber mit sekundären Bestattungen von Knochen und anderen Körperteilen, die zuvor etwa zum Verspeistwerden zerstückelt, oder aber ausgesetzt oder vergraben worden waren. Dabei handelt es sich im allgemeinen um Massenbestattungen, und zwar sicherlich von Geopferten.[75] Die entdeckten Gräber enthalten verschiedene Dinge: Werkzeuge, Waffen, Töpferwaren, Schmuckstücke aus Muschelschalen, Obsidian, Feuerstein, Knochen, Jade und anderen Halbedelsteinen, Kupferglöckchen, Musikinstru-

109 Ballspielszene auf einer Maya-Steinplatte unbekannter Herkunft (Stätte Q, Calakmul?). Der Spieler zur Linken ist wie Ixbalanqué gekleidet, während sein Gegner einen Gott aus der Unterwelt verkörpert. Es scheint, daß die beiden Männer den Mythos der Zwillingsheroen aus dem *Popol Vuh* verkörpern. Späte klassische Periode (aus: Schele und Miller, 1986).

mente, Statuetten von Gottheiten, vollständige Skelette oder Teile von Tieren und andere symbolische Gegenstände mit heiligen Kräften, die den Geist schützen sollten. Dem Toten wurden die von ihm im Leben benutzten Gegenstände wie sein Arbeitsgerät, oder im Falle eines Priesters seine Codices und andere rituelle Objekte ins Grab mitgegeben, auch Ausrüstungsgegenstände, wenn es sich um Schamanen handelte.

All dies beweist, daß die Maya glaubten, der Geist würde im Jenseits ein ähnliches Leben führen wie auf der Erde und auf der Reise zu dem Aufenthaltsort, der ihm durch seinen Tod bestimmt war, seine Identität beibehalten. Wir möchten diese Grabbeigaben nicht Opfer nennen, da sie keinen eigentlichen Totenkult beinhalten, sondern eine Gabe der Lebenden an die Toten, um diesen eine Zeitlang nach dem körperlichen Tod beizustehen.

Da die Maya glaubten, daß die Tiere, die Pflanzen, die Mineralien und sogar die von Menschenhand hergestellten Gegenstände ebenfalls von einem Geist beseelt waren, stand natürlich fest, daß es dieser nicht sichtbare Teil der Objekte war, der vom Geist des Toten benutzt werden würde – daher gibt es in den Gräbern mit Absicht zerbrochene, das heißt »getötete« Tongefäße.

Von größerer Bedeutung waren Jade und andere Steine, die dem Toten in den Mund gelegt wurden, eine umgedrehte Schüssel, Schildkrötenpanzer oder flache glatte Steine zum Schutz des Kopfes, Rochenstacheln auf den Schamteilen, dazu Knochen, Zähne und Krallen von Großkatzen. Der Gegenstand auf dem Kopf diente zum Schutz des unsterblichen Geistes, denn man stellte sich vor, daß dieser durch den Scheitelpunkt entwich; vielleicht sollte verhindert werden, daß er zerstört oder geraubt wurde, bevor er seinen Weg ins Jenseits antrat. Von den Rochenstacheln wissen wir, daß sie beim Blutentnahmeritual dazu dienten, das Blut zum Fließen zu bringen, weshalb sie als Grabbeigabe vielleicht auf das Selbstopfer anspielen, das der Mensch den Göttern über seinen Tod hinaus darbringt; was soviel heißt, daß er sie in der jenseitigen Welt weiterhin erhalten und verehren wird. Doch kennen wir die Bedeutung ihrer Verbindung mit den Genitalien nicht, sofern sie sich nicht auf das Selbstopfer der Blutentnahme aus dem Penis bezieht, das bei den Fruchtbarkeitsritualen vollzogen wurde. Der Jaguar symbolisiert unter anderem die Sonne auf ihrem Weg in die Unterwelt; die ins Grab mitgegebenen Jaguarteile könnten also auf eine Identifikation mit dem Menschen hindeuten, der mit dem Gestirn auf seinem nächtlichen Durchgang in die Unterwelt hinabsteigt. Doch wir wissen auch, daß der Jaguar das animalische *alter ego* der Herrscher und Priester darstellte, und daß diese Schamanen waren, die das Selbstopfer mittels Rochenstacheln praktizierten, weshalb in den Maya-Gräbern mit Überresten beider Tiere vielleicht Schamanen bestattet waren. Die Gräber von Kaminaljuyú etwa bargen auch Skulpturen in Form von Pilzen, was auf den Gebrauch halluzinogener Pilze und damit zweifellos auf das Grab eines Schamanen verweist.

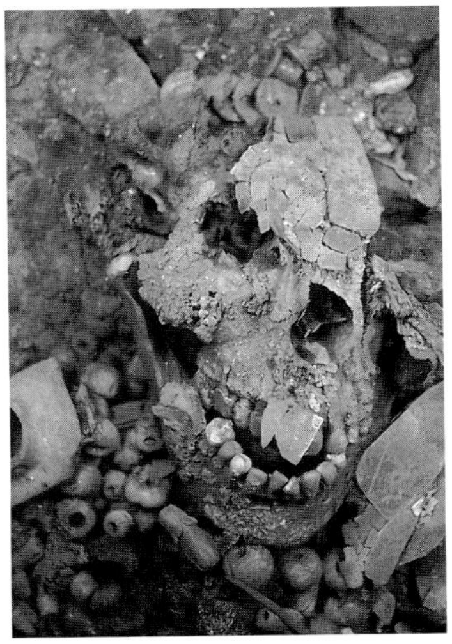

110 Skelett Pacals, des großen Herrschers von Palenque (Photo von A. Romano, zum Zeitpunkt der Entdeckung aufgenommen).

111 Tafel mit Ballspielszene, die aus derselben Treppe wie die Tafel von Abb. 109 stammen könnte. Die beiden Spieler sind als Krieger gekleidet; durch verschiedene Elemente wird der rechts im Bild dargestellte als im Kampf Besiegter charakterisiert (aus: Schele und Miller, 1986).

Das Hundeskelett belegt, daß nach mayanischer Vorstellung dieses Tier den Geist zu seinem letzten Aufenthaltsort geleitete, ein allgemein verbreiteter Glaube, der sich nicht nur auf Mesoamerika beschränkt.

Der Stein wurde den kolonialen Quellen zufolge auf den Körper des Sterbenden gelegt, damit sich der Geist in ihm inkarnieren könne; darum bewahrte man ihn sorgfältig auf und brachte ihm Opfer dar. So symbolisiert der Stein wegen seiner Kraft und Dauerhaftigkeit den unsterblichen Geist, von den yucatekischen Maya *ol* genannt, der die Zerstörung des Körpers transzendiert.

Bei den primären Beisetzungen wurde der Körper allgemein mit roter Zinnoberfarbe überzogen (wenn das Fleisch vermoderte, legte sich das Farbpulver auf die Knochen wie im Grab Pacals), oder sie wurde über die Knochen gestreut wie in den sekundären Bestattungen. Die rote Farbe ist wegen der Assoziation mit dem Osten – Ort der aufgehenden Sonne und folglich Ursprung des Lebens – gleichbedeutend mit (Wieder-)Geburt, weshalb ihre Anwendung bei den Toten einen magischen Ritus anzeigt, der Leben oder auch Unsterblichkeit im Jenseits ermöglichen soll.

Die archäologischen Befunde weisen auch auf eine Verehrung vergöttlichter Toter hin, jedoch nur jener, die im Leben bedeutende Persönlichkeiten waren; erhärtet wird dies zum Beispiel durch die mit Herrscherdarstellungen geschmückten Stelen von Copán, die sich über unterirdischen Opfergabendepots erheben.

Die heiligen Räume

Heilige Räume oder Orte, an denen sich die Götter manifestieren, können besondere Stätten in unbewohnten Gegenden sein, etwa Wälder, Quellen und Berge. Doch gehören auch die Zeremonialzentren zu ihnen, wurden sie doch an Orten mit bestimmten herausragenden Charakteristika erbaut, die sie zur Residenz göttlicher Wesen prädestinierten. Die Zeremonialzentren im Herzen der Maya-Städte wurden als Abbild des Kosmos angelegt. Kosmogonie und Kosmologie lieferten das göttliche Modell für diese Bauten:

> »Jede Stadt befindet sich im Zentrum des Universums; ihr Bau war nur durch die Loslösung vom profanen Raum und der profanen Zeit und die Einsetzung von heiligem Raum und heiliger Zeit möglich. Die Stadt ist stets ein *imago mundi*, ein Abbild der Welt.«[76]

Darüber hinaus wurden die Maya-Städte nach den Gestirnen ausgerichtet[77], so daß diese Standorte von jener heiligen Kraft durchdrungen waren, die von den himmlischen Wesen

112 Monster-Tempel von Chicanná, Campeche (Photo von T. Pérez).

auf ihren Umläufen freigesetzt wurden. Auf diese Weise symbolisieren die Plazas, Tempel und Pyramiden, Ballspielplätze, Torbögen und gepflasterten Straßen, die Patios und anderen Gebäude das Grundmuster der ursprünglichen Raumordnung, wie es bei der Erschaffung des Kosmos von den Göttern festgelegt worden war, sowie die drei großen Schichten des Universums und die Bahnen der Sterne. Carrasco formuliert es bei der Beschreibung von Calakmul, Campeche, folgendermaßen:
»Als die klassischen Maya ihren urbanen Raum gestalteten, suchten sie die heilige Landschaft aus dem Schöpfungsmythos der Erde zu reproduzieren. Das Schema der Nord-Süd-Achse der zentralen Plaza von Calakmul ist eine symbolische Anordnung, in der die Oberfläche der Plaza das Urmeer verkörpert und die pyramidenförmigen Unterbauten heilige Berge, wo die Ahnen und Götter wohnten.«[78]
Er fügt hinzu, daß die Wiederholung der Schöpfungslandschaft in der mayanischen Architektur die dort vollzogenen Aktivitäten heiligte, die nicht nur ritueller, sondern auch politischer Natur waren und für die Maya des Klassikums religiösen Charakter besaßen.

Die Plazas waren der Ort, an dem das Volk an den offiziellen religiösen Zeremonien teilnahm (Farbtafeln 14, 54), da die Tempel auf den Spitzen der Pyramiden den Priestern vorbehalten waren und das Allerheiligste darstellten, zu dem nur sie Zutritt hatten, um verschiedene Rituale wie etwa das Menschenopfer zu vollziehen (Farbtafeln 14, 22, 29, 67).

Die auf den pyramidenförmigen Unterbauten thronenden Tempel können sowohl die letzte Schicht des Himmels wie auch die irdische Ebene verkörpern, von der aus man in die Unterwelt hinabsteigt; die sie tragenden gestuften Pyramidensockel wiederum symbolisieren die Schichten des Himmels und der Unterwelt wie zum Beispiel beim Tempel des Kreuzes und dem Tempel der Inschriften in Palenque, die das kosmologische Abbild des Himmels beziehungsweise der Unterwelt verkörpern. Auch ganze Komplexe, wie die Akropolis von Toniná (Farbtafeln 16–18), sind als kosmologische Metaphern interpretiert worden. So meint Juan Yadeum, daß diese Akropolis sieben Terrassen einnimmt, auf deren höchster sich die dreizehn kosmologischen Schichten verkörpern, und daß die Akropolis den Aufstieg zum Himmel und den Abstieg in die Unterwelt symbolisiert. Der heilige Berg ist nach dem Sonnenlauf mit den beiden äquinoktialen Extremen ausgerichtet.[79]

In Dzibanché erstreckt sich gegenüber dem Tempel I ein Platz, der im Norden und Süden durch zwei identische Langbauten begrenzt ist, jeder mit zwei Korridoren und neun Türen, die sich alle zur selben Fassade öffnen und die neun Ebenen der Unterwelt symbolisieren.[80]

Andererseits verkörpern die Tempel manchmal das Schlangenmonster, zu dem die Initiationsriten der Herrscher führen. Diese sogenannten Monster-Tempel (oder »zoomor-

113 Ballspielplatz von Tikal, Guatemala (Photo von M. de la Garza).

phen Fassaden«) finden wir hauptsächlich in den Stilen von Río Bec, Chenes und Puuc auf der Halbinsel Yucatán (Abb. 112; Farbtafeln 58, 60), aber auch in klassischen Stätten der Zentralzone wie Copán und Palenque (Abb. 105). Die gesamte Fassade besteht aus einer riesigen Maske in der Mitte, deren Maul den mit Zahnreihen umgebenen Eingang bildet, und mit Augen in Gestalt von Voluten über dem Eingang; seitlich sind Ohrgehänge und andere dekorative Elemente wie Schlangen, Mäanderornamente und Hütten angebracht.

Der Monster-Tempel scheint den göttlichen Wohnsitz zu verkörpern, den nur diejenigen betreten können, die sich geheiligt, das heißt einen Initiationsritus durchlaufen haben – konnte man sich doch bei den Maya und anderen Gruppen übernatürliche Kräfte aneignen, indem man sich von einer Schlange verschlingen ließ. So symbolisiert das Innere des Tempels den Bauch der großen Schlange der Initiation, in dem sich einige Menschen in Schamanen verwandelten.

Wie bereits erwähnt, repräsentieren die Ballspielplätze (Abb. 113; Farbtafeln 54, 70), wo die Bewegungen der Sterne rituell nachvollzogen wurden, den Himmel, und die Wege aus Stuck wiederholen die Bahnen der Gestirne auf der Erde. Diese Straßen, die wir in vielen Städten der Halbinsel Yucatán finden, heißen *sacbéob*, »künstliche, per Hand gepflasterte Wege« und »weiße Straßen«. Die *sacbéob* gibt es in verschiedenen Ausprägungen; sie verbinden Häuser in derselben Stadt miteinander (Farbtafel 73), aber auch zweit- oder drittrangige Orte mit einer Kapitale. Einige dienten gleichzeitig als Deiche oder Dämme für die Seen, und es ist möglich, daß sie nach astronomischen Vorgaben ausgerichtet wurden.[81] Ihre Bedeutung wird unterschiedlich interpretiert; zweifellos waren sie ein religiöses Symbol, was verschiedene Mythen über die heiligen *sacbéob* belegen.

In verschiedenen Städten der Puuc-Region wie etwa Sayil, Labná und Kabáh finden wir ein inneres Straßensystem, das die verschiedenen Gebäudegruppen auf einer Nord-Süd-Achse verbindet.[82] In der Peripherie einiger Städte erheben sich monumentale Torbögen, die den Anfang oder das Ende einer *sacbé* bilden, die zwei Städte miteinander verbindet. So gibt es zum Beispiel im Norden von Kabáh einen großen isoliert stehenden Bogen, der auf einer unabhängigen Plattform errichtet wurde (Struktur 1B1) (Abb. 114; Farbtafel 78), und von dem eine große *sacbé* ausgeht, die in einem ähnlichen Bogen in Uxmal endet.

Diese große Straße scheint hauptsächlich eine symbolische und rituelle Bedeutung gehabt zu haben, das heißt, sie stellt ein religiöses Band zwischen den beiden Städten dar. Sie diente vielleicht religiösen Pilgerreisen, denn für Fußreisen, sogar mit Handelsware, wäre eine Straße von den Ausmaßen und der Pracht der *sacbé* nicht erforderlich gewesen. Diese

114 »Triumphbogen« von Kabáh, Yucatán (Photo von M. de la Garza).

Straßen waren so sorgfältig konstruiert, weil die heilige Reise auf einer via sacra als Reproduktion des großen »weißen Weges« des Himmels vonstatten gehen mußte, der Milchstraße nämlich, die gleichzeitig der Körper des Himmelsdrachen ist.

Der Boden aus Stuck hatte im allgemeinen himmlischen Charakter, denn er wurde auch für andere göttliche Stätten verwendet, etwa die Ballspielplätze, ebenfalls Symbole des Himmels, wo die durch den Ball repräsentierten Gestirne ihre Bahnen zogen, und wie einige Patios und Plazas, auf denen religiöse Zeremonien stattfanden.

Die allgemein verbreitete symbolische Bedeutung des Bogens als Durchgang von einem profanen zu einem geheiligten Zustand oder als Schwelle, die den Zugang in einen heiligen Raum gestattet, wie auch als Brücke oder Band zwischen irdischer und himmlischer Ebene (wie der Regenbogen) läßt uns diese eigentümlichen Konstruktionen der Maya begreifen, die Anfang und Ende der via sacra waren (Abb. 115; Farbtafel 74). So scheint die Funktion der Bögen am Anfang und Ende einer *sacbé* darin bestanden zu haben, die Grenzen des heiligen Raums zu markieren, der das zeremoniale Zentrum bildete. Der Gang durch diese Bögen scheint ein wichtiges Eintritts-Ritual gewesen zu sein.

Auf diese Weise sind die Maya-Städte, die dynamisch und symbolisch mit der Landschaft verschmelzen, die ebenfalls heilige Elemente aufweist, Stätten der Begegnung von Menschen und Göttern; beide, Landschaft und Stadt, »sind Manifestationen befreiter göttlicher Kräfte, die sich in Formen entfalten, aus denen heraus sich die qualitative und quantitative Ordnung der unsichtbaren Welten offenbart.«[83]

So bildete die religiöse Vorstellung vom Kosmos die Grundlage für das gesamte Leben der Maya seit der klassischen Periode. Alle ihre außergewöhnlichen Werke sprechen von einer großen Kultur, deren Dreh- und Angelpunkt die Verbindung der Menschen mit dem Heiligen war, wie uns ihre eigenen an die höchste Gottheit gerichteten Worte sagen:

> »O Du schönes Licht! Du Herz des Himmels, Herz der Erde. Du Spender des Überflusses! Du Spender von Söhnen und Töchtern! Spende uns von Deiner Macht, Deinem Reichtum! Leben und Wachstum spende den Kindern meines Volkes. Laß sie sich mehren und blühen, daß sie Dir dienen, Dir Nahrung geben, daß sie Dich anrufen auf Weg und Steg, auf den Wasserfahrten, in Schlucht, Wald und Lianenwildnis. [...]
> Laß kein Unheil, keine Schuld auf sie fallen, Göttliche Kraft! Möchten sie wahrlich eifrig dienen vor Deinem Mund, Deinem Antlitz! Du Herz des Himmels, Du Herz der Erde [...] im Himmel und auf Erden, Wölbung des Himmels, Oberfläche der Erde, an den vier Ecken, an den vier Seiten der Welt! Daß Friede und Eintracht herrsche auf der Welt vor Deinem Angesicht, o Gott!«[84]

115 »Triumphbogen« von Labná, Yucatán (Photo von M. de la Garza).

Anmerkungen

1 Freidel und Schele, 1993, S. 60.
2 Aus dem lateinischen Substantiv »draco«, das seinerseits aus dem griechischen »dercomai«, »scharf blickend«, abgeleitet ist, wurde in den auf dem Vulgärlatein beruhenden Sprachen »dragon« und in Germanien das mittelhochdeutsche »trache«, später «Drache« entlehnt, das die heimische Vorstellung vom Lindwurm umbildete. Darum werden die unheilbringenden Schlangen der mittelalterlichen europäischen Mythologie Drachen genannt, ebenso die schlangenhaften Phantasiewesen Persiens und anderer Orte Kleinasiens und auch die wohlwollenden Gottheiten Chinas und Japans, in denen sich Züge der Schlange und des Vogels miteinander verbinden. So ist »Drache« zu einem universalen Begriff geworden, der auch am präzisesten dieses mesoamerikanische Symbol beschreibt, zu dessen bemerkenswertesten Aspekten die gefiederte Schlange gehört, die sich in den bedeutendsten Kulturen des Gebiets findet.
3 Nájera, 1987.
4 Siehe De la Garza, im Druck befindlich.
5 Siehe De la Garza, 1975.
6 Enthalten im *Popol Vuh* und im *Memorial de Sololá*.
7 *Popol Vuh*.
8 *Chilam Balam de Chumayel*, S. 242–244.
9 In der Kosmogonie der Náhuatl ist es das fünfte Zeitalter, das der fünften kosmischen Richtung oder dem Zentrum des Universums entspricht.
10 De la Garza, 1987.
11 Freidel und Schele, 1993, S. 60.
12 Ebenda, S. 64.
13 An diesem Tag endeten 13 – *Baktun* genannte – große Zyklen einer Langzeitperiode von je 400 Jahren nach der Langen Zählung. Da nach der Denkweise der Maya die Zeit unendlich ist, existierten nach ihrer kosmogonischen Vorstellung zuvor die anderen kosmogonischen Zeitalter, auf die sich die Mythen beziehen.
14 Freidel und Schele nennen den Schlangenvogel Itzam-Ye und identifizieren ihn mit Vucub Caquix, »Siebenpapagei« aus dem *Popol Vuh*, die falsche Sonne aus der vorhergehenden Ära, eine Interpretation, die sich von der unsrigen unterscheidet. Vgl. die Analyse des Schlangenvogels im Abschnitt: Die Götter.
15 Thompson, 1970, S. 195–196.
16 In den Augen der heutigen Tzotzil-Maya ist der heilige Berg, auf dessen Gipfel die vergöttlichten Ahnen und die Götter wohnen, in mehrere Schichten unterteilt und besitzt eine große Treppe, die sie verbindet; mit anderen Worten: Sie beschreiben ihn als Pyramide (Holland, 1978, S. 110). Das erhärtet die Interpretation der in prähispanischer Zeit herrschenden Vorstellung des Himmels als gestufte Pyramide. Und in den kolonialen Texten steht, daß am Anfang der Zeit die Götter in den Bergen wohnten (*Título de los señores de Totonicapán*, in: De la Garza, 1980, S. 400).
17 Für die Maya ist die 10 die Zahl des Todesgottes, der sich deshalb wohl unterhalb der neun Schichten der Unterwelt aufhält.
18 *Chilam Balam de Chumayel*, S. 88–89.
19 Siehe Aveni, 1980, und Villa Rojas, 1968.
20 Siehe Villa Rojas, 1968, S. 136.
21 Siehe die Diskussion in León-Portilla, 1994, Appendix II.
22 Adams, 1986, S. 441–442. Siehe León-Portilla, 1994.
23 Siehe Cohodas, 1974.
24 Siehe den Abschnitt: Die heiligen Räume.
25 Guénon, 1969, S. 57.
26 Thompson, 1962, Glyphe 544.
27 Thompson, 1962, Glyphe T 585.
28 Freidel und Schele nennen es Weltenbaum und bezeichnen als seine Namensglyphe *Wacah Chan*, was wörtlich »Erhobener Himmel« oder »Aufgerichteter Himmel« bedeutet (1993, S. 53).
29 Diese Weltachse (axis mundi) nennen Freidel und Schele *Na-Te'-Kán*, »Erster kostbarer Weltenbaum« (1993, S. 54).
30 Champeaux und Sterckx, 1989, S. 222.
31 Guénon, 1969, S. 186–187.
32 Wie die neue, von Antony Aveni begründete Wissenschaft der Archäoastronomie erwiesen hat, zu der unter anderen Horst Hartung und John B. Carlson beigetragen haben.
33 Siehe De la Garza, 1992.
34 Campaña, 1995.
35 Thompson, 1970, S. 195–196.
36 Cohodas, 1974 und 1976.
37 Landa, 1966, S. 48.
38 Siehe Freidel und Schele, 1993.
39 Schellhas, 1904.
40 De la Garza, 1982.
41 Siehe Anm. 2.
42 Romero und Riqué, 1995.
43 Siehe Sosa, 1984.
44 Siehe Nalda, 1944.

45 Thompson, 1960, S. 80.
46 Dieses Auge ist von einigen Wissenschaftlern »göttliches Auge« genannt worden. Es ist das Auge der Schlange, das alle mit ihr in Verbindung stehenden Götter tragen.
47 Hartung, 1947, S. 19. Siehe Carlson, 1976.
48 Baudez, 1996.
49 *Itzam* ist nicht der Name einer Eidechse, sondern der Gottheit. Ebenso wie wir sehen sie in ihr Itzamná selbst in seinem Aspekt als Erdgottheit. (*Diccionario Maya Cordemex*, S. 272).
50 Reents, 1994, S. 236. F reidel und Schele, 1993.
51 Thompson, 1970, S. 106.
52 Thompson, 1970, S. 227.
53 Fields, in: Reents-Budet, 1994.
54 *Popol Vuh*, übers. von Wolfgang Cordan, Düsseldorf/Köln, 1962.
55 Siehe Coggins, 1988.
56 Reents-Budet, 1994, Foundation for the Advancement of Mesoamerican Studies.
57 Thompson, 1970, S. 289.
58 Siehe Freidel und Schele, 1993.
59 Siehe Nájera, 1987.
60 De la Garza, 1990.
61 Siehe De la Garza, 1982.
62 Den kolonialen Texten zufolge war dieses Bündel das höchste Symbol der Macht und enthielt Instrumente für das Blutentnahmeritual, heilige Steine, halluzinogene und heilende Pflanzen und Pilze und andere von den Schamanen verwendete Gegenstände.
63 Baudez, 1996, S. 40.
64 Siehe De la Garza, 1982.
65 Schele und Freidel, 1990, S. 239.
66 Siehe Kapitel VI. im Folgeband »Die Maya des Postklassikums« (in Vorbereitung).
67 Siehe De la Garza, 1982.
68 De la Garza und Izquierdo, 1992.
69 Vgl. die detaillierte Analyse dieser Werke in De la Garza und Izquierdo, 1992.
70 Siehe *Testamento de los Xpantzay*, in: De la Garza, *Literatura maya*.
71 De la Garza, 1978.
72 Siehe Ruz, 1968.
73 Campaña, 1995.
74 Ruz, 1968, S. 115.
75 Siehe Ruz, 1968.
76 González, 1989, Kap. IV.
77 Siehe Aveni, 1980.
78 Carrasco und Boucher, 1994.
79 Yadeum, 1994, S. 25.
80 Nalda u.a., 1994, S. 17.
81 Siehe De la Garza, 1993.
82 Pollock, 1980, S. 140. Andere große *sacbéob*, die hier erwähnt werden sollten, sind die Straßen, die Cobá mit Yaxuná (20 km südwestlich von Chichén Itzá), mit Ixil und mit Kucican verbanden.
83 Ortega Chávez, 1992, S. 8.
84 *Popol Vuh*, übers. von Wolfgang Cordan, 1962, S. 155.

Die Kunst: Hüter der Ewigkeit

Beatriz de la Fuente, Leticia Staines Cicero, Alfonso Arellano Hernández

Ein greifbarer Kosmos

Zwischen dem 10. Jahrhundert v. Chr. und dem 16. Jahrhundert n. Chr. besiedelten die mayanischen Stämme ein Territorium, das über 350 000 Quadratkilometer umfaßte und die heutigen mexikanischen Bundesstaaten Campeche, Yucatán, Quintana Roo, Teile von Tabasco und Chiapas ebenso einschloß wie Guatemala, Belize und Teile von Honduras und El Salvador.

Diese weitgespannte geographische Region weist ausgeprägte Unterschiede in der Niederschlagshöhe und den natürlichen Ressourcen auf, was sich naturgemäß in der Architektur widerspiegelt, sei es in der Anordnung der verschiedenen Gebäude, sei es in den baulichen Lösungen und Materialien.[1] Die Siedler paßten sich den topographischen Bedingungen an und wandelten diese zuweilen nach ihren Bedürfnissen um, so daß wir Städte finden, die auf Bergen oder kleinen natürlichen Anhöhen, in Savannen, auf Inseln, am Ufer von Flüssen, Lagunen oder am Meer liegen.

Geographisch teilt man die Maya-Region traditionell in drei Zonen ein: die Südzone, die Zentralzone und die Nordzone oder das Tiefland des Nordens (Abb. 9).

Die Südzone umfaßt die Hochebenen von Guatemala und den heutigen mexikanischen Bundesstaat Chiapas sowie die Pazifikküste; sie besteht aus hohen Bergen vulkanischen Ursprungs und Nadelwäldern.

Die Zentralzone (die Tiefebenen des Südens) umfaßt einen Teil des heutigen Honduras, das große Waldgebiet des Petén, einen Teil von Chiapas und Tabasco, den Süden von Campeche, Quintana Roo und Belize. Diese Region ist gekennzeichnet durch dichten tropischen Regenwald, Seen wie dem Petén Itzá, breiten und wasserreichen Flüssen wie dem Candelaria, Usumacinta, Grijalva, Pasión, Lacanjá und dem Motagua, die auch die wichtigsten Verkehrswege bildeten.

Die Nordzone oder das Tiefland des Nordens (die nördlichen Tiefebenen) entspricht dem zentralen und dem nördlichen Teil der Halbinsel Yucatán, einem Tafelland aus felsigem Kalkstein. Die Puuc-Hügelkette, deren höchster Gipfel sich nur 100 m über dem Meer erhebt, erstreckt sich vom Nordosten Yucatáns bis zum zentralen Teil von Campeche. Unterhalb der Oberfläche der Kalkebene gibt es *aguadas*, natürliche Wasseransammlungen, und unterirdisch verlaufende Flüsse. Diese Gewässer kommen zum Vorschein, wenn ein unterirdischer Hohlraum durch Korrosion einstürzt, so daß ein schachtartiger natürlicher Brunnen, der *cenote*, entsteht, der nicht nur als Wasserspender, sondern auch als Verbindung zur Unterwelt galt und daher als heilig verehrt wurde. Darüber hinaus konstruierten die Maya zur Speicherung des Regenwassers Zisternen, die sogenannten *chultunes*.

Die Architektur

Zu den wichtigsten kulturellen Leistungen einer Zivilisation gehören ihre architektonischen Schöpfungen, die Innen- und Außenräume, wo sich das Alltagsleben der Menschen mit all den vielfältigen Aktivitäten abspielt, die eine Bevölkerung zum Leben braucht. Anhand der verschiedenen Gebäudetypen können wir die Lebensform der Menschengruppe, die hier lebte, ihre politischen und wirtschaftlichen Bedingungen, sozialen Strukturen, technologischen Kenntnisse und sogar ihr kosmisches Weltbild kennenlernen und interpretieren.

Die Maya veranschaulichten ihr kosmologisches Weltbild und die Legitimation ihrer Herrscher in den Reliefs und Inschriften architektonischer Monumente. So versinnbildlichten bestimmte Gebäude den Eingang in einen Berg oder eine Höhle, die Symbole der Unterwelt waren. Im Inneren einiger Bauten hat man auch Kammern mit dem Grab eines Herrschers gefunden.

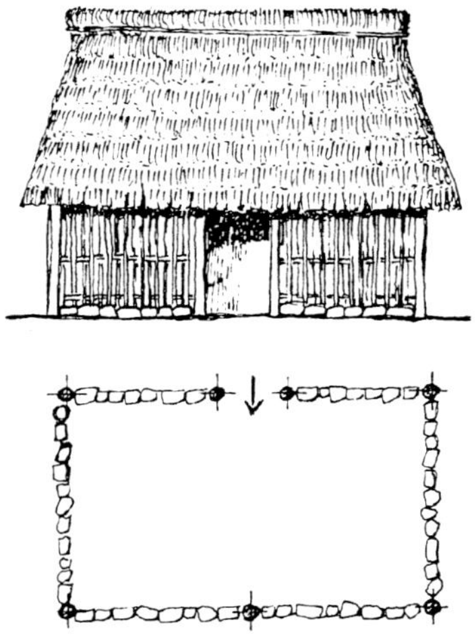

116 Rekonstruktion einer Maya-Hütte und ihres steinernen Fundamentsockels (aus: *Colhá e i maya dei bassipiani*).

Für die mayanische Architektur der klassischen Periode (300–900 n. Chr.) müssen wir zunächst jene charakteristischen Merkmale anführen, die belegen, daß die Volksgruppen der Maya architektonische Grundmuster und Elemente miteinander teilten, die einen gemeinsamen kulturellen Hintergrund voraussetzen. Ihre Stätten waren zwar über ein riesiges Gebiet verteilt, zeugen aber von einer gemeinsamen Kultursprache.

Die großen Stadtzentren bestanden aus Patios, Plazas, Plattformen, Tempel-Pyramiden, Tempeln mit dem typischen Maya-Gewölbe und Dach-Zierkämmen (*cresterías*), Palästen[2], Ballspielplätzen, Akropolen, Vierflügelanlagen, Gebäuden auf gestuften Plattformen unterschiedlichen Niveaus und zahlreichen Häuserreihen sowie *sacbéob* (gepflasterten Straßen)[3]; in einigen Städten hat man Verteidigungsmauern und hydraulische Systeme entdeckt.

In jeder großen Maya-Stadt wurden die Monumentalbauten nach einer genauen Planung angelegt; über ihre Funktion ist sich die Forschung nicht immer einig, sie ist uns aber in einigen Fällen bekannt.

Die vom einfachen Volk bewohnten und um den monumentalen Stadtkern gruppierten Häuser bestanden aus vergänglichen Materialien, standen aber auf Plattformen aus mit Kalkmergel und Zement befestigten Steinaufschüttungen (Abb. 116).

Für den eigentlichen Tempel muß es ein Konstruktionsmodell gegeben haben, dessen Grundformel auf drei Elementen beruhte: einem Fundament, einem unteren und einem oberen Schmuckfries und manchmal einer *cresteria* (Dachkamm); diese Elemente wurden mit Gesimsbändern und Kranzleisten in mancherlei Abwandlungen artikuliert und zu einem harmonischen Ganzen verbunden (Abb. 117, 119).

Die meisten Gebäude waren außen ein- oder mehrfarbig gestrichen oder mit Bildern bemalt, mit Bauskulpturen, Stein- oder Stuckreliefs geschmückt, die ebenfalls farbig gefaßt wurden. Das ikonographische Programm spielte im allgemeinen auf die drei Schichten des Kosmos an – Himmel, Erde und Unterwelt –, auch wurden die personifizierten Götter, die Ahnen der »Lineage« sowie die Herrscher beim Vollzug ihrer Ritualhandlungen dargestellt. Dadurch daß die bildenden Künste in das öffentliche Leben einbezogen und ihnen eine Ordnung und Funktion aufgeprägt wurden, brachte sich die dynastische und religiöse Macht zum Ausdruck; die Kunstwerke waren ein visuelles Instrument zur Verkündung transzendenter und politischer Botschaften an die Bevölkerung.

Die Maya-Städte haben zwar manche Gemeinsamkeiten, doch gibt es auch Merkmale, die sie voneinander unterscheiden, wurde doch aus verschiedenen Gründen das Aufkommen eigenständiger künstlerischer Entwicklungen begünstigt. Es gibt also lokale und regionale Spielarten, die in bestimmten architektonischen, konstruktiven und dekorativen Zügen voneinander abweichen. Daher läßt sich die Maya-Region auch in Stilbereiche unterteilen: nämlich die Region des Petén (Nord-Guatemala, Belize und den äußersten Süden von

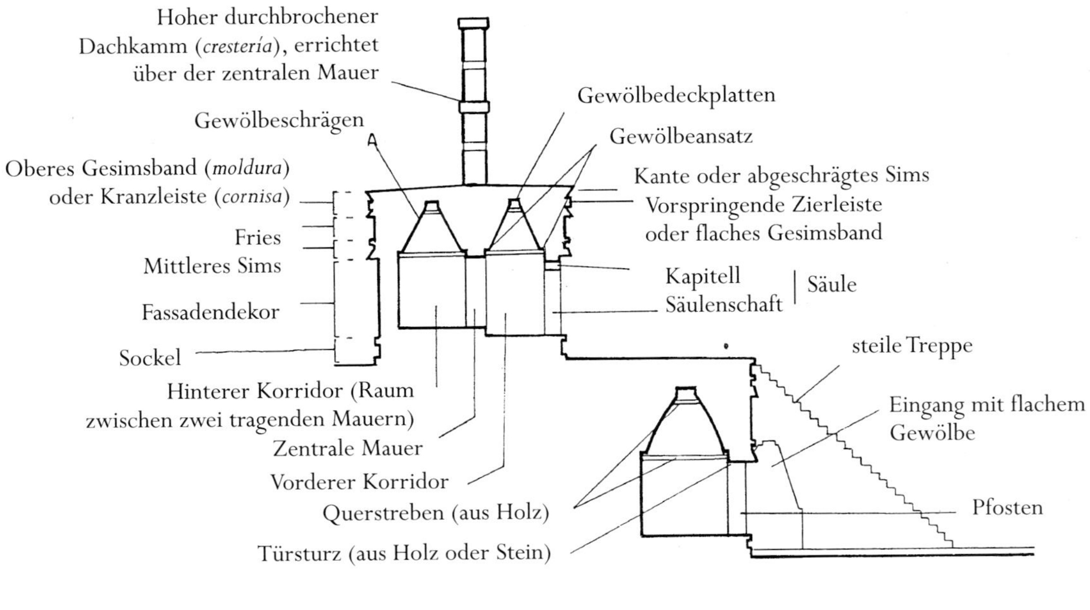

117 Grundelemente der mayanischen Architektur (Zeichnung von G. Ramírez)

Campeche und Quintana Roo in Mexiko), die Region Motagua (Südosten von Honduras), die Region des Usumacinta (Hochland von Chiapas in Mexiko und Guatemala), die Region Río Bec, Chenes und Puuc (nördliches Gebiet der Halbinsel Yucatán) und die Nordregion von Yucatán.[4]

Im folgenden wollen wir kurz anhand einiger Beispiele die wichtigsten Charakteristika der erwähnten Stilregionen hervorheben.

Die ersten Schritte

Die Keimzelle der Architektur war die mayanische Hütte wie wir sie heute noch finden können; sie wurde im allgemeinen auf einer rechteckigen Plattform aus gestampfter Erde oder einer befestigten Steinaufschüttung errichtet. Doch das Konzept entwickelte sich fort, und die frühesten Funde (mittleres Präklassikum, 1 000–300 v. Chr.) verweisen darauf, daß zu den ersten Siedlungsmustern der Patio zählt, um den herum sich drei oder vier Hütten gruppierten.

In der Periode des späten Präklassikums (300 v. Chr.–300 n. Chr.) ist der architektonische Entwicklungsprozeß an einigen Stätten der Südzone, zu denen Izapa, Abaj Takalik und El Baúl gehören, bereits offensichtlich. Diese Orte zeigen unterschiedliche bauliche Merkmale; in Izapa etwa bestand die Aufschüttung der Bauten aus Erde, und man hat pyramidenförmige Fundamente und verlängerte Plattformen entdeckt, die auf Plazas über nivelliertem Terrain angelegt wurden.

Ebenfalls in diese Phase fällt der Beginn der Errichtung von Tempel-Pyramiden, bei denen mehrere gestufte Plattformen von einem Tempel auf dem obersten Sockel[5] bekrönt wurden. Diese Bauten sind Zeichen für eine immense Bautätigkeit, für Bevölkerungszuwachs, Konzentration der politischen Macht und eine ausgeprägte Sozialstruktur. Beispiele finden sich in den Monumentalbauten von Nakbé in Guatemala und Lamanai (Abb. 14; Farbtafeln 46–48), in Cuello und Cerros (Farbtafeln 1–3) in Belize.

Andererseits zeigt El Mirador deutlich den sogenannten triadischen Komplex. Er besteht aus einer großen Plattform, die an zwei Seiten Tempel und im Zentrum eine weitere Plattform trägt; auf dieser höchsten erhob sich in der Mitte ein Tempel, wiederum mit zwei weiteren einander gegenüberstehenden Tempeln an den Seiten.

Am Ende dieser Periode wird das Dach aus Palmstroh durch das typische Maya-Gewölbe[6] ersetzt, das wohl zuerst verwendet wurde, um die Grabstätten zu überbauen und das auch die *crestería* im Gefolge hatte. Diese neue Technik bringt einen radikalen Wandel im Erscheinungsbild der Bauten mit sich und bestimmt endgültig die Bauweise.

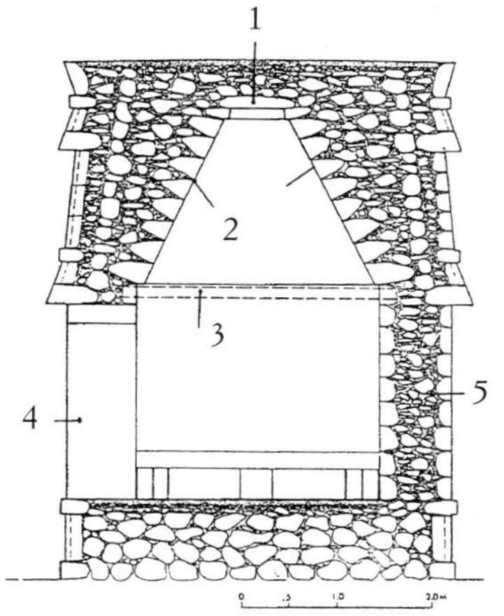

118 Konstruktionsprinzip des Maya-Gewölbes.
1. Gewölbeabschluß
2. Gewölbeschrägen
3. Querstreben
4. Pfeiler
5. Rückwand
(Zeichnung von G. Ramírez).

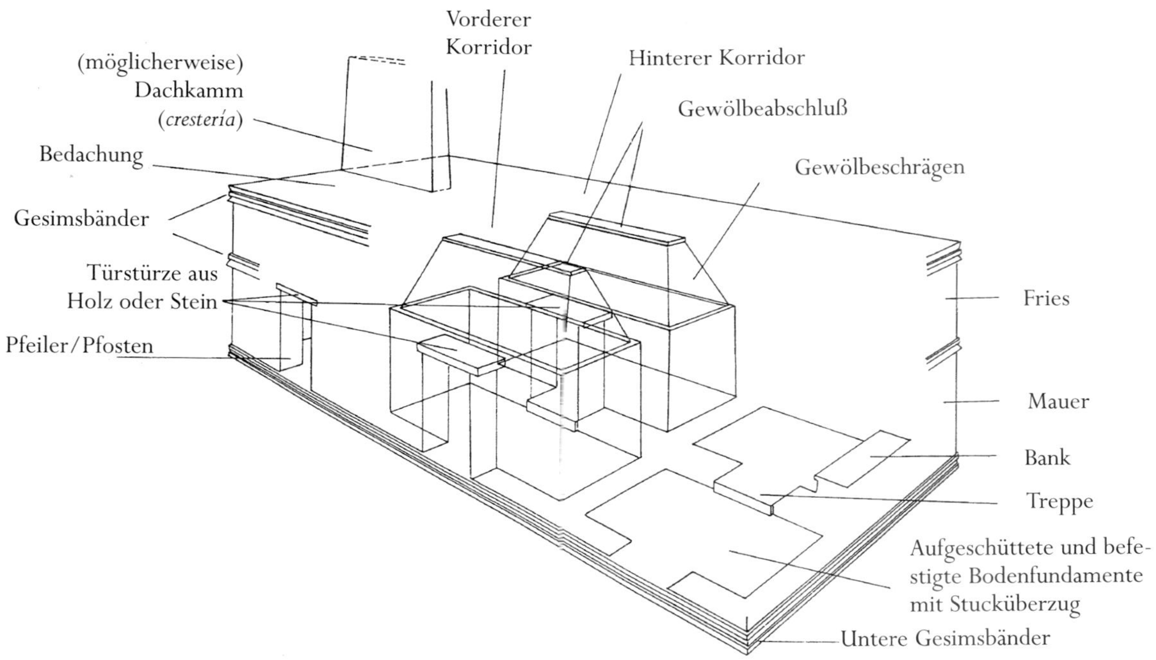

119 Grundelemente der mayanischen Architektur. Mögliche Abfolge der Bauphasen, nach G. Andrews und P. Gendrop (1985):
1. Fundament, Befestigung des Baugrunds, unteres Gesims. 2. Tragende Mauern, Pfeiler, Türstürze usw. 3. Blendmauern, mittleres Gesimsband und Gewölbeansatz. 4. Gerüst und Querbalken. 5. Gewölbeschrägen, abschließende Gesimsbänder und Gewölberücken. 6. Scheitel des Gewölbes und Abdeckung. 7. Fertigstellung des oberen Fassadenteils (Fries, Kranzleiste), Bedachung, möglicherweise Dachkamm. 8. Trennwände, Bänke, Stuckarbeiten und andere Innenausbauten. 9. Weitere Ausgestaltung (Stuckverzierungen im Außenbereich, skulptierter Bauschmuck, Malereien usw.) (Zeichnung von G. Ramírez).

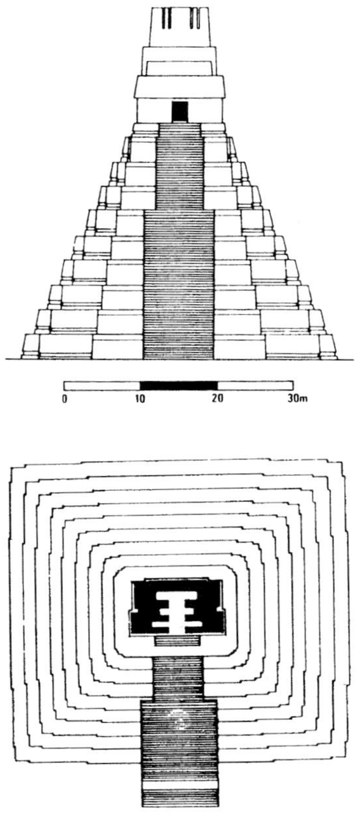

120 Der Tempel I von Tikal, Vorderansicht und Aufsicht (aus: Miller, 1986).

Im Klassikum, vor allem in seiner späten Phase (600–900 n. Chr.), bietet die Region des Petén – der Norden von Guatemala und Belize – das Szenario für zahlreiche Städte, deren Gebäude die charakteristischen Merkmale eines klar umrissenen Stils aufweisen.

Zwei der spektakulärsten Städte sind Uaxactún und Tikal. Ihre Gebäude geben uns Auskunft über die Bautätigkeit, die seit dem späten Präklassikum eingesetzt hatte.

In Uaxactún (Farbtafeln 4–8) zählt die unterhalb von Struktur E VII gelegene Struktur E VII-sub zu den ältesten Bauwerken; es handelt sich um eine Pyramide mit vier axial eingelassenen Treppen mit Treppenwangen; jeder Baukörper ist mit vorspringenden Gesimsbändern und riesigen skulptierten Masken geschmückt, die für diese Periode charakteristisch sind (Abb. 15, 16; Farbtafeln 7, 8).

Aufgrund der für die prähispanischen Kulturen typischen Überschichtungen lagen diese Bauwerke aus dem Präklassikum unter mehreren Bauten der folgenden Periode begraben. Die Gruppe A-V (Abb. 122) eignet sich ausgezeichnet dazu, uns die Komplexität der mayanischen Bauweise zu demonstrieren. Hier sind in aufeinanderfolgenden Phasen verschiedene Baustadien und Transformationen zu beobachten, wobei die traditionelle Plattform, die zunächst drei Tempel trug, sich in einen wahren Architekturkomplex verwandelte.

Ebenfalls in Uaxactún enthüllte die Freilegung der Gruppe E einen Komplex, dessen Gebäude nach astronomischen Gesichtspunkten gefluchtet waren, vielleicht zur Bestimmung der Sonnenfinsternisse und Tag- und Nachtgleichen. Ähnlich verhält es sich bei der Struktur 5C-2 von Cerros in Belize.

Tikal ist eines der bedeutendsten und monumentalsten urbanen Zentren der Maya (Farbtafeln 9–14); mehr als 4 000 Bauten liegen dort über ein Gebiet von 16 Quadratkilometern verstreut, und man schätzt die Einwohnerzahl während des Spätklassikums auf 90 000.

Die aus verschiedenen architektonischen Gruppen bestehende zentrale Akropolis (Abb. 121; Farbtafel 13) ragt aus dieser Agglomeration heraus. Sie setzt sich aus langgestreckten Bauten unterschiedlichen Niveaus zusammen, jeder von ihnen weist Reihen von Korridoren oder Kammern auf. Die Höhe der Pyramiden – das Gebäude IV ist 70 m hoch – verleihen der Stadt eine majestätische Ausstrahlung von Vertikalität.

Eines der schönsten Beispiele für Tikal und den Stil des Petén ist der Bau I (Abb. 120; Farbtafel 14). Er besitzt einen gestuften Unterbau, Gesimsbänder mit unverzierten vertikalen Wandelementen, in einem Winkel von 90° ausgeschnittene und zurückspringende Ecken und eine zum Tempel führende steile Treppe ohne Schmuckelemente und Wangen. Der Innenraum dieses Tempels ist winzig, die Mauern sind sehr dick, vielleicht um neben dem massiven Dach auch die schwere *crestería* tragen zu können, an der ebenso wie auf der leicht geneigten oberen Wand modellierte Stuckfiguren angebracht waren. Bei diesem Ge-

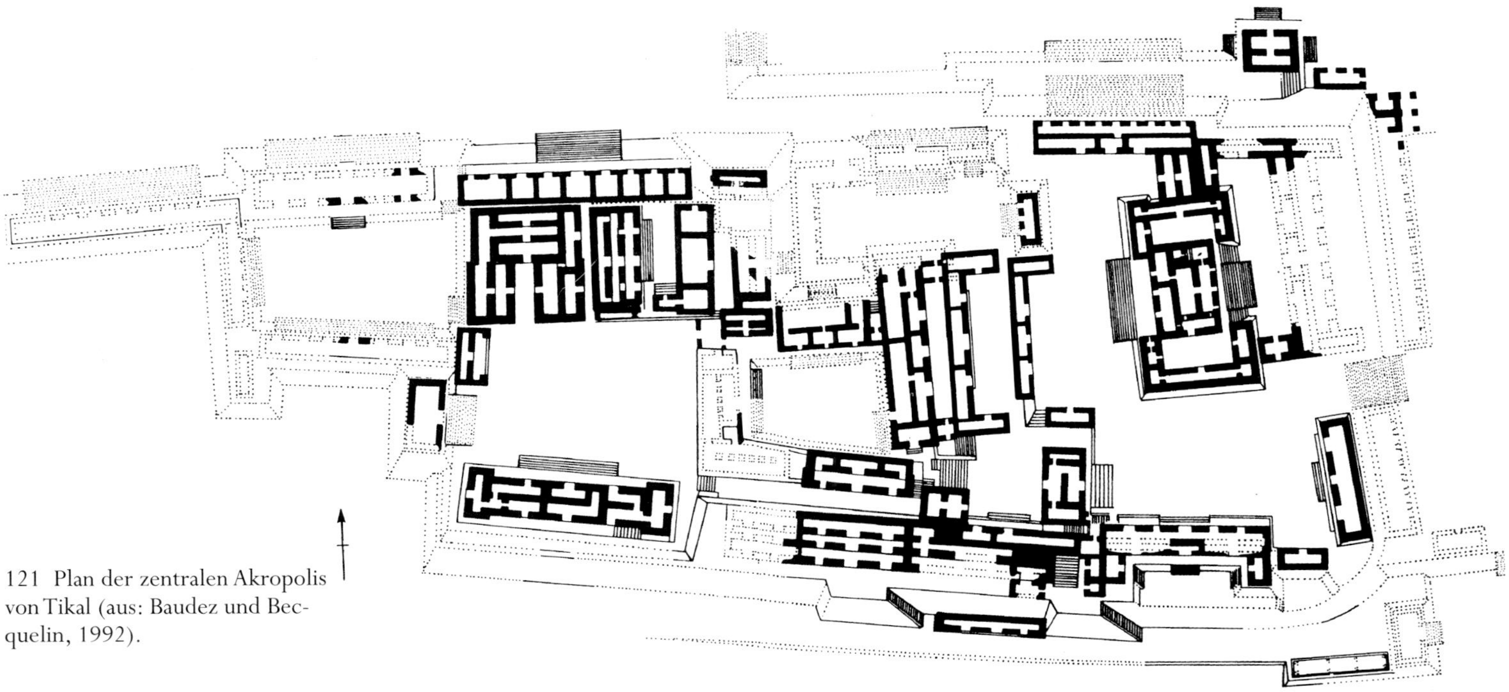

121 Plan der zentralen Akropolis von Tikal (aus: Baudez und Becquelin, 1992).

bäude wurde zweifellos die größte Aufmerksamkeit auf das äußere Erscheinungsbild gelegt. Andere Stätten dieser Zone sind Holmul, Naranjo, Altun-Há, Ixkún, Nakum und Yaxhá.

Auf mexikanischem Boden, im Südosten von Campeche, befindet sich Calakmul (Farbtafel 15); es liegt innerhalb der gleichnamigen Biosphäre, einem der bedeutendsten ökologischen Reservate Mexikos. Calakmul war eine der größten Städte im Maya-Gebiet. Durch seine Lage und gewisse Architekturmerkmale gehört es der Zentralzone und dem Stil von Petén an. Auch Calakmul, dessen Blütezeit im späten Präklassikum begann, besteht aus Palästen, großen Akropolen und um Plazas und Patios errichteten Gebäuden.

122 Baugruppe A-V von Uaxactún. Abfolge der Bauphasen (aus: Kubler, 1984).

Hier müssen auch die während des frühen Klassikums (300–600 n. Chr.) aus dem zentralen mexikanischen Hochland eindringenden architektonischen Einflüsse erwähnt werden. Sie zeigen sich in Tikal und Kaminaljuyú etwa an der *talud-tablero*-Bauweise teotihuacanischen Ursprungs, bei der sich an einen geböschten schrägen Wandteil (*talud*) ein leicht auskragendes senkrechtes Wandelement oder eine Gesimsleiste anschließt.

Copán und die Wasserstraßen

In einem fruchtbaren Tal an den Ufern des Río Motagua liegt Copán (Farbtafeln 51–55), eine der prachtvollsten Städte der Südzone. Der Stil ihrer architektonischen Monumente unterscheidet sich in vieler Hinsicht von dem des Petén, denn er zeigt eigenständige Züge und eine eigentümliche Raumaufteilung.

In kürzlich durchgeführten Grabungen hat man Substrukturen entdeckt, die von anderen Bauten überlagert waren. Unter ihnen hebt sich die unter dem Namen Rosalila bekannte Struktur 10L-16 (Abb. 123) hervor; aufgrund des guten Erhaltungszustands lassen sich die großen Reliefdarstellungen übernatürlicher Wesen auf ihrer Fassade erkennen.

Auch die Hieroglyphentreppe (Farbtafel 53) verdient Aufmerksamkeit. Sie ist 10 m breit, hat 62 Stufen mit skulptierten Glyphen auf den Vorderseiten der Tritte und rundplastische Skulpturen in der Mitte der Treppe.

Der Tempel 22, eines der repräsentativsten Gebäude, ist ein Palast, der sich über verschiedene Ebenen erstreckt und zahlreiche Räume enthält; er weist schön behauene Steinquadern, üppige Gesimsbänder und Masken an den Ecken (Abb. 70) auf, ähnlich denen, die die Bauten der Regionen Chenes und Puuc auf der Halbinsel Yucatán schmücken.

Weitere bedeutende Konstruktionen sind die sogenannte Zuschauertribüne und der Ballspielplatz; letzterer hat die für diese Plätze charakteristische Form eines doppelten T (Farbtafel 54), sowie Spielfeldmarkierungen in Gestalt eines Ara-Papageis (*guacamaya*) (Abb. 83). Eigentümlicherweise erheben sich am Ende der schräg geböschten Mauer auf einer Plattform mit Treppen Tempel mit geschichtetem Gewölbe, einem Typus des Maya-Gewölbes.

Städte am Fluß

Im westlichen Teil des Petén, an den Ufern des Usumacinta und seiner Nebenflüsse, blühten mehrere Maya-Städte, die aufgrund bestimmter Merkmale einen spezifischen architek-

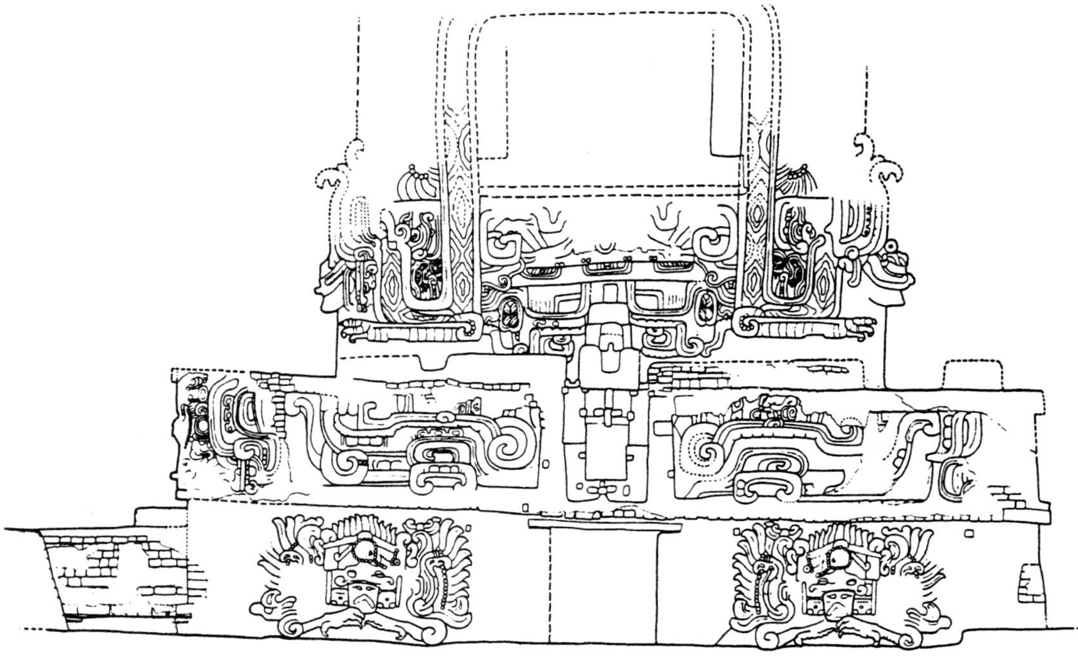

123 Westfassade der Struktur Rosalila von Copán mit Stuckdekor (aus: Fash, 1991).

tonischen Stil vertreten. Für diese Städte stand hügeliges Gelände zur Verfügung, so daß ihre Erbauer sie an den Flanken oder auf den Gipfeln der Berge errichteten.

Piedras Negras ist eines der bemerkenswerten Beispiele. Wie beim Petén-Stil finden sich die ausgeschnittenen Ecken in jedem Pyramidenkörper, dazu die abwechselnd vor- und zurückspringenden Elemente in den Mauern der Tempel, die bis zu drei Eingänge haben; dabei ist das Gebäudeinnere etwas weiträumiger, wenngleich noch immer dicke Wände verwendet werden. Die *cresteria* ist weniger schwer, stützt sich aber wie in Tikal auf die hintere Wand des Daches.

Eine weitere herrliche Stadt dieser Region im Stil von Usumacinta ist Yaxchilán (Farbtafeln 35–38), die sich über ausgedehnten Esplanaden und Hügel ausbreitet. Man hat behauptet, diese Stätte verschmelze einige stilistische Eigenheiten des Petén und Palenques, doch in Wahrheit zeigt sie Eigentümlichkeiten, die sie von diesen Stilarten unterscheiden, etwa die tempelartigen Bauten, die sich statt auf Pyramidenstümpfen auf Abhängen und natürlichen Anhöhen erheben.

Die Struktur 33 (Abb. 124) ist zweifellos ein Paradebeispiel, das uns über die Charakteristika dieser Stätte Auskunft gibt. Das Gebäude wurde aus großen Kalksteinblöcken errichtet, die Kammern sind nicht besonders eng, und es gibt drei Eingangstore. Die *cresteria* hat die Form einer gestuften Mauer, die nach oben hin schmaler wird und sich auf die Mittelwand stützt; in ihr sind Fragmente von modellierten Stuckfiguren erhalten geblieben.

Palenque: Residenz für die Götter

Palenque (Farbtafeln 19–30) liegt an einem strategisch günstigen Punkt in der nordwestlichen Region der Zentralzone, denn es beherrscht die Ausläufer der Sierra von Chiapas, während von seinen Anhöhen aus die weite Küstenebene des Golfs zu sehen ist, die eine wichtige Handelsverbindung zur zentralen mexikanischen Hochebene bildete.

Palenque ist eine Stadt, in der die Architektur mit fein gearbeiteter Reliefplastik eine eindrucksvolle Verbindung eingegangen ist. Sie breitet sich auf künstlichen Terrassen aus, im Norden von einer Berglehne unterbrochen, wo sich noch Reste von Umfassungs- und Verteidigungsmauern erhalten haben. Mitten durch die zentrale Plaza der Stadt fließt ein kleiner Nebenfluß des Río Usumacinta, der Río Otolum, der von den Maya durch ein überwölbtes Aquädukt geleitet wurde.

Der Palastkomplex (Abb. 126; Farbtafeln 19–21) wurde auf einem künstlich aufgeschütteten Sockel, jedoch auf verschiedenen Ebenen und in getrennten Etappen erbaut. Er besteht aus dem dreistöckigen Turm (Abb. 125) und mehreren um die Innenhöfe gruppier-

124 Fassade der Struktur 33 von Yaxchilán (aus: Kubler, 1984).

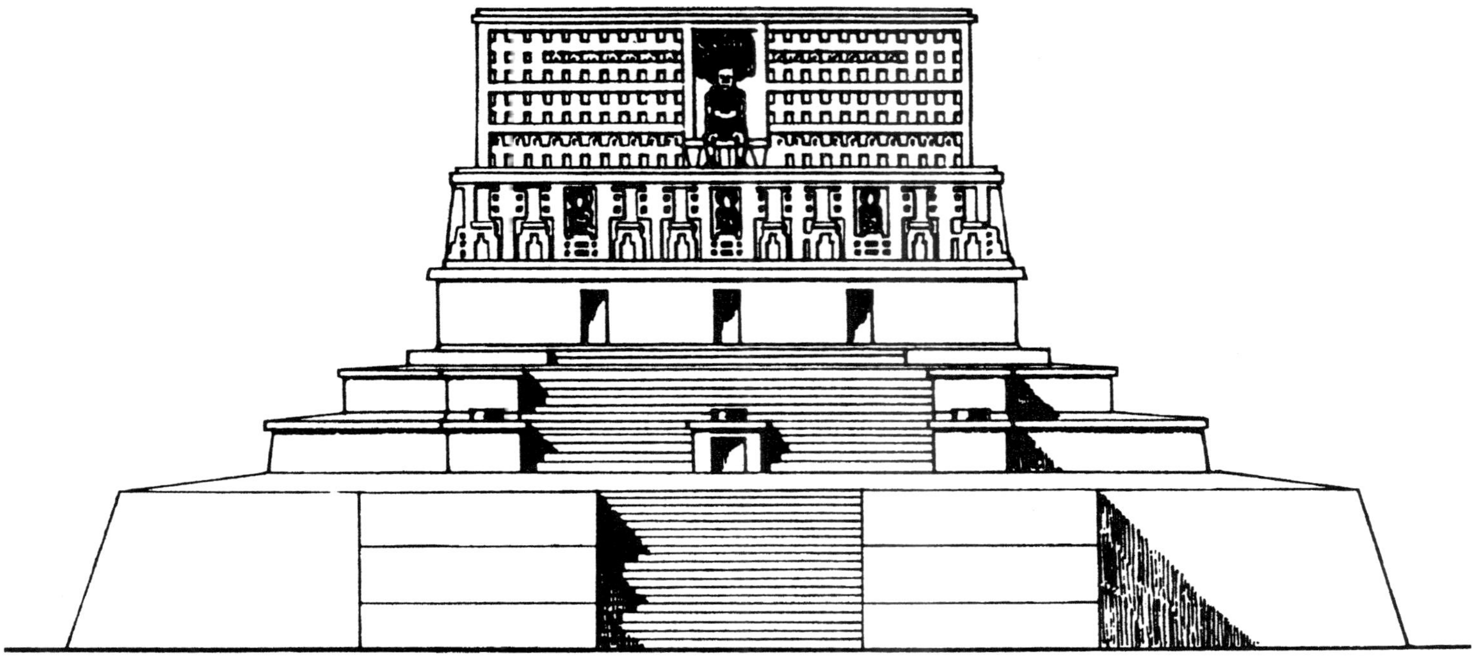

125 Längsschnitt und Aufsicht des Turms aus der Palastanlage von Palenque (aus: Kubler, 1984).

ten Gebäuden (A, B, C, D, E, F, G, H), sogenannten »Gangpalästen« mit zwei parallel laufenden Korridoren, breiten Öffnungen zwischen viereckigen Pfeilern und hohen Gewölben; sie bilden eine nahezu ununterbrochene Galerie, die den gesamten Komplex verbindet. Die auf der unteren Ebene aneinandergereihten Kammern stellen das sogenannte »Untergeschoß« dar.

Bei den Bauten der Kreuzgruppe (Farbtafeln 27–30) – dem Tempel der Sonne, dem Tempel des Kreuzes und dem Tempel des Blattkreuzes – springen die Unterschiede in der Konstruktionsweise im Vergleich zu den zuvor genannten Stilen ins Auge. Alle drei Tempel erheben sich auf erhöhten Pyramidensockeln, besitzen einen Portikus mit drei Eingängen und in der zentralen hinteren Kammer ein überdachtes Sanktuarium, das die Relieftafeln birgt, die einen Teil der dynastischen Geschichte von Palenque erzählen. Die sehr breiten Öffnungen und die dünnen Mauern machen das Innere weiträumig und hell. Die Dächer werden leichter, und man verwendete einen kleeblattförmigen neuen Gewölbetypus, das sogenannte dreilappige Bogengewölbe, das fast an den arabischen Hufeisenbogen erinnert. Im Außenbereich ist der Fries ebenso geneigt wie die leichten, von zwei gestuften und durchbrochenen Mauern gebildeten *cresterías*, die mit Hochreliefs aus Stuck bedeckt waren.

Zu den imposantesten Gebäuden zählt zweifellos der Tempel der Inschriften (Abb. 127; Farbtafeln 22, 24–26), in dem 1952 die Krypta des Herrschers Pacal oder »Schild« II. entdeckt wurde. Die Besonderheit des Tempels besteht darin, daß er auf der überwölbten Krypta errichtet wurde, in der sich der mit einer riesigen skulptierten Steinplatte bedeckte Sarkophag befand. Eine ebenfalls überwölbte Treppe führt zu der Krypta hinab.

In der Substruktur des Tempels XIII, auf der Westseite des Tempels der Inschriften, fand man bei den 1992–1994 durchgeführten Grabungen einen weiteren Sarkophag, der mit roter Zinnoberfarbe bemalt war und in dem man die sterblichen Überreste einer Frau entdeckte, die mit Sicherheit der Familie des Herrschers Pacal oder »Schild« II. angehörte.

Innerhalb dieser westlichen Region ist auch die Stadt Comalcalco zu nennen (Farbtafeln 31–34), die im äußersten Westen des Maya-Gebiets im heutigen Staat Tabasco liegt. Obschon durch manch ähnliche Charakteristika mit Palenque verbunden, ist sie ein Beispiel jenes Architekturtyps, der sich während des Klassikums in der Küstenebene entwickelte. Typisch ist die Verwendung von Ziegeln als Baumaterial, weshalb sich ihr Erscheinungsbild von anderen archäologischen Stätten unterscheidet. Die um Plazas verteilten Gebäude sind auf künstlichen Erhebungen errichtet, die aus mit Erde vermischten zermahlenen Muschelschalen bestehen, die mit Stuck überzogen wurden.

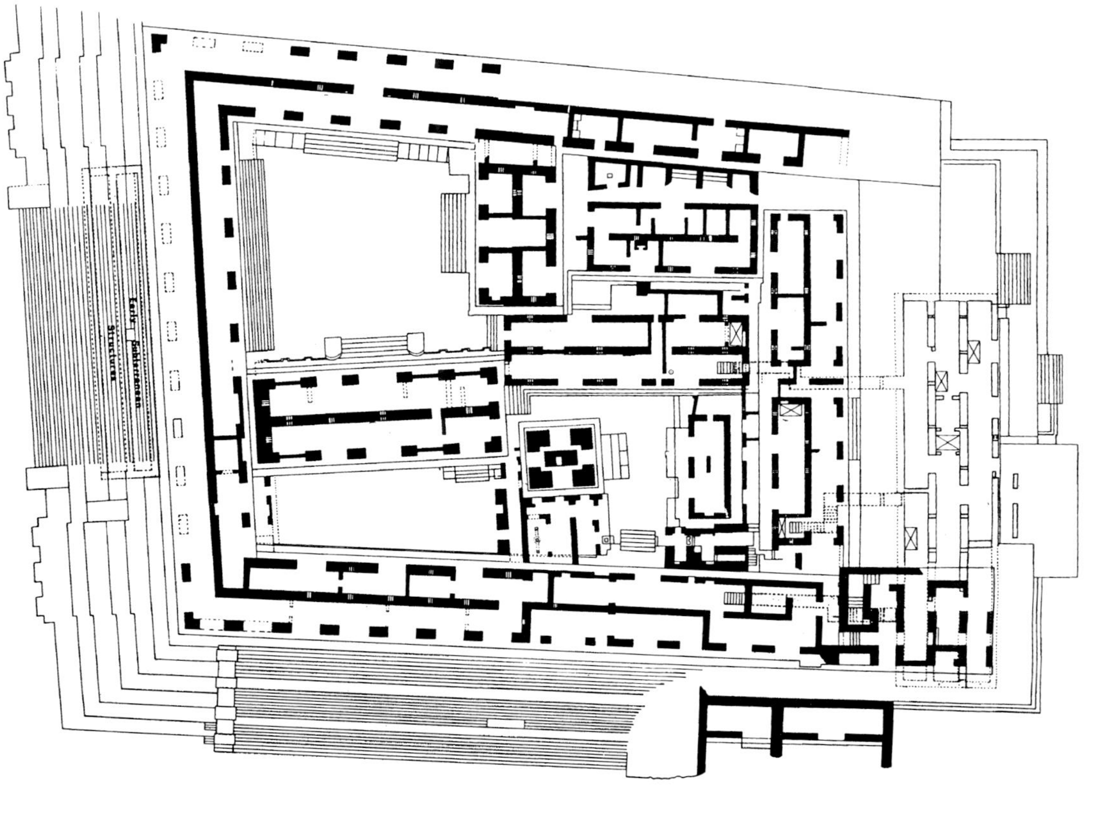

126 Plan der Palastanlage von Palenque (Zeichnung von M. Greene Robertson).

Der Südwesten der Halbinsel, ein eigentümlicher Mischstil

Die Existenz zahlreicher Maya-Städte im Süden des Staates Quintana Roo ist allgemein bekannt, dennoch haben sich die Erkenntnisse durch die archäologischen Forschungen, die zwischen 1992 und 1994 an Fundstätten wie Dzibanché, Kinichná und Kohunlich durchgeführt wurden, weiter vermehrt. Obwohl an diesen Orten deutliche Charakteristika eines lokalen und auch regionalen Stils auftreten, haben sie doch einiges mit dem Petén-Stil gemeinsam. Die Bauten sind um Patios herum angeordnet, die Plattformen tragen umlaufende Reihen von überdachten Korridoren; es gibt pyramidenförmige Unterbauten, Ballspielplätze, *sacbéob* und große Akropolen.

Unter den verschiedenen Bauten von Dzibanché hebt sich der Tempel I mit seinen abgerundeten Kanten, »überhängenden«[7] üppigen Gesimsen und Masken an den Seiten der Treppe hervor. Kohunlich ist wegen der eindrucksvollen Masken von Bau 1 ebenso bedeutsam.

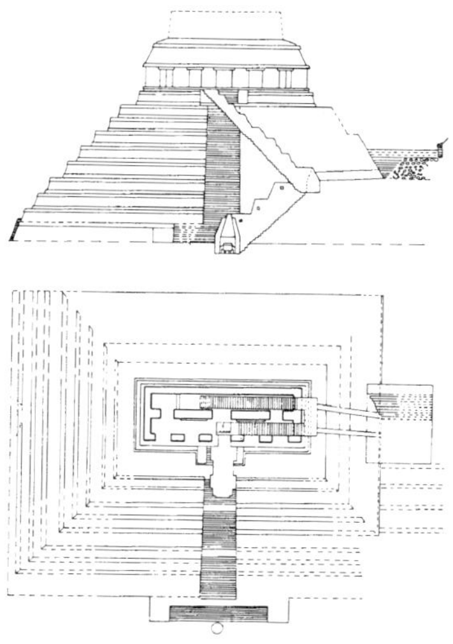

127 Schnitt und Aufsicht des Tempels der Inschriften von Palenque mit der Krypta für die Grabstätte Pacals II. (aus: Miller, 1986).

Das Tiefland des Nordens

Während des späten Präklassikums entwickelten sich auf der Halbinsel Yucatán parallel zu den Stätten der Zentral- und Südzone Orte wie Dzibilchaltún, Oxkintok, Yaxuná, Acanceh in Yucatán, Cobá im Osten (Farbtafeln 42–45) und Becán im Süden von Campeche, die Ähnlichkeiten mit dem Stil des Petén aufweisen. Ihre Entwicklung in der folgenden Periode ist an den Veränderungen einiger architektonischer Elemente ablesbar.

Während des späten Klassikums tauchen im nördlichen Teil der Halbinsel originelle architektonische Merkmale auf, so daß man zwischen drei Regionen mit besonderen Stilausprägungen unterscheidet: Río Bec, Chenes und Puuc.

Die Region Río Bec: Türme und Höhlen

Dieses Gebiet (Farbtafel 57) liegt im Süden der Staaten Campeche und Quintana Roo, unweit der Grenze zu Guatemala und trägt den Namen eines bestimmten Ortes: Río Bec. Andere repräsentative Stätten sind Xpuhil (Abb. 128; Farbtafel 56), Hormiguero (Farbtafel 58) und Chicanná (Abb. 112; Farbtafel 60), die, wie bereits erwähnt, einige architektonische Elemente des Petén bewahrt haben, etwa die hohen Bauten mit abgerundeten Kanten und schweren Dachkämmen.

Die Besonderheit dieses Stils bilden die kompakten Türme, die das Aussehen von Pyramiden nachahmen und die Fassaden der Tempel ergänzen; das Gefälle ihrer Treppen nähert sich so stark der Vertikalen, daß sie nicht bestiegen werden können. Der kleine Tempel mit Fries und Dachkamm auf der oberen Plattform täuscht nur ein betretbares Gebäude vor; er besitzt nicht genügend Tiefe für eine Kammer.

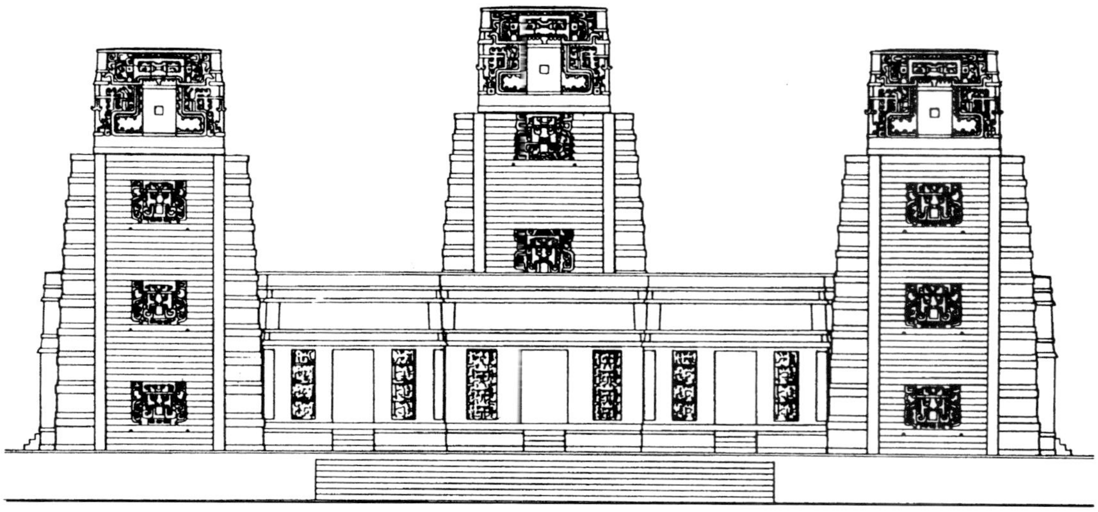

128 Gebäude in Xpuhil mit den für die Río-Bec-Region typischen massiven Türmen (aus: Kubler, 1984).

Die Dekoration der Tempelfassaden ist eines der Elemente des Río-Bec-Stils, die dieser mit dem Stil der Chenes-Region teilt: Die Eingänge werden als Monsterrachen in Form einer riesigen Maske gestaltet, deren aufgerissenes und von Zähnen gesäumtes Maul durchschritten werden mußte (Farbtafeln 58, 60). Der Tempeleingang ist zugleich der Eingang in die Höhle, die in die Unterwelt führt. An den Ecken sind Masken vertikal übereinandergesetzt, und im Inneren der Gebäude finden wir durch niedrige Nischen aufgelockerte Mauern mit geometrischen Zeichnungen, Kreuzen, Gittermustern und aus Bruchsteinen gemauerte Bänke.

Die Region Chenes: Pforten in die andere Welt

Besonders herausragende Beispiele für den Chenes-Stil – *Chen*, ein Wort aus dem yucatekischen Maya bedeutet »Brunnen« – sind die Fundstätten Hochob, Dzibilnocac, Tabasqueño und Santa Rosa Xtampak.

Die Fassaden der Tempel (Abb. 129) stellen jeweils eine zoomorphe Maske dar, durch deren Rachen man in das Innere des Heiligtums eintreten muß, und im Inneren heben sich kleinere Masken von den Mauern und Ecken ab.

Ein eigentümliches Element sind die im mittleren Gesimsband und in der *crestería* angebrachten vorspringenden Steine, die als Postamente für Menschenskulpturen dienten.

Dzibilnocac weist ein weiteres typisches Merkmal auf: Der Struktur A-1, einem Kammerpalast, wurden drei Pyramiden-Tempel hinzugefügt. Eine weitere Besonderheit sind die Innentreppen, die zu den verschiedenen Ebenen führen, wie etwa im Palast von Santa Rosa Xtampak.

Die Puuc-Region: Stein gewordene Hüttenbauweise

Bevor wir auf die Hauptcharakteristika dieses Stils zu sprechen kommen, ist zunächst die Stadt Edzná (Farbtafeln 61–63) zu erwähnen, da sich dort Elemente verschiedener Stilausprägungen mit lokalen Einschlägen mischen.

In den Substrukturen einiger Bauten sind Aspekte des Petén-Stils zu finden, aber das Gebäude der fünf Stockwerke, ein Tempel-Palast, besitzt ausgeprägte Merkmale des Puuc-Stils. Der Bau sticht durch seine gewaltigen Dimensionen und seine Lage auf der zentralen Achse einer riesigen Akropolis heraus. Jedes seiner stufenförmig zurückspringenden Geschosse mit einer Reihe von Kammern ist so angelegt, daß das Dach als Terrasse für das folgende Stockwerk dient; unter den Fluchten der breiten Treppe gibt es überwölbte Gänge.

In der Nordzone der Puuc-Region im Südwesten von Yucatán und im Norden von Campeche finden wir prächtige Stätten, etwa Uxmal (Farbtafeln 64–71), Labná (Farbtafeln 72–74), Kabáh (Farbtafeln 77–80) und Sayil (Farbtafeln 75, 76); den Namen *Puuc* – »Land der niedrigen Hügel« – erhielt die Region wegen der Hügelkette, die einen Teil der Halbinsel durchzieht. Der Puuc-Stil hat verschiedene Entwicklungsphasen durchlaufen, doch wollen wir hier hauptsächlich seine wichtigsten Grundzüge vorstellen.

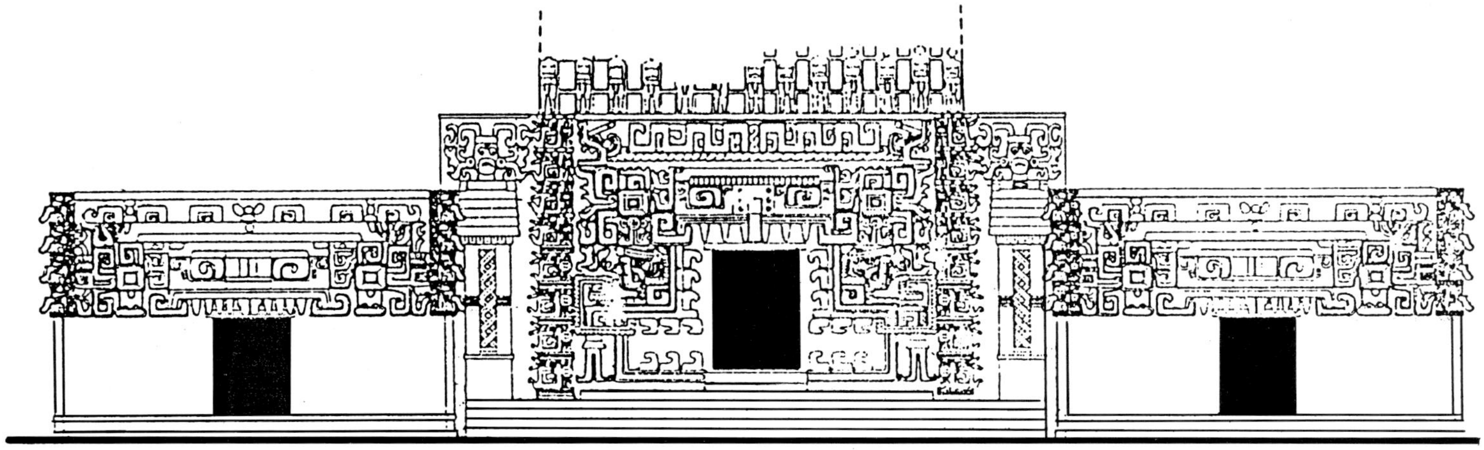

129 Gebäude im Chenes-Stil (Zeichnung von G. Ramírez).

Auf gewaltigen Plattformen erheben sich palastartige Langbauten mit verschiedenen Geschossen und zahlreichen Kammern – der Palast von Sayil besteht aus 90. Das sogenannte Nonnenkloster in Uxmal (Abb. 130) zeigt beispielhaft, wie man vier Gebäude um einen Innenhof gruppierte, mit überwölbten Korridoren als Eingangszone.

Die Gebäude sind leichter und die Mauern aus behauenen Quadersteinen sorgfältiger gefügt als andernorts. Ein ausgeprägtes Interesse, die Innenräume weiträumiger zu gestalten und ihnen einen Eindruck von Horizontalität zu verleihen, ist spürbar. In einigen Stätten hielt man an der in Chenes geübten Gewohnheit fest, in den Dachkamm modellierte Stuckfiguren einzufügen oder Stützen für die Skulpturen zu verwenden.

Die Tempel haben mehrere Eingänge, getrennt durch gemauerte oder monolithische Säulen oder Pfeiler mit quadratischen Kapitellen. Die Mauern der Gebäudefassaden sind

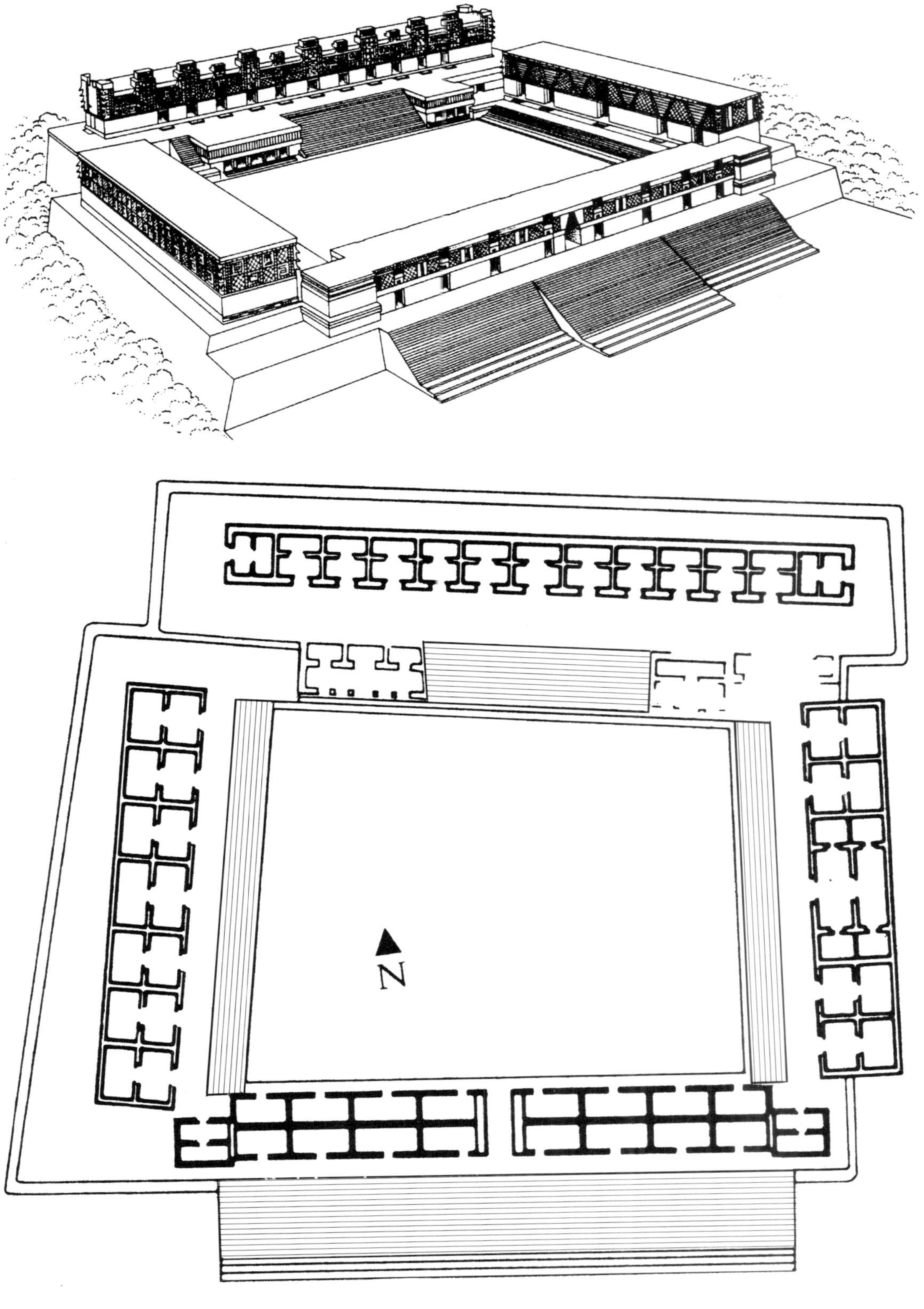

130 Ansicht und Grundriß des Nonnenklosters von Uxmal (aus: Kubler, 1984).

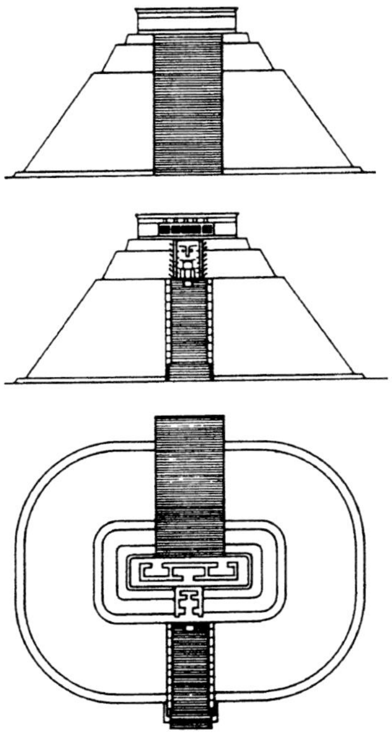

131 Aufrisse und Grundriß der Pyramide des Wahrsagers in Uxmal (aus: Kubler, 1984).

glatt und manchmal durch eingebettete Säulengruppen oder rhombenförmig geschnittene Steine rhythmisiert.

Die meisten Dekorelemente füllen die Friese, die Gesimsbänder und Kranzleisten; die Technik des Steinmosaiks erblühte zu höchstem Glanz, zweifellos eines der hervorstechendsten Merkmale des Puuc-Stils. Die Dekoration schöpft aus einem reichen Vorrat von geometrischen Motiven: einfache oder Stufenmäander, Gitterstabmotive, Rhomben, Darstellungen kleiner Hütten, schlangenartige Formen, Säulen, Kreuzstäbe, in die Wand eingelassene Zahnfriese, die eine Zickzackleiste bilden, menschlichen Figuren. Weit verbreitet sind Darstellungen des Maskenmonsters oder des Gottes mit der langen Nase auf Friesen oder Kanten, die ihren Höhepunkt auf der Fassade des Codz-Poop-Tempels in Kabáh finden (Farbtafel 77). Ein weiteres, für die Puuc-Architektur charakteristisches Element ist der Bogen – hier sei das Beispiel in Labná genannt –, der den Eingang in einen Patio markiert.

Chichén Itzá und die Symbiose der Stile

In Chichén Itzá (Farbtafeln 81–84), dem wichtigsten Zentrum der Nordzone im späten Klassikum (600–900 n. Chr.) und frühen Postklassikum (900/1000–1250 n. Chr.) unterscheidet man zwei Stile in der Architektur, der Skulptur und sogar in der Wandmalerei.

Obwohl die Stadt außerhalb der Puuc-Region liegt, stehen ihre Gebäude aus dem späten Klassikum in Bezug zu diesem Baustil. Das zeigen der Tempel der drei Türstürze, das Nonnenkloster mit Anbau, die Kirche, der Akab Dzib und die Casa Colorada.

In anderen Bauwerken, etwa dem sehr bekannten Castillo – einem Tempel auf pyramidenförmigem Sockel mit radialer Symmetrie –, dem Tempel der Krieger mit seinen Schlangen verkörpernden Säulen und dem Ballspielplatz, zeigen sich die von Zentralmexiko beeinflußten Bauelemente, die der postklassischen Periode zuzuordnen sind.

Die Skulptur

Die Maya in Zeit und Raum

In dem bereits umrissenen, weitgespannten Territorium gibt es viele archäologische Funde, die die Existenz einer großen bildhauerischen Tradition belegen. Die ihr eigenen kompositorischen wie formalen Züge erlauben uns, hier einen einheitlichen und eigenständigen Kunststil innerhalb Mesoamerikas zu definieren.

In der Blütezeit entfalteten sich verschiedene Stilvarianten, die präzisen Kriterien zufolge nach Zeit und Gebiet bestimmt werden können; die zahlreichen Werke, die den Komplex der Maya-Skulptur bilden, sind untereinander stark verschieden. Darum kann man – historisch gesehen – von der Kunst des »frühen« oder des »späten Klassikums« sprechen oder – aus regionaler Sicht – von den Stilausprägungen »des Usumacinta«, »des Petén«, »Puuc« oder »Chenes« – und manchmal auch vom »Stil eines Künstlers«.

Freilich können wir zum Beispiel die Stele 31 von Tikal (Abb. 27; Farbtafel 89; frühes Klassikum, Petén-Stil) wie auch die Sarkophagdeckplatte im Tempel der Inschriften von Palenque (Abb. 65; spätes Klassikum, Stil Palenque) als »mayanisch« bezeichnen, obwohl es sich um ganz unverwechselbare, zeitlich und regional unterschiedliche Werke handelt.

Die Skulptur läßt sich in zwei große Bereiche gliedern, der eine umfaßt das Relief als eigenständiges Kunstwerk und der andere das Relief als Bauskulptur.

Die erste Gruppe dominiert in den südlichen Zonen (Pazifikküste und Hochland) und der Zentralzone (Tiefland des Südens) und ist vor allem durch die Darstellung »historischer« Themen gekennzeichnet, nämlich der Taten der Herrscher. Die menschliche Figur ist also das bevorzugte, wenngleich niemals ausschließliche Thema der Steinskulptur.

Diese reflektiert ein Weltbild, dessen Protagonist der Mensch ist. Das ist der »mayanische Stil« par excellence, der sich aus verschiedenen abstrakten, symbolischen, animalischen, vegetabilen Elementen und insbesondere der menschlichen Figur zusammensetzt, um die die übrigen kreisen.

Vorhergehende Seite:

87 Stele 50 von Izapa, spätes Präklassikum.

88 Altar 1 von Izapa, spätes Präklassikum.

89 Stele 31 von Tikal, frühes Klassikum.

90 Detail des Altars 5 von Tikal, späte klassische Periode.

Folgende Seiten:

91 Stele C von Quiriguá, späte klassische Periode.

92 Stele E von Quiriguá, späte klassische Periode.

93 Altar Q von Copán, späte klassische Periode.

Vorhergehende Seiten:

94 Stele H von Copán in einer Zeichnung von F. Catherwood, späte klassische Periode.

95 Detail der Stele H von Copán, späte klassische Periode.

96 Stele B von Copán, späte klassische Periode.

97 Türsturz 26 von Yaxchilán, späte klassische Periode.

98 Türsturz 25 von Yaxchilán, späte klassische Periode.

99 Türsturz 24 von Yaxchilán, späte klassische Periode.

Folgende Seiten:

100 Rückenlehne eines Throns aus Piedras Negras, späte klassische Periode.

101 und 102 Thron I aus Piedras Negras (Gesamtansicht und Detail), späte klassische Periode.

103 Türsturz 3 aus Piedras Negras, späte klassische Periode.

Folgende Seiten:

104 Porträtkopf Chan Bahlums II. von Palenque, modellierter Stuck, späte klassische Periode.

105 Totenmaske Pacals II. von Palenque, Jade-, Muschel- und Obsidian-Mosaik, späte klassische Periode.

Vorhergehende Seiten:

106 Detail der großen Stuckwand in Toniná, späte klassische Periode.

107 Der Gott des Todes hält den Kopf eines durch Enthauptung Geopferten am Schopf, Stuckwand in Toniná, späte klassische Periode.

108 Die Königin von Uxmal, Bauskulptur vom Tempel des Wahrsagers, späte klassische Periode.

109 Säule 2 von Oxkintok, späte klassische Periode.

Folgende Seiten:

110 Chac Mool aus Chichén Itzá, Endphase der klassischen Periode.

111, 112, 113 Figurinen von der Insel Jaina, späte klassische Periode.

114 Figurine von der Insel Jaina, späte klassische Periode.

115 Räuchergefäß aus Palenque, Terrakotta, späte klassische Periode.

Folgende Seite:

116 Detail der Wandmalereien im ersten Raum des Tempels der Wandgemälde von Bonampak, späte klassische Periode.

117 Ostwand im ersten Raum des Tempels der Wandgemälde von Bonampak, späte klassische Periode.

Der zweite Bereich findet sich hauptsächlich in der Nordzone (Tiefland des Nordens oder Halbinsel Yucatán) und zwar als Teil der Architektur. Die Formen werden streng geometrisch und offenbaren im Gegensatz zur ersten Gruppe andere ästhetische Anliegen.

Darüber hinaus vollzieht sich die Entwicklung der verschiedenen Stilgruppen in chronologischen Phasen. So hat sich im späten Präklassikum (300 v. Chr. – 300 n. Chr.) die Hauptthematik – der Mensch – erschöpft und bildet die Entwicklungsgrundlage für die folgende Epoche. Im allgemeinen ist das Präklassikum gekennzeichnet durch die Kombination bestimmter ikonographischer, formaler und kompositorischer sowie symbolischer Elemente, die bis zu einem gewissen Punkt den Menschen verschwimmen lassen.

Das Klassikum (300–900 n. Chr.) fällt mit dem Höhepunkt der Skulptur zusammen. Die Tradition verfestigt sich und wird in unmittelbarem Zusammenhang mit den Herrschern, dem Hof und dem Adel anthropozentrisch. Am Ende dieser Periode kündigt sich ein neuer Stil an, dessen Haupteinflußbereich im Norden, auf der Halbinsel Yucatán liegt.

Im Postklassikum (900/1 000–1 500 n. Chr.) werden verschiedene ästhetische Konzepte in bezug auf Menschen, Pflanzen und Tiere durchgespielt, und es ist ein gewisser Einfluß aus verschiedenen mesoamerikanischen Zentren zu beobachten.

Im folgenden wollen wir anhand einiger Beispiele die Entwicklung der Maya-Skulptur betrachten.

Das Präklassikum: Die Suche nach einem Stil

Die Ergebnisse der kürzlich in verschiedenen Maya-Städten wie Dzibilchaltún und Oxkintok (Yucatán, Mexiko) oder Cerros und Lamanai (Belize) durchgeführten Ausgrabungen erlauben, die späte Phase des Präklassikums als den Moment neu zu definieren, an dem die mayanische Zivilisation – und damit auch ihre Skulptur – Gestalt anzunehmen beginnt.

Zu Beginn des mittleren Präklassikums (1 000–300 v. Chr.) erstreckt sich die Präsenz der Olmeken (deren zentrale oder »hauptstädtische« Zone an der Küste des Golfs von Mexiko liegt) auf verschiedene Regionen Mesoamerikas, zum Beispiel die bewaldeten Abdachungen des Pazifiks. Tatsächlich verweisen die Skulpturen von olmekischem Typus außerhalb des Bereichs der Metropole auf Handelsbeziehungen zwischen diesen Gebieten. Mit der wirtschaftlichen ging die kulturelle Expansion Hand in Hand; Beispiele dafür finden sich in Orten, die im Hochland von Chiapas und Guatemala liegen: Abaj Takalik, Bilbao, El Baúl, Izapa, Kaminaljuyú, Monte Alto und Xoc sind einige davon.

Bei der Skulptur aus riesigen Steinblöcken wurde in Monte Alto (Guatemala) die olmekische Tradition neben einem eigenständigen Stil aufrecht erhalten. Die Skulpturen repräsentieren die Köpfe und Büsten fülliger und stämmiger Persönlichkeiten. Eine Art Verwandtschaft zwischen den olmekischen Kolossalköpfen und jenen dieses Zentrums wäre denkbar.

Eine andere Stätte, Abaj Takalik (Guatemala), hat in den plastischen Darstellungen einige formale olmekische Züge beibehalten, etwa den Mund mit den herabgezogenen Winkeln, aber es zeigen sich schon zwei Elemente, die von nun an die mayanische Kultur kennzeichnen sollten. Dies sind: 1. die Stelen (Gedenksteine in Form aufrecht stehender Steinplatten oder -säulen) und Altäre (Monumente in Block-, Trommel- oder Tierform) sowie 2. das System der Glyphenschrift, die auf den Stelen 2 (Abb. 21) (mit der Datierung 41 n. Chr.) und 5 (datiert 126 n. Chr.) erscheint.

Kaminaljuyú (Guatemala) seinerseits zeichnet sich durch die Qualität und Klarheit der fein gearbeiteten Bilder und Formen aus. Beide Faktoren erlauben es, von einem eigenständigen lokalen Stil zu sprechen. Der Mensch beginnt sich schon mit einer gewissen Autonomie im Bild zu definieren, trotz der Fülle der ihn umgebenden symbolischen Elemente. In dieser Form kündigt sich die Wichtigkeit der dynastischen Szenen und der mit ihnen einhergehenden Paraphernalien an. Die Stelen 10 – oder der »Altar negro« – und 11 (Abb. 20) mögen hierfür als Beispiele dienen.

In der erstgenannten wird der Bildraum von den Resten dreier Personen eingenommen, von denen eine in der linken Hand ein Beil hält; hinter der Gestalt ist das phantastische und bärtige (vielleicht maskierte) Gesicht eines anderen Individuums zu sehen, und unterhalb von beiden befindet sich eine kleine weibliche Figur. Einige Glyphentexte vervollständigen die Komposition.

Die zweite Stele stellt eine aufrecht stehende Gestalt im Profil dar, die Gegenstände in den Händen hält. Auch sie trägt eine Maske, und über ihr scheint eine Figur zu schweben, möglicherweise eine Gottheit oder ein Ahne. Diese Art der Komposition sollte in der Skulptur des Klassikums häufig auftreten.

Der dominierende Stil der Epoche ist allerdings der Stil von Izapa (Chiapas, Mexiko). In der künstlerischen Umsetzung bietet er konventionelle Darstellungen der menschlichen Figur; im Flachrelief dominieren historische Erzählungen, jedoch eng verbunden mit religiösen Themen: Die Ausdrucksformen schwanken sowohl bei den menschlichen, vegetabilen und animalischen als auch bei den übernatürlichen Wesen zwischen Naturalismus und abstrakter Stilisierung.

Darüber hinaus zeigt sich in den Szenen die Tendenz zur vertikal aufsteigenden Perspektive, die den Raum in drei übereinander geschichtete Ebenen gliedert: die Unterwelt, die Erde in der Mitte und der Himmel darüber. Die meisten Ereignisse finden jenseits der sichtbaren und alltäglichen Realität statt: Sie gehören einer anderen Welt an, der Welt der heiligen Visionen und Erscheinungen; die bevorzugten Themen in Izapa stehen daher mit den Ursprungsmythen des lebendigen Zyklus der Natur in Zusammenhang.

Es treten besonders anthropomorphe Wesen hervor, die groteske Masken und manchmal Flügel tragen, dazu Bäume mit tierischen Wurzeln, skelettierte Gestalten und doppelköpfige Hybriden. Die Menschen mit ausdruckslosen, unpersönlichen Gesichtern spielen lediglich eine zweitrangige Rolle, werden aber in der klassischen Periode zu Protagonisten. Das belegen zum Beispiel die auf den Stelen 1 (Abb. 132) und 2 (Abb. 58) sowie auf dem Altar 1 (Farbtafel 88) von Izapa dargestellten komplexen Szenen.

132 Stele 1 von Izapa, spätes Präklassikum (aus: Willey, 1966).

Das Mosaik der klassischen Periode

Das Klassikum gliedert sich in eine frühe (300–600 n. Chr.) und eine späte Phase (300–900 n. Chr.). Zwei auf Monumenten festgehaltene Datierungen markieren Anfang und Ende: Die älteste ist auf der Stele 29 von Tikal verzeichnet und entspricht dem Jahr 292 n. Chr., als jüngste gilt die auf der Stele 6 von Itzimté, die das Jahr 910 n. Chr. angibt (fast ein Jahr nach dem Monument 101 von Toniná: 909 n. Chr.).

Für die Zeit des Klassikums können wir den Bereich der Skulptur auf der Grundlage der Reliefs, der fomalen Ausführung und des Standortes der Monumente in den Städten unter zwei Tendenzen zusammenfassen.

Zum einen ist eine außerordentliche typologische Vielfalt in bearbeitungstechnischer und formaler Gestaltung feststellbar: Diese reicht von der Gravierung und dem Flachrelief über das Hochrelief bis zu rundplastischen Arbeiten; man spricht von Stelen, Altären, Türstürzen, Säulen, Grabplatten oder *tableros* (eine Szenenfolge, die sich aus zwei oder mehr Relieftafeln zusammensetzt).

Zum anderen wird das Relief in die Architektur eingebunden, was den Gebäuden einen besonderen Charakter verleiht. In Stein gemeißelte oder aus Stuck modellierte Figuren schmücken die Fassaden zahlreicher Bauten. Es werden anthropomorphe und zoomorphe Masken auf den Baukörpern der pyramidenförmig gestuften Sockel angebracht, Menschenfiguren auf Mauern aufgestellt, darüber hinaus aber auch auf Pfeilern (im Innen- und Außenbereich der Heiligtümer), Friesen und Dachkämmen.

In der Nordzone des Maya-Gebiets ersetzen meist aus Mosaiksteinen zusammengesetzte geometrische Muster die für die Zentralzone kennzeichnenden voluminösen menschlichen Gestalten. Geometrische, eckige lineare Formen, die den Platz der kurvig geschwungenen Linien einnehmen, herrschen in der Architektur vor. Den wichtigsten Werkstoff für die skulpturalen Werke bilden die unterschiedlichen Kalksteinarten, die im Maya-Gebiet reichlich vorkommen; doch verwendete man auch andere Materialien wie kostbare Steine (Jadeit), Stuck, Holz (im allgemeinen Zapoteholz), vulkanisches Glas (Obsidian), Muscheln und Keramik. Die großen bildlichen Darstellungen an den Fassaden wurden aus Stuck modelliert, für die Türstürze benutzte man Hartholz, und die Statuen verschiedener Größe

133 Stele 27 von Tikal. 495 n. Chr., frühes Klassikum (Zeichnung von L. Gornto, aus: Michel, 1989).

entstanden aus gebranntem Lehm oder Ton. Wir dürfen auch nicht vergessen, daß seinerzeit alle Kunstwerke in leuchtenden Farben bemalt waren.

Eine wichtige Rolle für die Entwicklung der klassischen Skulptur spielt das Mäzenatentum der herrschenden Klassen. Die absolute Vorherrschaft einer autoritären und despotischen Schicht begünstigte die Entwicklung der Künste. Aus diesem Grund sind die hauptsächlichen und »offiziellen« Themen historischer Art, inspiriert von den Aktivitäten der Könige, etwa den Riten der Thronbesteigung, höfischen Szenen, Kriegen und Siegen, Opferungen und Selbstopfern sowie dem symbolischen Ballspiel. Auch mit dem Tod und der Unterwelt zusammenhängende Glaubensvorstellungen und Zeremonien wurden einbezogen, ebenso das komplexe kosmische Weltbild, die Götter und ihre Rolle im Universum.

Die bislang erwähnten Elemente konsolidierten sich während des frühen Klassikums (Abb. 133, 134), erlebten aber erst im späten Klassikum ihren Höhepunkt.

134 Relief der Stele Hauberg, Herkunftsort unbekannt. 199 n. Chr., Protoklassikum (aus: Schele und Miller, 1986).

Die Bekräftigung der Bildhauerkunst

Charakteristisch für die mayanische Skulptur zu Beginn des Klassikums ist insbesondere der in Form des Flachreliefs bearbeitete Stein.

In den Szenen herrschen im Profil gesehene Gestalten vor, fast versteckt unter einer Fülle von schmückendem Beiwerk und symbolischen Attributen, in denen die kurvigen Linien über die geraden die Oberhand gewinnen. Die Menschen werden als stereotype Wesen ohne persönlichen Ausdruck wiedergegeben, ihre Identität jedoch durch die zugehörigen Embleme und Inschriften angezeigt. Die Umsetzung des Menschen in Skulptur wird auf der Grundlage der Vorstellung vom Universum ausgearbeitet und überarbeitet.

In dieser Epoche zeichnet sich auch die göttliche und irdische Macht der Herrscher klar ab. Diese suchen ihre Autorität in fieberhaften bildhauerischen und baulichen Aktivitäten zu manifestieren. Die Schöpfungen offenbaren demnach den Wunsch nach »Kontinuität« und das Streben der Könige nach Unsterblichkeit.

Tatsächlich hat sich im Petén die größte Zahl von Skulpturen erhalten, die den künstlerischen Formenkanon der Epoche sinnfällig machen, sei es in der technischen Qualität oder in der Einbettung der menschlichen Figur und ihrer Proportionen in die Gesamtkomposition. Die Stelen werden zum angemessensten Mittel, um die Macht der Herrscher ins Gedächtnis zu rufen. Ein bedeutsames Beispiel ist die Stele 29 von Tikal (Guatemala) (Abb. 10–11), die wie bereits erwähnt die bislang älteste bekannte mayanische Datierung trägt.

In ihr hält eine im Profil dargestellte Persönlichkeit – der Herrscher, den wir »Voluten-*ahau*-Jaguar« nennen – in seiner linken Hand den anthropomorphen Kopf des unterweltlichen Jaguar-Gottes, der wahrscheinlich ein königliches Machtsymbol darstellt, während er mit dem rechten Arm einen starren doppelköpfigen Zeremonialbalken an seinen Körper drückt. Im oberen Teil der Szene beobachtet ein Ahne den König und beschützt ihn.

Es war allgemeine Gepflogenheit, alle vier Seiten der Stelen mit Menschendarstellungen und Glyphenbordüren zu schmücken; wenn diese auch aus plastischer Sicht voneinander unabhängig sind, kann man sie doch wie eine einzige Komposition lesen. Das illustriert exemplarisch die ebenfalls aus Tikal stammende Stele 31 (Abb. 27; Farbtafel 89), die 445 n. Chr. zum Gedenken an den Herrscher »Sturmhimmel« errichtet wurde. Auf drei Seiten erscheinen einzelne Personen, während im Zentrum – auf der Hauptseite – »Sturmhimmel« zu sehen ist, sehr reich gekleidet und umgeben von einer Fülle von Symbolen. In einigen formalen Elementen des Ornats, insbesondere im Kopfputz der Personen, die an der linken und rechten Seite des Herrschers stehen (beide Verkörperungen des Vorgängers, des *ahau* »Schnute«), offenbart sich ein gewisser teotihuacanischer Einfluß.

Ein anderes Beispiel, ein rot bemaltes Stuckrelief, stammt aus Balamkú (Campeche, Mexiko). Es handelt sich dabei um einen Fries an einem Gebäude, der eine komplexe Szene zeigt, in der wir zwei frontal dargestellte sitzende Personen (vielleicht waren es ursprünglich vier) über mythischen Tieren mit Schlangenmerkmalen erkennen; diese wiederum stehen auf den Köpfen von Monsterwesen, die von verschiedenen Elementen, Tieren und Wasserbändern umgeben sind. Dem ikonographischen Reichtum gesellt sich also eine tiefgründige symbolisch-religiöse Bedeutung hinzu.

135 Stele 30 von Tikal. 692 n. Chr., späte klassische Periode (Zeichnung von L. Gornto, aus: Michel, 1989).

Das späte Klassikum: Expansion und Einheit

Diese Epoche weist eine Vielfalt von regionalen, lokalen und individuellen Stilarten auf, die sich von Nordosten nach Südosten entlang des Río Usumacinta, im Tropenwald von Petén und im Tal des Río Motagua verbreitet haben.

Die Technik der Steinbearbeitung reicht vom nahezu zweidimensionalen Flachrelief – wie in den Relieftafeln von Palenque – bis zum fast rundplastischen Hochrelief – wie bei den Stelen von Copán.

In den Darstellungen dominiert die menschliche Figur. Sie wird repräsentiert durch Herrscher und höfische Würdenträger, die bei den wichtigsten Ereignissen ihres Lebens gezeigt werden: bei der Inthronisation, dem Blutentnahmeritual, bei politischen Allianzen, Kriegsszenen und der Erbeutung von Gefangenen. In einigen Städten schufen die Künstler ein realitätsnahes Abbild des Menschen, so etwa in Palenque, Bonampak, Copán oder Yaxchilán. In anderen, wie in Tikal und Quiriguá, behielt man das konventionelle Schema bei. Wir kennen heute die Namen zahlreicher Künstler, Bildhauer und Maler, da sie in verschiedenen Werken auftauchen, manchmal sogar zusammen mit ihren Werkzeugen:

So konnten etwa auf der Stele 12 aus Piedras Negras (Abb. 141) einige der Gefangenen mit Bildhauern identifiziert werden. Ein anderes Beispiel bietet eine kürzlich in Emiliano Zapata entdeckte Steinplatte, die einen Bildhauer mit einem Meißel in der Hand vor einem Stein in Form eines Monsterkopfes zeigt.

Tikal und der Höhepunkt der Traditionen

Die Skulptur des späten Klassikums in Tikal (Guatemala) ist durch verschiedene Aspekte gekennzeichnet, vor allem durch die Abkehr von der plastischen Modellierung und die Hinwendung zu flächiger Gestaltung, die eine Vorstellung von Tiefe vermitteln soll. Die

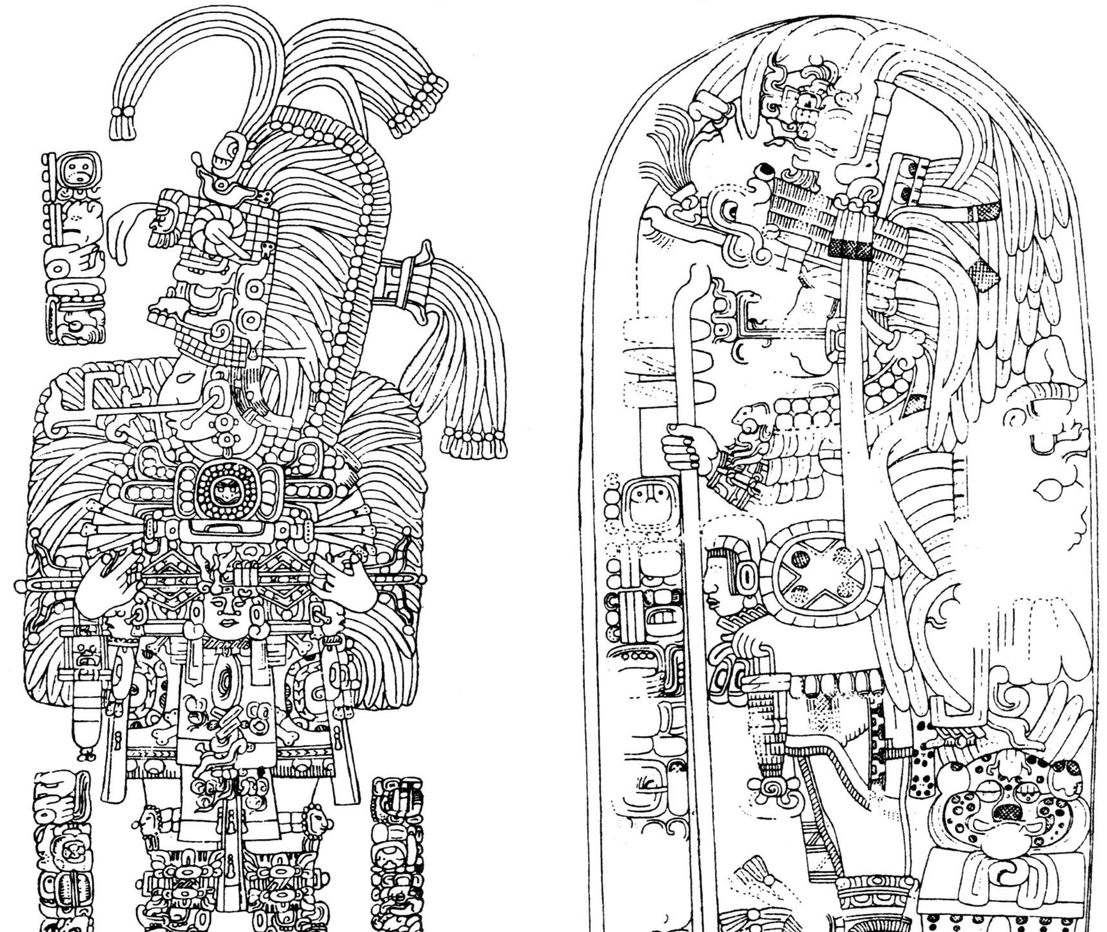

136 *Links*: Der Herrscher Ah Cacao auf Stele 16 von Tikal. 711 n. Chr. *Rechts*: Der Herrscher Chitam auf Stele 22 von Tikal. 771 n. Chr., späte klassische Periode (aus: Marquez López, 1992).

Oberfläche bleibt zweidimensional, ein durch die rhythmische Wiederholung von Zeichen im Binnenraum der stark umrandeten Figur erreichter Eindruck.

Die dargestellten Themen und Formen scheinen sich innerhalb der Konventionen des frühen Klassikums zu bewegen; sie sind als präzise oder gelegentlich subtil umrissene Silhouetten umgesetzt. Diese Tradition hielt sich in Tikal über drei Jahrhunderte lang.

Die künstlerische Behandlung der menschlichen Figur ändert sich fast nie. Die Gestalten sind frontal oder im Profil gesehen und nehmen fast die gesamte, durch einen Rahmen begrenzte Bildfläche ein. Das ist die übliche Form bei den Stelen (Abb. 133, 135, 136), die auf den Plazas und in städtischen Räumen so aufgestellt wurden, daß die Weite des Raums eine spezifische rhythmische Ordnung erhielt. Durch die Stelen stärkte sich das öffentlich propagierte Herrscherbild, das die geheiligte Präsenz des Königs untermauerte und seine Autorität bezeugte. Diese privilegierte Situation konnte jedoch auch enden und das Bild des Königs entheiligt und symbolisch »getötet« werden, indem es von einem anderen ersetzt wurde. Das erklärt, warum die aus Stein geschaffenen Gesichter der Herrscher manchmal zerstört, verstümmelt und damit ihrer heiligmächtigen lebendigen Kraft beraubt wurden.

In den Stelen taucht auch das Thema des Krieges und der militärischen Herrschaft auf, ein Aspekt der mayanischen Kunst, den man bis vor kurzem nicht wahrhaben wollte: Diese Szenen räumen endgültig mit dem Mythos auf, daß die Maya ein friedliches Volk waren.

Die Türstürze aus Holz (Abb. 138) wie auch einige Altäre sind die einzigen künstlerisch bearbeiteten Werke, in denen sich ein echtes Streben nach dynamischer Expansion und szenischer Komplexität dokumentiert. Hier finden wir Kompositionen aus zwei oder mehr

137 Opferszene auf dem Altar 5 von Tikal, der zusammen mit Stele 16 zum Komplex N gehört. 711 n. Chr., späte klassische Periode (aus: Marquez López, 1992).

138 Hölzerner Türsturz aus dem Tempel III von Tikal (aus: Morley, Brainerd und Sharer, 1983).

Personen in verschiedenen Haltungen und Aktivitäten: sitzend, stehend, kniend, halb kniend, frontal oder im Profil, im Redegestus; häufig umgeben verschiedene rituelle Objekte, Götter in Menschengestalt oder Tiere die Personen – wie es beispielhaft der Türsturz 3 des Tempels IV (Abb. 80) und der Altar 5 (Abb. 137; Farbtafel 90) zeigen.

Steinerne Giganten in Quiriguá

Allein schon wegen der Höhe und der kolossalen Proportionen seiner Werke ist der Skulpturenstil von Quiriguá (Guatemala) einzigartig. Mit bis zu sechs Metern Höhe haben sich in der Stadt die größten Stelen der Maya-Welt erhalten (Farbtafeln 91, 92). Dazu kommt ein weiteres Charakteristikum: Im oberen Teil der Monumente erscheint das stilisierte Gesicht des Herrschers in einer Nische; der Körper hingegen ist in sehr flachem Relief eingemeißelt. So wird den Stelen durch den Kontrast von oberem und unterem Bereich eine kompositorische und formale Trennung aufgeprägt.

Nicht zufällig nimmt das Bild des Königs als Gott und Mensch beherrschenden Raum in den Stelen ein. Schließlich ist der Herrscher das Fundament, auf dem die politische, soziale und höfische Struktur des Maya-Staates ruht. Er personifiziert gleichzeitig auch die übernatürlichen Kräfte und dient als Mittler, der es den körperlosen Göttern ermöglicht, sich in der Lebenswelt der Menschen zu materialisieren; er symbolisiert die politische zentralisierte Macht, durch die er heilige Autorität über die Gemeinschaft ausübt.

Während der Regierungszeit von »*cauac* Himmel«, der seinen Triumph über den Herrscher »Achtzehn Kaninchen« von Copán feierte, erreichten derlei Skulpturen ihren glanzvollsten Höhepunkt.

Bei den Skulpturen von Quiriguá kommt ein weiterer höchst origineller Typ vor: nämlich phantastische Tiere in Gestalt von Großkatzen, Reptilien, Lurchen oder Vögeln. Das schönste Beispiel ist der sogenannte Zoomorph P (Abb. 86, 87). Er zeigt eine gigantische Amphibie (vielleicht eine Kröte) mit geöffnetem Maul, aus dem ein Herrscher der Stadt, mit Insignien seiner Macht in Händen, hervorzukommen scheint.

Copán und das Streben nach Dreidimensionalität

Der künstlerische Stil von Copán (Honduras) sieht ganz anders aus. Die Personen treten auf beeindruckende Weise aus einem Hintergrund voller Symbole und Verzierungen hervor, die hauptsächlich Teil des Ornats sind. Es entsteht der Eindruck, daß die Figuren von den Paraphernalien, mit denen sie sich umgeben oder in die sie sich kleiden, geradezu absorbiert werden (Farbtafeln 94–96).

In jeder Skulptur wird die beherrschende, nahezu obsessive Präsenz einer einzelnen Figur vergegenwärtigt. Diese präsentiert sich aufrecht, in Frontalansicht, die Füße stehen mit gegeneinander gekehrten Fersen fest auf dem Boden, wo sie einen Winkel von über 120° bilden; in den an den Körper gedrückten abgewinkelten Armen hält sie einen Zeremonialstab in Gestalt der doppelköpfigen Schlange.

Die menschliche Figur wurde bis zur Regierungszeit von »Rauch-Lilie« im 7. Jahrhundert streng und schematisch behandelt. Im 8. Jahrhundert mildern sich ihre Züge, um zwischen dem 8. und dem 9. Jahrhundert – unter den letzten Herrschern – zur vorherigen Strenge zurückzukehren. Ab 749 n. Chr. (unter der Regierung von »Rauch-Muschel«) können wir die Stelen ohne jeden Zweifel als Porträts ansehen. Obschon es sich nicht um getreue Abbilder im Sinne der westlichen Kunst handelt, sind doch einige der hervorragendsten Porträts Mesomerikas entstanden, indem die Künstler die Gesichtszüge jeder Persönlichkeit respektierten und das mayanische Schönheitsideal zu perpetuieren suchten (mandelförmige Augen, hohe und ausgeprägte Wangenknochen, schmale Lippen und fliehende Stirn).

Das bezeugen die Stelen 8 und C (Abb. 139) aus den Jahren 763 beziehungsweise 782 n. Chr.; sie lassen ein echtes Interesse für die Wiedergabe der Züge von »Rauch-Muschel« und seiner Gattin, Frau »Grüner Haifisch« erkennen, die in einer Überfülle von Symbolen des Königtums und der Rituale unterzugehen scheinen.

139 Stele C von Copán, späte klassische Periode (aus: Fash, 1991).

Andere Beispiele, die die Wichtigkeit des Herrscherbildes bezeugen, stammen aus der Regierungszeit von »Neue Morgendämmerung« oder »Frühlicht« (Yax Pac), dem vorletzten König der Stadt. Hier dürfte der Hinweis auf Altar Q (Abb. 55; Farbtafel 93) genügen, auf dessen vier Seiten die sechzehn Könige von Copán dargestellt wurden – einschließlich »Neue Morgendämmerung« –, wobei die Körper frontal und die Gesichter nach rechts und links gewendet abgebildet sind. Sie sitzen mit sehr ähnlichem Kopfputz geschmückt auf einzelnen Glyphenzeichen, mit deren Hilfe sie zu identifizieren sind.

Götter und Krieger in Yaxchilán

Während des späten Klassikums gewann Yaxchilán (Chiapas, Mexiko) große politische und militärische Bedeutung. Das ist uns bekannt, weil die Herrscher die Spuren ihrer Macht in zahlreichen Skulpturen hinterließen.

Zwei Hauptformen bildhauerischer Bearbeitung sind festzustellen: Die erste, eine der ältesten, zeichnet sich durch Figuren aus, die sich klar vom Hintergrund abheben. Die Linien der Kleidung, der Embleme und Schmuckgegenstände der Hauptperson sind durch Gravierung hervorgehoben. Die Details erscheinen im allgemeinen sehr präzise, was die vollendete Behandlung von Haar und Kopfputz, Textilien und Juwelen demonstriert. Die zweite Form ist das »malerische« Flachrelief, das sich kaum vom Grund des Steins abhebt.

Beide Kunstformen lassen sich besonders auf den Türstürzen beobachten, die verschiedene Themen festhalten: Szenen der Unterwerfung, Rituale und politische Allianzen, den Austausch von Insignien zwischen Herrschern und ihren Nachfolgern. Hinzu kommt noch die wichtige Rolle der Damen der Adelskaste, die meist ein Bündel tragen, das die Embleme des Blutentnahmerituals oder der Herrschaft enthält. Auch die Geschichte einer nach der Herrschaft strebenden Dynastie wird geschildert, vor allem unter der Regierung der beiden herausragenden Herrscher »Schild-Jaguar« II. und seines Sohnes, »Vogel-Jaguar« IV.

Einige dieser Türstürze befinden sich im British Museum in London und andere im Museo Nacional de Antropología in Mexiko City.

140 *Links*: Türsturz 26 aus Yaxchilán mit der Darstellung des Herrschers »Schild-Jaguar«, der seine Kriegsausrüstung aus den Händen seiner Gattin empfängt. 725 n. Chr., späte klassische Periode (Zeichnung von I. Graham, aus: Schele und Miller, 1986). *Rechts*: Vorder- und Rückseite der Stele 11 von Yaxchilán. Auf der Rückseite richtet »Vogel-Jaguar« drei Gefangene; auf der Vorderseite steht derselbe Herrscher seinem Vater, »Schild-Jaguar«, gegenüber. 755 n. Chr., späte klassische Periode (aus: Freidel, Schele und Parker, 1993).

141 Stele 12 aus Piedras Negras. 795 n. Chr., späte klassische Periode (aus: Schele und Miller, 1986).

142 Türsturz 2 aus Piedras Negras. 667 n. Chr., späte klassische Periode (Zeichnung von D. Stuart, aus: Schele und Mathews, 1991).

Der auf das Jahr 723 n. Chr. datierte Türsturz 26 (Abb. 140; Farbtafel 97) verkörpert »Schild-Jaguar« II., angetan mit seiner Kriegsausrüstung. Er hält einen Feuersteindolch in der rechten Hand und schickt sich an, mit der linken ein Emblem oder einen Helm, der wie der Kopf eines katzenartigen Raubtiers aussieht, aus den Händen seiner Frau, der mächtigen Dame »Haifisch« (Frau Xoc) entgegenzunehmen.

Letztere erscheint als Hauptperson eines Blutentnahmerituals auf dem Türsturz 24 (Farbtafel 99) mit der Datierung 723 n. Chr. Nachdem die luxuriös gekleidete Frau »Haifisch« ihr Blutopfer dargebracht hat (Farbtafel 98), materialisiert sich vor ihren Augen eine riesenhafte skelettierte und doppelköpfige Visionsschlange, deren vorderer Kopf den Rachen öffnet, aus dem eine Gottheit oder ein Ahnherr im Kriegsornat hervortritt .

»Vogel-Jaguar« IV. unternahm verschiedene kriegerische Überfälle auf benachbarte Territorien. Die außergewöhnliche, 752 n. Chr. datierte Stele 11 (Abb. 8, 140) zeigt auf zwei Seiten die Gestalt dieses Herrschers. Auf der einen Seite steht er mit der Maske eines Gottes vor drei Gefangenen. Der seit dem späten Präklassikum bestehenden Tradition folgend beobachten die Ahnen (»Schild-Jaguar« II. und die Dame »Wind-Schädel«, Mutter von »Vogel-Jaguar« I.) aus der jenseitigen Welt von oben herab die Taten ihres Abkömmlings und Erben. Die andere Seite der Stele zeigt »Vogel-Jaguar« IV. im Kriegsornat vor seinem Vater, der einen geschmückten Stab oder ein Zepter in der Hand hält.

Wichtig ist auch der Hinweis, daß Yaxchilán zu den Orten gehört, an denen viele »Skribenten« identifiziert wurden. Dabei handelt es sich um niemand anderen als die Bildhauer oder die Handwerksmeister, die damit betraut waren, die Monumente herzustellen, auf denen die Geschichte der Herrscher der Stadt erzählt wurde.

Die Leistungsfähigkeit der Künstler von Yaxchilán läßt sich aus den Details der Gesichter und Gliedmaßen (besonders der Muskeln) der Personen ablesen: Sie zeigen, bis zu welchem Grad die Bildhauer sich Rechenschaft über den menschlichen Körperbau gaben. Dadurch können wir eine ziemlich große Anzahl von Figuren als Bildnisse von Männern und Frauen der höchsten sozialen Kaste, nämlich des Königshauses, ausweisen.

Die Künstler von Yaxchilán gehörten neben denen von Copán und Bonampak zu den wenigen, die ihre Freude an Porträts und kraftvoller Körperlichkeit zum Ausdruck brachten.

Piedras Negras oder die Stein gewordene Virtuosität

Bis heute kennen wir keine Maya-Stadt, in der die künstlerische Technik so stark dominierte wie in Piedras Negras (Guatemala). Mit wahrer Besessenheit suchte man die Bewegung

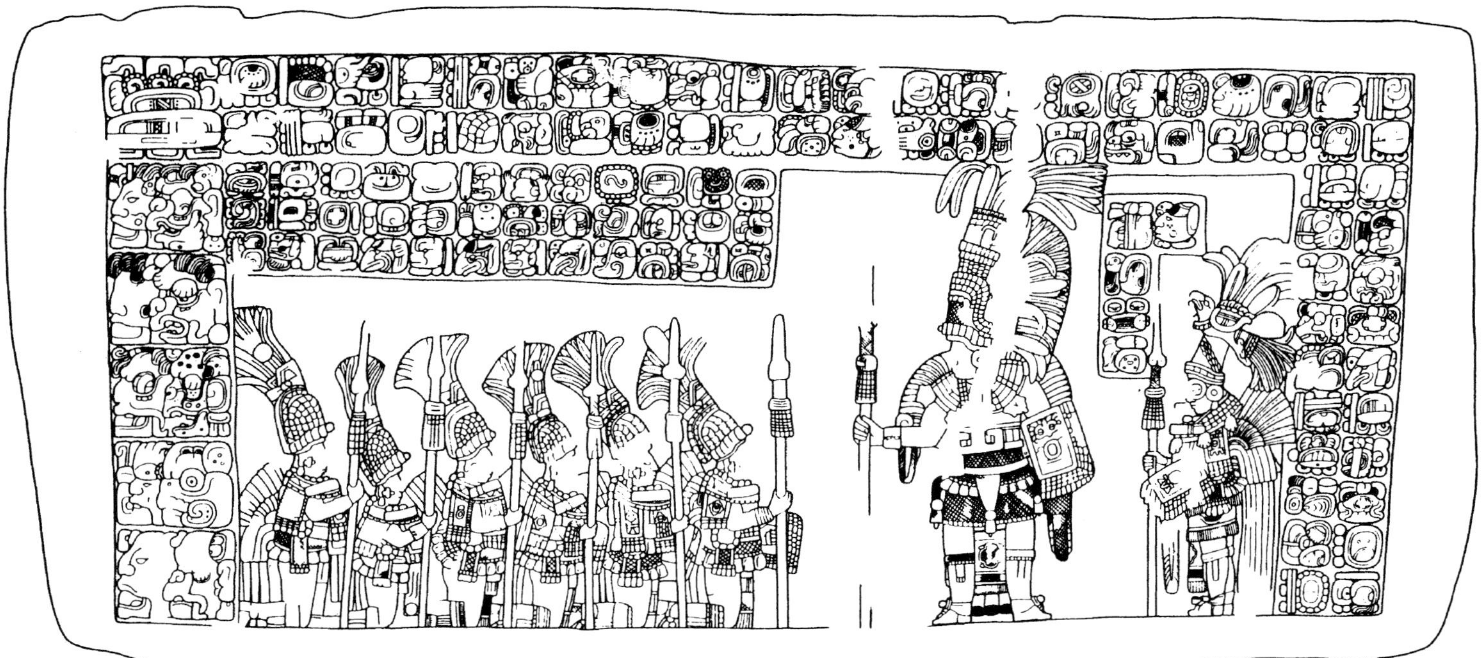

plastisch wiederzugeben, wie die Stelen, Throne und Türstürze (Abb. 141–144; Farbtafeln 100–103) bezeugen. Im Relief bekundet sich eine große, an die Dreidimensionalität heranreichende Meisterschaft zweidimensionaler »Alltagsszenen«: Das Hochrelief wird auf subtile Art mit dem Flachrelief verbunden. Auch diese Szenen führen die Übernahme und die Demonstration der Macht vor Augen. Der Türsturz 2 (Abb. 142), in dem ein triumphaler Sieg des Herrschers »Geschmückter Papagei-Jaguar« gefeiert wird, illustriert diese Charakteristika. Sechs im Profil dargestellte Würdenträger, einer hinter dem anderen kniend, präsentieren sich als Krieger mit ihren Lanzen vor dem frontal wiedergegebenen Herrscher, der sie stehend betrachtet. Das statische Moment kontrastiert mit den verschiedenen Haltungen der Personen; eine gewisse Raumtiefe wird suggeriert.

Zu den schönsten Steinskulpturen gehört die durchbrochene Rückenlehne eines Thrones, der heute im Museo Amparo in der Stadt Puebla (Mexiko) aufbewahrt wird (Farbtafel 100). Er stellt ein phantastisches Wesen dar, in dessen Augenhöhlen zwei Personen sitzen, die einander anblicken, aber ihre Blicke auch auf die Nase des Monsters richten.

Das Monument allerdings, das die größte Offenbarung bereithält, ist die Stele 12 (Abb. 141) – das letzte in Piedras Negras datierte Werk (795 n. Chr.) –, die einen militärischen Sieg protokolliert. Im oberen Teil der Szene blickt der von zwei Hauptleuten flankierte Herrscher nach unten, wo verschiedene Gefangene gedrängt auf dem Boden sitzen. Diese aufgrund des lebendigen Ausdrucks von Gesicht, Körperhaltung und Gestik jedes einzelnen und der Simultaneität der Bildebenen verblüffende Szene ist eine der realistischsten Darstellungen, die wir von den Maya des späten Klassikums kennen.

143 Stele 35 aus Piedras Negras, späte klassische Periode (aus: *Die Welt der Maya*).

Palenque und die menschliche Empfindsamkeit

Palenque (Chiapas, Mexiko) kann sich zwar nicht der frühesten künstlerischen Darstellungen der menschlichen Figur rühmen, wohl aber ihrer höchsten Ausdruckskraft. Die formale Behandlung des Körpers zeugt von profunder Kenntnis und meisterhaftem Umgang mit den natürlichen Proportionen und Volumina; das Verhältnis von sechs bis sieben Köpfen pro Körper entspricht der Realität.

Als Materialien bevorzugte man leicht formbaren Stuck und weichen Kalkstein, die zur Nachbildung der natürlichen menschlichen Körperrundungen am geeignetsten waren.

In der gesamten Architektur finden wir Menschenbilder: auf Mauern, Pfeilern, Friesen und Dachkämmen am Äußeren der Gebäude, und auf Tafeln und Steinplatten in den Heiligtümern und den verborgenen Kammern der Grabstätten. Die Themen bleiben konstant

144 Türsturz 3 aus Piedras Negras. 761 n. Chr., späte klassische Periode (aus: Schele und Mathews, 1991).

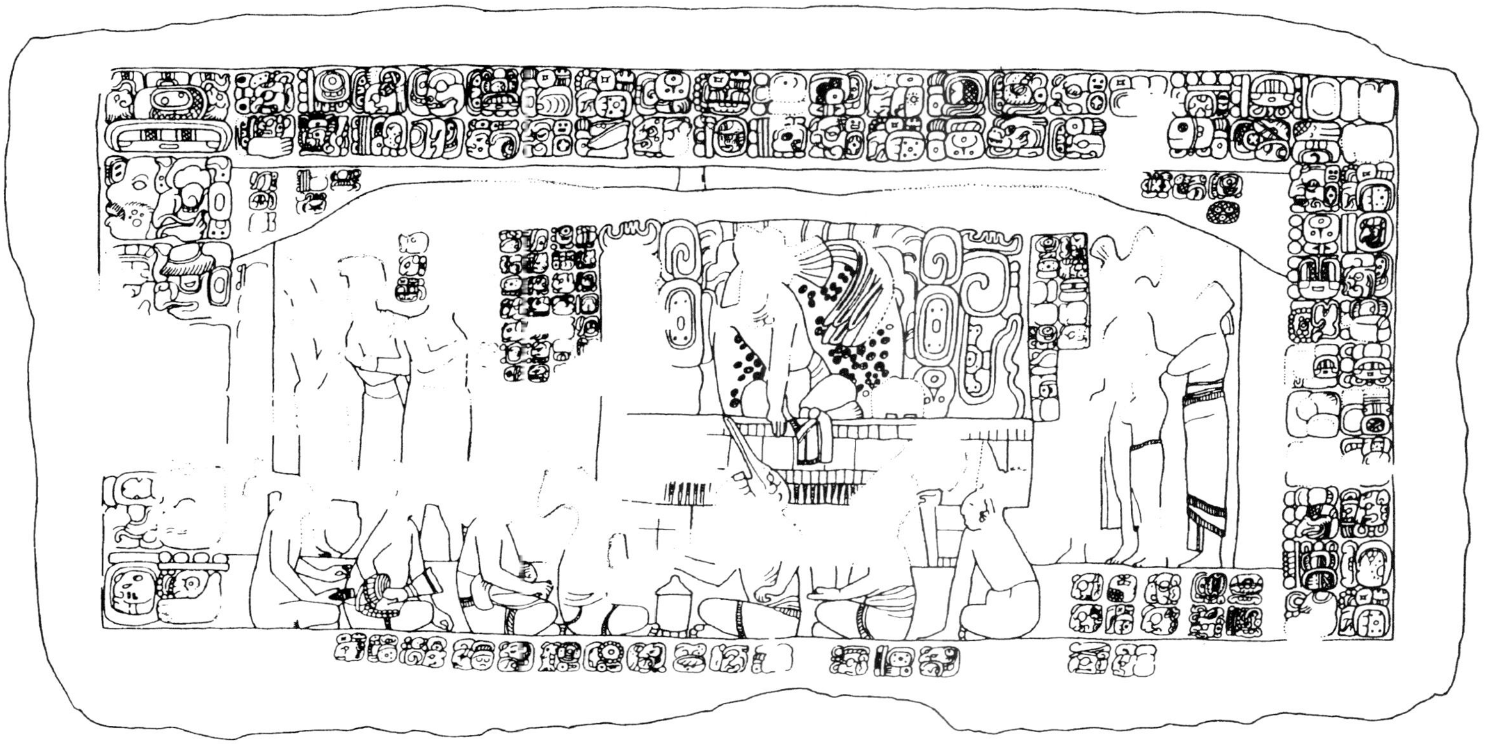

145 Porträtkopf Pacals II. aus Stuck, gefunden in der Krypta des Tempels der Inschriften von Palenque, späte klassische Periode (aus: Gendrop, 1972).

und zeigen die Bildnisse der großen Machthaber, deren Entwicklung über die jeweilige Lebensgeschichte, die Taten, Erfolge und Bündnisse veranschaulicht wird. Man sieht, daß sich die irdische Macht auf den Herrscher konzentriert und auf ihm ruht, doch auch, daß sich in ihm der göttliche Wille und die göttlichen Mächte manifestieren.

Die Beispiele dafür sind zahlreich. Eines der frühesten ist die Sarkophagdeckplatte im Tempel der Inschriften (648 n. Chr.) (Abb. 65). Die Komposition veranschaulicht die Konvergenz der Hauptlinien in der Person des Königs Pacal oder »Schild« II. Dieser ist individualisiert dargestellt, aber durch die ihn umgebenden Attribute und Symbole erhält er göttlichen Status, während gleichzeitig die Kommunikation zwischen den verschiedenen kosmischen Ebenen – Himmel, Erde und Unterwelt – festgehalten wird. Halb scheint Pacal auf dem skelettierten Monstergesicht des Beherrschers der Unterwelt zu liegen, halb über ihm zu schweben; aus seinem Leib erhebt sich ein kreuzförmiges Gebilde, Symbol des Ceiba-Baums, der kosmischen Weltachse. Allgemein kann man sagen, die Steinplatte stellt eine Vision der wohlgeordneten Welt dar.

Ein anderes Werk erinnert an die Machtübernahme des zweiten Sohnes von Pacal II.: »Kostbarer Knoten Pekari« II. Es ist die »Palasttafel« (Abb. 146), datiert 702 n. Chr., auf der wir die Strenge der historischen Realität in enger Verbindung mit politischen Ritualen bewundern können. Auch die »Sklaventafel« (Abb. 147) (730 n. Chr.) veranschaulicht eine dynastische Thronfolgeszene: Der Herrscher »Rote Fledermaus« übernimmt die Macht aus den Händen seiner Vorfahren; die in Flachrelief mit Gravierung ausgeführte Komposition ist ungekünstelt und nicht mit formalen Elementen überladen.

Zwei bedeutende Skulpturen von Palenque aus dem 7. Jahrhundert dürfen hier nicht vergessen werden: Bei der ersten handelt es sich um die Totenmaske mit Porträtcharakter von Pacal oder »Schild« II. (Farbtafel 105). Sie besteht aus einem Jade-Mosaik auf einer feinen Stuckschicht und trägt dem Wunsch Rechnung, die Gesichtszüge des Verstorbenen zu bewahren, wie das heute noch bei großen Persönlichkeiten der Brauch ist.

Das zweite Werk ist der außergewöhnliche Porträtkopf aus modelliertem Stuck des Erstgeborenen von Pacal II.: »Jaguar-Schlange« II. (Chan Bahlum) (Farbtafel 104). Er spiegelt eine einzigartige Persönlichkeit wider, bei der man ungeschönt deutlich die Last der vergangenen Jahre, den eigenwilligen Charakter und eine große innere Konzentration spürt.

Die Halbinsel Yucatán: Schwanengesang

146 Ausschnitt der sogenannten »Palasttafel« von Palenque. 702 n. Chr., späte klassische Periode (aus: Schele und Miller, 1986).

Zwei Hauptmerkmale unterscheiden die Skulptur der Nordzone von der Zentralzone; zum einen die Seltenheit figürlicher Darstellungen des Menschen, zum anderen die üppige ar-

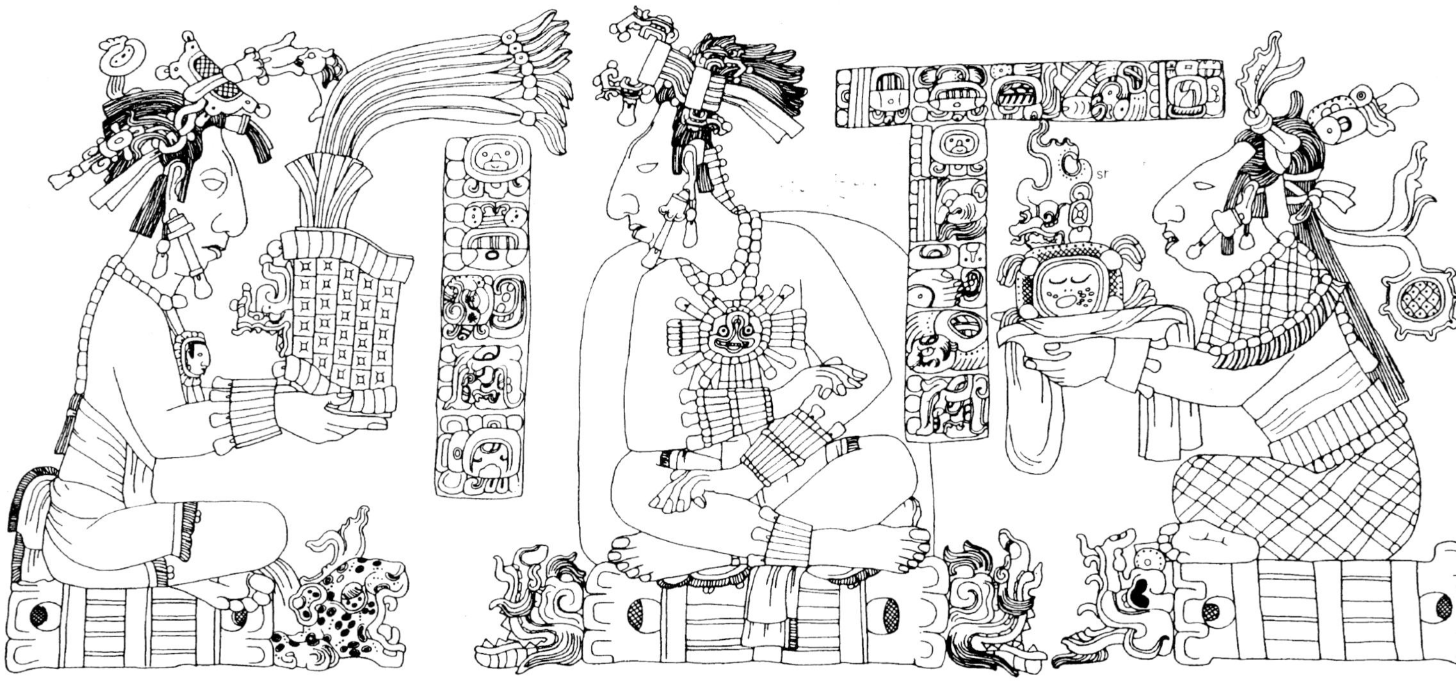

chitektonische Dekoration mit geometrischen Stein-Mosaiken. Mit anderen Worten: Die verschiedenen skulpturalen Ausformungen von stehen in unmittelbarem Zusammenhang mit der Architektur. Ihre Verbindung demonstriert eine von zahlreichen Autoren beobachtete Tendenz, die Volumina der Gebäude wie monumentale Skulpturen erscheinen zu lassen.

Das soll nicht heißen, daß in der Zentralregion beide ästhetischen Ausdrucksmöglichkeiten voneinander getrennt waren, schließlich existierten sie vereint in den Dachkämmen des Petén. Trotzdem war das Relief die beherrschende skulpturale Kunstform.

Auf der Halbinsel Yucatán tendiert das Relief zur Dreidimensionalität und zu strenger geometrischer Abstraktion. Darin spiegelt sich ein singulärer Wille zum Formalen wie er dem Tiefland des Nordens eigentümlich ist.

Ein anderes bedeutendes Charakteristikum muß erwähnt werden. Die Entwicklung von Architektur und Skulptur in Yucatán beginnt am Ende des frühen Klassikums und setzt sich bis ins späte Postklassikum fort. Das heißt, es herrscht Kontinuität, auch wenn viele der bekannten oder repräsentativen Beispiele vor allem der Zeit zwischen dem 8. und 13. Jahrhundert n. Chr. angehören. Parallel hierzu begünstigt im Laufe des Postklassikums das Eindringen von fremden Stilarten in das Gebiet der Maya eine Erneuerung der Bildhauerkunst, während gleichzeitig neue Gattungen geschaffen werden.

Die Skulptur bereichert die Architektur um traditionelle wie originäre plastische Formen und bildet seinerzeit drei Stilgruppen in einzelnen geographischen Regionen aus: Río

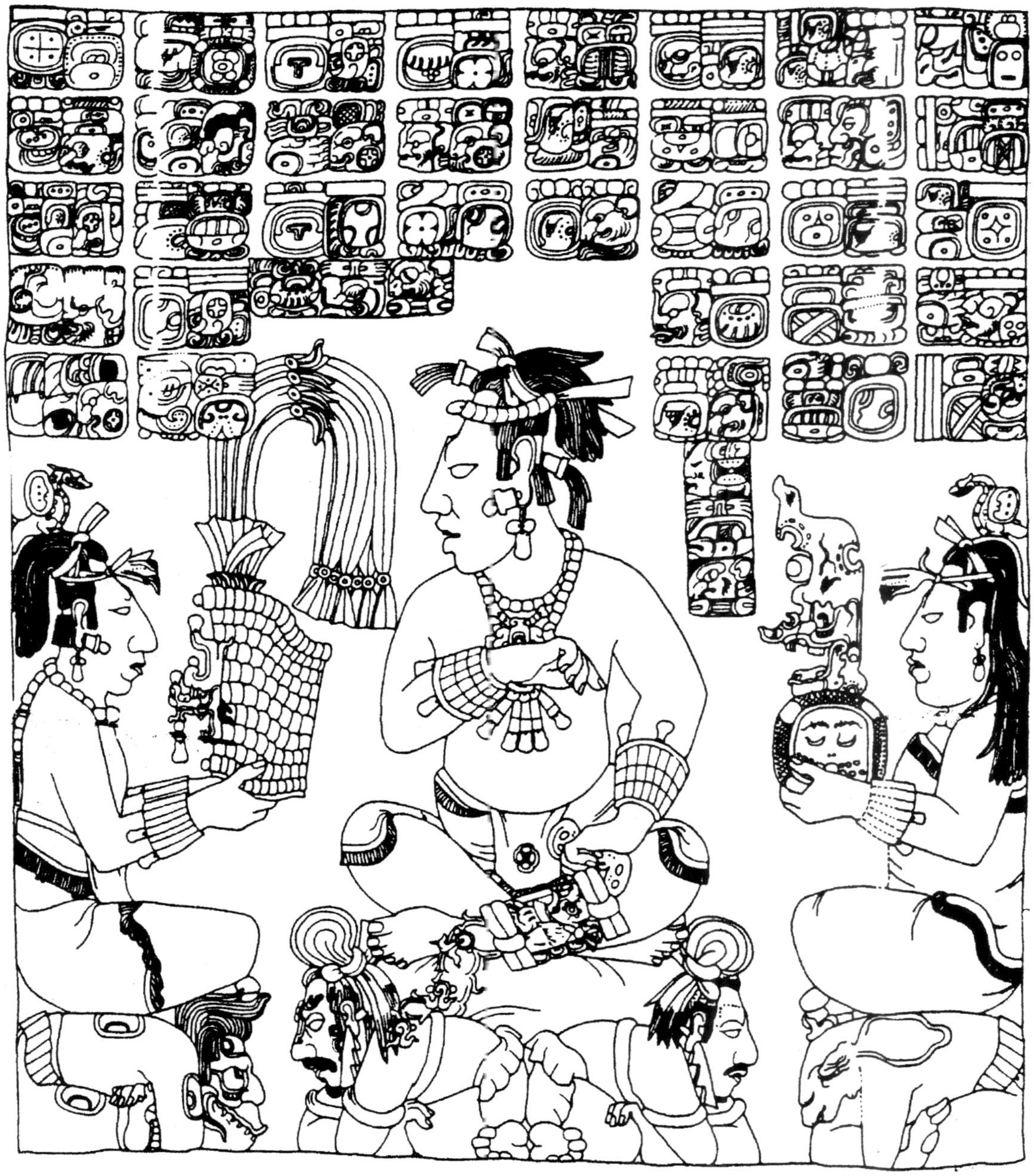

147 Die sogenannte »Sklaventafel« aus Palenque. 730 n. Chr., späte klassische Periode (aus: Freidel, Schele und Parker, 1993).

Bec, Chenes und Puuc, die bereits in den der Architekur gewidmeten Abschnitten behandelt wurden.

Die lebensprühenden Keramiken von Jaina

Jaina (Campeche, Mexiko), eine vom Festland durch einen schmalen Kanal getrennte Insel vor der Westküste Yucatáns, spielt für die mayanische Skulptur eine besondere Rolle. Sie ist berühmt wegen der dort gefundenen Statuetten: Tonfigurinen, frei von Hand modelliert oder in Formen (Modeln) gepreßt und polychrom bemalt (Abb. 148; Farbtafeln 111–114).

Es handelt sich hier um kleine Figürchen, die als Grabbeigaben dienten. Sie symbolisieren »das Leben«, das »den Tod« begleitet. Wahrscheinlich waren sie für das Überleben des Verstorbenen in der jenseitigen Welt wichtig. Die Themen beschränken sich nicht allein auf die menschliche Figur, wenngleich kleine Maya-Statuetten beiderlei Geschlechts in Fülle vorhanden sind. Ihre feinfühlige Gestaltung macht jedes Stück einzigartig, da sie höchst ausdrucksvoll und lebensecht verschiedene Menschentypen heraufbeschwören. Der Reichtum der Kleidung, des Kopfputzes und der Schmuckstücke gibt uns Auskunft über die Zugehörigkeit der Dargestellten zu verschiedenen sozialen Klassen und ihre Aktivitäten. Doch es existieren auch Abbilder verschiedener Gottheiten.

Herrscher, Würdenträger, Hofdamen, Krieger, Ballspieler, Weberinnen, Jünglinge und Greise, Tiere, Menschen, die Blumen entsprießen oder von Tieren begleitet werden, junge Göttinnen und alte Götter als Paare in sexueller Vereinigung – das sind nur einige der vielen Figurinen-Typen aus Jaina.

Trotz der geringen Größe haben wir hier einzigartige Kunstwerke vor uns, die mit ihren anmutigen Haltungen und sorgfältig modellierten Formen ausdrucksstark die *conditio humana* reflektieren. Sie drücken die Liebe zum Leben in all seinen Aspekten aus.

Die artifizielle Natur: Hochob

Obschon es keine Besonderheit innerhalb des Chenes-Stils darstellt, unterscheidet sich Hochob (Campeche, Mexiko) doch durch das Hervortreten der menschlichen Figur.

148 Tonfigurine eines sich im Spiegel betrachtenden Jünglings aus Jaina (aus: Gendrop, 1972).

Die Eingänge der Gebäude sind als zoomorphe »Fassaden« gestaltet – als riesige fratzenhafte Masken mit geometrischen und phantastischen Zügen, die durch aneinandergereihte kleine quadratische Steine gebildet wurden. So verwandeln sich die Portale in den Rachen eines Monsters, und die Pfeiler und der Türsturz ahmen die Zahnreihen des Oberkiefers nach, während seitlich die riesigen Augen mit gekrümmten Pupillen zu erkennen sind. Die verschiedenen Elemente der Sockelzone sollten die Vorstellung vom Unterkiefer desselben Ungeheuers mit Zähnen und Zunge vermitteln. Die Komposition konnte noch durch Elemente wie Ohrgehänge, vegetabile Verzierungen und kleine Masken vervollständigt werden, die an jeder Seite der Fassade übereinandergesetzt wurden.

Man hat das Bauwerk in seiner Gesamtheit als Figur des Erdmonsters angesehen: Sein aufgerissenes Maul versinnbildlicht die Höhlen der Berge, in deren Innerem sich das Tor zur Unterwelt befindet, wie das bei der Struktur 2 der Fall ist. Darüber hinaus enthält die *cresteria* zahlreiche skelettierte Menschen, starr und mit an den Körper gelegten Armen.

Hier haben wir eines der eigentümlichen Merkmale der Skulptur der yucatekischen Niederungen im späten Klassikum vor uns.

Uxmal und die Harmonie der Steinmosaiken

Die Stadt Uxmal (Yucatán, Mexiko) ist aus vielerlei Gründen eine ausgezeichnete Repräsentantin des Puuc-Stils. In den Bauwerken dominiert die Horizontalität, und der Reichtum und die Fülle der skulptierten Steinmosaiken spricht von einem Höhepunkt der geometrischen Harmonie, die ungeachtet der ständigen Wiederholungen das Auge nicht ermüdet. Schlangen, Mäander, kleine Pfeiler oder Säulen, glattes oder gezahntes Stabgitterwerk, kleine Nachbildungen von Hütten, mit einem gewissen Luxus gekleidete sitzende Personen und Monstermasken mit langer und aufgerollter Rüsselnase bilden einige der skulpturalen Elemente der Mauerwerke (Farbtafeln 64–71). Das sogenannte Nonnenkloster ist einer der nobelsten architektonischen Komplexe im Puuc-Stil.

Hervorzuheben ist noch eine Gruppe von Skulpturen, die durch ihre Thematik verbunden sind und wohl Teil des Wandschmucks der Stätte bildeten. Die bekannteste trägt den Spitznamen »Die Königin von Uxmal« (Farbtafel 108). Es handelt sich um ein jugendliches menschliches Gesicht, ausdruckslos und wahrscheinlich mit einer Tätowierung versehen, denn die Wange ist mit mäanderförmig angeordneten Punkten verziert; das Haar ist mit einem Reifen aus Scheiben zurückgehalten; der Kopf tritt aus dem offenen Rachen einer Schlange hervor.

Dieser Skulpturen-Typus kommt nicht allein in Uxmal vor. Er findet sich in verschiedenen Städten wie Chichén Itzá (Farbtafel 81), Kabáh (Farbtafeln 77–80), Labná (Farbtafeln 72–74), Oxkintok und Sayil (Farbtafeln 75, 76).

Plumpheit in Kabáh und Oxkintok

Die für Uxmal herausgestellten Stilkriterien weisen auch verschiedene andere Orte der Puuc-Region auf, doch in Kabáh und Oxkintok (beide Yucatán, Mexiko) treten neue Merkmale in Erscheinung. Kürzlich durchgeführte archäologische Ausgrabungen haben weitere Skulpturen zutage gefördert, so daß wir heute von zwei charakteristischen Elementen sprechen können, einerseits den Säulen mit dickbäuchigen Figuren und andererseits den mit Flachreliefs verzierten Stelen und Pfeilern.

Die Säulen stellen menschliche Figuren dar, die aus dem Baukörper herauszutreten scheinen. Ihre Gesichter sind meist pausbäckig, haben hervortretende Augen, die stark schematisiert sein können, ganz wie der Körper, dessen Gesamthöhe in der Proportion zwischen vier und sieben Köpfen schwankt. Ein Beispiel liefert die Säule 2 von Oxkintok (Abb. 149; Farbtafel 109), die im Museo Nacional de Antropología in Mexiko City aufbewahrt wird.

Obwohl es sich um Figuren im Hochrelief handelt, vermitteln sie gelegentlich den Eindruck, der Künstler hätte eine Rundplastik angestrebt. Das wird in seltenen Fällen sogar erreicht, wie die Freilegung der rückwärtigen Fassade des Codz Poop (»eingerollte Matte«) genannten Gebäudes von Kabáh gezeigt hat: Der Fries ist mit überlebensgroßen Standfiguren in reicher Gewandung geschmückt, bei denen jedoch der bereits erwähnte Formenkanon von Abstraktion und Entpersönlichung zum Tragen kommt.

Auf den Stelen und Pfeilern ist der Bildraum in bis zu drei Ebenen aufgeteilt, die Szenen mit einzelnen schematisch dargestellten, ausdruckslosen Personen oder Paaren in verschiedenen Gebärden und Haltungen zeigen. Das Relief definiert den äußeren Umriß, während die Gesichter, die Ornate und Symbole der politischen oder religiösen Macht detailliert eingeritzt sind.

In den meisten Beispielen kommen Einzelfiguren, Männer wie Frauen, in Frontalansicht vor, dabei ist jedoch das Gesicht stets zur Seite gewendet; ein Arm kann vor der Brust liegen, die Füße stehen in einem Winkel von 180°. In den komplexeren Szenen mit zwei oder drei Bildfeldern sitzen die im Profil gesehenen Menschen auf Schemeln, womit vermutlich Throne gemeint sind; die Personen werden unbewegt, in deutlicher Tanzhaltung oder als Kriegsgefangene in bedrohter Lage dargestellt. Auch erscheinen im oberen Teil der Stelen Gottheiten oder Ahnen, die über den Sterblichen »umherfliegen« (Abb. 150, 151).

Im Unterschied zu der formalen Behandlung der menschlichen Gestalt im Tiefland des Südens und mit Ausnahme der dickbauchigen Figuren wird hier keine Tendenz spürbar, die weichen Körperrundungen darzustellen; die Personen wirken stets plump und schematisiert, so daß die Bedeutung des Menschen hinter den Attributen des sozialen, politischen und göttlichen Status zurücktritt.

149 Stele 9 aus Oxkintok, Endphase des Klassikums (aus: *Arte Maya. Selva y mar*).

Chichén Itzá und die Herrschaft der Geometrie

Chichén Itzá (Yucatán, Mexiko) ist vor allem durch seine aus der postklassischen Periode stammenden Kunstwerke bekannt, in der sich die mayanische Kunst mit der aus dem Hochland von Mexiko vermischt hat.

Doch der »Chichén Viejo« (Alt-Chichén Itzá) genannte Sektor gehört bekanntlich der Puuc-Tradition an, der auch die Skulpturen stilistisch zuzuordnen sind.

Hier heben sich insbesondere Darstellungen hervor, die von August Le Plongeon »chac mool« (»Rote Tatze«) (Farbtafel 110) getauft wurden, ein Name, der in keinerlei Beziehung zu der Bedeutung dieser Skulpturen steht. Die ältesten werden in die Zeit zwischen dem 8. und dem 9. Jahrhundert n. Chr. datiert. Da sie vor dem Eingangsbereich zum Tempel standen, hat man sie mit verschiedenen Ritualen in Verbindung gebracht. Die Skulpturen zeigen einen stark geometrisch aufgefaßten, schematisierten Mann, charakterisiert durch seine halb liegende Haltung; er stützt sich bei leicht aufgerichtetem Oberkörper auf seine Ellbogen, den Kopf über eine Schulter gewendet; die Beine hat er angezogen, so daß die Fersen an den Oberschenkeln liegen. Auf seinem Bauch trägt er eine Schale, die er mit beiden Händen festhält. Obwohl es sich um voll- oder rundplastische Skulpturen handelt, verrät die Gestaltung ein Festhalten an schematisierten und geometrischen Formen, die sich freilich auf einer hohen Entwicklungsstufe bewegen.

150 Stele 21 aus Oxkintok, Endphase des Klassikums (Zeichnung von H. E. D. Pollock, aus: *Arte Maya. Selva y mar*).

Das Ende einer Epoche?

Über die Jahrhunderte hinweg dokumentiert die Skulptur der Maya in ihrer bevozugten Technik – dem Relief – und ihren beliebtesten Themen – besonders dem Menschen – das Streben eines Volkes, in konkreten Objekten eine einzigartige Vision des Kosmos zu gestalten, reich an Symbolen und verschiedenen Aspekten. In den Kunstwerken dominieren die Menschen der höchsten sozialen Klasse: Sie werden auf dem Gipfel ihrer politischen Macht mit ihren irdischen und göttlichen Emblemen dargestellt, die ihr Auftreten und Handeln legitimieren und ihnen Wert verleihen. Sie werden von Göttern und Ahnen begleitet, von Höflingen oder Gefangenen, und in Ritualakten gezeigt.

Auf dem Höhepunkt des Klassikums manifestiert sich in der Skulptur eine ausgeprägte Lebenslust; die Bilder wechseln zwischen sinnlich gerundeten, geschwungenen und strengen, abstrakten Linien. Doch insgesamt gesehen handelt es sich um Werke von nobler künstlerischer Handschrift, die eine jahrtausendealte bildhauerische Tradition bezeugen.

Die Wandmalerei

Farbige Städte

Die Außenwände der mayanischen Bauten haben heute fast gänzlich die Farbfassung eingebüßt, die, auf einer glatten Stuckschicht aufgetragen, ursprünglich die Steine überzog. Durch die Vergänglichkeit des Materials haben sich nur winzige Fragmente erhalten, und wir können uns nur schwer vorstellen, wie die mit einer oder mehreren Farben oder ganzen Bilderzyklen bemalten Gebäude wirkten.

Die Farbgebung war von so großer Bedeutung, daß nicht nur die Bauten innen und außen bemalt wurden, sondern auch die Skulpturen, die steinernen Reliefs (Stelen, Türstürze, Pfeiler) und die aus Stuck modellierten Monumentalfiguren wie die Monstermasken des späten Präklassikums in bunten Farben erstrahlten.

Wie alle anderen künstlerischen Ausdrucksformen der Maya auf einem festgelegten System basierten, so hatte auch die Farbigkeit ihre eigene Bedeutung.

Die erhaltenen Reste belegen, daß zumindest ab der Zeit des mittleren Präklassikums (1 000 – 300 v. Chr.) Farbpigmente in Gebrauch waren; an verschiedenen Stätten des Maya-Gebiets wurden auf Plattformen und Substrukturen Farbmuster, hauptsächlich in Rot, gefunden.

151 Säule 2 aus Oxkintok, Endphase des Klassikums. Diese Stele, wie auch die der vorhergehenden Abbildung, ist verschollen (Zeichnung von H. E. D. Pollock, aus: *Arte Maya. Selva y mar*).

Polychrome Wandmalerei

Die mayanischen Wandmalereien – vom schlichten monochromen Streifen als architektonischer Abgrenzung bis hin zu vielfarbigen Szenen mit komplexem Symbolgehalt – finden sich in ganz unterschiedlichen Gebäuden und Räumen: in Gräbern, auf Plattformen, Treppen, Pfeilern, Türstürzen, Kranzleisten, Friesen und Gesimsen an den Außenwänden von Palästen oder Tempeln und auf Sockeln, Mauern, Vorsprüngen, in der Laibung und auf den Schlußsteinen der Gewölbe sowie im Inneren der Kammern und Säle. Natürlich bestand eine innere Beziehung zwischen der Malerei und dem architektonischen Raum, in dem sie zur Darstellung gelangte.

Demzufolge ist auch die Ikonographie vielfältig, doch in der Regel befaßt sie sich mit den Aktivitäten der Elite, mit den Göttern, der Vorstellung vom Kosmos und seinen drei Schichten – Himmel, Erde und Unterwelt – sowie mit Opferritualen, Kriegsszenen und Daten, die den Lauf der Gestirne und für den Adel, und damit auch für die Volksgemeinschaft, relevante Ereignisse in einen zeitlichen Zusammenhang brachten.

Die Malerei wurde auf einer Stuckschicht aus Kalkstein und Sand ausgeführt, die auf die Wandfläche aufgetragen und so lange glattgestrichen wurde, bis sie einen einheitlichen Überzug ergab. Die meisten Farbpigmente waren mineralischen Ursprungs. Durch die Mischung verschiedener Töne erhielten die Künstler eine abwechslungsreiche Farbskala. Im allgemeinen wurden zunächst die Figurenumrisse mit einer roten Linie angelegt, danach die Binnenflächen farbig ausgefüllt, und schließlich wurden die Konturen nochmals in schwarzer Farbe übermalt.

Der größte Teil der bis heute erhaltenen Fragmente von Wandmalereien stammt aus Orten auf der Halbinsel Yucatán; in der Zentral- und der Südzone hingegen gibt es nur wenige; von anderen haben wir Kenntnis dank der Hinweise in den Reise- und Forschungsberichten des 19. und Anfang des 20. Jahrhunderts. Heute sind diese Malereien freilich fast vollständig verschwunden, oder es gibt nur noch winzige Spuren von ihnen.

Die zeitliche Einordnung der Wandmalereien ist sehr kompliziert, da ihre Ausführung nicht notwendigerweise mit der Errichtung des Gebäudes zusammenfallen muß, sondern auch später geschehen sein kann. Es ist daher unverzichtbar, auf die architektonischen, keramischen, archäologischen, epigraphischen und stilistischen Untersuchungen zurückzugreifen. Die Datierung von Malereien in einer Substruktur kann dagegen präziser ausfallen.

152 Wandmalereien aus der Grabstätte 166 von Tikal, späte klassische Periode (aus: Gendrop, 1972).

Die Wandmalereien auf der Außenarchitektur dienten als Mittel der Kommunikation. Über die Bildersprache, die Teil der verschiedenen kulturellen Manifestationen war, wurden die kosmologischen und politischen Konzepte öffentlich vorgetragen, die Legitimität der dynastischen Macht bestätigt; die Malereien stellten permanente Botschaften dar. Der Wandschmuck der Innenräume wurde wohl nur von den Mitgliedern der Adelskaste gesehen, und dort realisiert, damit das gemeine Volk davon ausgeschlossen blieb.

Der Weg in die Unterwelt

Die ältesten Wandmalereien im Maya-Gebiet entstammen dem späten Präklassikum und der Region des Petén und stehen mit Bestattungsbräuchen in Verbindung.

Im Grab 166 in Tikal sind verschiedene sitzende Gestalten über die Wände einer Kammer verteilt; sie wurden mit schwarzer Farbe umrissen und mit roter Farbe ausgemalt (Abb. 152, 153). Man hat sie als Götter oder Ahnen des hier Begrabenen identifiziert, der mit Sicherheit dem Adel angehörte, vielleicht sogar ein Herrscher war. Aus der Symbolik wird die Präsenz und die Kommunikation mit der Unterwelt evident, jenem geheiligten Ort, zu dem der Mensch nach dem Tod gelangt.

Im Außenbereich des Tempels von Bau 5D Sub 10-1, über der Grabstätte 167, hat man Standfiguren und eine Bordüre aus volutenartigen Zeichnungen entdeckt; heute ist die Malerei leider nahezu verschwunden.

Andere Bildprogramme mit Glyphentexten aus dem frühen Klassikum finden sich in den beeindruckenden Grabstätten 1, 19, 12 und 23 der Stadt Río Azul im äußersten Nordosten von Guatemala nahe der Grenze zu Belize und Mexiko.

Die Malereien im Grab 1 in Rot auf weißem Grund weisen eine Datierung in Langer Zählung auf, die dem Jahr 417 n. Chr. entspricht. Es ist das Geburtsjahr des Bestatteten, eines Würdenträgers von Río Azul. Auf den Wänden erscheinen Götter, schlangenartige Formen und Machtsymbole wie etwa die geflochtene Matte *(pop/poop)*. Durch die Glyphen wird auf die Autorität der Person verwiesen, aber auch die Unterwelt symbolisiert. Ein unserem Jahr 457 n. Chr. entsprechendes Datum wurde im Grab 48 von Tikal gemalt.

Xelhá, Eindrücke eines Besuchers

In Xelhá in Quintana Roo befindet sich die älteste Wandmalerei, die bislang auf der Halbinsel Yucatán entdeckt wurde. Sie ziert zwei Wände einer Substruktur. Auf der Südseite sieht man eine Szene mit fliegenden Vögeln, die mit breiten Streifen konturiert sind; auf der Nordseite ein Schachbrettmotiv und eine Person in Frontalansicht mit an die teotihuacanische Malerei anklingenden Zügen. Die archäologischen Daten sind um das Jahr 450 n. Chr. einzuordnen. Vielleicht belegt dieses Beispiel die Präsenz oder den Einfluß von Volksgruppen, die zwischen 450 und 550 n. Chr. aus der Hochebene von Mexiko gekommen waren.

Adelige und Krieger in Uaxactún

Historische Taten und Ereignisse gehören zu den typischen ikonographischen Elementen der mayanischen Kunst. Ihren Einzug in die Wandmalerei halten sie im Raum 7 von Bau B-XIII in Uaxactún, Guatemala (Abb. 154). Die Malerei wurde zwischen 350 und 550 n. Chr. datiert. Bei ihrer Entdeckung hat man sie von der Wand gelöst; einige Fragmente befinden sich heute im Museo Nacional de Arqueología y Etnología von Guatemala.

Verschiedene von Glypheninschriften begleitete Personengruppen sind hier in zwei Ebenen übereinander dargestellt. Diese Anordnung in horizontalen Streifen sollte eine kompositorische Konstante in der Wandmalerei bilden. Drei sitzende Figuren, wahrscheinlich aus dem Adel, unterscheiden sich durch ihre Gewandung von den anderen. Links stehen zwei Individuen, vielleicht Krieger; der eine mit einem schwarz gemalten Körper scheint sein Gegenüber, das in der Hand einen Gegenstand schwingt, zu grüßen.

Vorhergehende Seiten:

118 Gefäß mit polychrom bemaltem Stucküberzug aus dem Heiligen Cenote (Brunnen) von Chichén Itzá, späte klassische Periode.

119 Schale auf vier Fußstützen mit kleiner anthropomorpher Figur, spätes Präklassikum.

120 Schale aus der Region von Nakbé, Guatemala, späte klassische Periode.

121 Deckelgefäß mit Ritzdekor, frühes Klassikum.

122 Räuchergefäß in Gestalt des »Alten Gottes«, Tikal, frühes Klassikum.

Vorhergehende Seiten:

123 Zylindrisches, polychrom bemaltes Gefäß aus der Region von Motul de San José, Guatemala, späte klassische Periode. Die umlaufende Szene (hier in photographischer Abrollung) zeigt einen Mann, der dem auf einer Matte sitzenden Herrscher Tribut abliefert. Der Inschrifttext erklärt, daß das Gefäß ein Kakaogetränk enthielt.

124 Zylindrisches, polychrom bemaltes Gefäß mit umlaufender Szene eines Ballspiels, späte klassische Periode.

125 Zylindrisches Gefäß aus Tikal, späte klassische Periode. Eine vornehme Dame reicht dem ihr gegenüberstehenden Herrn einen Kopf (oder eine Maske?).

126 Zylindrisches Gefäß mit der Darstellung eines Tanzenden, späte klassische Periode.

127 Vierfüßiges Deckelgefäß mit zoomorpher Deckelbekrönung, Tikal, späte klassische Periode.

128 Polychromes Deckelgefäß mit anthropomorpher Deckelbekrönung, Tikal, frühes Klassikum.

Folgende Seiten:

129 Jade-Ohrschmuck aus Pomona, Belize, spätes Präklassikum.

130 Röhrenperle aus Jade, gefunden auf der Brust eines mit reichen Grabbeigaben bestatteten Kriegers aus Nohmul, Belize, frühes Klassikum.

131 Brustschmuck aus einer Muschel mit der Darstellung eines pfeiferauchenden Mannes, späte klassische Periode.

132 Schneckengehäuse mit eingeritzter Darstellung eines *ahau*, frühes Klassikum.

Folgende Seite:

133 »Exzentrisches Gebilde« aus Obsidian, auf dem vier menschliche Profilköpfe zu erkennen sind, späte klassische Periode.

Im äußersten Westen der Akropolis gelegen, enthält die Struktur 1, der sogenannte Tempel der Wandgemälde, die qualitätvollsten Wandmalereien der mayanischen Kunst. 50 Jahre nach der Entdeckung können wir nun die Szenen interpretieren, die sich dank der zwischen 1985 und 1987 durchgeführten Restaurierungs- und Konservierungsmaßnahmen in gutem Zustand befinden.

Die Errichtung des Gebäudes wurde aufgrund der Glyphendatierungen auf Wänden und Türstürzen in die Zeit zwischen 790 und 792 n. Chr. festgesetzt.

Alle drei Räume des Tempels sind vom Boden bis zur Decke meisterhaft mit farbigen Szenen ausgemalt (Farbtafeln 116, 117), in denen Ritualhandlungen des Herrschers Chan Muan II. und anderer Mitglieder des Königshauses von Bonampak dokumentiert werden.

Im Register der Dachschräge von Raum 1 (Abb. 156) führt eine Gruppe von Männern in weißen Umhängen ein Gespräch, wie ihre Haltung und Gebärdensprache deutlich erkennen lassen; ganz rechts hält ein Mann ein Kind in den Armen. Aufgrund dieser Figur gilt die Präsentation des Thronerben als zentrales Thema dieses Raums. Die gegenüberliegende Wandszene stellt den Moment dar, in dem Chan Muan II. oder »Himmelsharpyie« II. von Höflingen bekleidet wird. Die in der obersten Zone erscheinenden Monstermasken oder übernatürlichen Wesen und das Stück Himmelsband greifen in die darunterliegenden Ebenen und ihre Ereignisse über. Auf dem unteren Fries beteiligen sich eine Gruppe von Musikanten und als Phantasiewesen verkleidete Gestalten am Geschehen. Zwischen dem Dachgewölbe und den Wänden verläuft der längste Glyphentext dieser Wandgemälde.

Auf drei Seiten von Raum 2 (Abb. 157) tobt ein heftiger Krieg Mann gegen Mann – ein Kampf, an dem der König in seiner Eigenschaft als höchster Krieger teilnimmt. Auf der Nordseite ist das Ergebnis dieser kriegerischen Auseinandersetzung zu sehen; hier sitzen oder knien auf den unteren Stufen einer Plattform die gedemütigten Kriegsgefangenen mit wirrem Haar und blutenden Händen in Erwartung des Opferrituals. In der Mitte über ihnen erhebt sich der von Edelleuten begleitete Chan Muan II. oder »Himmelsharpyie« und demonstriert seinen Triumph und seine Macht. Nahe an den Gewölbeschlußsteinen beobachten Figuren in Medaillons, die in Verbindung zu den Gestirnen stehen, die Ereignisse.

In Raum 3 (Abb. 158) tanzen mehrere Personen in prunkvollen Gewändern und kompliziertem Kopfputz. Auf der Ostseite des Gewölbes wird über einer Bank das Selbstopferritual der Blutentnahme durchgeführt. Die Frauen ziehen durch ihre zuvor durchbohrte Zunge eine dornenbesetzte Schnur, und das Blut, die heilige Flüssigkeit, fließt auf Papierstreifen, die in einer Schale gesammelt und dann als Opfergabe an die Götter verbrannt werden. Der Rauch stellt die Verbindung zum Himmel und den Göttern her. Auf der Nordseite steht eine weitere ins Gespräch vertiefte Gruppe von Adeligen in weißen Umhängen, und im oberen Teil erscheinen weitere symbolische Figuren und Elemente, die mit den Göttern und den Gestirnen in Beziehung stehen.

153 Details der Malereien aus der Grabstätte 166 von Tikal, spätes Präklassikum (aus: Gendrop, 1972).

154 Wandmalereien in Raum 7 des Gebäudes B-XIII von Uaxactún, frühes Klassikum (aus: Morley, Brainerd und Sharer, 1983).

Einige Gestalten haben Glyphenkartuschen an ihrer Seite. Es sind Nominalzeichen, die ihren Namen oder Titel angeben, wodurch sie sich als Angehörige des Adels ausweisen.

Die Wandgemälde von Bonampak sind ein exemplarisches Beispiel für die kompositorische und technische Meisterschaft, die die Maya erlangten. Die Szenen sind außergewöhnlich naturalistisch gestaltet, man betrachte nur die ausdrucksvollen Gesichter der Dargestellten oder die Bewegtheit der Kampfszene. Darüber hinaus tragen die Personen sehr fein ausgearbeitete Gewänder mit komplexem Symbolgehalt, den man in den detailliert gemalten Mustern der Tuniken und Umhänge entdecken kann. Der Kopfputz aus Federn und Phantasietieren veranlaßt jeden der Protagonisten, den Kopf hochzutragen. Die Farbgebung ist ein grundlegender Teil der Ikonographie und des Erscheinungsbildes.

Diese Wandgemälde sind zudem die einzig nahezu vollständig erhaltenen, die uns einen Eindruck vermitteln können, wie die anderen Maya-Tempel einmal ausgemalt waren.

Wichtig zu erwähnen ist auch, daß sich an der Außenwand der Struktur 1 Fragmente eines gemalten Glyphenbandes erhalten haben. Ausgehend von diesem und anderen Beispielen im Norden Yucatáns, etwa der Struktur 2 von Chicanná oder der Fundstätte Haltunchón, Campeche, wissen wir, daß bedeutende Ereignisse auf die Fassaden gemalt wurden.

Die Darstellung von mit Glyphentexten versehenen Szenen, die Angehörige des Adels bei Ritualakten zeigen, scheint in dieser Periode zu einer thematischen Tradition geworden zu sein. In Palenque und Yaxchilán, Mexiko, sowie in La Pasadita, Guatemala, haben sich noch Wandmalereifragmente mit Gesichtern und dem komplizierten Kopfputz erhalten.

Diese im Petén bestehende ikonographische und kompositorische Tradition finden wir auch in Cobá, das 50 km von der karibischen Küste entfernt in Quintana Roo liegt. Das offenbaren die wenigen verbliebenen Überreste in der Struktur »El Cuartel«.

Darstellungen von Kriegern

S. 218
Folgende Seiten:
Schema der Wandmalereien in Struktur 1 von Bonampak. 790–792 n. Chr., späte klassische Periode (aus: Adams und Aldrich, 1980).

156 Die Malereien in Raum 1.

157 Die Malereien in Raum 2.

158 Die Malereien in Raum 3.

Auf der Halbinsel Yucatán finden wir weitere gemalte Belege, die die Bedeutung des Krieges, der Opferrituale, der Gefangenen und der Götter dokumentieren.

Die Malereien von Mulchic sind auf drei horizontale Register verteilt; der obere Fries zeigt den Glyphentext, im mittleren und breitesten kommen verschiedene Szenen zur Darstellung, und im unteren finden sich mit dem Tod und der Unterwelt verbundene Figuren.

Auf einer Wand ist ein Kampf zwischen zwei feindlichen Gruppen (Abb. 155) abgebildet; es verblüfft, daß Steine als Waffen dienen und daß auf dem Kampfplatz ein Baum steht, an dem ein Mensch hängt. Die Szene der Rückwand zeigt schwarzfigurige Gestalten, Schädel und Messer: Gefangene vor einem Krieger, der alle übrigen weit überragt.

In der Fundstätte Ichmac bedecken ebenfalls in horizontalen Registern angeordnete Reihen wichtiger Persönlichkeiten Gewölbe und Wände. Sie stellen verschiedene Ereignisse dar, die mit den drei Ebenen des Kosmos und den rituellen Handlungen der Adelsschicht in Zusammenhang stehen.

155 Kampfszene der Wandmalereien von Mulchic, späte klassische Periode (Zeichnung von L. Staines nach H. Sánchez Vera).

159 Gewölbeschlußsteine aus Xnucbec mit gemalter Darstellung des Gottes K'awil, späte klassische Periode (Photo von M. de la Garza und Zeichnung von K. H. Mayer).

Andere Wandgemälde, deren Ikonographie sich ebenfalls auf Krieger und Kampfhandlungen bezieht, finden sich in Sodzil und Chacmultún, Yucatán. In der letztgenannten Stätte wird ein Wandel in der Komposition offenkundig: Die Personen sind im Vergleich zu den zuvor erwähnten Wandgemälden deutlich kleiner.

Wenn die Götter sprechen

Eine offensichtlich regionale Eigenart sowohl bezüglich der Thematik wie des architektonischen Standorts, finden wir in zahlreichen Fundstätten in Campeche und Yucatán, nämlich die Gewölbeschlußsteine, die in der Mehrzahl dem späten Klassikum entstammen.

Auf den Steinen, die den Abschluß des Gewölbes bilden – in der Regel auf dem zentralen, in der Achse des Eingangs liegenden Stein –, finden sich Malereien (Abb. 159).

Diese Malereien sind in der Mehrzahl in Rot auf das Weiß des Verputzes gesetzt, wobei das zentrale Bild oben und unten oder auch auf allen vier Seiten von Glyphenbordüren gesäumt ist. Sie messen ca. 40–70 cm in der Höhe und 15–45 cm in der Breite.

Den Platz in der Mitte nimmt im allgemeinen eine Gottheit ein, dabei wird häufig Gott K oder *K'awil* mit einem phantastischen Gesicht und Schuppen auf dem Körper dargestellt, die an ein Reptil erinnern; manchmal läuft ein Bein in den Kopf einer Schlange aus. Dieser Gott ist eng verbunden mit der Institution des Königtums, den Angehörigen der die Macht ausübenden »Lineage« (Abstammungslinie), und durch seine Attribute wird er mit Fülle und Nahrung assoziiert; in verschiedenen Beispielen wie in Dzibilnocac und Xnucbec erscheint er beim Bewässern von Getreide.

Zwei Stilausprägungen in Chichén Itzá

In Chichén Itzá hat man in verschiedenen Bauten, etwa dem sogenannten Nonnenkloster, dem Tempel des Jaguars und dem Tempel der Krieger, Malereifragmente entdeckt. Es wird jedoch noch diskutiert, ob sie der Endphase des Klassikums oder dem frühen Postklassikum angehören, da in ihnen zwei Stilarten zum Ausdruck kommen: der klassische mayanische und der aus der zentralen Hochebene von Mexiko eingedrungene Stil.

Die Geschichte der Keramik

Die mannigfaltigen Informationen, die über die Entwicklung und die Technik der keramischen Produktion zusammengetragen werden konnten, haben auch wertvolle Daten über die verschiedenen Regionen des Maya-Gebiets geliefert. Durch die Analyse und Klassifizierung der Keramik konnte man Typologien bestimmen, Entwicklungsetappen abstecken und auf deren Basis chronologische Abläufe festlegen.

Zudem konnte man aus den verwendeten Materialien, den Veränderungen in Form und Dekor der Gefäße auf die wirtschaftlichen, kulturellen und sozialen Beziehungen zwischen den Maya-Regionen untereinander und zu anderen mesoamerikanischen Völkern schließen.

Zur Herstellung der Keramik verwendete man Lehm und Ton, Wasser und härtende Zusätze; damit modellierten die Maya eine ungeheure Vielfalt von Gegenständen. Um den Ton mager zu machen und zu härten, damit die Gefäße beim Brennen und Abkühlen nicht zerbrachen, setzten sie ihm Vulkanasche, gemahlene Muscheln, Sand, Quarz und Kalkspat zu. Anhand dieser Zusätze und der Engobe (farbiger Überzug), die aus demselben flüssigen Ton hergestellt wurde, kann man die Keramik der verschiedenen Regionen unterscheiden.

Ausgehend von der Typologie lassen sich einige keramische Komplexe definieren, die man anhand der Nomenklatur der jeweiligen Fundstätten auseinanderhält, die im allgemeinen zu komparatistischen Zwecken auf die Nomenklatur von Uaxactún in Guatemala, bezogen werden.

Diese Komplexe lassen sich zurückverfolgen bis auf die präklassische Periode; besonders auf das mittlere (1 000–300 v. Chr.) und das späte Präklassikum (300 v. Chr.–300 n. Chr.), wie die Komplexe *Mamon* und *Chicanel* von Uaxactún (Abb. 160), *Eb*, *Tzec*, *Chuen* und *Cauac* von Tikal und *Nabanché*, *Komchen* und *Xculul* von Dzibilchaltún, in denen sich technische Meisterschaft und große Formenvielfalt offenbaren. Die Dekore sind geometrisch, abstrakt und nur in der Farbe des Tons gehalten. Diese finden sich auf Töpfen, Vasen, tiefen Tellern, Krügen, komplizierten Gefäßformen, Menschen- oder Tierfiguren. Charakteristisch sind die kugelförmigen Stützen; als Farben dominieren Creme, Rot und Grau.

Die folgenden Entwicklungsstufen unterscheiden sich im frühen Klassikum (300–600 n. Chr.) hauptsächlich durch das Auftreten von Deckelgefäßen und bildlichen Szenen, in denen immer häufiger die menschliche Figur bei verschiedenen Tätigkeiten und mit verschiedenen Attributen dargestellt wird. Die Farben sind dieselben, doch kommen dazu noch Blau, Weiß, Grün und Schwarz wie in den Komplexen *Tzakol* von Uaxactún (Abb. 162), *Cimi* und *Manik* von Tikal, *Bizac* von Copán und *Blanco* von Cobá.

Auffallend sind die zylindrischen, mit Ritzdekor oder Reliefs verzierten Dreifußgefäße, deren Füße als Tierpfoten und deren Deckelknäufe als Tierköpfe oder menschliche Figuren gebildet sind. Besonders typisch sind Räuchergefäße in Form von Menschen oder Tieren.

Im späten Klassikum zeigt sich *Tepeu* von Uaxactún (Abb. 162) als einer der bedeutendsten Komplexe. Hier tritt uns die glanzvollste Epoche der polychromen Gefäße mit aufgemalten Szenen in der Ritual- und Begräbniskeramik entgegen, in der technische Perfektion und künstlerische Qualität vollendet zur Geltung kommen. Die Keramik wurde von den regierenden Dynastien und dem Adel für rituelle Zwecke gebraucht, so daß man sie gewöhnlich in den Tempeln und in Verbindung mit Stelen und Altären als Opfergabe, oder in den Bestattungen als Grabbeigabe, findet.

Die kunsthandwerkliche Produktion muß intensiv gewesen sein, vor allem, wenn wir die Menge der von der herrschenden Elite benötigten prunkvollen Objekte in Rechnung stellen. Die Kunsthandwerker – sicherlich eine Gruppe von Spezialisten – demonstrieren bei der Gestaltung dieser Gegenstände große schöpferische Kraft und Erfindungsgabe. Man hat eine enorme Typenvielfalt entdeckt: Töpfe, *aplastes*, tiefe Teller, Teller ohne oder mit drei Stützen, Schalen, Gefäße mit divergierenden Wandungen, Krüge, Gefäße mit Henkeln, hohe zylindrische Gefäße, Gefäße in Tiergestalt, Urnen, Kohlepfannen und kleine vollplastische Figuren (Farbtafeln 118–128).

Die Ikonographie des gemalten Dekors reicht von Symbolen (etwa Matte, Schachbrett, Wasser, Bordüren) bis zu Motiven, die mit historischen, religiösen und kosmologischen Ereignissen in Zusammenhang stehen (Abb. 161, 163).

Die Szenen sind meist naturalistisch und sehr bewegt wiedergegeben; dargestellt werden die Herrscher beim Blutentnahmeritual, auf einer Bank bei der Zelebrierung eines anderen Rituals oder auch im Dialog mit den Ahnen oder Göttern; es erscheinen auch Krieger, Tanzende, Tiere (vor allem diejenigen, die zur Unterwelt in Beziehung stehen, wie Vögel oder Jaguare). Einige Gefäße tragen am Rand oder in der Szene Glypheninschriften, die ein Datum oder einen Gedenktag angeben. Die für den täglichen Gebrauch im Haushalt angefertigten Gefäße (Teller, Töpfe und Becher) waren im allgemeinen nur sparsam dekoriert.

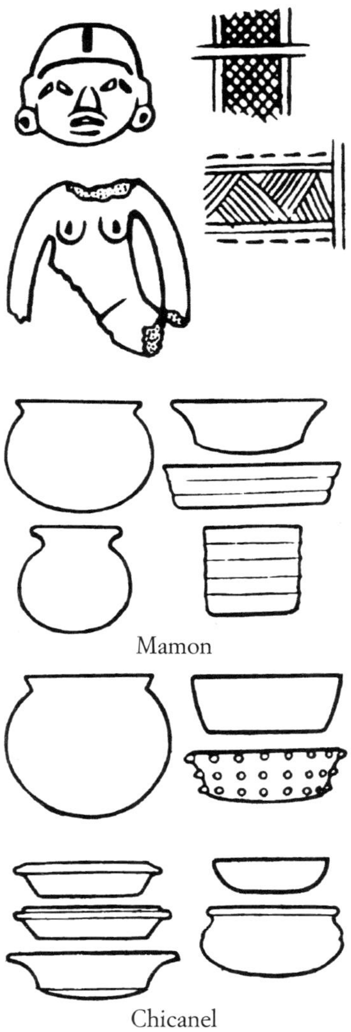

160 Keramikabfolge von Uaxactún, die als Grundlage für die mayanische Keramikentwicklung dient. Präklassische Phasen (nach R. Smith, aus: Culbert, 1985).

161 Dekor eines polychromen Gefäßes aus Chamá, Guatemala, späte klassische Periode (aus: Morley, Brainerd und Sharer, 1983).

Verschiedene Materialien: Kostbarkeiten für die Elite

Im Bereich der mayanischen Plastik ragen die aus anderen Materialien gefertigten Objekte heraus, die meist aus Jade, Muschelschalen, Koralle, Feuerstein, Knochen, Obsidian, Pyrit oder Stuck bestanden. Man hat verschiedene Gegenstände in Gestalt von Tieren, menschlichen Figuren und vollplastische Arbeiten gefunden, zu deren Herstellung die Künstler hartes Gestein, Holz und Poliersteine aus Jade verwendet haben müssen.

Diese Gegenstände, die Teil des Rituals, des Ornats der Herrscher oder des Adels bildeten, waren von solch großer ikonographischer oder symbolischer Bedeutung, daß sie in zahlreichen Grabstätten zu finden sind und sich auch bei der Darstellung prunkvoll gewandeter repräsentativer Persönlichkeiten in den Stein- oder Stuckreliefs, in den Wandgemälden und der polychromen Keramik manifestieren.

Die Jade mit ihrer von Grün, Schwarz, Blau bis Weiß reichenden Tönung war einer der härtesten von den Maya benutzten Steine. Sie wurde zu Mosaiksteinen geschliffen, oder man stellte aus den größeren Stücken Ohrschmuck, Halsketten, Armreifen u. a. her (Farbtafeln 129, 130). Ebenso verwendete man Muscheln, Obsidian, Koralle und Knochen, und manchmal entstanden Kunstwerke aus der Kombination verschiedener Materialien. Pyrit diente im allgemeinen zur Herstellung von Spiegeln.

Viele dieser Objekte tragen eingeritzte Zeichnungen. So zeigen zum Beispiel als Pektorale verwendete Schmuckstücke Gottheiten oder die Persönlichkeiten, die sie trugen oder auch Ranghöhere in einem rituellen Akt.

Muscheln und Schneckenhäuser (Abb. 164; Farbtafeln 131, 132) wurden nicht nur als Material zur Darstellung von menschlichen Figuren, Tieren oder Glypheninschriften benutzt, sondern man respektierte auch gern die natürliche Form, der manchmal nur einige Sgraffitti hinzugefügt wurden.

Auch die Ritzzeichnungen auf Knochen (Abb. 165) sind hier zu erwähnen. Gewöhnlich finden wir einfache Dekore, menschliche Figuren, Gottheiten oder Glypheninschriften.

Weitere Kunstgegenstände sind die aus Obsidian und Feuerstein gefertigten sogenannten exzentrischen Gebilde (Farbtafel 133), denen die Maya unterschiedliche Formen verliehen, darunter auch die verschiedener Gottheiten.

Darüber hinaus muß der Federschmuck eine weitere wichtige Form künstlerischen Ausdrucks gewesen sein, wie aus den Wandgemälden von Bonampak, zahlreichen Reliefs und den Gefäßmalereien sinnfällig hervorgeht.

Dieser Überblick kann natürlich nur eine sehr begrenzte Vorstellung von der klassischen Kunst der Maya vermitteln. Vielleicht vermag er es aber, Interesse für eines der großen schöpferischen Völker aller Zeiten zu wecken, bergen doch die herrlichen Kunstwerke, die so lange stumm geblieben sind, immer noch Geheimnisse, die es zu entdecken gilt.

162 Klassische Phasen der Keramikabfolge von Uaxactún (nach R. Smith, aus: Culbert, 1985).

163 Zwei polychrome Teller. Der linke stammt aus Uaxactún, der rechte aus Tikal (aus: Morley, Brainerd und Sharer, 1983; W. R. Coe, 1967).

Anmerkungen

1 Die zur Errichtung der architektonischen Monumente benutzten Materialien sind vielfältig, doch im allgemeinen verwendete man zu Quadern behauenen Kalkstein und als Überzug Stuck, der aus einer Mischung von aus Kalkstein gewonnenem Kalk und Sand besteht, die ihn strahlend weiß erscheinen lassen.
2 Die Begriffe »Tempel« und »Palast« sind Bezeichnungen, die nicht unbedingt der Funktion dieser Gebäude bei den Maya entsprechen.
3 Die *sacbéob* – Plural *von sacbé* (»weiße gepflasterte Straße«) – sind aus Kalksteinen gebaute Wege oder Dämme mit einem Überzug aus Stuck, die architektonische Baukomplexe eines Ortes, aber auch Städte miteinander verbinden. Sie können sich zwischen 1 bis 5 m über dem Bodenniveau erheben und bis zu 5 m breit sein. Die längste bislang entdeckte *sacbé* ist die 100 km lange Straße, die Cobá (Quintana Roo) mit Yaxuná (Yucatán) verbindet.
4 Eine andere Stilregion ist die Ostküste am Karibischen Meer im Staat Quintana Roo, die hier nicht weiter behandelt werden soll, da sie die Bauten der postklassischen Periode betrifft.
5 Der Tempel der präklassischen Periode war aus Bruchsteinen und Holzpfosten gebaut, die ein Dach aus Palmstroh stützten.
6 Auch irrigerweise »falsches Gewölbe« genannt.
7 Es handelt sich um ein üppiges vorspringendes Gesimsband über einem sich nach unten verjüngenden Unterbau. Diese Gesimsbänder werden im Spanischen *delantal* und im Englischen *apron* (Schürze) genannt.

164 Muschelschale mit Ritzdekor, späte klassische Periode (aus: Schele und Miller, 1986).

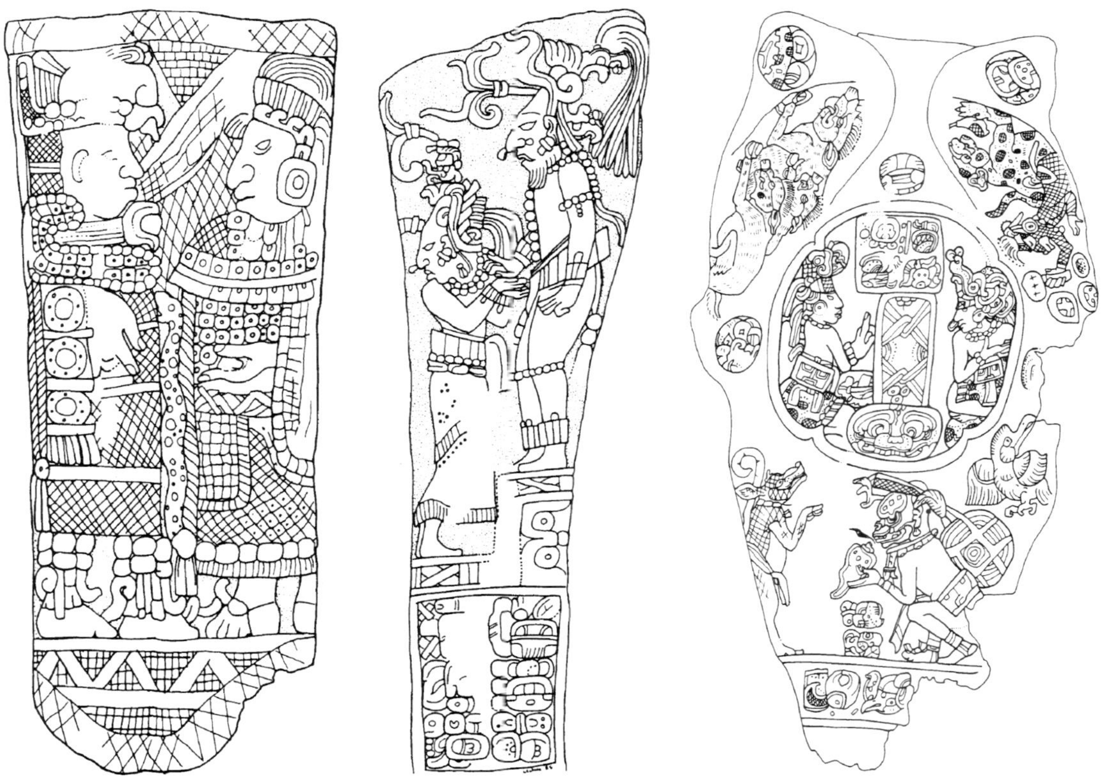

165 Knochen mit eingeritzten Verzierungen. *Links*: Jaguarknochen mit zwei Personen, späte klassische Periode. *Mitte*: Schienbeinknochen eines Hirsches mit der Darstellung des Herrschers Yax-Pac und einer Frau aus Copán, späte klassische Periode (aus: Schele und Miller, 1986). *Rechts*: Schädel eines Pekaris (Nabelschweins) aus der Grabstätte 1 von Copán. 376 n. Chr., frühes Klassikum (aus: Fash, 1991).

Die Glyphenschrift

Maricela Ayala Falcón

Über die Maya zu sprechen bedeutet, von intellektuellen Leistungen zu sprechen, denn zweifellos haben die Maya unter all den Kulturen der Neuen Welt die fortgeschrittensten Kenntnisse entwickelt. Und vor allem: Sie haben ihre Erkenntnisse schriftlich hinterlassen.

Der moderne Mensch ist so sehr an das Schreiben und Lesen gewöhnt, daß er weder über den Ursprung und die Entwicklung dieser großartigen Errungenschaften nachdenkt, noch über den Umstand, daß die Gesellschaft völlig von der Kommunikation abhängig ist, eine Abhängigkeit, die bereits in der Vergangenheit existierte. Die Grundlagen des komplexen Kommunikationsprozesses werden heute in einem vereinfachten Modell zusammengefaßt: Es gibt einen Sender, ein Übertragungsmedium und einen Empfänger. Fehlt eines dieser Elemente, gibt es keine Übermittlung einer Botschaft und demzufolge kein lebendiges Vermächtnis, keine Identität.

Wahrscheinlich in prähistorischer Zeit hat der Mensch seine gutturalen Laute mit Worten (Phonemen) vertauscht, wobei wohl jede Gruppe ihren eigenen Kommunikationscode besaß, und die Form der Übermittlung Veränderungen unterlag. So entwickelte der Mensch drei grundlegende Kommunikationssysteme: das mimische, das phonetische und das graphische. Das letztere hat sich in verschiedenen Ausprägungen entfaltet, von denen keine der anderen gleicht, aber stets empfänglich für Anpassungen und Übernahmen ist.

Bevor wir unseren Streifzug durch das mayanische Schriftsystem beginnen, ist der Hinweis wichtig, daß es bis heute keine gültige Definition gibt, wann ein graphisches System als Schrift betrachtet werden kann. Sind die Höhlenmalereien eine Schrift? Stellen die Zeichnungen der nordamerikanischen Eingeborenen ein Schriftsystem dar?

Die Antwort ist schwierig. Philologen, Historiker, Linguisten und Anthropologen haben lange an der Unterscheidung zwischen primitiven oder wilden Stämmen und zivilisierten oder kultivierten Gruppen festgehalten, die ihnen als Vorbedingung für die Existenz eines Schriftsystems galt. Darauf basierte auch die (heute hinfällige) Trennung zwischen Archäologie und Geschichte.

In Amerika interessierten sich die spanischen Eroberer für die Einwohner des Kontinents, um sie besser beherrschen und bekehren zu können, und nur einige Wißbegierige erwähnten in ihren Chroniken und Berichten eine Tatsache, die sie erstaunte – vergessen wir nicht, daß wir von Menschen des 16. Jahrhunderts sprechen – »sie hatten Bücher, in denen von all ihren Angelegenheiten berichtet wurde«; »sie hatten eine Art Schrift, mit der sie sich verständigten«; »sie besaßen eine Art Archiv für ihre Bücher«; »sie benutzten ein aus der Rinde eines Baumes gemachtes Papier« (*ficus*), auf das sie ihre Taten, Geschichten, Landkarten, Genealogien, Weissagungen usw. malten. Es gab nicht nur eine Schrift, sondern auch eine Korrespondenz und ein historisches Bewußtsein, das es ihnen erlaubte, ihre Identität zu bewahren und lebendig zu erhalten.

Trotz dieser in den Chroniken enthaltenen Informationen verneinten die Epigraphiker die Existenz amerikanischer Schriftsysteme. Erst vor kurzem mußten diejenigen Anthropologen und Philologen, die die amerikanischen Kulturen als »schriftlos« abtaten, ihre Haltung im Licht neuer Erkenntnisse revidieren. Das schlagendste Argument ist hier die mayanische Schrift, obschon auch eine zapotekische, mixtekische und mexikanische existierte.

Doch wenn man von der Schrift der Maya und ihrer Kultur sprechen will, muß man in die Vergangenheit zurückschauen. Als der Mensch begann, Botschaften zu hinterlassen, bediente er sich dazu gemalter oder eingeritzter Zeichen. Die meisten davon verstehen wir nicht und werden sie vielleicht nie verstehen, weil wir nicht wissen, ob es sich um ein historisches Ereignis oder um eine Anrufung, ein Gebet, handelt. Das ist der Fall bei den prähistorischen Darstellungen im spanischen Altamira, im französischen Lascaux oder dem mexikanischen Izapa. Man hat diese Bildzeichen »Piktogramme« genannt, weil es sich um realistische figürliche Darstellungen handelt (Abb. 166).

Es gibt eine zweite Stufe der Schriftentwicklung, die mit dem Terminus »Ikonogramme« beschrieben wird, wenngleich betont werden muß, daß beide schwer voneinander zu tren-

166 Stele 6 von Izapa, spätes Präklassikum (aus: Lowe, Lee und Martínez, 1982).

nen sind. In ihr finden wir auch Abbildungen von Gegenständen, wobei freilich in dieser Phase das Objekt eine Idee impliziert. Das heißt, die Gestalt eines »Fisches« nimmt die Bedeutung einer Vorstellung oder eines Verbs an: »Fischer«, »fischen« (Abb. 132).

Der nächste Schritt bestand in der Schaffung der logographischen oder phonetischen Schrift, das heißt, man begann, das Zeichen entweder als Wort oder als Morphem (kleinste bedeutungstragende Einheit der Sprache) zu lesen. In den monosyllabischen Sprachen, zu denen die sumerische und die mayanische gehören, muß der Übergang rasch gewesen sein, und im Verlauf dieses Prozesses stützten sich die Sprachbenutzer auf homophone Wörter, die ihnen erlaubten, geistige Vorstellungen niederzuschreiben, was auf andere Weise nicht möglich gewesen wäre. So wurde in der sumerischen Schrift die Zeichnung eines Pfeils, *ti*, in der Bedeutung von *ti*, »das Leben«, verwendet. In der mayanischen Schrift konnte das Zeichen für Sonne, *kin*, den Sonnengott, den homonymen Tag und mittels semantischer Ableitung die Zahl vier bedeuten (Abb. 167), wenngleich hervorzuheben ist, daß jedes Signifikat auf verschiedene Weise geschrieben werden konnte, nämlich in Gestalt normaler Glyphenzeichen, in Kopfvarianten und Körpervarianten.

Die graphischen Zeichen entwickelten sich in einigen Schriften zu Phonemen (kleinste bedeutungsunterscheidende Lauteinheit einer gesprochenen Sprache), wie in unserem Alphabet, aber der Prozeß war langwierig, seine Geschichte sehr diffizil, und tatsächlich sind nicht alle Schriftsysteme bis zu dieser Etappe gelangt.

Die Gelehrten vertreten die Meinung, daß nur das Ägyptische und die Keilschrift sich zu Schriften mit phonetischem Gehalt entwickelten, das heißt, zu einer Stufe, in der jedes Zeichen einen Laut (Phonem) verkörpert. Und hier liegt eines der Probleme, denen wir gegenüberstehen, existiert doch eine von vielen Autoren anerkannte vorhergehende Etappe, in der die Zeichen als Silben gelesen werden. Diese Stufe ist als phonetisch-syllabische Schrift bekannt und zeigt sich insbesondere in den morpho-syllabischen Sprachen. Beispiele dafür sind die sumerische, die mexikanische (oder aztekische) und die mayanische Schrift.

Die Geschichte der Entzifferung

Die Frage der Anerkennung oder Nicht-Anerkennung der Existenz einer mayanischen Schrift ist eine höchst sonderbare Geschichte. Als der Mönch Diego de Landa, Bischof von Yucatán, seine *Relación de las cosas de Yucatán* (1566) schrieb, konnte er nicht ahnen, daß das Dokument nahezu drei Jahrhunderte lang in Vergessenheit geraten würde.

Wir wissen, daß Mesoamerika im Verlauf seiner Geschichte aufgrund seiner wirtschaftlichen, kulturellen und kriegerischen Aktivitäten eine Fülle von Ideen und Produkten teilte. Das Maya-Gebiet bildete hier keine Ausnahme, doch alle seine Aktivitäten, insbesondere die kriegerischen, führten schließlich dazu, daß bei der Ankunft der Spanier das Wissen um die Schrift fast verloren gegangen war, deren sich, wie es wohl immer schon gewesen war, nur die Priester und einige Herrscher zu bedienen wußten; diese standen, wie Landa erklärt, »deswegen in höchstem Ansehen.« Eine dieser Persönlichkeiten war Gaspar Antoni Chi, der Landa Informationen über die Kalenderzählung, die Tages- und Monatsglyphen und ein »Maya-Alphabet« lieferte (Abb. 170).

167 *Oben:* Glyphen zur Bezeichnung der Sonne, *k'in*.
Unten: zwei Kopfvarianten der Zahl 4, *k'in* (aus: Marcus, 1992; Thompson, 1971).

Es muß darauf hingewiesen werden, daß es in den Maya-Sprachen[1] Laute oder Phoneme gibt, die das Spanische nicht kennt, und die man als glottalisierte, unter Verschluß der Glottis (Stimmritze zwischen den Stimmbändern im Kehlkopf) gebildete Varianten bezeichnet. Sie werden folgendermaßen geschrieben[2]: ch', k', p', ts'. Es gibt auch die sogenannten langen Vokale: aa, ee, ii, oo, uu, bei denen es sich einigen Linguisten zufolge um zwei Vokale mit einem dazwischenliegenden Glottisschlag handelt; sie werden wie folgt transkribiert: a'a, e'e, i'i, o'o, u'u. Auch gibt es in einigen Dialekten wie den Chol-Sprachen den sogenannten sechsten Vokal ä. Da der Buchstabe h im Spanischen praktisch stumm ist, benutzten die spanischen Mönche das j, um den h-Laut der Maya zu transkribieren, der übrigens dem deutschen h ähnelt. Einige Konsonanten sind im Maya unbekannt, so etwa d, f, g; in den Sprachen der Quiché-Maya wird das y durch r ersetzt.

Die Kommunikation zwischen Landa und Antoni Chi muß sehr interessant gewesen sein, da beiden nicht bewußt war, daß sie über zwei unterschiedliche Schriftsysteme sprachen.

Vergessen wir nicht, daß im Spanischen die Namen der Buchstaben Silben sind, so daß für den Buchstaben b (ausgesprochen be) zwei Glyphen verwendet wurden; die erste ist ein Fußabdruck mit der Bedeutung »Weg«, die im Maya *be* ausgesprochen wird. Der Buchstabe h (spanisch: ache – deutsch transkribiert: atsche)[3] wurde ebenfalls mit zwei Glyphen geschrieben: *a-che* (Abb. 168) und so weiter.

Landa war nicht der einzige, der sich für die Kenntnisse der Maya interessierte. Die Mönche mußten die Sprachen der Volksgruppen lernen, die sie christianisieren wollten, und während dieses Lernprozesses entstanden Grammatiken, Wörterbücher, Notizbücher, Thesauren, die sich als gute Hilfsmittel zum Kennenlernen der Kultur der Maya wie auch zur Entzifferung ihrer Schrift erwiesen.

Viele dieser Autoren suchten beim Anblick der Maya-Städte nach einer Erklärung für Ursprung und Art der Zeichen, die sie auf den Stelen und Gebäuden erblickten. Das war auch bei Frater Jacinto Garrido der Fall, der beim Besuch der Ruinenstätte, die wir heute als Toniná (Chiapas) kennen, schrieb (um 1630–1680), daß seiner Meinung nach die Monumente von der Eroberung anderer Städte berichteten und die Schriftzeichen Silben sein müßten, denn wäre jedes ein Buchstabe, würde in dem ganzen Monument kaum ein Wort Platz finden (Abb. 169).

Der Besuch des Hauptmanns Antonio del Río (1787) in den Maya-Ruinen und die Veröffentlichung seines Reisetagebuches (1822), wie auch die Reisen von Dupaix (1800) und später von John L. Stephens und Frederick Catherwood (1841) markierten den Beginn der Maya-Archäologie.

Doch den von ihnen gelieferten Informationen konnten durch die Veröffentlichung einiger Seiten des sogenannten Dresdener Codex weitere hinzugefügt werden. Dieses Manuskript ist einer der drei gesicherten prähispanischen[4] Codices, die Conquista, Christianisierung und Bekehrungseifer der Missionare überlebt haben, auf deren Geheiß alle Bücher verbrannt und unzählige Monumente zerstört wurden, weil sie sie für Satanswerk hielten.

Der Codex wurde von Johann Christian Götze, dem Direktor der Königlichen Bibliothek am Hof zu Dresden anläßlich einer Reise durch Europa (1739) wahrscheinlich in Wien erworben. Nach Dresden zurückgekehrt, veröffentlichte er ein Inventar, in dem er seine Erwerbung unter dem Titel »ein mexikanischer Codex« erwähnt. Im Jahr 1816 schloß Alexander von Humboldt Reproduktionen der Seiten 47–52 in seinen Atlas *Vues des Cordillères* … (1810) ein. Der vollständige Codex wurde von Lord Kingsborough (1831 bis 1838) in seinen *Antiquities of Mexico* (Band 3) publiziert.

Vielleicht waren es diese Publikationen, die das Interesse für das Thema weckten. Keinem Forscher gelang es jedoch, die Glyphenschrift zu verstehen, ausgenommen Constantine S. Rafinesque, der alle damals bekannten Maya-Inschriften und seine Erkenntnisse in verschiedenen nordamerikanischen Zeitschriften veröffentlichte (1827–1833).

Es gab freilich in sporadischen Abständen auch andere Arbeiten zu diesem Thema. So können wir etwa den Franzosen Charles E. Brasseur de Bourbourg als einen Autor benen-

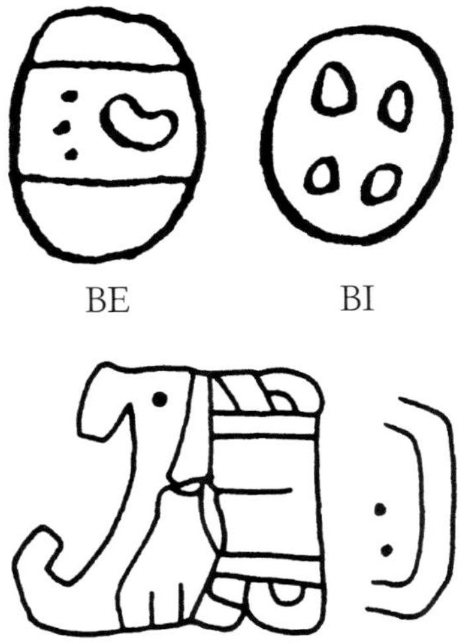

168 *Be*, Fußabdruck, *Bi*, »Quincunx« und *a-che* nach Landa (aus: Marcus, 1992).

169 Altar von Toniná (aus: Ayala, 1994).

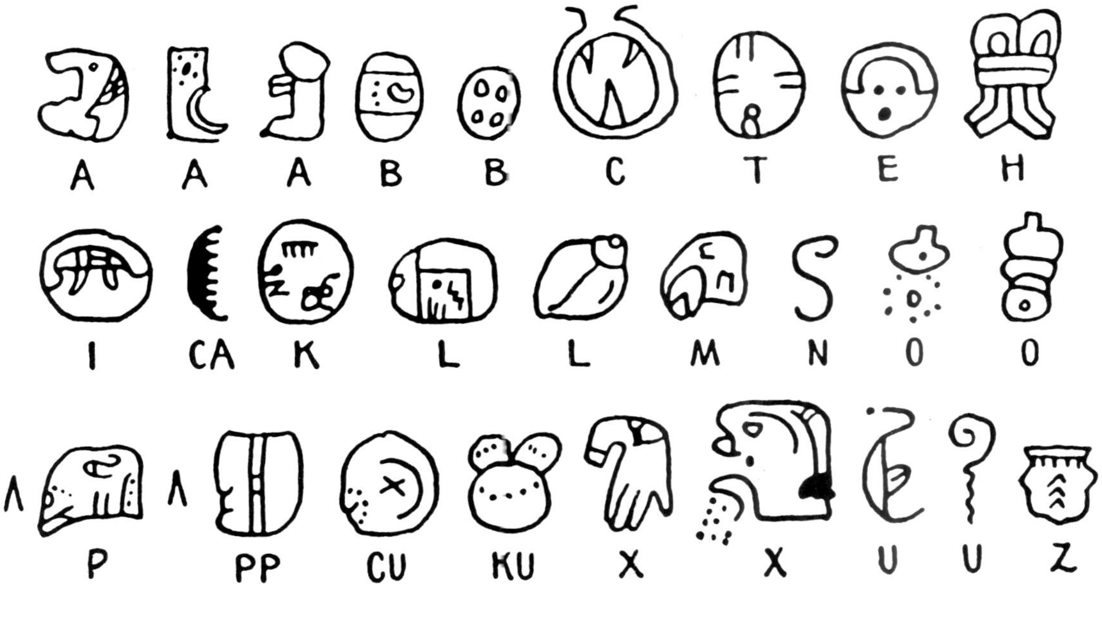

170 Das Alphabet von Landa (aus: M. Coe, 1992).

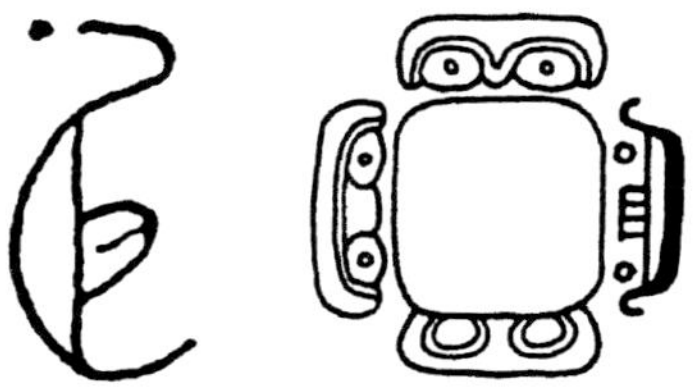

171 Die Glyphe für *u* und die Glyphe T. 1 (nach Landa und dem Katalog von Thompson, 1962).

172 *Oben*: Türsturz 29 von Yaxchilán. *Unten*: Angabe der Leserichtung (aus: Graham, 1975-1986).

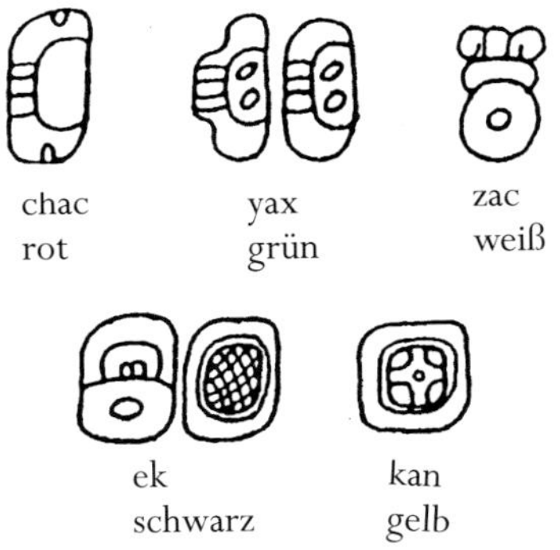

173 Glyphen der Farben (aus: Ayala, 1995).

nen, der die mayanische Epigraphie in die modernen Forschungsdisziplinen eingereiht hat. Brasseur entdeckte die Kopie des Manuskripts von Diego de Landa, das er 1864 publizierte. Er identifizierte in Madrid einen weiteren Maya-Codex, den sogenannten *Codex Troano*, den er 1866 auf der Grundlage von Landas Alphabet entzifferte und veröffentlichte. Er brachte auch die von Francisco Jiménez aus dem Quiché ins Spanische angefertigte Übersetzung des *Popol Vuh* – ein unverzichtbares Dokument der mayanischen Mythen – wieder ans Licht und übertrug sie ins Französische. Und er entriß das Drama *Rabinal Achí* dem Vergessen, das einzige erhaltene Zeugnis des mayanischen Theaters aus vorspanischer Zeit.

Seine phonetische Lesart des *Codex Troano* war nicht korrekt, unter anderem deshalb, weil er der Meinung war, jedes Zeichen entspräche einem Phonem, wie Landa behauptete. Richtig von ihm gelesen wurde allein die dem Morphem *u* entsprechenden Glyphe, die im yucatekischen Maya dem Pronomen der dritten Person Singular entspricht (Abb. 171).

Ungeachtet seiner Fehlinterpretationen steht zweifelsfrei fest, daß wir Brasseur den methodologischen Ansatz der mayanischen Epigraphie verdanken.

In den folgenden hundertdreißig Jahren gab es eine Reihe von Forschern, die sich für das Problem der Entzifferung interessierten, es war jedoch anfangs nur wenigen möglich, sich voll und ganz seiner Lösung zu widmen.

Über die Geschichte der Entschlüsselung der Maya-Schrift sind in letzter Zeit verschiedene Bücher geschrieben worden, von denen allerdings keines alle kursierenden Lehrmeinungen enthält, was zum jetzigen Zeitpunkt auch völlig unmöglich wäre angesichts der zunehmenden Fülle von Publikationen zu dem Thema. Wir wollen hier nur die wichtigsten Arbeiten nennen, die sich in zwei Richtungen einteilen lassen: die phonetisch-linguistische und die kalendarisch-astronomisch-mathematische. Die letztgenannte, die davon ausging, daß die Glyphen Ideogramme sind, erzielte die ersten Resultate.

In dieser Gruppe sind sehr bedeutende Autoren zu finden wie Ernst Förstemann, ebenfalls Direktor der Königlichen Bibliothek in Dresden. Er gab ein Faksimile des Dresdener Codex heraus, das bis heute nicht übertroffen worden ist (1892). Förstemann identifizierte die Zeichen für die Zahlen – den Punkt für die 1 und den Strich für die 5 –, das Zeichen für Null sowie den Positionswert der Zahlen und fand heraus, daß die Maya für ihre Berechnungen ein Vigesimalsystem benutzten, also von der Zahl 20 ausgingen. Er war es auch, der die sogenannten »Venustafeln« und die »Eklipsen« im Dresdener Codex identifizierte (Mondtafeln als Warnung vor Mondfinsternissen).

Seine Arbeit erwies sich als grundlegender Beitrag zum Verständnis der Inschriften. Dank seiner Erkenntnisse zu den Kalenderberechnungen entdeckte der Franzose León de Rosny (1873) die Leserichtung der mayanischen Texte, die in Zweierkolumnen von links nach rechts und von oben nach unten erfolgte (Abb. 172). De Rosny identifizierte auch die Glyphenzeichen für die Farben (Abb. 173) und erstellte einen Katalog von Maya-Glyphen.

In dieser Epoche gelang es auch Paul Schellhas, der die Beziehungen zwischen Text und Figuren in den Codices untersuchte, die Namensglyphen der dargestellten Gottheiten und Tiere zu identifizieren. Da er sie nicht benennen konnte, traf er die Entscheidung, die einzelnen Götter lediglich mit Großbuchstaben zu bezeichnen, die noch heute – nach einigen Korrekturen durch Günter Zimmermann und Eric Thompson – in Gebrauch sind.

Währenddessen schritt die phonetische Schriftentzifferung langsam voran, scheiterte aber zumeist. Der Nordamerikaner Cyrus Thomas, der sich Landas Alphabet zunutze machte und sich auf die Beziehungen zwischen Text und Figur stützte, versuchte, auf diese Weise die Glyphen der Codices zu lesen.

Im Jahr 1893 setzte sich Thomas mit verschiedenen Argumenten für den phonetischen Ansatz ein; so sagte er etwa, daß ein und dieselbe Glyphe einen phonetischen sowie einen symbolischen (oder logographischen) Wert besitzen konnte, und daß in diesem Schrifttypus verschiedene Zeichen denselben klanglichen Laut auszudrücken vermochten. Auf diese Weise gelang es ihm, die Kartuschen[5] für »Falle« und »fangen« im *Madrider Codex* zu entziffern (Abb. 174), die er als *u-le* las, er korrigierte die Lesart *kutz*, die De Rosny für »Truthahn« vorgeschlagen hatte (Abb. 175), entzifferte das Zeichen für »Haus«, *otoch*, und für »Papagei«, *moo*.

Leider verlor er seine Richtlinien aus den Augen und gelangte zu verschiedenen undiskutablen Lesarten, weshalb seine Arbeit keine größeren Konsequenzen hatte.

Der Beginn des 20. Jahrhunderts war für Mexiko eine wichtige Epoche: Präsident Porfirio Díaz hatte endlich dem Museo de Antropología einen Platz zugewiesen, es wurde die Escuela de Antropología gegründet, und man begann bereits mit archäologischen Methoden das Zentrum von Mexico City, Teotihuacán und Monte Albán in Oaxaca auszugraben.

Doch im Maya-Gebiet erhob sich eine Revolte, wie das im Verlauf seiner Geschichte immer wieder geschehen war und weiter geschieht. Der Versuch der Zentralregierung, die Ursprünge der Mexikaner zu erforschen, wurde aufgegeben und die wissenschaftliche Beschäftigung mit dem Maya-Gebiet ausländischen Institutionen überlassen.

Ende des 19. Jahrhunderts war die United Fruit Company zur Ausbeutung dieser Zone ins Land gekommen. Mit ihr erschien Alfred Percival Maudsley auf dem Plan, der Autor der *Biología Centrali-Americana* (1889–1902), einem zwölfbändigen Werk, dessen erste fünf Bände den prähispanischen Maya-Städten und Monumenten gewidmet sind, die er auf seinem Weg gesehen und photographiert hatte.

Auf der Grundlage der Photographien Maudsleys zeichnete Annie Hunter die mit Inschriften versehenen Monumente: Die Qualität ihrer Zeichnungen war so überragend, daß erst in allerjüngster Zeit einige von ihnen korrigiert wurden. Der sechste Band wurde von J. T. Goodman verfaßt (1897). Als dessen große Leistung ist die Korrelation zwischen den mayanischen und den christlichen Kalenderdaten hervorzuheben, die in ihrer von Juan Martínez Hernández (1928) und danach von Eric Thompson (1936) korrigierten Form noch heute von den Epigraphikern benutzt wird.[6]

Anfang des 20. Jahrhunderts betraten zwei weitere Forscher das Feld der Maya-Archäologie: Franz Blom und Sylvanus G. Morley. Beide erforschten die Region, und jeder von ihnen fand neue Ruinenstätten und Monumente. Morley als Beauftragter der Carnegie Institution in Washington und Blom für die Tulane University öffneten das Gebiet den archäologischen, anthropologischen, ethnographischen und epigraphischen Forschungen.

Morley entdeckte verschiedene bedeutende Stätten, darunter Uaxactún, das er nach einer von ihm gefundenen Stele benannte, die ein Datum im *Baktun 8* aufweist (Uaxactún = 8 Tun)[7]. Er entschlüsselte auch die kalendarischen Texte zahlreicher Inschriften, die er in zwei monumentalen Werken veröffentlichte: *The Inscriptions of Copán* (1920) und *The Inscriptions of Petén* (1937–1938).

Eine Pionierarbeit stellt seine Publikation *An Introduction to Maya Hieroglyphic Writing* (1915) dar, mit der er die bereits zwei Jahre zuvor von Herbert Spinden (1913) geäußerte Hypothese über den geschichtlichen Inhalt der Maya-Inschriften vorlegte

Seine Beweisführung stützte sich auf die Tatsache, daß die Maya alle fünf *Tun* (ein *Tun* entspricht einem Jahr von 360 Tagen) Stelen errichteten, und daß es kein astronomisches Ereignis dieser Periodizität gab. Doch weder seine noch Spindens Meinung fanden Widerhall.

Während der ersten Hälfte des Jahrhunderts der Entzifferung der Maya-Inschriften herrschte die einhellige Ansicht, daß diese ausschließlich vom Kalender, der Astronomie und – davon abgeleitet – von der Astrologie handelten.

Die kalendarisch-ideographische Richtung befand sich auf ihrem Höhepunkt, was in extremer Form dazu führte, daß man allen Berechnungen eine astronomische Bedeutung aufzuprägen suchte. Weil die mayanischen Texte bis dato nur partiell entziffert waren, betrachtete die Forschung die Maya als eine Volksgruppe, die sich der Beobachtung der Gestirne und daher nur dem Fluß der Zeit widmete. Das einzig Wichtige waren die Daten und die Götter. So wurden die Maya zum Sinnbild des edlen Wilden.

Unter den Projektbeiträgen der Carnegie Institution, die daraufhin das Gebiet weiter untersuchte, ist die Periodisierung der Keramikabfolge von Uaxactún hervorzuheben, die Robert Smith (1950) vorgenommen hat und die aus der Beziehung zwischen der Keramik und den von Eric Thompson datierten Monumenten der Fundstätte abgeleitet wurde.

Es gibt keinen Zweifel darüber, daß Thompson der letzte »Vollblut« Mayanist war. Seines Zeichens Archäologe, kannte er sich auch in verschiedenen anderen Spezialgebieten aus. Er besaß eine gründliche Kenntnis der in spanischer oder anderen Sprachen abgefaßten Eingeborenen-Dokumente aus der Kolonialzeit und behauptete als erster, die Glyphentexte müßten in einer der Chol-Sprachen geschrieben worden sein. Er war sich der Bedeutung der Handelsbeziehungen in der Region bewußt, bekundete großes Interesse für die Religion und Ethnographie der Zone und ihre Beziehung zum restlichen Mesoamerika, korrigier-

174 Glyphen für »Falle« und »fangen«: *u-le* (Madrider Codex) und phonetische Lesart: *e-l-e-lé* (nach Landa).

175 *Kutz*: »Truthahn«.

L von Landa

tzul (u)
tzul - Hund

(bu)-lu-c-(u)
buluc - elf

176 *Oben:* Die Glyphe für *l (u)* nach Landa und in den Worten *tzul* (Hund) und *buluc* (Zahl 11) im Dresdener Codex.
Unten: Die Zahl 11 im Strich- und Punktsystem und in Kopfvarianten (Ayala und Mathews; Thompson, 1971).

te die Korrelation des Maya-Kalenders mit dem christlichen und publizierte eine Liste mit Maya-Glyphen (1962), die noch immer von allen Epigraphikern benutzt wird.

Seine Vorstellung von der Zeit-Philosophie der Maya und das Bild des edlen Wilden hinderten ihn jedoch daran, die sich abzeichnenden Erkenntnisse über die Schrift der Maya wahrzunehmen und sich der wahren Natur dieser Volksgruppe zu nähern. Ihm zufolge war der Zusammenbruch und zunehmende Niedergang der Maya auf eine »Attacke unzivilisierter Stämme aus dem fernen Norden«[8] zurückzuführen.

Im Jahr 1933 kehrte der nordamerikanische Linguist Benjamin Lee Whorf zu der alten Frage der phonetischen Schreibung der mayanischen Schrift zurück, und zwar aus Gründen, die nichts mit der Entzifferung zu tun hatten, sondern mit der Entwicklung der damals aufkommenden wissenschaftlichen Strömung des Strukturalismus.

Whorf begann seine Untersuchung mit einer umfassenden Analyse der verschiedenen Maya-Sprachen und zog aus seinen Studien den Schluß, daß die Schrift syllabisch sein müsse. So entzifferte er das Glyphenzeichen für den Monat *Mac* (Abb. 177), doch seine Arbeit wurde offensichtlich von den Mayanisten nicht beachtet, mit Ausnahme des russischen Historikers Juri Knorosow.

1950 präsentierte Knorosow vor dem Internationalen Mayanisten-Kongreß seine Lesart der mayanischen Codices, die sich im Unterschied zu den vorherigen Interpretationen auf den syllabischen, das heißt den morphemischen Ansatz stützte. Seine Hypothesen wurde von Eric Thompson und dem Deutschen Thomas Barthel zurückgewiesen.

Thompson kritisierte die Tatsache, daß laut Knorosow Zeichen mehr als eine Funktion ausüben und daher manchmal phonetisch sein oder für ein Morphem stehen konnten. Barthel wiederum wies nach, daß mit Ausnahme einer einzigen Lesart, der Entzifferung der Zahl 11 (*bu-lu-k*) (Abb. 176) alle übrigen bereits vorlägen.

Angesichts dieser Einwände veröffentlichte Knorosow im Jahr 1963 seine erste große Arbeit: *Pis'menost' Indeitsew Maya* einschließlich eines Glyphen-Katalogs, der jedes Zeichen mit den bisherigen sowie den von ihm vorgeschlagenen neuen Lesarten aufführt.

Doch diese Lesarten wurden von den Kennern der yucatekischen Maya-Sprache heftig kritisiert, ganz wie die Arbeiten einer Gruppe von sowjetischen Mathematikern, Ebreinow, Kosarew und Ustinow, die beabsichtigten, die Maya-Codices mit Hilfe von Computern zu lesen (1962).

Dessenungeachtet setzte Knorosow etwas sehr Wichtiges voraus. Er sprach als erster von einer glyphischen Grammatik, ihm verdanken wir die Entdeckung einer grammatikalischen Syntax der Glyphentexte.

Knorosow erkannte während seiner Arbeit an den Codices, daß jedes Mal, wenn die Götter dieselbe Handlung vollziehen, die erste Kartusche der Inschriften dieselbe ist; auch wurde er sich bewußt, daß die Objekte, die die Götter gelegentlich tragen, in den Texten genannt werden. Auf dieser Grundlage begann er Vermutungen über Subjekt, Verb und Objekt anzustellen.

Dank dieser grammatikalischen Erklärung konnte man belegen, was Thompson zuvor formuliert hatte: Die Sprache der Maya-Schrift muß ein Chol-Dialekt und die Codices und Inschriften im Norden müssen in Yucatekisch abgefaßt gewesen sein.

Mac

177 Glyphen für den Monat *Mac* (aus: Thompson, 1950).

Im Jahr 1958 untersuchte der in Mexiko naturalisierte, aus Deutschland gebürtige Archäologe Heinrich Berlin eine Reihe von überaus interessanten Kartuschen.

Berlin, der auf der Grundlage von Thompsons Buch *Maya Hieroglyphic Writing. An Introduction* (1952) arbeitete, erkannte, daß die sogenannte »Wassergruppe«[9] (Abb. 178) stets mit dem Präfix *ben-ich* verbunden war, und beide dazu dienten, ein Hauptzeichen zu markieren[10], das sich von Stadt zu Stadt unterschied (Abb. 179, 31). Aus diesem Grund und wegen ihrer Verwendung in den Codices nannte er diese Zeichen Emblemglyphen und ging davon aus, daß sie möglicherweise die Städte identifizierten. Allerdings wußte er nicht, ob es sich bei den Emblemglyphen um Ortsnamen, die Namen von Schutzgottheiten oder von Dynastien (»Lineages«) handelt, die die Städte regierten.

Im folgenden Jahr (1959) stellte er bei seiner Untersuchung der Glypheninschriften des Tempels der Inschriften in Palenque fest, daß verschiedene Kartuschen mit den von ihm identifizierten Emblemglyphen des Ortes verbunden waren. Die Kartuschen befanden sich an drei Stellen: an der Basis des steinernen Sarkophags in Verbindung mit den hier dargestellten Persönlichkeiten, in der Bordüre des Sarkophagdeckels und in den Texten auf den Relieftafeln (Abb. 180). Daraus schloß er, daß es sich um dieselben Menschen handelte, die an diesem Ort gelebt hatten, also um historische Persönlichkeiten.

Diese Befunde riefen einen fast unglaublichen Widerhall hervor; die direkte Antwort war die Arbeit von Tatjana Proskouriakoff, einer russisch-amerikanischen Wissenschaftlerin.

Tanja, wie sie von ihren Freunden genannt wurde, war eine hervorragende Zeichnerin und eine große Erforscherin der Maya-Ikonographie. Ende der 1950er Jahre untersuchte sie die »Drachen/Schlangen« in den Inschriften von Piedras Negras, Guatemala, und bemerkte, daß die Glyphentexte der Stätte einen interessanten Zusammenhang zeigten.

Die Inschriften waren mit den Gebäuden verbunden, und jede Gruppe präsentierte ein Muster, das in bedeutungsvollem Zusammenhang mit den Entdeckungen von Berlin stand, das heißt, die für jede Gruppe registrierten Daten deckten den Zyklus eines Menschenlebens ab.

Doch das war nicht alles. Das früheste Datum jeder Gruppe war jeweils von derselben Kartusche begleitet, die Proskouriakoff »Ausgangsdatum« nannte. Bei den späteren Datierungen identifizierte sie eine weitere Kartusche, die sich nach Meinung der Autorin auf den »Tod« der in den Texten genannten Persönlichkeiten beziehen konnte (Abb. 182).

Sie verfolgte diese Hypothese weiter und untersuchte die Verbindung zwischen den Daten und den Protagonisten der Inschriften und entdeckte, daß für das jeweilige Individuum im Alter zwischen sechs und dreizehn Jahren ein Ereignis verzeichnet war. Indem sie auf die Daten Landas zurückgriff, setzte sie dieses Ereignis mit der Ernennung des Betreffenden jeder Gruppe zum Thronerben gleich.

Was folgte, war die Identifikation der Glyphe für »Inthronisation«. Einige Stelen von Piedras Negras weichen von der Norm ab. Sie zeigen frontal eine Nische, in der eine Person mit gekreuzten Beinen »im Lotos-Sitz« thront (Abb. 181). Unterhalb dieser Figur sind Fußspuren zu sehen, die zu dem Sitzenden hinaufführen. Die Daten dieser Monumente variieren, doch die beigefügte Kartusche war stets dieselbe, und die Autorin identifizierte sie mit der »Inthronisation« des Herrschers.

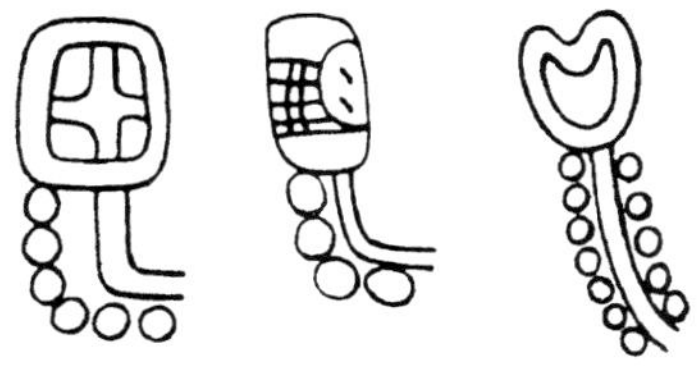

178 Gruppe von Wasserglyphen (aus: Marcus, 1992).

179 Einige Emblemglyphen. *Von links nach rechts und von oben nach unten*: Naranjo, Machaquilá, Piedras Negras und Seibal (aus: Thompson, 1971).

180 Namensglyphen auf dem Sarkophag von Palenque (aus: Berlin, 1958).

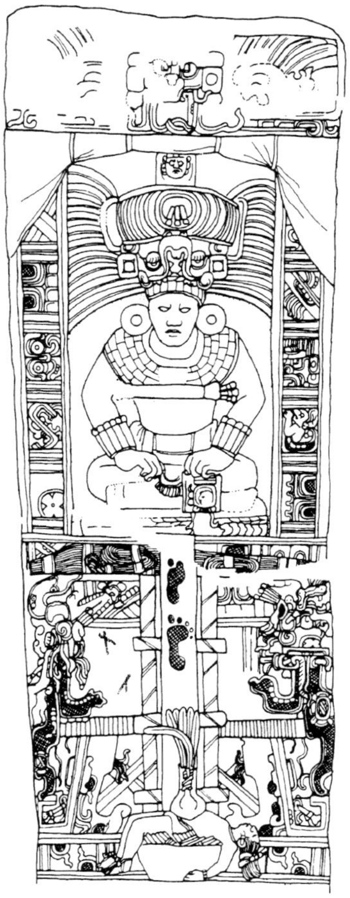

181 Stele 11 von Piedras Negras. 731 n. Chr., späte klassische Periode (aus: Schele und Miller, 1986).

Ihre Hypothese über den historischen Inhalt der Inschriften fand Bestätigung durch ihre Untersuchung der Inschriften von Yaxchilán, Chiapas (1963–1964). An dieser Stätte fand sie dieselben Kombinationen, freilich auf andere Personen bezogen. Das war der Beginn der neuen Entzifferung.

Zu den Glyphen für »Geburt«, »Inthronisation« und »Tod« kamen die für »Gefangennahme«, »Gefangennehmer« und »Opfer« hinzu (Abb. 182). Nun begann sich das Bild der Maya als das eines Volkes von weisen Männern und Sterndeutern, das einem Zeitkult huldigte und den Lauf der Gestirne beobachtete, zu wandeln, wenngleich nicht alle Autoren damit einverstanden waren.

Doch der nordamerikanische Archäologe David Kelley, der lange Zeit damit verbrachte, die Inschriften nach dem Ansatz Knorosows zu studieren, erprobte die Argumente Proskouriakoffs in der Fundstätte Quiriguá, Honduras. Mit diesen beiden Methoden und auf der Basis der historischen Informationen identifizierte und las Kelley zum ersten Mal in der modernen Geschichte der Entzifferung (1968) den Namen eines Herrschers von Chichén Itzá: *Kakupakal* (Abb. 183).

Im Jahr 1963 wurde in Mexiko die Kommission zum Studium der Maya-Schrift unter der Leitung des nordamerikanischen, in Mexiko lebenden Linguisten Mauricio Swadesh gegründet. Ursprünglich hatte man mit diesem Projekt beabsichtigt, der Maya-Schrift mit Hilfe von Computern auf die Spur zu kommen, jedoch mit einer Methode, die sich von der sowjetischen unterschied. Swadesh suchte nach den glyphischen Konstanten in den Codices. Doch unglücklicherweise riß ihn der Tod aus seiner Arbeit, und seine Schüler konnten seine Untersuchungen nicht entsprechend fortsetzen, weil sie über sein Projekt im unklaren waren. So wurde die Forschung in Mexiko auf Ursprung und Entwicklung der Maya-Schrift verlagert. Jahre später, als sich die heute gültige Entschlüsselungs-Methode herauskristallisierte, wurde offensichtlich, daß Swadesh versucht hatte, mit den Computern eine Methode der strukturalistischen Analyse zu entwickeln.

Im Jahr 1974 traf sich in Dumbarton Oaks eine Gruppe von Epigraphikern, zu denen unter anderen David Kelley, der Linguist Floyd Lounsbury, Linda Schele und Peter Mathews gehörten. Ihnen gelang es, die Dynastie von Palenque zu identifizieren und eine Dynastiegeschichte zu erstellen (Abb. 204), sowie die bevorzugte grammatikalische Konstruktion der Inschriften herauszufinden. Diese besteht aus Datumsanzeiger/Verb/Subjekt. Lounsbury, Schüler von Sapper, war in der komparatistischen und strukturalistischen Methode ausgebildet, die sich als Schlüssel zur Entzifferung der mayanischen Glyphenschrift erwies. Sobald man einmal die Struktur der Texte erkannt hatte, konnte man beginnen, Verb, Subjekt und Objekt nach der von ihnen eingenommenen Position zu bestimmen, auch wenn man ihre Bedeutung nicht kannte. Ein weiterer großer Fortschritt war die Identifikation der Glyphen-Substituierung, die sinnfällig wurde, wenn man alle Maya-Texte analysierte und verglich; so konnte man feststellen, daß es gleichartige Inschriften oder Sätze gab, in denen eine Glyphe durch eine andere ersetzt war (Abb. 184).

182 *Oben von links nach rechts:* drei Glyphen für das Verb »geboren werden« und zwei für »sterben«. *Mitte:* verschiedene Glyphen für »Inthronisation«. *Unten:* Glyphe für »Gefangennahme«, Glyphe für »Gefangennehmer« und drei Glyphen für »Opferung« (nach Proskouriakoff und Schele).

Der Erfolg ihrer Arbeit veranlaßte die Gruppe, auf diesem Weg weiterzumachen, wobei die Notwendigkeit der Zusammenarbeit von Archäologen, Epigraphikern, Linguisten und Historikern evident wurde. Daraufhin wurden die Sitzungen von Epigraphikern und Forschern, die »Mesas redondas de Palenque«, von Merle Greene Robertson organisiert sowie die Maya Workshops in Texas mit Linda Schele als Gallionsfigur ins Leben gerufen. Die in periodischen Abständen wiederholten Konferenzen fanden immer größere Resonanz, die Kenntnis der Schrift verbreitete sich, und es fanden sich immer mehr Epigraphiker ein.

183 Der Name *Ka-ku-pa-kal* auf dem Türsturz von Chichén Itzá.

Während dieser ersten Etappe wurde der anfänglich festgelegte Prozeß weiterverfolgt: Datierung der Inschriften, Suche und Identifizierung von bekannten Kartuschen und – mittels komparatistischer Analyse – das Erkennen von neuen Glyphen, die dieselben Funktionen erfüllten. Auf diese Weise wurden die Dynastien verschiedener Städte festgestellt, die Namen ihrer Herrscher, deren Lebenszeit und die Ereignisse, die sie der Nachwelt überliefern wollten. Die Liste der Emblemglyphen wuchs an, und ihr Vorkommen in anderen Städten erlaubte es, die Beziehungen zwischen den verschiedenen Orten festzustellen, obgleich man anfänglich über die Art dieser Beziehungen im Unklaren war. Als man begann, die Verwandtschaftsgrade zu identifizieren, eine von dem Archäologen Christopher Jones (1977) bei den späten Monumenten von Tikal unternommene Aufgabe, warfen die Texte sowohl auf das Erbfolgerecht der Maya als auch auf die Beziehungen zwischen den Städten ein neues Licht. Man las von Allianzen, die durch die Heirat einer Edeldame aus einer Stadt mit dem Herrscher einer anderen geknüpft wurden. Und mit der Zeit entdeckte man, daß auch andere Arten von Allianzen existierten, daß Herrscher nachrangiger Städte von dem König eines bedeutenderen Zentrums eingesetzt wurden, daß es Kriege zwischen diesen miteinander verbundenen Städten gegen ihre gemeinsamen Feinde gab. In allen Fällen spielte die Emblemglyphe eine Schlüsselrolle bei den neuen Entdeckungen.

Die Arbeiten der letzten zwanzig Jahre liegen in Veröffentlichungen vor und sind nicht mehr bloße Anekdoten. Es sind Nachrichten über Entdeckungen, und als solche müssen viele von ihnen mit Vorsicht aufgenommen werden, bis ihr Wahrheitsgehalt bewiesen ist.

Nach dem Erscheinen des Werkes *The Blood of Kings* aus der Feder von Mary E. Miller und Linda Schele (1986) sah man die Maya unter einer neuen Perspektive. Die mayanischen Inschriften auf Stelen, Altären, Türstürzen, Thronen, Relieftafeln, Gebäuden, Keramik und Schmuck begannen ihre Botschaft zu offenbaren, eine Botschaft, die sie mit den übrigen Herrschern der Welt verband: Die Texte bezogen sich auf ihr Leben und ihre wichtigsten Regierungsaktivitäten – es handelt sich also um eine manipulierte Geschichte.

In der Publikation *A Forest of Kings* von Schele und Freidel (1990) zeigte sich die Botschaft deutlicher. Die Herrscher berichteten von ihren Triumphen, von den Ritualen, deren Vollzug ihnen oblag, um die Ordnung nicht nur der Volksgemeinschaft, sondern des gesamten Kosmos’ aufrechtzuerhalten.

Die Herrscher identifizierten sich mit den Göttern selbst, sie waren beauftragt, die Gottheiten zu nähren, damit diese ihrerseits die Menschheit mit ihren Gaben beschenkten

184 Beispiele glyphischer Substituierung, Tempel der Inschriften, Palenque.

185 Titel und Name von *Mah k'ina Pakal* von Palenque, identifiziert von Lounsbury.

und die kosmische Ordnung nicht gestört und verändert wurde. Das zugrundeliegende philosophische Konzept ist sehr interessant, handelt es sich doch um eine auf Gegenseitigkeit beruhende Beziehung zwischen Göttern und Menschen, in der die einen nicht ohne die anderen leben können.

Wie das *Popol Vuh* berichtet, ruhten die Götter nicht eher, als bis sie Wesen geschaffen hatten, die sich der Götter erinnerten, sie zu verehren und anzubeten vermochten. Dabei hatten diese kleinen Geschöpfe die Verpflichtung, die Götter zu erhalten und zu ernähren.

Entsprechend begann man, die besagten Handlungen zu identifizieren. Natürlich wird das Volk der Maya nicht erwähnt. Die Botschaften sind im allgemeinen sehr kurz, und um eine ausführlichere Vorstellung von den erzählten Ereignissen zu erhalten, hat es sich als notwendig erwiesen, sich anderen verwandten Disziplinen, wie Archäologie, Geschichte, Ethnographie und Linguistik zuzuwenden, um die Botschaft zu vervollständigen.

Mit all diesen Informationen kann die prähispanische Geschichte der Maya neu geschrieben werden; dabei handelt es sich heute nicht mehr lediglich um von den Archäologen gelieferte Daten oder um Rückschlüsse der Historiker und Anthropologen auf dem Weg über die kolonialzeitlichen Dokumente. Heute handelt es sich darum, was die Maya selbst gesagt haben, und wie sie es sagten. Natürlich wird diese Geschichte nie ganz vollständig oder vollkommen wahr sein.

Vergessen wir nicht, daß viele Texte verschollen sind, geraubt oder vernichtet wurden, so daß wichtige Informationen für immer verloren bleiben. Es muß noch immer zahlreiche Monumente geben, die noch nicht entdeckt wurden, und – eine grundlegende Tatsache – hier geht es um persönliche Lebensläufe, von den Hauptakteuren so erzählt, wie sie sie der Nachwelt hinterlassen wollten. Aus all diesen Gründen ist eine komparatistische Analyse der mayanischen Texte erforderlich. Was der eine Herrscher verschweigt, berichtet vielleicht der andere – etwa die Niederlagen und Gefangennahmen in den Kriegen.

Die mayanische Inschriftenforschung hat sich in eine Disziplin verwandelt, die sich ständig neuen Entdeckungen anpaßt, jedes Jahr gibt es neue Identifikationen und auch neue Interpretationen. Doch dies ist in der Tat noch eine sehr am Anfang stehende Etappe.

Im Jahr 1973 war es Lounsbury gelungen, eines der Präfixe zu lesen, das die Emblemglyphen begleitete, das sogenannte *ben-ich*-Affix, das Thomas Barthel (1968) als »Rang-Präfix« bezeichnet hatte. Lounsbury bewies, daß der Titel als *ah-pop, Ajpo*[11] gelesen werden konnte, ein Titel, der in einigen Cakchiquel-Dokumenten aus der Kolonialzeit überliefert ist und das jeweilige Oberhaupt, »den Herrn der Matte« oder des Throns, bezeichnet.

Bei der Entwicklung seiner Lesart korrigierte er die Vorschläge Knorosows und Whorfs hinsichtlich des syllabischen Charakters der Glyphen. Lounsbury demonstrierte, daß die Maya, wenn sie ein Wort der Ordnung Konsonant-Vokal-Konsonant (KVK, die vorherrschende Form der Maya-Wörter) phonetisch schreiben und den Endkonsonanten als syllabisches Zeichen ausdrücken wollten, ein Silbenzeichen auswählten, dessen Vokal mit dem Vokal der vorhergehenden Silbe harmonierte. So wurde zum Beispiel das Verb »tragen«, *cuch,* als *cu-chu* geschrieben. Lounsbury machte sich seine Kenntnisse der Maya-Sprachen zunutze, perfektionierte das System der Lesweise und entzifferte den Titel *Mah k'ina,* »großer Herr Sonne«, der von den Glyphen für *ma-k'in-(n)a* gebildet wurde, sowie den Namen eines palenkischen Herrschers, *Pakal,* »Schild«, geschrieben *pa-k(a)-l(a),* eine Lesart, die Kelley angeregt hatte (Abb. 185).

186 Beispiele für die von Stuart vorgeschlagenen phonetischen Lesarten. *Oben:* Glyphe T17 und Zeichen »Auge« für den Laut *yi. Yi-la-h(i),* »er sieht es«. *Unten: yi-ta-h(i),* »in Gesellschaft/zusammen mit«, *yi-tzi-n,* »jüngerer Bruder«.

Die Verifizierung der glyphischen Lesung und somit der Tatsache, daß die Maya-Glyphen wirklich das gesprochene Wort vertraten, ist David Stuart zu verdanken, einem jungen nordamerikanischen Archäologen, dem es 1987 gelang, zehn Glyphen syllabisch in verschiedenen Kombinationen zu lesen (Abb. 186).

Der Entzifferungsprozeß hat sich beschleunigt, es gibt nunmehr bereits eine »Silbentabelle«; die Anzahl der entzifferten Glyphen und die inhaltlichen Deutungen wachsen weiter an und führen zu immer neuen Erkenntnissen.

In dem 1994 von Stuart und Stephen Houston verfaßten Buch *Classic Maya Place Names*, befaßten sich beide Autoren nicht nur damit, das »wann« und »wer«, sondern auch das »wo« der in den Texten enthaltenen Ereignisse zu identifizieren.

Und so begannen die Ortsnamen auf den Plan zu treten. Tatsächlich hat man einige Toponyme von Städten und geographischen Örtlichkeiten wie Bergen und Seen ebenso lesen können wie die Namen von Bauten und Monumenten, denn Tempel, Plazas, Altäre und Throne vieler Städte besaßen offensichtlich einen Namen (Abb. 187, 188).

Inspiriert wurden diese Funde durch die Emblemglyphen, die auch zu der Entdeckung geführt hatten, daß es zwischen den verschiedenen Maya-Städten sozio-politische Beziehungen gegeben hatte und die Licht auf ihre Entwicklung geworfen hatten.

Diese Beziehungen konnten, wie bereits erwähnt, durch Heirat oder Allianzen geknüpft werden, oder aber es gab Kriege – und dies häufiger als gedacht. Die Gesetzmäßigkeiten der Erbfolge wurden gelegentlich durch den Tod oder die Gefangennahme eines Herrschers oder seines Nachfolgers unterbrochen, wodurch auch die soziale Ordnung erschüttert wurde.

Zu den letzten noch nicht vollkommen bewiesenen Entdeckungen zählt die mögliche Existenz von zwei Oberzentren oder Supermetropolen, Calakmul und Tikal, die Nikolai Grube und Simon Martin zufolge die übrige Region durch Allianzen oder Kriege zwischen den Städten zu beherrschen suchten, die Teil ihres Herrschaftsbereichs waren.

Man sieht, die Botschaften der mayanischen Texte waren als Folge der Fortschritte des Entzifferungsprozesses in ständiger Wandlung begriffen. Von kalendarischen und astronomischen Daten gingen sie über zu den persönlichen Biographien der Herrscher, wandelten sich vom Anekdotischen zum Historischen und von einer Religion, über die man sehr wenig gewußt hatte, zu einer besser faßbaren, weil die Maya selbst darüber berichten. Nunmehr berühren diese Botschaften Wissensgebiete, die der Kompetenz zahlreicher Gelehrter bedürfen, und müssen fächerübergreifend und nicht nur epigraphisch erforscht werden.

Der Fragenkomplex des Krieges, der Verwandtschafts- und Erbfolge-Systeme, die Regierungsformen innerhalb der Stadt und im Verhältnis zu den hochrangigen Machtzentren, all dies gibt die Richtung an, die es bei der Lesung der Monumente zu verfolgen gilt.

Noch fehlt der große Beweis. Die im Postklassikum in yucatekischer Sprache verfaßten Maya-Codices, die nach allem, was man von ihnen weiß, Weissagungen, Gebete, astronomische Informationen – alles zu Ehren der Götter – enthalten, sind religiösen Inhalts. Als vorteilhaft für die Entzifferung der Texte in den Codices erweist sich die Tatsache, daß nach unserem heutigen Kenntnisstand die Kartuschen hauptsächlich phonetischen Charakter haben. Das impliziert, je größere Fortschritte man bei den syllabischen Lesungen der Monumente erzielt, desto besser wird man die Codices entziffern können. Sobald man sie einmal gelesen hat, dürfte aufgrund ihres zutiefst kryptischen Charakters eine andere überaus wichtige Phase beginnen, in der es um die Auslegung ihrer wahren Bedeutung gehen wird.

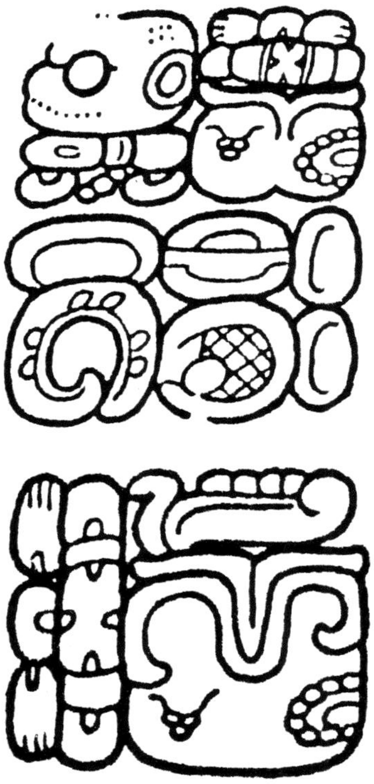

187 Bezeichnungen für die Stadt Aguateca, *K'inich witz*, »Berg der Sonne« (aus: Stuart und Houston, 1994).

Der Kalender

In Mesoamerika stand die Schrift stets mit der Mathematik in Verbindung. Alle Texte, die die Conquista überlebten, hängen mit dem Kalender zusammen, wie auch die Mathematik dieser Region aus der Kalenderberechnung besteht.

Das einzige mesoamerikanische Dokument, das unseres Wissens numerische Eintragungen enthält, die keine Daten, sondern Mengenangaben festhalten, ist die *Matrícula de tributos* mexikanischer Herkunft, von der man allerdings nicht genau weiß, wann sie geschrieben wurde. Einige Autoren wie Martínez Marín (1974, S. 232) datieren sie in die Zeit des mexikanischen Zusammenbruchs – »[…] während der Belagerung ihrer Stadt oder als der Rauch sich schon verzogen hatte« –, das heißt, zu Beginn der Conquista; daher nimmt man an, daß es sich um eine von den Conquistadores geforderte Tributliste handelt.

Das Dokument verzeichnet mit Zahlen und mexikanischen Glyphen eine Tributleistung für das spanische Imperium. Es ist in Náhuatl, aber mit lateinischen Buchstaben abgefaßt, so daß ihre Bedeutung verstanden werden konnte. Das ist der einzige Text, in dem das numerische System[12] für einen Sachverhalt verwendet wird, der nichts mit der Zeitrechnung, bzw. mit Datierungen, zu tun hat.

Das numerische System der Maya ist nicht von ihnen erfunden worden. Die ersten Aufzeichnungen stammen aus Monte Albán, Oaxaca und sind auf den Stelen 12 und 13 dieser Stätte (Gonzáles Licón, 1990, Abb. 26) zu finden. Dort steht jeweils ein Punkt für die 1

188 Bezeichnungen geographischer Standorte. *Von oben nach unten: Witz*, der Berg; »der schwarze Brunnen mit dem eingeschlossenen Wasser«; die Plaza nahe am Fluß in Yaxchilán; *yotot*, Haus (aus: Ayala, 1995).

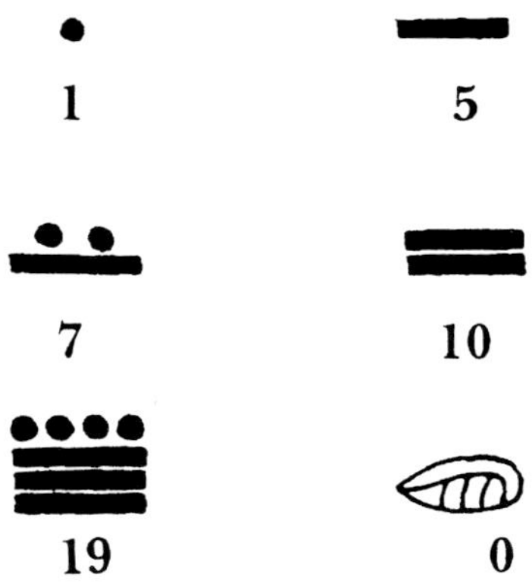

189 Zahlen nach dem Strich- und Punktsystem und das Zeichen für Null.

und ein Strich für die 5. Das numerische System der mesoamerikanischen Völker basierte auf der Zahl »20«, es war also ein Vigesimalsystem.

Alles weist darauf hin, daß der mesoamerikanische Kalender in seiner ursprünglichen Konzeption an der genauen Festlegung des Sonnenjahrs scheiterte, das gleichzeitig das landwirtschaftliche, soziale und religiöse Jahr war. Durch die Außerachtlassung von Schalttagen ergab sich die Notwendigkeit einer Korrektur. Die Maya schufen einen in der Welt einzigartigen Kalender von solcher Effizienz, daß ein Datum vor Ablauf von Millionen von Jahren nicht wiederkehrt. Um dies zu erreichen, war es notwendig, einen der Null entsprechenden Begriff zu schaffen; sie kreierten ein mathematisches System des Stellenwertes, das ähnlich wie das unsrige funktioniert.

Nach unserem heutigen Wissensstand waren es die Menschen von Monte Albán, die den ersten Kalender schufen. Er bestand aus zwei verschiedenen Zyklen oder Rechnungsarten, die der unendlichen Abfolge der Tage eine Struktur verliehen: aus einem Zyklus, der die Tage festlegte, und einem für die »Monate«, die aus je zwanzig Tagen bestanden.

Jeder Tag und jeder Monat wurde von einer Zahl begleitet. Für die Tage gab es die Zahlen 1–13, für die Monate 1–20 bzw. 0–19.

Die Niederschrift der Maya-Zahlzeichen funktionierte in der Kalenderrechnung wie folgt: Mehr als vier Punkte konnten nicht verwendet werden, denn für die 5 griff man ja auf den Strich zurück, und Striche gab es nicht mehr als drei. Die größte Zahl, die sich nach diesem System schreiben ließ, war also die 19, nämlich durch vier Punkte über drei horizontalen parallelen Strichen (Abb. 189). Es stellt sich die Frage, was mit der 20 passiert. Nach Alfonso Caso, einem Erforscher der zapotekischen Kultur, wurde die 20 durch die auf den Kopf gestellte »Glyphe W« bezeichnet, was sich freilich bislang noch nicht beweisen ließ. Wichtig ist, daß dieses kalendarische System die Grundlage für ganz Mesoamerika bildete, einschließlich des Maya-Gebiets. Jeder Tag hatte seine eigene Namensglyphe (Abb. 191), und obschon die Art der Schreibung für jede Region variiert, sind die Tage die gleichen. Auch die Monate hatten ihre individuellen Namensglyphen (Abb. 191). Und die Zahlen wurden, wie schon gesagt, in einem Punkt- und Strichsystem geschrieben, das insgesamt niemals über die 20 hinausreichte.

Der Tageszyklus, die Grundlage des mesoamerikanischen Kalenders, wurde von zwanzig Tagesglyphen gebildet, begleitet von dreizehn Zahlen, die im Punkt-Strichsystem niedergeschrieben wurden. Damit irgendein Tag wieder die Ausgangskonstellation erreicht, müssen 260 Tage vergehen (20 x 13 = 260). Der Name dieses Zyklus lautete in Náhuatl *Tonalpohualli*, in Maya hat er verschiedene Namen erhalten, weil man den ursprünglichen nicht kennt. Am häufigsten verwendet wird die – frei erfundene – Bezeichnung *Tzolk'in* oder »Tagesrunde«; Thompson nannte den Zyklus »Heiliger Almanach« wegen seiner Verwendung in den Codices.

Der mesoamerikanische Kalender beruhte also auf einem Zyklus von 260 Tagen, von dem das Tagesgeschehen und alle Aktivitäten abhingen. Immer wenn ein Ereignis stattfand, sei es Geburt, Heirat, Inthronisation oder sogar der Tod, suchte man nach einem günstigen Datum auf Grundlage der Kombination der Zahl mit dem Tagesnamen. Erschien die Vorbedeutung unheilvoll, wählte man eine andere. Tatsächlich waren die Zahlen und die Tage für die Maya Gottheiten, die ihren Einfluß auf den gesamten sozialen Verband ausübten.[13]

Der 260-Tage-Zyklus wurde mit dem Sonnenjahr von 365 Tagen kombiniert, das aus 18 Monaten zu je 20 Tagen plus den 5 »übriggebliebenen«, »unheilbringenden« oder »schlafenden« Tagen bestand, wie ihr Name in die verschiedenen Sprachen übersetzt wurde. Die Berechnung des mesoamerikanischen Sonnenjahres bwz. des landwirtschaftlichen Jahres sah also wie folgt aus: 18 x 20 = 360 + 5 = 365.

Doch das Sonnenjahr ist länger als 365 Tage, nämlich 365 1/4, und die Bewohner Mesoamerikas müssen Probleme bekommen haben, etwa dergestalt, daß nach 500 Jahren die Monate der Regenzeit nicht mehr in die für sie veranschlagte Periode fielen. Und was noch schlimmer gewesen sein muß: Wenn man den Zyklus von 260 und den von 365 Tagen kombinierte, wiederholte sich ein Tag in beiden Kalenderrunden erst alle 18 980 Tage wieder in derselben Position (260 x 73 = 18 980, 365 x 52 = 18 980) – was einem Zeitraum von 52 Jahren entsprach und bei den Maya etwa die Rolle spielte wie für uns ein Jahrhundert. Für die Mesoamerikaner war es von höchster Wichtigkeit, im voraus die zeitliche Wiederkehr zu wissen; weil dann nämlich dieselben Götter in Konjunktion traten und die Geschehnisse der Vergangenheit sich wiederholen würden Und dies trat nun sicherlich nicht ein (insbesondere wenn die Monate sich verschoben), wodurch die weisen Männer, die Priester und Herrscher, die im Besitz des Wissens waren, an Glaubwürdigkeit zu verlieren begannen.

Etwas Derartiges kann der Beweggrund für die Maya gewesen sein, den Himmel und den Lauf der Gestirne zu beobachten. Ihr Interesse richtete sich zunächst auf die Sonne, dann den Mond, die Venus und die anderen Planeten, was sich in einem präzisen Wissen über die Dauer des Sonnenjahres und die Bewegungen der Gestirne niederschlug.

Von daher die Schaffung einer Kalenderrechnung, die zwar auf dem Sonnenjahr beruhte, aber so komplex war, daß ihre Daten sich erst nach Ablauf langer Perioden wiederholen konnten. Angesichts der Tatsache, daß die Zahlen nicht über 20 hinausgingen, wurde das Positionssystem geschaffen, in dem die Zahlzeichen ihren Wert entsprechend der von ihnen eingenommenen Position erhöhen. Allerdings schrieben die Maya ihre Zahlen in vertikalen Kolumnen mit zunehmendem Stellenwert von unten (Einer-Einheiten) nach oben, und da die Basis das Sonnenjahr war, war die Grundposition (die Jahresposition) die drittunterste Stelle, das heißt das *Tun* (Jahr von 360 Tagen = 18 Zyklen von 20 Tagen). Die Zahlen haben einen Wert entsprechend der Position, die sie in der Kolumne einnehmen:

5. Position
144 000 = 7 200 x 20
4. Position
7 200 = 360 x 20
3. Position
360 = 18 x 20
2. Position
20 = 1 x 20
1. Position
1

Natürlich sind die Positionen unbegrenzt, und so konnte man jede Zahl beliebiger Größe niederschreiben, indem man nur drei Zeichen benutzte: den Punkt, den Strich und die »Null«. Mit diesem System wurde die Zahl 18 980 folgendermaßen geschrieben:

4. Position	
7 200 x 2 =	14 400
3. Position	
360 x 12 =	4 320
2. Position	
20 x 13 =	260
1. Position	
1 x 0 =	0
Total	18 980

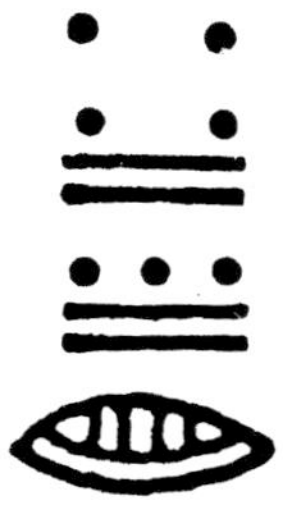

Die früheste in diesem System abgefaßte Inschrift findet sich auf der Stele (E.)[14] 2 von Chiapa de Corzo, ein aus Zahlen bestehendes Fragment mit dem Datum 7.16.3.12.13,5 Ben (Lowe, 1962, S. 194) (Abb. 190).

Wir wollen das besagte System auf der Grundlage von E. 29 von Tikal erklären (Abb. 10, 11), der ältesten, die bislang im Maya-Gebiet entdeckt wurde. Sie legt bereits die typischen Merkmale dieser Inschriften an den Tag, das heißt, sie zeigt einen mayanischen Herrscher auf der Schauseite, während der Text auf der Rückseite des Monuments ein Datum in Form von Glyphen trägt, die den Zyklen entsprechen; hier handelt es sich um den ersten Text in mayanischer Schrift.

Die Basis des Kalenders ist ein mythisches Datum, das vom Schöpfer oder den Schöpfern des Systems erfunden wurde. Es geht zurück auf den 13. August 3114 v. Chr. (nach der Korrelation G-M-T) und lautet in der Maya-Sprache: 13.0.0.0.0. 4 Ahau 8 Cumkú.

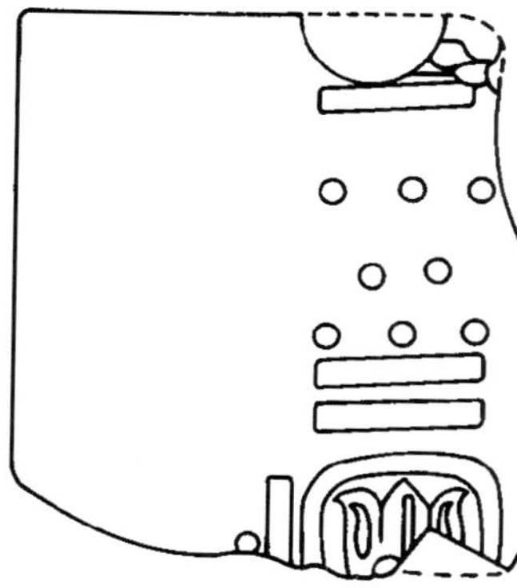

190 Stele 2 von Chiapa de Corzo (aus: Marcus, 1992).

Folgende Seiten:
191 *Links*: Glypen der Tage. *Rechts:* Glyphen der Monate (aus: Thompson, 1971).

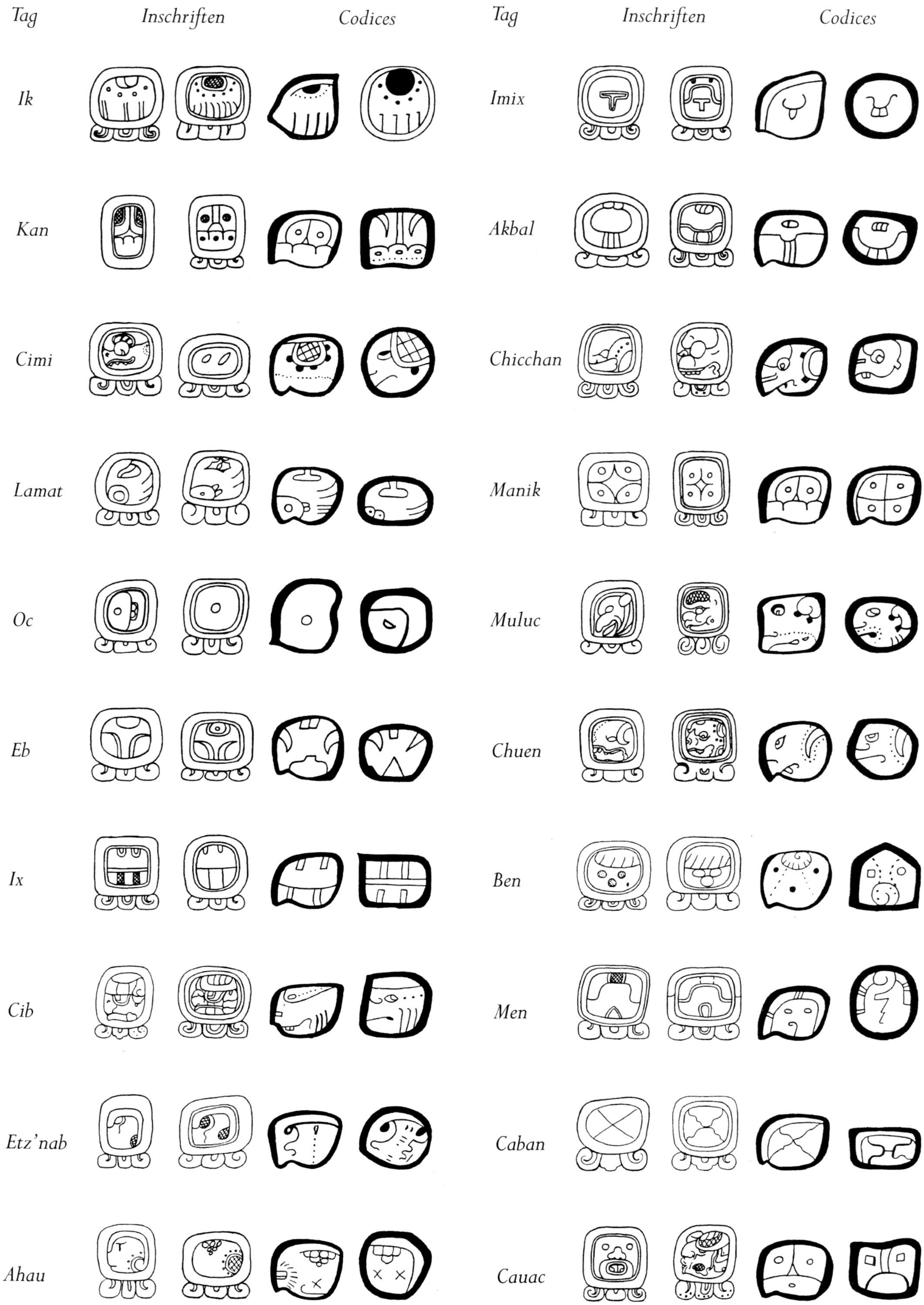
Tag
Inschriften
Codices
Tag
Inschriften
Codices
Ik
Imix
Kan
Akbal
Cimi
Chicchan
Lamat
Manik
Oc
Muluc
Eb
Chuen
Ix
Ben
Cib
Men
Etz'nab
Caban
Ahau
Cauac

Monat
Inschriften
Codices
Pop
Zip
Zec
Yaxkin
Chen
Zac
Mac
Muan
Kayab
Monat
Inschriften
Codices
Uo
Zotz'
Xul
Mol
Yax
Ceh
Kankin
Pax
Cumku
Uayeb

Die Inschrift beginnt mit der sogenannten Initialserie-Einführungsglyphe; von oben nach unten ist zu lesen, daß 8 Baktun[15], 12 Katun, 14 Tun, 8 Uinal, 15 Kin seit Beginn des betreffenden Äons vergangen waren; der entsprechende Tag war (13) Men und der Monat (3) Zip.[16] Die Datierung der Stele 29 gibt also an, daß vergangen waren:

5. 8 Baktun (8 x 144 000)
4. 12 Katun (12 x 7 200)
3. 14 Tun (14 x 360)
2. 8 Uinal (8 x 20)
1. 15 Kin (15 x 1)

Aus der Inschrift erkennt man, daß jede Zahl mit der der jeweiligen Periode entsprechenden Glyphe verbunden ist. Diese Glyphenzeichen wurden hier in Form der sogenannten Kopfvarianten geschrieben (Abb. 192); sie zeigen den Kopf des Gottes, der dieser Zeit vorsteht. Bis hierher ist die Inschrift in einer Kolumne gehalten, doch am äußersten unteren Rand kann man gerade noch eine Zahl 1 (einen Punkt) erkennen, was impliziert, daß der Rest der Inschrift zwei Kolumnen umfaßte.

Die Maya erfanden verschiedene, weniger komplizierte Methoden, um Daten zu notieren. Zu den üblichsten gehörten die sogenannten Distanzzahlen, die den Zeitraum zwischen zwei Ereignissen angaben. Es war diese Art der Niederschrift, die die Mayanisten glauben ließ, die Maya hätten einen wahren Zeitkult betrieben. Heute wissen wir, daß diese Glyphen die verschiedenen Ereignisse im Leben der Herrscher markieren. Diese waren stets bestrebt, ihre Aktivitäten mit den sogenannten Enddaten der Periode zu verbinden, die mit »Null« endeten. Der Grund dafür ist ganz einfach: Sie wollten die Handlungen der

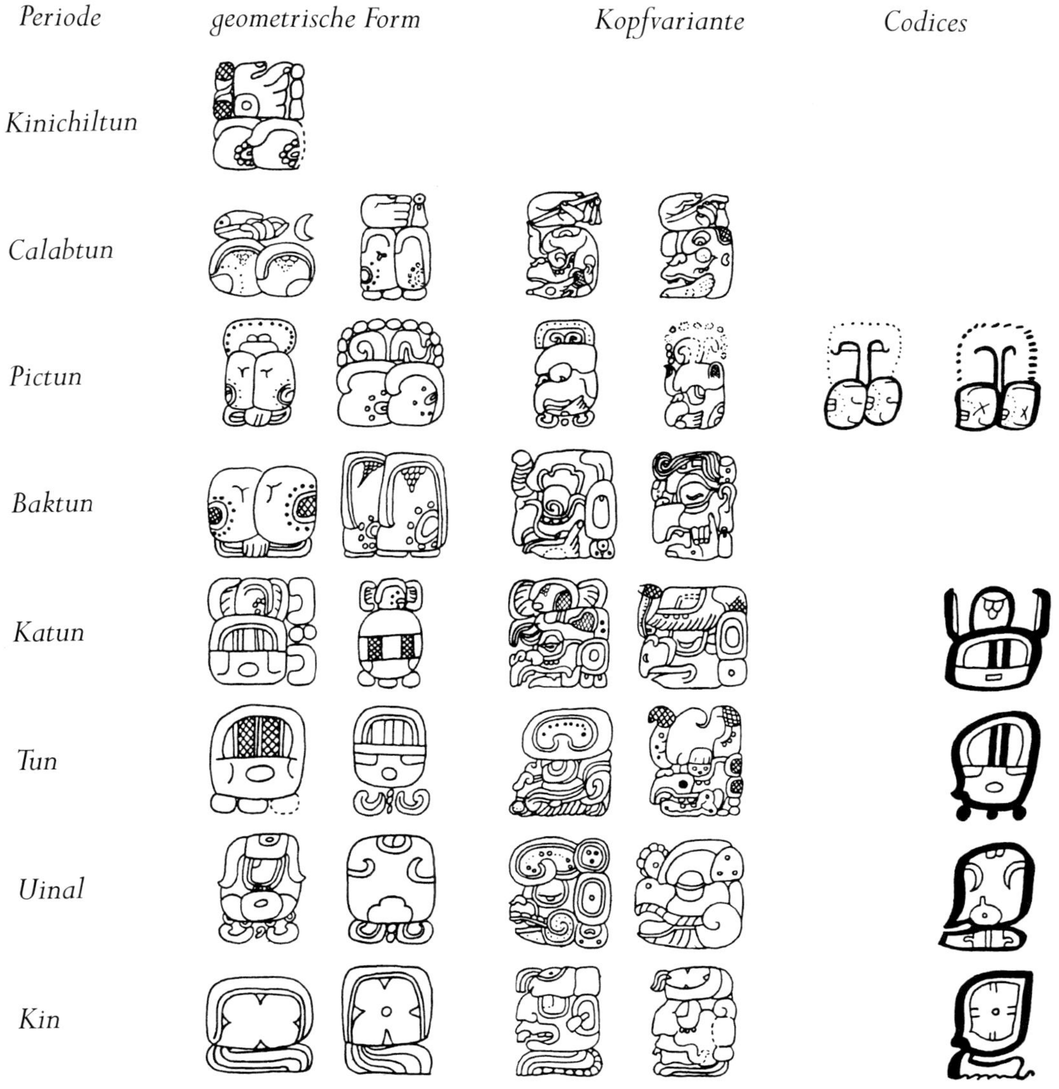

192 Glyphen zur Bezeichnung der Kalender-Perioden oder -Zyklen in »geometrischer« Form und als Kopfvarianten (aus: Thompson, 1971).

Götter nachahmen, und da die Schaffung der bestehenden Welt auf das Datum 13.0.0.0.0. fiel, markierten die Daten der Periodenenden einen Bruch, und ihnen stand es zu, die Zeit zu reaktualisieren.

Um das Datierungssystem, die Leserichtung und die Strukturmerkmale der Maya-Schrift zu exemplifizieren, wollen wir einen anderen frühen Text betrachten: die sogenannte Leidener Platte (Abb. 193), eine Plakette aus Jade, die zum Gürtelschmuck eines Herrsches gehört haben muß, ähnlich wie es das ziselierte Bild auf der Schauseite der Plakette zeigt.

Der mit der Initialserie-Einführungsglyphe beginnende Text verzeichnet das Datum 8.14.3.1.12, der Tag im *Tzolk'in*-Zyklus war 1 *Eb* und der Tag im *Tun*-Zyklus 0 *Yaxk'in* (17. September 320 n. Chr.). Diese Aussage ist in den ersten zehn Kartuschen enthalten. Die ersten sieben stehen in einer Kolumne, doch ab der achten werden sie von links nach rechts[17] in doppelten Kolumnen gelesen. Diese Leserichtung ist für die Maya-Glyphen maßgebend, wenngleich es auch Variationen gibt. Die letzten fünf beziehen sich auf den Text und beginnen mit der Ereignisglyphe für »Inthronisation«, danach folgen der Name des Protagonisten »Null-Mond-Vogel/*way-chak/kan*« und am Schluß die Emblemglyphe des Ortes, an dem er herrschte: Tikal.

Bei der Betrachtung der Glyphen 8 und 9 der Kolumne B ist zu erkennen, daß sie einander gleichen. Die Glyphe B8 ist das »Zahlzeichen« des Monats, in Form eines Logogramms geschrieben: das Verb *chum,* »setzen«. Und da, wie erwähnt, für die Maya die Zyklen, Tage und Zahlen Götter waren, kehrten sie am Ende ihrer Runde, wie die Bücher des *Chilam Balam de Chumayel* sagen, »zum Ort ihrer Ruhe zurück«, das heißt, sie »setzten sich«; dasselbe tat auch der Herrscher an diesem Datum: *chumahy*, »er hatte sich gesetzt«, das heißt, er wurde inthronisiert.

In diesem kleinen Text haben wir drei charakteristische Merkmale der mayanischen Schrift entdeckt, die Wiederholung von Zeichen, die Substituierung und die grundlegende grammatikalische Struktur: temporale Anzeiger, Verb, Subjekt und Komplement, in diesem Fall ein Toponym. Das Problem dieser Schrift liegt darin, zu erkennen, welche Funktion und Bedeutung die einzelnen Zeichen haben. Darum wurden einige geschaffen, die anzeigen, wann sie entweder als Logogramm (Wort) oder als (phonetisch-syllabisches) Morphem gelesen und verstanden werden sollten. Diese Zeichen sind erstens unter der Bezeichnung Determinative bekannt – ihre Funktion besteht darin, auf den Sinn oder den Wert des Hauptzeichens hinzuweisen – und zweitens als phonetische Ergänzungen oder Indikatoren, die den An- oder Auslaut des Morphems oder Wortes signalisieren, das heißt, die angeben, wie das Hauptzeichen gelesen werden muß.

Die Funktionsweise der mayanischen Schrift

Heute stimmen die meisten Epigraphiker darin überein, daß die Maya-Schrift ein phonetisches System aus Glyphen darstellt, von denen die einen für vollständige Wörter oder Logogramme, und andere für Silben stehen (KV-Silben = Konsonant-Vokal-Silben).

1. Ein Logogramm ist ein geschriebenes Zeichen, das ein Morphem oder die Bedeutung eines ganzen Wortes wiedergibt. Die Piktogramme entsprechen diesem Typus von Zeichen, es sind Ikonogramme, die ein Objekt oder Ding aus der realen Welt abbilden; es gibt eine große Menge von ihnen, hauptsächlich Tiere, obschon es auch Darstellungen von Gegenständen gibt, die sich auf die Landschaft beziehen.

2. Die sogenannten Rebuszeichen geben den Klang eines Wortes durch ein anderes wieder, das ähnlich klingt, das heißt, durch ein Homonym. Sie werden hauptsächlich verwendet, um geistige Vorstellungen auszudrücken, doch in der Maya-Schrift sind sie ziemlich selten. Schele kennt nur eines, das von John Justeson identifiziert wurde. Es handelt sich um das Zeichen für »diese« – niedergeschrieben mit dem Zeichen für *lak*, um »folgende« auszudrücken. Die Problematik dieser Zeichen liegt in ihrer Polyvalenz. Bei dieser Schrift haben die Zeichen nur eine Lesart, aber die Bedeutungen können verschieden sein, oder umgekehrt, das Zeichen hat nur eine Bedeutung, aber die Lesweise kann unterschiedlich sein. So kann man zum Beispiel die Glyphe für »Schild« als *chimal* oder *pakal* lesen. Um

193 Sogenannte Leidener Platte, Vorderseite (*oben*) und Rückseite (*unten*) (aus: Schele und Miller, 1986).

194 *Oben:* Das Tageszeichen *ahaw* (*ahau*) als geometrische Form und in Kopfvarianten (nach Thompson).

die möglichen Doppeldeutigkeiten zu eliminieren, schufen die Maya zwei weitere Typen von Zeichen.

3. Die semantischen Determinative, die dem Leser den genauen Wert des Zeichens signalisieren. Nehmen wir als Beispiel das Tageszeichen *ahau*: Wenn es geschrieben wird, um den Tag anzuzeigen, wird es stets besonders »markiert«, aber das Wort *ahau* bedeutet auch »Herr« (Herrscher oder König[18]) und hat als solches denselben phonetischen Wert, wenngleich man es auch durch das Bild eines Umhangs oder eines Diadems auf dem Kopf einer Person (Abb. 194) niederschreiben konnte, was anzeigte, daß es sich um einen »Souverän« handelte.

4. Phonetische Ergänzungen. Das sind Glyphen, die den phonetischen Wert des Hauptzeichens angeben, wenn dieses verschiedene Lautwerte besitzen konnte. Nehmen wir als Beispiel wiederum die Glyphe *ahau*. Dieses Tageszeichen bedeutet auch »Blume«, *nik*, und wenn spezifiziert werden soll, daß es sich um diese Lesung handelt, fügt man eine phonetische Ergänzung mit dem Wert *ki* hinzu, so daß die gesamte Kartusche *ni-k(i)* gelesen wird.

Das beste Beispiel für all diese Varianten ist das Zeichen für »Geier«. Man kennt verschiedene Maya-Wörter für dieses Tier: *k'uch*, *ch'om*, *xulem* und *ta'hol*. Das Piktogramm, das zur Bezeichnung des Tiers verwendet wird, benutzt man auch, um den Lokativ *ti* bei den sogenannten Anzeigern für ein früheres und den Anzeigern für ein späteres Datum anzugeben, ganz wie in einer der Inthronisations-Kartuschen zu sehen ist (Abb. 195).

Der Grund für diese Art der Verwendung scheint dadurch bedingt, daß der Name des Tieres in den Chol-Sprachen *ta'hol* (*ta'*, »Exkrement«, *hol*, »Kopf«) lautet, wobei die erste Silbe für den Lokativ *ti*, *ta*, *ta* (je nach Dialekt), »in, nach«, bewahrt wird. Um die korrekte Lesung zu betonen, wird dem Kopf des Tieres ein kleines Zeichen *ti* als phonetisches Komplement angehängt.

195 Anzeiger für ein früheres Datum: *ut-iy* oder *ut-ix*, »es war geschehen«; Anzeiger für ein späteres Datum: *ywal-ut* (*iwal-ut*), »und dann geschah«; Glyphe *ta/ti*.

Die erste als »Thronbesteigung« oder »Inthronisation« identifizierte Wendung war die »Zahnschmerzenglyphe«, wie sie von Thompson genannt wurde; sie enthält als Hauptzeichen die Glyphen T644 und T684[19] (Abb. 196) und wird stets kombiniert mit einer Präpositionalphrase bestehend aus dem Präfix *ti/ta*, in Form des Geierkopfes oder des betreffenden Präfix geschrieben, sowie einem Titel und dem phonetischen Zeichen *le*.

Der Titel pflegt das Präfix T168 zu sein, *ahpop* oder *ahau*, »Herr der Matte« oder Herrscher, das gelegentlich ersetzt wird durch die Glyphe *ahau* oder den Kopf des Geiers. Um den Gebrauch des Geier-Emblems zu differenzieren, wird das Präfix *ti* oder ein kleines *ahau*-Zeichen hinzugefügt, oder man bindet dem Kopf ein kleines Tuch um, das, wie bereits erwähnt, auch bei anderen Zeichen gebraucht wird, um darauf hinzuweisen, daß es sich um einen Souverän handelt. Im letztgenannten Fall ist das Tüchlein ein semantisches Determinativ (Abb. 197).

Die zitierten Fälle sind gute Beispiele für die sogenannte glyphische Substituierung, die, wie bereits erwähnt, das grundlegende Prinzip der neuen Epigraphik darstellen sollte, und die es mit Unterstützung der strukturalen Analyse erlaubt, Kontexte zu identifizieren, in denen verschiedene Zeichen in derselben Position einander ersetzen, was die Annahme erlaubt, daß es sich um verschiedene Arten des Ausdrucks für ein und dieselbe Sache handelt. Die letzten Entdeckungen haben bewiesen, daß diese Substitution in der Regel eine phonetische ist, und so konnte das aus der Identifikation der Glyphen in Landas Alphabet erwachsene Maya-Syllabar beträchtlich erweitert werden.

Die Grammatik der Glyphen

Obschon wir bereits von der grammatikalischen Struktur und ihren Prinzipien gesprochen haben, wollen wir uns einem Beispiel aus den Codices zuwenden, die sich wegen der Wiederholung von Zeichen und deren Beziehung zu den Bildern hierfür am besten eignen. Vergessen wir nicht, daß die Leserichtung in Zweiergruppen von links nach rechts und von oben nach unten verläuft (vgl. Abb. 172). In dem Text von D. 5b – 6b[20] (Abb. 199) ist zu sehen, daß die vier Figuren etwas durchbohren; sie führen alle dieselbe Handlung durch, und obwohl sich die jeweils letzten Kartuschen voneinander unterscheiden, steht am Beginn jeder Inschrift dieselbe Kartusche: Es ist das Verb *ho-ch'*, »bohren«. Die zweite Kartusche

196 Kartusche mit der Bedeutung »Inthronisation«.

bezeichnet den Gegenstand, den die Personen durchbohren und ist daher in jedem Fall dieselbe. Die dritte steht für den Namen der Gottheit (Subjekt), und der Satz endet mit dem positiven oder negativen Anzeiger jeder Prognose.

Immer wenn die Götter dieselbe Handlung vollziehen, wiederholt sich die erste Kartusche, nämlich das Verb. Bei verschiedenen Handlungen verändert sich auch das Verb. Auf dieses Muster stieß Tanja Proskouriakoff bei ihren Forschungen und konnte so verschiedene Handlungen oder Verben identifizieren.

Die Satzstruktur, vor allem in den Monumenten, besteht aus Verb–Subjekt–Objekt, was aber nicht bedeutet, daß es nur diese eine Ordnung gibt; insbesondere in den Codices kann sie variieren, und es gibt Fälle, in denen die erste Kartusche sich auf das Objekt bezieht. So sieht man zum Beispiel in der sogenannten Sektion der Frauen im *Codex Dresdensis* (D. 16b–17b) die Göttin I, die junge Mondgöttin, die auf ihrem Rücken Götter und Vögel trägt. In jeder dieser Inschriften bezeichnet die erste Kartusche das getragene Objekt, die zweite ist das Verb *u ku-ch(u),* »ihre Bürde« (hier zu lesen als »sie trägt«), die dritte ist der Name der Göttin und die vierte die Art der Prognose.

197 Die Titel *ah po* und *ahau*, Geier, *ahau* und das phonetische Zeichen (aus: Schele und Miller, 1986).

Als Verben und Subjekte identifiziert wurden, konnten auch andere überaus wichtige Elemente gefunden werden, nämlich die Anzeiger von Personen oder Pronomen. Nach unserem heutigen Kenntnisstand ist ein Charakteristikum der Maya-Schrift, daß sie in der dritten Person Singular verfaßt ist. Dabei muß darauf hingewiesen werden, daß die Maya-Sprachen zu den sogenannten »Ergativ«-Sprachen gehören, die dadurch gekennzeichnet sind, daß sie zwei Serien von Pronomen besitzen, die je nachdem, ob die Verben transitiv oder intransitiv sind, eingesetzt werden. Die Serie A wird als Subjekt bei den transitiven Verben und als Possessivpronomen (»sein, ihr«) bei Nomen eingesetzt. Die Serie B wird als Suffix an die Verben gefügt und als Subjekt der intransitiven und als Objekt der transitiven Verben gebraucht (Schele, 1996, S. 31, 33). In den yucatekischen und Chol-Sprachen, in denen die Texte verfaßt sind, ist die Serie A neben dem Verb zu finden, während die Pronomen der Serie B ans Ende des Verbstammes angehängt werden.

198 Varianten des Zeichens *u*, Possessivpronomen der dritten Person Singular (nach Schele).

Das erste Pronomen, das (von Brasseur) identifiziert wurde, war das besitzanzeigende Fürwort *u*, das der dritten Person Singular der Serie A entspricht, »sein, ihr«, und das sich als Präfix der Nomen in der für ein Possessivpronomen erwarteten Position findet. Es war klar, daß jedes andere Zeichen, das diese Position einnimmt, denselben Zweck und dieselbe Bedeutung haben mußte, was es erlaubte, verschiedene Varianten zu identifizieren (Abb. 198). Bis heute sind keine Personalpronomen für die erste und zweite Person identifiziert worden, ebensowenig die Pronomen der Serie B, was bei einem historischen Bericht nur logisch erscheint. In einem anderen Texttypus wären sie wohl zu finden.

Am Ende dieses Abschnitts über die grammatikalischen Prinzipien der Glyphenschrift[21] wollen wir uns noch den temporalen Anzeigern zuwenden. Es handelt sich dabei um eine Reihe von Affixen, die mit den Verben einhergehen, was ihre Identifikation erleich-

199 Dresdener Codex 5b–6b. Darstellungen von Göttern bei einer rituellen Bohrhandlung: der Erdgott, der Todesgott, Gott Itzamná und Gott Q (Villacorta und Villacorta, 1977).

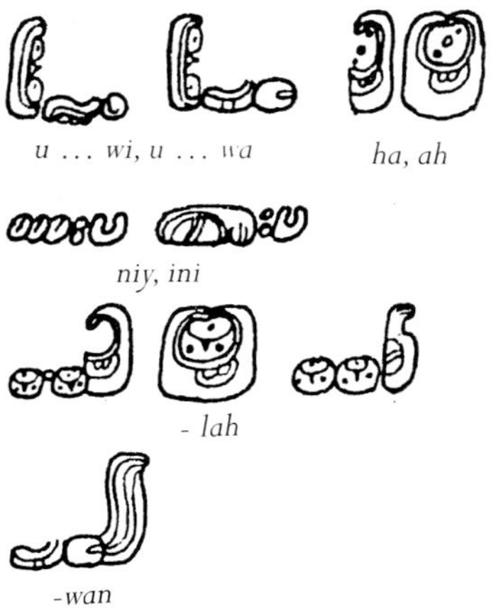

200 Temporale Anzeiger: transitiv, passiv, intransitiv, komplementär, lokativ (nach Schele).

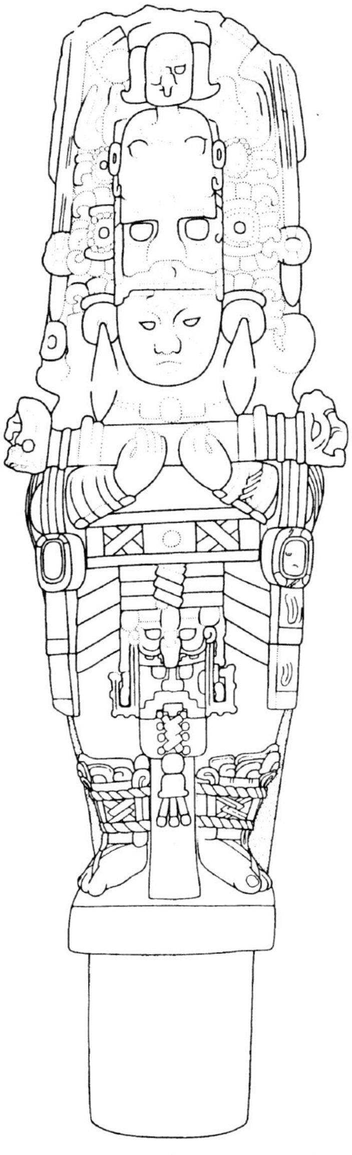

201 Vorderseite der Stele 26 von Toniná. Museo Nacional de Antropología (Zeichnung von Mathews).

terte. Sie zeigen die Beugungen und Ableitungen an, das heißt, sie haben keinen semantischen Wert. Es handelt sich um Silben wie *-ah* (T181), ein Anzeiger für Vergangenheit, der verbunden sein kann mit dem Affix *-vl* (Vokal-l) (T24), ein Ableitungsaffix für Nomen und Attribute wie auch ein Beugungsaffix, das an den Stamm von Verben angehängt wird (Abb. 200).

Zu den jüngsten Entdeckungen gehören die Anzeiger *ut*, *utix*, *ywal* und *utom* (Abb. 202), die eine ausschlaggebende Rolle für das Verständnis der Glyphentexte spielen und beispielhaft darlegen, wie das neue System der Entzifferung funktioniert; deshalb werde ich ihre Wirkungsweise detaillierter erklären.

Der Anstoß zur Lesung der Glyphenkombination *ut*, »es geschah«, entspringt dem von Eric Thompson identifizierten sogenannten »Anzeiger für ein früheres Datum und dem Anzeiger für ein späteres Datum«. Thompson hatte bemerkt, daß sich neben den Distanzzahlen stets zwei Kartuschen befanden, die aus je drei Glyphen zusammengesetzt waren, zwei konstanten und einer variablen (Abb. 195). Die konstanten waren die Hauptglyphe und das Affix *ti*, die Variable zeigte an, ob das Datum »nach vorn« (auf eine spätere Zeit) oder »nach rückwärts« (auf eine frühere Zeit) verwies.

David Stuart analysierte diese Kartuschen 1985, wobei er wahrscheinlich bereits die Idee einer Substituierung von Elementen im Kopf hatte. Er begann auch ein Muster zu erkennen, das nicht nur die Substituierungen bei den Anzeigern erklärte, sondern auch – was viel wichtiger war – die Funktion der variablen Affixe in den Inschriften. Stuart beobachtete, daß die Hauptglyphe, die Thompson[22] als *xok* gelesen hatte, sich durch die Tagesglyphe *muluk* ersetzen ließ, die ihrerseits in anderen Kontexten benutzt wurde, um das Pronomen *u* auszudrücken, den Anzeiger für die dritte Person Singular (T1) (vgl. Abb. 198).

Stuart schloß, daß die beiden konstanten Glyphen *u-t(i)* gelesen werden müßten, ein Terminus, der etwa mit »es geschieht/es geschah« zu übersetzen ist. Zwei Jahre zuvor hatten John Justeson und Will Norman herausgefunden, daß das Anzeiger-Präfix für das frühere Ereignis, T126, und das Postfix T679, für das spätere Ereignis sich an verschiedenen mit Verben verbundenen Stellen fanden und in diesen Fällen wie bei den Distanzzahlen funktionierten. Das heißt, gestützt auf die Distanzzahlen, entdeckten sie, daß die Affixe T126 und T679 sich fallweise mit früheren oder späteren Ereignissen verbanden. Beide Autoren bewiesen, daß die Kartusche mit dem Affix T679 denselben Platz einnahm, der in den kolonialzeitlichen mayanischen Quellen dem *ywal* entsprach, »[...] eine Konjunktion, die ein untergeordnetes Satzglied einführt: dann, als, darauf« (Smailus, 1975, S. 179); das heißt, die Lesung der Kartusche muß lauten: »und dann geschieht/geschah«, was in der Umgangssprache dem »und dann« entspricht (Abb. 202).

Die andere Kartusche, die das Affix T126 enthält, wurde von Kathryn Josserand und Nicholas Hopkins erklärt. Beide Autoren, Kenner der modernen Chol-Sprachen, beobachteten, daß ein spezifisches Suffix an den Stamm von Verben angehängt auftaucht, wenn diese im Plusquamperfekt stehen. Es handelt sich um das Suffix *-y(i)'/y(a)* (Abb. 202), das wie im Anzeiger für einen früheren Zeitpunkt bei den Distanzzahlen als »seit« verstanden wird, und das in den verbalen Formen in Verbindung mit dem *ut* die Form *ut-iy* ergibt, »es war geschehen«.

Die letzte verbale Zeitbestimmung ist ebenfalls das Ergebnis der Arbeit verschiedener Autoren. Schele war die erste, die sie identifizierte, und Terence Kaufman erklärte, wie das System funktionierte. Es handelt sich um den Anzeiger für das Futur, *u-to-m* (Abb. 202). Er wurde mit den zukünftigen Daten verbunden und von den Herrschern eingesetzt, wenn ihnen daran gelegen war, ihre Handlungen mit dem »noch stattfindenden« Ende einer Kalenderrunde zu verbinden.

Was erzählt uns die Maya-Schrift?

Wir haben darauf hingewiesen, daß die mayanischen Inschriften auf den Monumenten im Grunde genommen historischen Inhalts sind. Doch in dieser Geschichte agieren Götter und menschliche Wesen gemeinsam, es ist eine heilige Geschichte. Dieses Wissen hat uns erlaubt, die mayanische Denkweise wieder zum Leben zu erwecken. Die meisten Texte sind kurz, fast alle erscheinen auf Stelen, Altären, Türstürzen, Thronen, auf Keramik und Schmuck, obschon es auch ausführlichere Texte wie die Relieftafeln von Palenque gibt.

Ein großer Teil der neuen Erkenntnisse resultiert nicht nur aus den Aussagen der Texte, sondern aus der Form, in der sie vermittelt werden. Die glyphischen Substituierungen haben eine Schlüsselrolle bei der Entzifferung gespielt, die unseren Wissensstand vertiefte.

Es liegt klar auf der Hand, daß jeder Herrscher seine Geschichte erzählt, und jeder hat über das berichtet, was ihm am wichtigsten war: sein Leben. Man rechnet, daß es 10 000 Monumente gibt, die sich auf individuelle Lebensberichte der Herrscher beziehen, und wie alle Schriftsteller suchte jeder von ihnen seinen eigenen Stil zu verwirklichen. So wurde die Literatur geboren, und obwohl der größte Teil der uns bekannten Texte aus der Vergangenheit historischer Natur ist, sind das Gilgamesch-Epos, die Schriften vom Toten Meer oder die Bibel nicht miteinander gleichzusetzen. Das gilt auch für die mayanischen Texte, deshalb wollen wir das Leben eines Herrschers auswählen, der uns als Führer dienen soll, so daß wir im Vergleich mit den anderen *ah tzib*, »Schreibern«, begreifen, worin die Hauptanliegen dieser Autoren bestanden.

Natürlich sind die Leben der Herrscher nicht gleichartig, kein Leben ist mit einem anderen identisch, doch immerhin wurden alle geboren, alle waren sie Könige, und alle sind sie gestorben. Auf ihren Wegen haben sie eigenständig gehandelt, aber da wir nicht jedes einzelne dieser Leben detailliert erzählen können, werden wir von einem einzigen sprechen, vielleicht dem populärsten und bekanntesten.

Aus verschiedenen Gründen gehört der von uns ausgewählte Herrscher zu den berühmtesten: wegen seiner architektonischen Schöpfungen und wegen der Pracht seiner Grabstätte, der ersten, die im Inneren einer Pyramide gefunden wurde. Es handelt sich um *Hanab Pacal* (II.) von Palenque. Das Alter Pacals wurde lange Zeit kontrovers diskutiert. Knochenfunde und Inschriften belegen heute jedoch eindeutig, daß er im Alter von 80 Jahren gestorben ist. Dieser Herrscher hat seine Lebensgeschichte in verschiedenen Texten hinterlassen, die in zwei Bauwerken gefunden wurden: im Tempel der Inschriften und im Palast.

Zwischen Palenque und anderen Städten gibt es bedeutende Unterschiede. In Palenque werden historische Ereignisse zum ersten Mal in der Epoche Pacals niedergeschrieben. Im Unterschied zu Städten wie Tikal, Uaxactún oder Copán, deren Inschriften im 8. Jahrhundert (dem frühen Klassikum) einsetzten, gibt es in Palenque keine Belege für frühe Texte, vielleicht weil man sie nicht gefunden hat oder, und das ist eine persönliche Meinung, weil sie »ausgelöscht« wurden. Doch das Fehlen von frühen Texten darf uns nicht erstaunen, da es andere Städte wie Toniná und Tortuguero gibt, deren Schriftkultur ebenfalls spät begann. Der Unterschied zwischen diesen Städten und Palenque besteht darin, daß deren Inschriften sich auf zeitgenössische Vorkommnisse beziehen, während in den Texten von Palenque, abgesehen von den Mythen, die Geschichte bis ins Jahr 993 v. Chr. zurückgeht.

Ein weiterer Unterschied zwischen Palenque und den anderen Maya-Städten ist die Tatsache, daß es hier weder Stelen noch Altäre gibt. Palenque hat nur eine sonderbare Stele, die nicht den viereckigen und auf einer oder mehr Seiten skulptierten Monolithen ähnelt, sondern mit den in Toniná gefertigten identisch ist. Dort sind die Stelen rundplastische menschliche Skulpturen (Abb. 201, 203), die eine Inschrift auf der Rückseite tragen. Die Stele von Palenque ist so verwittert, daß man unmöglich feststellen kann, ob sie einen Text aufwies, der vielleicht ihre Präsenz in dieser Stadt erklärt hätte. Die Texte in Palenque sind in Steintafeln gemeißelt, die sogenannten »Tableros«, die den Namen des Gebäudes tragen, in dem sie angebracht waren.

Die ältesten sind die drei Tafeln im Tempel der Inschriften (TI), die man als TIe (Osten), TIc (Zentrum) und TIw (Westen) bezeichnet; sie enthalten – abgesehen von den Codices – den längsten Text des Maya-Gebietes. Diese Tafeln, die in den Sarkophag eingemeißelten Inschriften (im selben Gebäude) und die Tafel im Tempel des Kreuzes, deren Text von Pacals ältestem Sohn stammt, ermöglichten es, die Dynastie des Ortes zu rekonstruieren.

Die Relieftafeln des Tempels der Inschriften umfassen eine Periode, die von der Datierung 9.4.0.0.0. bis 9.12.0.0.0. reicht. Der erste Wissenschaftler, der die in diesen Texten gebrauchte Formel identifizierte, war Floyd Lounsbury (1975). Er erkannte, daß mit Hilfe von Distanzzahlen die Inthronisationsdaten der Herrscher mit den Enden von Kalenderrunden verbunden wurden, wobei den Katun-Perioden (20 Tun) oder einer ihrer Unter-

202 Temporale Anzeiger: *utix,* »es war geschehen«; *iwal ut,* »und dann geschah«; *utom,* »es wird geschehen«.

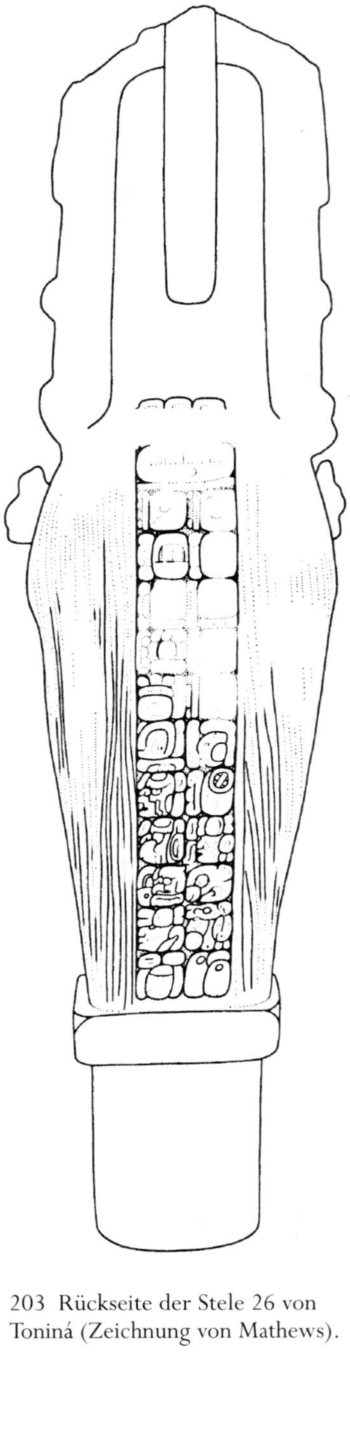

203 Rückseite der Stele 26 von Toniná (Zeichnung von Mathews).

K'uk' Balam

»Der Narr«

Manik

Akul-Ah Nab I

K'an-Hok'-Ch'itam I

Akul-Ah Nab II

Kan Balam I

»Frau« Ol-Nal

Newal

»Frau« Sak-K'uk'

Hanab Pacal

gliederungen der Vorzug gegeben wurde; 5 Tun (Hotun), 10 Tun (Lahuntun) oder 13 Tun (Oxlahuntun). Die im Text festgehaltenen Herrscher sind: Akul-Ah Nab I, K'an-Hok'-Ch'itam I, Akul-Ah Nab II, Kan Balam I, Frau Ol-Nal, Newal, Frau Sak-K'uk' und Pacal II. (Schele und Mathews, 1993, S. 93) (Abb. 204).

Die dynastische Geschichte von Palenque, wie sie auf der Relieftafel im Tempel des Kreuzes verzeichnet ist (TC), geht zurück auf den 11. März 431 n. Chr. und beginnt mit dem Gründer der Abstammungslinie, K'uk'-Balam, »Quetzal-Jaguar« (Abb. 204), obwohl es zwei vorhergehende Herrschergestalten gibt: Die erste war die Muttergöttin und die zweite U-K'ix-Chan, der »Olmeke«, wie ihn Schele nennt. Die Namensglyphe der Göttin ist wirklich interessant, bildet doch einen ihrer Bestandteile die Glyphe für »weiß«, *zak/sak*, während das Hauptzeichen die Kopfvariante der Emblemglyphe der Stadt darstellt (Abb. 205). Die nordamerikanischen Wissenschaftler haben sie als einen Quetzal identifiziert, doch wenn man diese Glyphe mit den Namensglyphen von Pacals Mutter und des Gründers vergleicht (Abb. 204), die Quetzal-Vögel sind, sieht man, daß sie sich von jener der Göttin unterscheiden. Deren Namensglyphe und die Emblemglyphe von Palenque als Kopfvariante sind gleich, und diese letztere wird substituiert durch einen Schädel oder einen Knochen, *bak*, ein Wort, das »Knochen« oder »Elster« bedeutet. Daher muß die Muttergöttin *Zak Bak* gelesen werden und Palenque ist *Bak*.

Zwischen dem Gründer und Pacal (II.) gab es zehn Herrscher, von denen zwei Frauen waren, eine von ihnen Sak-K'uk, Pacals Mutter. Die Geburtsdaten aller Herrscher liegen uns nicht vor, da diese ihre Geburt und Abstammung beliebig zu Protokoll gaben. So kennen wir zum Beispiel nicht das Geburtsdatum von »Schild-Jaguar dem Großen« oder Itzam Balam von Yaxchilán, da es in keinem der von ihm hinterlassenen Texte enthalten ist.

Das Geburtsdatum Pacals finden wir an mehreren Stellen. Uns interessiert vor allem die Hieroglyphentreppe von Gebäude C des Palastes (Abb. 206). Die Inschrift beginnt mit der Aufzeichnung des Datums 9.8.9.13.0, 8 Ahau 13 Pop, was dem 26. März 603 n. Chr. entspricht. Dasselbe Datum erscheint auch in der Kalenderrunde (Tageszahl, Monatszahl) auf der Sarkophagplatte und im TIw (Abb. 206).

Dann setzt sich der Text der Hieroglyphentreppe fort: *hul-ah-y mah-k'in-na ha-nab pa-ka-l ah-po k'ul-bak* – »es wurde geboren, große Sonne, Lilie-Schild, Herr von dem heiligen Blut der Elster/Knochen (Palenque)«. Danach erscheint eine Distanzzahl: 12.9.8, die uns zu dem Datum (9.9.2.4.8) 5 Lamat 1 Mol führt (29. Juli 615 n. Chr.), das auch im Tempel der Inschriften erscheint (TIw, E1-E9) (Abb. 206), und obwohl das Verb eine andere Schreibweise zeigt, protokollieren beide die Inthronisation von Hanab Pacal im Alter von 12 Jahren, als seine Mutter die Regierung niederlegte und ihrem Sohn den Thron überließ. Vor Pacal hatte es einen anderen Herrscher gegeben, der mit der sogenannten »Narren«-Glyphe bezeichnet wurde[23] und im Alter von 13 Jahren inthronisiert wurde (Abb. 204).

Die amerikanischen Epigraphiker waren der Meinung, die Tatsache, daß Pacal die Macht von seiner Mutter übernahm, müsse zu Schwierigkeiten geführt haben, da die mayanische dynastische Nachfolge auf dem patrilinealen System beruhte. Als man aber größere Fortschritte bei der Entzifferung machte, stellte sich heraus, daß auch Frauen das Herrscheramt ausüben konnten. Ein ähnlicher Fall findet sich in Naranjo, Guatemala, wo die Dame Wak Chaanil ihren Sohn als König des Ortes einsetzte, als er 13 Jahre zählte; es entsprach der Norm, daß die Thronfolger in diesem Alter zum Herrscher bestimmt wurden.

Die Akte, die von der mayanischen Elite vollzogen wurden, um die Thronerben zu designieren, sind u.a. auch in den Wandgemälden von Bonampak zu sehen (Abb. 156), im Türsturz 2 von Yaxchilán (Abb. 69) und im Bau des Tempels 55 von Yaxchilán. Dieses Gebäude wurde von »Vogel-Jaguar« oder Yaxun Balam zum Gedenken an ein Periodenende errichtet, das er sich auch zunutze machte, um es mit der Einsetzung seines Sohnes Chel Te (Türsturz 52) als Erbe des Thrones von Yaxchilán zu verbinden.

Pacal verheiratete sich am 9.9.13.0.17, 7 Kaban 15 Pop (22. März 626 n. Chr.) mit einer Dame namens Tz'ak Ahau. Sein erster Sohn, Kan Balam oder Chan Bahlum II., wurde am 9.10.8.9.3, 9 Ak'bal 6 Xul (17. Juni 641 n. Chr.) geboren, und sein zweiter Sohn, K'an Hok'Chitam II. erblickte das Licht der Welt am 9.10.11.17.0, 11 Ahau 8 Mak (5. November 644 n. Chr.). Kan Balam (Chan Bahlum) wurde im Alter von 6 Jahren zum Thronerben bestimmt, was er selbst auf den Relieftafeln im Tempel des Kreuzes dokumentieren ließ.

Die Mutter Pacals lebte nach der Inthronisation ihres Sohnes noch 25 Jahre; über diesen Zeitraum liegen uns nur wenige Informationen vor. Dennoch konnte dank der neuen Entzifferungen des Textes der Hieroglyphentreppe von Bau C (Abb. 206) das Datum 9.8.5.13.8 (21. April 599 n. Chr.) identifiziert werden. Der Text berichtet, daß damls in Lakam Ha, der Hauptstadt des palenkischen Reiches, ein *ch'akah*, »Hauen und Stechen«, stattfand. Der Angreifer war eine Persönlichkeit (Kal?-Kaan) aus Calakmul, der zweiten Großmacht neben Tikal, die die Oberherrschaft über das gesamte Gebiet anstrebte.

Als Ergebnis dieser kriegerischen Aktion wurden die palenkischen Götter »gezogen«, *yaleh*, was bedeuten könnte, daß sie auf irgendeine Art und Weise eliminiert wurden. Im Tempel der Inschriften ist ein anderer Angriff von Calakmul verzeichnet, und zwar unter dem Datum 9.8.17.15.14, 4 Ix 7 Pop (6. April 611 n. Chr.) (Abb. 206). Möglicherweise waren diese Kriege der Grund dafür, daß Frau Sak-K'uk' zur Thronfolgerin wurde.

Es gibt genügend Belege in den Texten anderer Städte, etwa Bonampak (*Ake*), Pomoná (*Pia*), Yaxchilán (*Sian Chan*), Toniná (*Poo*) und Tortuguero in Mexiko und Piedras Negras (*Yocib*), Dos Pilas und Naranjo in Guatemala, die von diversen Kämpfen zwischen den beiden Fraktionen sprechen: Calakmul (*Chan*) und seinen Alliierten auf der einen und Tikal (*Mut?*) und dessen Bundesgenossen auf der anderen Seite. Es ist bedeutsam, daß diese Kriege und ihre Protagonisten in den Monumenten der involvierten Städte Erwähnung finden.

Im weiteren Verlauf berichtet der Text der Hieroglyphentreppe von Ereignissen im Leben Pacals, die sich auf verschiedene Kriege und Gefangennahmen beziehen: Erwähnt wird eine auf eine Mondfinsternis bezogene Gedenkveranstaltung (Abb. 207) (9.11.6.16.11, 7 Chuen 4 Chen, 7. August 659 n. Chr.). An ihr nahmen teil ein Herrscher von Tikal, Nu Balam Lakam Chak (vgl. Türsturz 3 des Tempels I von Tikal) und »Schild-Jaguar« von Yaxchilán, der damals ungefähr elf Jahre alt gewesen sein muß und noch nicht zum Thronerben ernannt war. Der Satz schließt mit der Erwähnung der Gefangennahme des Herrschers von Tikal. Der Grund, warum er nach Palenque gekommen war, gefangengenommen und danach getötet wurde, ist noch nicht klar. Der Text, der dies erklären könnte, befindet sich auf der Hieroglyphentreppe 2 von Dos Pilas. Nach dem, was die Epigraphiker Schele, Martin, Grube u.a. entziffern konnten, weist alles darauf hin, daß dies erneut mit den Kriegen zwischen Calakmul und Tikal und ihren jeweiligen Verbündeten in Zusammenhang steht.

Trotz der Niederlage des mit Palenque verbündeten Herrschers von Tikal, begann Pacal weitere Kriege, aus denen er siegreich hervorging. Das zeigt der Text und sein Standort auf der Hieroglyphentreppe (Abb. 207). Der Text beginnt mit dem Kalenderrunden-Datum 7 Chuen 4 Chen (Datum der Mondfinsternis), gefolgt von der Kartusche *yitah*, »(in) Gesell-

205 Namensglyphe der Muttergottheit und Emblemglyphe von Palenque.

Gegenüberliegende Seite:
204 Genealogie von Palenque. Liste der Herrscher von Palenque vom Gründer der Dynastie, *K'uk' Balam*, bis zu *Hanab Pacal* dem Großen.

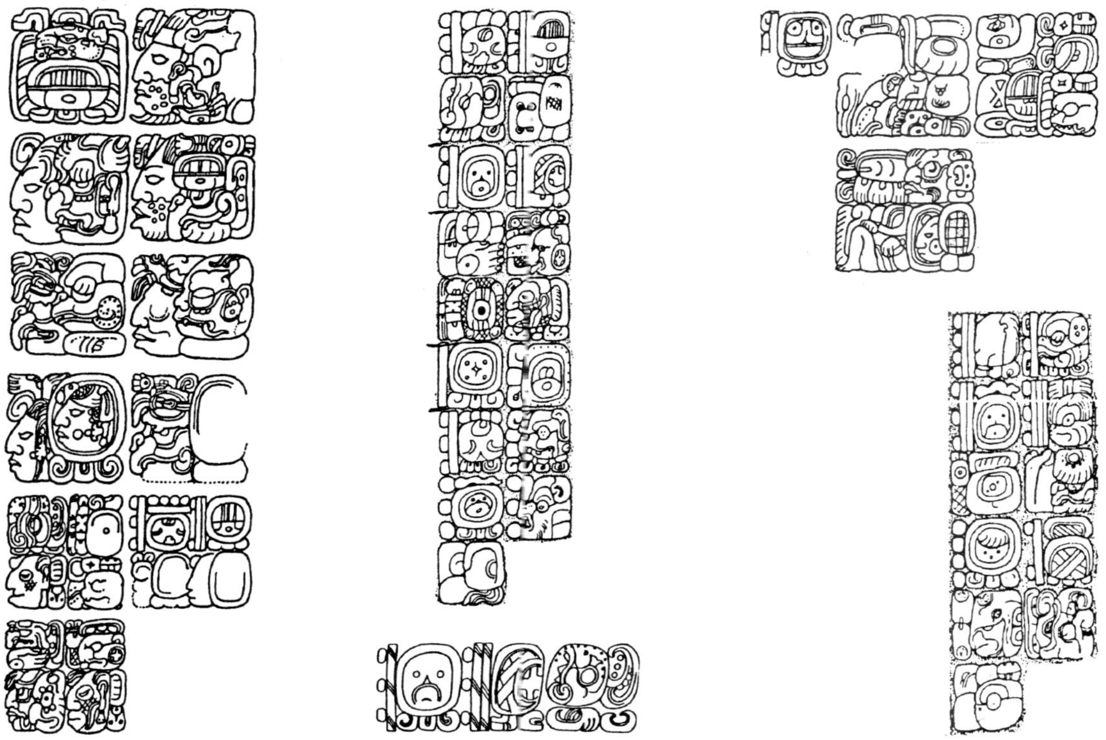

206 *Links:* Geburtsdatum Pacals auf der Hieroglyphentreppe von Gebäude C des Palastes. *Mitte, oben:* Dasselbe Datum ist auch auf dem Sarkophag Pacals eingemeißelt. *Mitte, unten:* Geburtsdatum auf der Tafel im Tempel der Inschriften. *Rechts, oben:* Angriff auf Palenque durch eine Persönlichkeit aus Calakmul, festgehalten auf der Hieroglyphentreppe von Gebäude C des Palastes (nach Schele). *Rechts, unten:* Zweiter Angriff Calakmuls gegen Palenque in der Zeit 4 Ix 7 Pop, verzeichnet im Tempel der Inschriften (nach Schele).

schaft (von)«. Die erwähnten Begleiter sind vier der sechs Gefangenen, die auf den Steintafeln im Patio des Palastes dargestellt sind. Solche Gefangennahmen müssen Pacals Recht auf den Thron gesichert haben, stehen sie doch mit der Gebäudeweihe in Verbindung.

Die Geschichte der mit diesen kriegerischen und politischen Aktivitäten zusammenhängenden Ereignisse ist noch nicht entziffert worden. Wir wissen lediglich, daß Nu Balam Lakam Chak nach Palenque gekommen war, um dort Zuflucht zu suchen, und daß er danach gefangengenommen und getötet wurde.

Dessenungeachtet konnte Pacal seine Herrschaft, sein Recht auf den Thron neu festigen und seine Nachfolger einsetzen. Der erste war Kan Balam (Chan Bahlum) II., der ein so sicheres Staatswesen erbte, daß er sich der Beobachtung der den Kosmos regierenden Götter widmen und den Beweis antreten konnte, daß sein Recht auf die Thronfolge ihm von der Urmutter der Götter selbst verliehen und legitimiert worden war.

Seine Bild-Geschichte beginnt dort, wo die seines Vaters endet: mit dem kosmischen Weltenbaum und der Milchstraße, die den Tod Pacals und die Thronbesteigung von Kan Balam (Chan Bahlum) (Abb. 64, 65) dokumentieren. Die von ihm errichteten Gebäude, die sogenannte Kreuzgruppe, sind in den Texten erwähnt. Sehr wahrscheinlich war seine Herrschaft so fest begründet, daß das Hauptdatum seiner Regierungszeit ein astronomisches Datum bildete, dasselbe, das in den drei Relieftafeln verzeichnet ist: Es handelt sich um eine ausgefallene Konjunktion von Planeten, die während seiner Regierungszeit auftrat. An diesem Datum, 2 Cib 14 Mol (23. Juli 690 n. Chr.) befanden sich Jupiter und Saturn an ihren stationären Punkten in weniger als 5 Grad Abstand, und Mars und Mond standen in einer sehr nahen Position, es gab also eine Vierfachkonjunktion.

Kan Balam (Chan Bahlum) II. hatte keine Erben. Es war sein Bruder, Kan Hok Chitam II., der die Thronfolge von Palenque antrat. Die Kriege setzten sich fort, und Baknal Chak, der Herrscher von Toniná, einer an der äußersten Grenze des Maya-Territoriums gelegenen Stadt, die stets unabhängig blieb, nahm ihn nach langer Herrschaft gefangen.

Doch das ist nicht das Ende einer Geschichte, sondern der Beginn einer neuen.

Es ist der Anfang der Geschichte der beiden amerikanischen Völker auf dem amerikanischen Doppelkontinent. Freilich gibt es hier noch viel zu entdecken und noch mehr zu begreifen, was uns bis jetzt noch fehlt: eine neue Geschichte der Neuen Welt.

207 Hieroglyphentreppe von Gebäude C. *Oben:* Erwähnung der Mondfinsternis, beobachtet von Nu Balam Chak von Tikal und »Schild-Jaguar« von Yaxchilán, sowie Gefangennahme des erstgenannten. *Unten:* Gedenkdatum der Mondfinsternis mit Teilnahme von vier Gefangenen.

208 Monument 102 von Toniná. Erinnerung an die Gefangennahme von Kan Hok Chitam II. von Palenque. Späte klassische Periode (aus: Schele und Miller, 1986).

Anmerkungen

1 Die Linguisten haben für die prähispanische Epoche 35 Maya-Sprachen identifizieren können. Von diesen haben 28 überlebt.

2 Diese Gruppe von Phonemen ist im Lauf der Zeit auf sehr unterschiedliche Art und Weise niedergeschrieben worden; die Mönche verwendeten spezielle Zeichen oder wiederholten denselben Buchstaben, um die starken oder glottalisierten Konsonanten anzugeben. Die modernen Linguisten haben sich für das Zeichen (') entschieden, das zuvor als (?) geschrieben wurde.

3 Deutsche Transkription »a-tsche« nach der spanischen Aussprache.

4 Wir kennen drei Maya-Codices der prähispanischen Periode, über die keinerlei Zweifel bestehen: den Dresdener Codex, (*Codex Dresdensis*) den Madrider Codex (oder *Tro-Cortesianus*) und den Pariser Codex (oder *Codex Peresianus*). Es existiert noch ein vierter Codex, der *Codex Grolier*, dessen Authentizität noch nicht völlig bewiesen ist.

5 Die kleinste Einheit der Schrift sind die Hieroglyphen oder Glyphen. Die Verbindung von zwei oder mehr Glyphen bildet eine sogenannte Kartusche, die in der Regel einem Wort entspricht.

6 Diese Korrelation ist als G-M-T oder Goodman-Martínez-Thompson bekannt. Aufgrund von Thompsons Korrekturen gibt es zwei Korrelationen: die 524283 und die 524285.

7 Ein *Baktun* ist eine Maya- Kalenderrunde, die 144 000 Tage umfaßt. Praktisch das gesamte mayanische Klassikum fiel unter das *Baktun* 9.

8 Thompson, 1984, S. 360.

9 Es war Eric Thompson, der diese Gruppe von Präfixen unter der Bezeichnung »Wassergruppenzeichen« zusammenfaßte, weil sie sich auf Wasser zu beziehen schienen. Heute weiß man, daß sie »heilig« bedeuten.

10 Die Glyphen gliedern sich nach Funktion und Größe in Affixe (die kleineren Zeichen) und Hauptzeichen.

11 Die Orthographie der Maya-Wörter wandelt sich je nach Autor oder Dokument, dem das jeweilige Zitat entnommen wird. Die Ersetzung von (h) durch (j) ist normal.

12 Hervorzuheben ist, daß die in der *Matrícula* verwendeten Zahlzeichen nicht aus Strichen und Punkten bestehen, sondern ein neues von den mexikanischen Volksgruppen entwickeltes System zeigen, das es erlaubte, über die Zahl 20 hinausgehende Zahlen zu schreiben, obwohl das Vigesimalsystem beibehalten wurde.

13 Der Zyklus von 260 Tagen war so wichtig, daß er als einziger im gesamten mesoamerikanischen Raum als feste kalendarische Norm überlebte. Das heißt, der Tag war im gesamten kulturellen Raum der gleiche. Darüber hinaus wird er noch heute in vielen Regionen von denjenigen verwendet, die mit ihm noch vertraut sind, und zwar zu medizinisch-wahrsagerischen Zwecken.

14 In den Werken der Maya-Epigraphik gebraucht man gewöhnlich Abkürzungszeichen oder Sigel, daher verwenden wir von nun an den jeweilige Terminus und das entsprechende Sigel in Klammern, zum Beispiel: Stele (spanisch: estela) = (E.).

15 Durch die kolonialzeitlichen Dokumente kennen wir die Namen der ersten vier Zyklen. Die verwendeten mayanischen Termini zur Bezeichnung der unmittelbar darüberstehenden sind von den Epigraphikern erfundene Namen und setzen sich zusammen aus einer Zahl plus dem Wort *tun* »Jahr von 360 Tagen« oder »Stein«.

16 Wenn die mayanischen Datierungen verwittert sind oder impliziert werden, stehen sie in Klammern. Da das System mathematisch ist, kann man meist die fehlenden Daten auf der Grundlage der verzeichneten Daten erhalten.

17 Nach gemeinsamer Übereinkunft unter den Epigraphikern versteht sich die Bezeichnung von links nach rechts stets in bezug auf den Betrachter.

18 Die nordamerikanischen Epigraphiker übersetzen *ahaw/ahau* mit »king«, was im Englischen eine Beziehung durch Abstammung beinhaltet, abgeleitet vom englischen »kinship«, doch »rey« im Spanischen hat nicht denselben Sinn, von daher verwenden wir lieber das Wort Herrscher oder Souverän, um das Wort »Herr« wiederzugeben, von dem die Quellen und Wörterbücher sprechen.

19 Der Buchstabe T bezieht sich auf den Katalog von Thompson (1962), und die Nummer ist die Schlüsselzahl, die ihr in diesem Werk entspricht.

20 Die Abkürzungen D., M., P. werden jeweils in bezug auf die Codices von Dresden, Madrid und Paris verwendet. Die sich anschließenden Nummern bezeichnen die Seitenzahlen und der Buchstabe den Abschnitt, a ist der obere, b der unmittelbar darunterliegende usw.

21 Für den an diesem Thema interessierten Leser schlagen wir die Lektüre von zwei Werken vor: Victoria Bricker, *A Grammar of Mayan Hieroglyphs* (1986) und Linda Schele, *Maya Glyphs. The Verbs* (1982).

22 Thompson identifizierte die Kopfvariante in dieser Gruppe von Kartuschen wie den Haifischkopf, *xoc*, der ein Homonym für »zählen« ist.

23 Dieser Name wurde dem Herrscher von Floyd Lounsbury verliehen, aber da er bislang weder entziffert noch gelesen werden konnte, hat man den Beinamen beibehalten.

Bibliographie

I Die Maya der klassischen Periode

Adams, Richard E.W. (Hrsg.), *Los orígenes de la civilización maya*, Fondo de Cultura Económica, Mexiko, 1989.

Adams, Richard E.W. und R.C. Jones, »Spatial Patterns and Regional Growth among Classic Maya Cities«, in: *American Antiquity*, Bd. 46, Nr. 2, S. 301–322, 1981.

Alcina Franch, José, »Las ruinas de Palenque a la luz de los viajes de Guillermo Dupaix«, *Anuario de Estudios Americanos*, Bd. XXVII, Sevilla.

Arqueología Mexicana, »Palenque. El mundo fascinante de los mayas«, Bd. I, Nr. 2, INAH (Instituto Nacional de Antropología e Historia), Mexiko, Juni–Juli, 1993.

Arqueología Mexicana, »Arquitectura del mundo maya«, Bd. II, Nr. 11, INAH, Mexiko, Januar–Februar, 1995.

Arqueología Mexicana, »Quintana Roo. Nuevos descubrimientos en la zona maya«, Bd. III, Nr. 14, INAH, Mexiko, Juli–August, 1995.

Arqueología. Memoria e Identidad, CNCA-INAH, Mexiko, 1993.

Baudez, Claude und Sydney Picasso, *Lost Cities of the Maya*, London, 1992.

Benavides Castillo, Antonio, »El norte de la zona maya en el Clásico«, in: *Historia Antigua de México* (Linda Manzanilla und Leonardo López Luján, Hrsg.), Bd. II: El horizonte Clásico, S. 101–137, Mexiko, 1995 (b).

Benavides Castillo, Antonio, »El sur y el centro de la zona maya en el Clásico«, in: *Historia Antigua de México* (Linda Manzanilla und Leonardo López Luján, Hrsg.), Bd. II: El horizonte Clásico, S. 65–99, Mexiko, 1995 (a).

Berlin, Heinrich, »El glifo ›emblema‹ en las inscripciones mayas«, *Journal de la Société des Américanistes*, Bd. 47, S. 111–119, 1958.

Bernal, Ignacio, *The Olmec World*, University of California Press, 1969.

Brunhouse, Robert L., *En Busca de los Mayas. Los primeros arqueólogos*, Fondo de Cultura Económica, Mexiko, 1989.

Cardós, Amalia, *El comercio de los antiguos mayas*, Acta Antropológica, 2. Jahrgang, Bd. II, INAH, Mexiko, 1959.

Carrasco, R. und S. Boucher, »Calakmul«, *Arqueología Mexicana*, Bd. II, Nr. 10, S. 32–38, INAH, Mexiko, Oktober–November, 1994.

Coe, Michael D., *The Maya*, London, 4. Auflage, 1987, 5. Auflage, 1994. Dt. Ausgabe: *Die Maya*, Bergisch Gladbach, 1968.

Coe, William R., *Tikal, guia de las antiguas ruinas mayas*, The University Museum, University of Pennsylvania, Guatemala, 1977.

Colhá e i maya dei bassipiani, Venedig, 1982.

Cortés, Hernán, *Cartas de Relación*, Colección »Sepan Cuantos …«, Nr. 7, Mexiko, 1988.

Covarrubias, Miguel, *Indian Art from Mexico and Central America*, New York, 1957.

Culbert, Patrick T. (Hrsg.), *The Classic Maya Collapse*, Albuquerque, Neu Mexiko, 1973.

Culbert, Patrick T. (Hrsg.), *Classic Maya Political History. Hieroglyphic and Archaeological Evidence*, School of American Research Advanced Seminar Series, Cambridge, 1991.

Demarest, Arthur A., »The violent saga of a Maya Kingdom«, *National Geographic*, Bd. 183, Nr. 2, S. 94–111, Februar, 1993.

Díaz del Castillo, Bernal, *Historia verdadera de la conquista de la Nueva España*, Colección »Sepan Cuantos …«, Nr. 5, Mexiko, 1988.

Fash, William L., *Scribes, Warriors and Kings. The City of Copán and the Ancient Maya*, London, 1991.

Fernández Tejedo, Isabel, »Intercambio sin mercados entre los mayas de las tierras bajas«, in: *Temas Mesoamericanos* (Sonia Lombardo und Enrique Nalda, Hrsg.), S. 111–133, INAH, CNCA, Mexiko, 1996.

Freidel, David, Schele, Linda und Joy Parker, *Maya Cosmos. Three Thousand Years on the Shaman's Path*, New York, 1993.

García Bárcena, Joaquín, »Proyectos Especiales«, in: *Arqueología Mexicana*, Bd. II, Nr. 10, S. 6–11, INAH, Mexiko, Oktober–November, 1994.

González, Arnoldo, »Palenque«, in: *Arqueología Mexicana*, Bd. II, Nr. 10, S. 39–45, INAH, Mexiko, Oktober–November, 1994.

Graham, Ian, *Descubriendo el mundo maya. Siglo XIX*, Celanes mexicana, Mexiko D.F., 1987.

Hammond, N. und G.R. Willey (Hrsg.), *Maya archaeology and ethnohistory*, Austin, 1979.

Justeson, John S. und Terence Kaufman, »A Decipherement of Epi-Olmec Hieroglyphic Writing«, *Science*, Bd. 259, S. 1703–1711, 1993.

Kubler, George, *The Art and Architecture of Ancient America*, The Pelican History of Art, 1984.

Landa, Fray Diego de, *Relación de las cosas de Yucatán*, Mexiko, 1966.

López Austin, Alfredo und Leonardo López Luján, *El Pasado Indígena*, El Colegio de México, Fondo de Cultura Economica, 1996.

Lowe, Gareth, Lee, Thomas Jr und Martínez Espinosa Eduardo, *Izapa: An Introduction to the Ruins and Monuments*, Papers of the New World Archaeological Foundation, Nr. 31, Provo, Utah, 1982.

Maldonado, Rubén, »Dzibilchaltún«, in: *Arqueología Mexicana*, Bd. II, Nr. 10, S. 26–31, INAH, Mexiko, Oktober–November, 1994.

Manzanilla, Linda und Leonardo López Luján (Hrsg.), *Atlas Histórico de Mesoamérica*, Mexiko, 1989.

Marcus, Joyce, »Lowland Maya Archaeology at the Crossroads«, in: *American Antiquity*, Bd. 48, Nr. 5, S. 454–488, 1983.

Marcus, Joyce, *Mesoamerican Writing Systems. Propaganda, Myth, and History in Four Ancient Civilizations*, Princeton University Press, 1992.

Marcus, Joyce, »Ancient Maya Political Organization«, in: *Lowland Maya Civilization in the Eighth Century A.D.* (Jeremy A. Sabloff und John S. Henderson, Hrsg.), Washington, D.C., S. 111–183, 1993.

Marcus, Joyce, »Where is Lowland Maya Archaeology Headed?«, in: *Journal of Archaeological Research*, Bd. 3, Nr. 1, S. 3–53, 1995.

Martin, Simon und Nikolai Grube, »Maya Superstates«, in: *Archaeology*, S. 41–46, Archaeological Institute of America, November–Dezember, 1995.

Martyr, Peter von Anghiera, *Acht Dekaden über die Neue Welt*, übers., eingel. u. mit Anm. vers. v. Hans Klingelhöfer, 2 Bde., Darmstadt, 1972.

Matheny, Ray T., »El Mirador. An Early Maya Metropolis Uncovered«, in: *National Geographic*, Bd. 172, Nr. 3, S. 316–339, September 1987.

Mathews, Peter, »Maya Early Classic Monuments and Inscriptions«, in: *A Consideration of the Early Classic Period in the Maya Lowlands* (Gordon R. Willey und Peter Mathews, Hrsg.), Institute for Mesoamerican Studies, Nr. 10, S. 5–54, State University of New York, Albany, 1985.

Mathews, Peter, »Classic Maya Emblem Glyphs«, in: P. Culbert (Hrsg.), *Classic Maya political history: hierogliphic and archaeological evidence*, S. 19–29, Cambridge University Press, 1991.

Miller, Mary und Karl Taube, *The Gods and Symbols of Ancient Mexico and the Maya. An Illustrated Dictionary of Mesoamerican Religion*, London, 1993.

Morley, Sylvanus G., *La Civilización Maya*, Fondo de Cultura Económica, Mexiko, 1972.

Morley, Sylvanus G., Brainerd, George W. und Robert J. Sharer, *The Ancient Maya*, 4. Auflage, Board of Trustees of the Leland Stanford Junior University, 1983.

Nalda, E., Campaña, L. E. und J. L. Camacho, »Sur de Quintana Roo«, in: *Arqueología Mexicana*, Bd. II, Nr. 10, S. 14–19, INAH, Mexiko, Oktober–November, 1994.

Palenque. Esplendor del arte maya, Mexiko D.F., 1980.

Perlman, Marc S., »Drought and the Maya Demise«, in: *Archaeology*, S. 19, Archaeological Institute of America, November–Dezember, 1995.

Proskouriakoff, Tatiana, »Historical Implications of a Pattern of Dates at Piedras Negras, Guatemala«, in: *American Antiquity*, Bd. 25, Nr. 4, S. 454–475, 1960.

Proyectos Especiales de Arqueología, CNCA-INAH, Fondo Nacional Arqueológico, Mexiko, 1993.

Riese, Berthold, *Die Geschichte der Maya*, Stuttgart, 1972.

del Río, Antonio, *Beschreibung einer alten Stadt, die in Guatimala (Neuspanien), unfern Palenque, entdeckt worden ist*, hrsg. u. komm. v. Frauke J. Riese, Berlin, 1993.

Ruz Lhuillier, Alberto, *El pueblo maya*, Mexiko, 1982.
Sabloff, Jeremy A., *Die Maya. Archäologie einer Hochkultur*, Heidelberg 1991.
Sabloff, Jeremy A., *The New Archaeology and the Ancient Maya*, New York, 1994.
Sabloff, Jeremy A., *Las Ciudades del México Antiguo*, Mexiko, 1995.
Sabloff, Jeremy A. und John S. Henderson (Hrsg.), *Lowland Maya Civilization in the Eighth Century A.D.*, Washington D.C., 1993.
Sanders, William T., »The cultural ecology of the lowland Maya: A reevaluation«, in: *The Classic Maya Collapse*, (Patrick T Culbert, Hrsg.), S. 325–365, Albuquerque, Neu Mexiko, 1973.
Sanders, William T. und Barbara J. Price, *Mesoamerica. The Evolution of a Civilization*, New York, 1968.
Schele, Linda und David Freidel, *A Forest of Kings. The Untold Story of the Ancient Maya*, New York, 1990. Dt. Ausgabe: *Die unbekannte Welt der Maya. Das Geheimnis ihrer Kultur entschlüsselt*, München, 1991, Augsburg, 1995.
Schele, Linda und Peter Mathews, »Royal visits and other intersite relationships among the Classic Maya«, in: *Classic Maya Political History: Hieroglyphic and Archaeological Evidence*, (Culbert. Patrick T., Hrsg.), S. 226–252, School of American Research Advanced Seminar Series, Cambridge, 1991.
Schele, Linda und Mary E. Miller, *The Blood of Kings. Dinasty and ritual in Maya art*, Kimbell Art Museum, New York, 1986.
Schmidt, Peter, »Chichén Itzá«, in: *Arqueología Mexicana*, Bd. II, Nr. 10, S. 20–25, INAH, Mexiko, Oktober–November, 1994.
Schobinger, Juan, *I primi americani*, Mailand, 1994.
Stephens, John L., *Incidents of Travel in Central America, Chiapas and Yucatan*, 2 Bände, New York, 1962.
The Art of Maya Hieroglyphic Writing, New York, 1971.
Thompson, J., Eric S., *Grandeza y Decadencia de los Mayas*, Fondo de Cultura Económica, 2. Auflage, Mexiko, 1964. Dt. Ausgabe: *Die Maya. Aufstieg und Niedergang einer Indianerkultur*, München, 1968.
Weaver, Muriel Porter, *The Aztecs, Maya and their Predecessors. Archaeology of Mesoamerica*, 3. Auflage, New York, 1993.
Wilhelmy, Herbert, *Welt und Umwelt der Maya. Aufstieg und Untergang einer Hochkultur*, München, Zürich, 1981.
Willey, Gordon R., *An Introduction to American Archaeology*, Bd. 1, North and Middle America, Prentice Hall, 1966.
Willey, Gordon R. und W.R. Bullard, Jr, »Prehistoric settlement patterns in the Maya lowlands«, in: *Handbook of Middle American Indians*, (R. Wauchope, Hrsg.), Bd. 2, S. 360–377, Austin, 1965.
Yadéun, Juan, »Toniná«, in: *Arqueología Mexicana*, Bd. II, Nr. 10, S. 46–48, INAH, Mexiko, Oktober–November, 1994.

II Die heiligen Mächte des mayanischen Universums

Adams, Richard E.W., »Río Azul«, in: *National Geographic Magazine*, Washington, D.C., Bd. 169, Nr. 4, April, 1986.
Aveni, Anthony, *Skywatchers of Ancient Mexico*, Austin, 1980.
Baudez, Claude F., »La casa de los cuatro reyes de Balamkú«, in: *Arqueología Mexicana*, Bd. III, Nr. 18, INAH, Mexiko, März–April 1996.
Campaña, BD. und Luz Evelia, »La tumba del Templo del Búho, Dzibanché«, in: *Arqueología Mexicana*, Bd. III, Nr. 14, INAH, Mexiko, Juli–August, 1995.
Carlson, John B., »Astronomical Investigations and Site Orientation Influences at Palenque«, *Segunda Mesa Redonda de Palenque*, Pebble Beach, California, Pre-Columbian Art Research, The Robert Louis Stevenson School, 1976.
Carrasco, Ramon und Silvianne Boucher, »Calakmul, espacios sagrados y objetos de poder«, in: *Arqueología Mexicana*, Bd. II, Nr. 10, INAH, Mexiko, Oktober–November, 1994.
Champeaux, Gerard de und Dom Sebastien Sterckx, *Introducción a los símbolos*, Madrid, 1989.
Coggins, Clemency, »The Manikin Scepter: Emblem of Lineage«, *Estudios de Cultura Maya*, S. 123–157, México, Universidad Nacional Autónoma de México, Centro de Estudios Mayas, 1988
Cohodas, Marvin, »The Iconography of the Panels of the Sun, Cross and Foliated Cross at Palenque«, Teil II, *Primera Mesa Redonda de Palenque*, Pebble Beach, California, Pre-Columbian Art Research, The Robert Louis Stevenson School, 1974.
Cohodas, Marvin, »The Iconography of the Panels of the Sun, Cross and Foliated Cross at Palenque«, Teil III, *Primera Mesa Redonda de Palenque*, Pebble Beach, California, Pre-Columbian Art Research, The Robert Louis Stevenson School, 1976.
Diccionario Maya Cordemex, Alfredo Barrera Vásquez, u. a., Mexico, Merida, Yuc., 1980.
Fash, William L., *Scribes, Warriors and Kings. The City of Copán and the Ancient Maya*, London, 1991.
Freidel, David, Schele, Linda und Joy Parker, *Maya Cosmos. Three Thousand Years on the Shaman's Path*, New York, 1993.
Garza, Mercedes De la, *La conciencia histórica de los antiguos mayas*, México, Universidad Nacional Autónoma de México, Centro de Estudios Mayas, 1975.
Garza, Mercedes De la, *El hombre en el pensamiento religioso náhuatl y maya*, México, Universidad Nacional Autónoma de México, Centro de Estudios Mayas, 1978.
Garza, Mercedes De la, *Literatura maya*, Compilación y prólogo, Biblioteca Ayacucho, Venezuela, Barcelona, 1980.
Garza, Mercedes De la, *El universo sagrado de la serpiente entre los mayas*, México, Universidad Nacional Autónoma de México, Centro de Estudios Mayas, 1984.
Garza, Mercedes De la, »Los mayas. Antiguas y nuevas palabras sobre el origen«, *Mitos cosmogónicos del México Indígena*, INAH, Mexiko, 1987.
Garza, Mercedes De la, *Sueño y alucinación en el mundo náhuatl y maya*, México, Universidad Nacional Autónoma de México, Centro de Estudios Mayas, 1990.
Garza, Mercedes De la, *Palenque*, México, Hrsg. Miguel Angel Porrúa/Gobierno del Estado de Chiapas, 1992.
Garza, Mercedes De la und Ana Luisa Izquierdo, »El juego de los dioses y el juego de los hombres. Simbolismo y carácter ritual del juego de pelota entre los mayas«, *El juego de pelota en Mesoamérica, raíces y supervivecias*, Mexiko, 1992.
Garza, Mercedes De la und Ana Luisa Izquierdo, »Sacbeoob, caminos sagrados de los mayas«, *Revista Universidad de México*, Bd. 48, Dezember, 1993.
Garza, Mercedes De la und Ana Luisa Izquierdo, »Espacio-tiempo en la antiguedad maya y náhuatl«, *México-India, similitudes y contactos a través de la historia*, México, Fondo de Cultura Económica. Indian Council for Cultural Relations, im Druck.
Gendrop, Paul, *El México antiguo-Ancient Mexico*, Mexiko D.F., 1972.
González, Federico, *Los símbolos precolombinos*, Barcelona, 1989.
Graham, Ian, u. a., *Corpus of maya hieroglyphic inscriptions*, Cambridge, Peabody Museum of Archaeology and Ethnology, Harvard University, Bd. 3, Teil 1, 1982.
Hartung, Horst, »Entre concepto y evolución. Apuntes sobre lo creativo en la arquitectura maya precolombina«, *Cuadernos de arquitectura mesoamericana*, Nr. 9, Januar, México, Universidad Nacional Autónoma de México, Facultad de Arquitectura, División de Estudios de Posgrado, 1987.
Hellmuth, Nicholas M., *Monster und Menschen in der Maya-Kunst, Eine Ikonographie der alten Religionen Mexikos und Guatemalas*, Graz, 1987 (a).
Hellmuth, Nicholas M., *Ballgame Iconography and Playing Gear*, Foundation for Latin American Anthropological Research, 1987 (b).
Henderson, John S., *The World of the Ancient Maya*, London, 1981.
Holland, William, *Medicina maya en los altos de Chiapas, un estudio del cambio socio-cultural*, México, Instituto Nacional Indigenista, 1978.
Landa, Fra' Diego de, *Relación de las cosas de Yucatán*, México, Biblioteca Porrúa, 13, 1996.
Leon-Portilla, Miguel, *Tiempo y realidad en el pensamiento maya*, 2. Auflage, México, Universidad Nacional Autónoma de México, 1994.

Libro de Chilam Balam de Chumayel, übers. v. Antonio Médiz Bolio, México, Secretaría de Educación Pública («Cien de México»), 1985.
Lowe, Gareth, Lee, Thomas Jr und Martínez Espinosa Eduardo, *Izapa: An Introduction to the Ruins and Monuments*, Papers of the New World Archaeological Foundation, Nr. 31, Provo, Utah, 1982.
Maudslay, Alfred P., *Biología Centrali-Americana, contributions to the knowledge of the fauna and flora of Mexico and central America*, 2 Bände. London, 1889–1902, Facsimile hrsg. v. Francis Robicsek, New York, 1974.
Memorial de Solola, Anales de los cakchiqueles, übers. v. Adrián Recinos, in: M. de la Garza, *Literatura Maya*, 1980.
Morley, Sylvanus G., Brainerd, George W. und Robert J. Sharer, *The Ancient Maya*, 4. Auflage, Board of Trustees of the Leland Stanford Junior University, 1983.
Nájera, Martha Ili, *El don de la sangre en el equilibrio cósmico*, México, Universidad Nacional Autónoma de México, Centro de Estudios Mayas, 1987.
Nalda, Enrique, Luz Evelia Campaña und Javier Lopez Camacho, »Sur de Quintana Roo, Dzibanché y Kinichná«, in: *Arqueología Mexicana*, Bd. II, Nr. 10, INAH, Mexiko, Oktober–November, 1994.
Norman, V. Garth, *Izapa Sculpture*, Papers of the New World Archaeology Foundation, Nr. 30, 2 Bände, New World Archaeological Foundation, Brigham Young University, Provo, 1973 und 1976.
Ortega Chavez, Germán, »Teoría de las ciudades mesoamericanas«, *Cuadernos de arquitectura mesoamericana*, Nr. 16, México, Universidad Nacional Autónoma de México, División Estudios de Posgrado, 1992.
Pollock, Harry E.D., *The Puuc. An Architectural survey of the Hill Country of Yucatán and Northern Campeche, México*, Cambridge, Peabody Museum of Archaeology and Ethnology, Harvard University, Cambridge Massachusetts (Memoirs of the Peabody Museum, Bd. 19), 1980.
Popol Vuh, Las antiguas historias del Quiché, 9. Auflage, übers. v. Adrián Recinos, México, Fondo de Cultura Económica (Col. Popular, 11), 1968. Dt. Ausgabe: *Popul Vuh, Das Buch des Rates*, Düsseldorf, Köln, 1962.
Reents-Budet, Dorie, *Painting the Maya Universe: Royal Ceramics of the Classic Period*, Durham, London, 1994.
Robicsek, Francis, *Copán home of the mayan gods*, New York, The Museum of the American Indian, 1972.
Robicsek, Francis, »The Mythological Identity of God K«, *Tercera Mesa Redonda de Palenque*, Bd. IV, Monterrey, California, 1978.
Romero, E. Ma. Eugenia und Juan H. Riqué Flores, »Explorando un nuevo sitio: Chacchoben, Quintana Roo«, in: *Arqueología Mexicana*, Bd. III, Nr. 15, INAH, Mexiko, September–Oktober, 1995.
Ruz Lhuillier, Alberto, *Costmbres funerarias de los antiguos mayas*, Universidad Nacional Autónoma de México, Facultad de Filosofía y Letras, Mexiko, 1968.
Ruz Lhuillier, Alberto, *El templo de las Inscripciones, Palenque*, México, Secretaría de Educación Publica, 1973
Schele, Linda und David Freidel, *A Forest of Kings. The Untold Story of the Ancient Maya*, New York, 1990. Dt. Ausgabe: *Die unbekannte Welt der Maya. Das Geheimnis ihrer Kultur entschlüsselt*, München, 1991, Augsburg, 1995.
Schele, Linda und Mary E. Miller, *The Blood of Kings. Dinasty and ritual in Maya art*, Kimbell Art Museum, New York, 1986.
Schellhas, Paul, *Die Göttergestalten der Mayahandschriften*, Dresden, 1897.
Sosa, John, »Astronomía sin telescopios. Conceptos mayas del orden astronómico«, *Estudios de Cultura Maya*, Bd. XV, México, Universidad Nacional Autónoma de México, Centro de Estudios Mayas, 1984.
Sotelo Santos, Laura Elena, *Yaxchilán*, México, Gobierno del Estado de Chiapas/Espejo de Obsidiana, 1992.
Spinden, Herbert J., *A Study of Maya Art. Its subjects matter and historical development*, Cambridge, 1913.
Thompson, J. Eric S., *Maya Hieroglyphic writing. An Introduction*, 1. Auflage, Washington 1950, 2. und 3. Auflage Norman, 1960 und 1971.
Thompson, J. Eric S., *A Catalog of Maya Hieroglyphs* (The Civilization of the American Indian Series), University of Oklahoma Press, Norman, 1962.
Thompson, J. Eric S., *Maya History and Religion*, University of Oklahoma Press, Norman, 1970.
Villa Rojas, Alfonso, »Los conceptos de espacio y tiempo entre los grupos mayances contemporáneos«, Anhang I, Miguel León-Portilla, *Tiempo y realidad en el pensamiento maya*, 1994.
Yadeum, Juan, *Toniná, el laberinto del inframundo*, México, Gobierno del Estado de Chiapas/Espejo de Obsidiana, 1993.
Yadeum, Juan, »Toniná, espacio sagrado de la guerra celeste«, in: *Arqueología Mexicana*, Bd. II, Nr. 8, INAH, Mexiko, Juni–Juli, 1994.

III Die Kunst: Hüter der Ewigkeit

Adams, Richard E.W. und Robert C. Aldrich, »A Reevaluation of the Bonampak murals: A Preliminary Statement on the Paintings and Texts«, in: M. Greene Robertson (Hrsg.), *Third Palenque Round Table*, Teil 2, S. 45–59, Austin, 1980.
Alvarez Aguilar, L. Fernando, M. Guadalupe Landa und J. Luis Romero Rivera, *Los ladrillos de Comalcalco*, México, Serie Arqueología, Instituto de Cultura de Tabasco y Gobierno del estado, 1990.
Andrews, George, *Maya Cities: Placemaking and Urbanization*, Norman, 1975.
Andrews, George, »Chenes-Puuc Architecture: Cronology and Cultural Interaction«, in: *Arquitectura y Arqueología, metodologías en la cronología de Yucatán*, Études mesoamericaines, Folge 11–8, Cemca, Centre d'Études Mexicaines et Centroamericaines, Mexiko, 1985.
Andrews, George, *Los estilos arquitectónicos del puuc, una nueva apreciación*, México, Colección scientífica, Instituto Nacional de Antropología e Historia-Secretaría de Educación Pública, 1986.
Andrews, George, »Arquitectura maya«, in: *Arqueología mexicana*, Bd. II, Nr. 11, S. 4–15, INAH, Mexiko, Januar–Februar, 1995.
Arellano Hernandez, Alfonsos, »Voces del más allá: Río Azul«, im Druck.
Arte Maya. Selva y mar. Mexiko D. F., 1981.
Barrera Rubio, Alfredo, »Mural paintings of the Puuc Region in Yucatan«, in: *The Palenque Round Table*, 1978, Bd. 5, Third Palenque Round Table, Teil 2, Austin und London, 1980.
Baudez, Claude F. und Pierre Becquelin, *Les Mayas*, Paris, 1984. Dt. Ausgabe: *Die Maya*, München 1985.
Benson, Elizabeth P., *The Maya world*, New York, 1977.
Berlin, Heinrich, *Arte maya*, Historia del arte mexicano, 2 Bände, Madrid, Bd. 2, 1982.
Coe, Michael, *The Maya*, New York, 1984.
Coe, William R., *Tikal. A handbook of the ancient Maya ruins*, Philadelphia, The University Museum of Pennsylvania, 1967. Span. Ausgabe: *Tikal, guia de las antiguas ruinas mayas*, The University Museum, University of Pennsylvania, Guatemala, 1977
Colhá e i maya dei bassipiani, Venedig, 1982.
Culbert, Patrick, »Maya Ceramics« in: *Maya Treasures of an Ancient Civilization*. New York, 1985.
De la Fuente, Beatriz, *La escultura de Palenque*, México, Instituto de Investigaciones Estéticas, UNAM (Estudios y Fuentes del Arte en México, XX), 1965.
De la Fuente, Beatriz, »La escultura maya clásica«, in: Ciudad Ruiz, Andrés, u.a., *Los mayas. Esplendor de una civilización*, Madrid, Sociedad Estatal Quinto Centenario-Turner Libros, S.A. (Colección Encuentro, Serie Catálogos): S. 73–84, 1990.
Die Welt der Maya. Archäologische Schätze aus drei Jahrtausenden, Mainz, 1992.
Fash, William L., *Scribes, Warriors and Kings. The City of Copán and the Ancient Maya*, London, 1989.
Freidel, A. David, »Late Preclassic Monumental Maya Mask at Cerros, Northern Belice«, in: *Journal of Field Archaeology*, 4 (4), 1977.
Freidel, David, Schele, Linda und Joy Parker, *Maya Cosmos. Three Thousand Years on the Shaman's Path*, New York, 1993.
Gendrop, Paul, *El México antiguo – Ancient Mexico*, Mexiko D.F., 1972.
Gendrop, Paul, *Los estilos Río Bec, Chenes y Puuc en la arquitectura maya*,

México, División de estudios de posgrado, Facultad de Arquitectura, Universidad Nacional Autónoma de México, 1983.

Gendrop, Paul und Doris Heyden, »Arquitectura Mesoamericana«, *Historia Universal de la Arquitectura*, Dirección de Fier Luigi Nervi, España, S. 92–221, 1975.

Greene, Merle, Rands, Robert L. und John A. Graham, *Maya sculpture*, Berkeley, 1972.

Greene Robertson, Merle, *The sculpture of Palenque*, 4 Bände, New Jersey, 1991.

Hammond, Norman, *Anciente maya civilization*, New Brunswick, New Jersey, 1982.

Kubler, George, *Studies in Classic Maya Iconography*, New Haven, Academy of Art and Sciences (Memoirs of the Connecticut Academy of Art and Sciences, 18), 1969.

Kubler, George, *The Art and Architecture of Ancient America*, The Pelican History of Art, 1984.

Marquez López, José Maria, *Guia de Tikal*. Guatemala, 1992.

Marquina, Ignacio, *Arquitectura prehispánica*, México, Instituto Nacional de Antropología e Historia-Secretaría de Educación Pública, 2 Bände, 1981.

Matheny, Ray T., »El Mirador, An Early Maya Metropolos Uncovered«, *National Geographic Society*, Washington, September, 1987.

Maya Treasures of an Ancient Civilization, New York, 1985.

Mayer, Herbert Karl, »Gewölbedecksteine mit Dekor der Maya-Kultur«, in: *Archiv für Völkerkunde*, hrsg. vom Verein der Freunde der Völkerkunde, 1014, Wien, Museum fur Völkerkunde, 1983.

Mayer, Herbert Karl, »Maya-Wandmalereien in der Puuc-Region (Mexiko)«, in: *Antike Welt*, Zeitschrift fur Archäologie und Kulturgeschichte, 21. Jahrgang, S. 26–44, 1990.

Michel, Geneviève, *The Rulers of Tikal. Historical Reconstruction ond Field Guide to the Stelae*, Guatemala, 1989.

Miller, Mary E., *The Art of Mesoamerica*, London, 1986.

Morley, Sylvanus G., Brainerd, George W. und Robert J. Sharer, *The Ancient Maya*, 4. Auflage, Board of Trustees of the Leland Stanford Junior University, 1983.

Najera Coronado, Marta Ilia, *Bonampak*, México, Espejo de Obsidiana Ediciones, Gobierno del Estado de Chiapas, 1991.

Pollock, H.E.D., »Architecture of the Maya Lowlands«, in: *Handbook of Middle American Indians*, Band II, S. 378–440, Austin, 1970 (a).

Pollock, H.E.D., »Architectural Notes on Some Chenes Ruins«, in: *Monographs and Papers in Maya Archaeology*, Papers of the Peabody Museum of Archaeology and Ethnology, Harvard University Papers 61, Peabody Museum, Cambridge, Mass., 1970 (b).

Pollock, H.E.D., *The Puuc. An Architectural Survey of the Hill Counytry of Yucatan and Northern Campeche, Mexico*, Memoirs of the Peabody Museum, Bd. 19, Peabody Museum of Archaeology and Ethnology, Harvard University, Cambridge, Mass., 1980.

Potter, David F., »Maya Architecture of the Central Yucatan peninsula, Mexico«, in: *National Geographic Society – Tulane University Program of Research in Campeche*, Publication 44, Middle American Research Institute, Tulane University, New Orleans, 1977.

Proskouriakoff, Tatiana, *A study of Classic Maya Sculpture*, Washington, Carnegie Institution of Washington (Publication, 593), 1950.

Schele, Linda und David Freidel, *A Forest of Kings. The Untold Story of the Ancient Maya*, New York, 1990. Dt. Ausgabe: *Die unbekannte Welt der Maya. Das Geheimnis ihrer Kultur entschlüsselt*, München, 1991, Augsburg, 1995.

Schele, Linda und Peter Mathews, »Royal visits and other intersite relationships among the Classic Maya«, in: P. Culbert (Hrsg.), *Classic Maya political history: hierogliphic and archaeological evidence*, S. 226–252, Cambridge University Press, 1991.

Schele, Linda und Mary E. Miller, *The Blood of Kings. Dinasty and ritual in Maya art*, Kimbell Art Museum, New York, 1986.

Staines Cicero, Leticia, »Propuestas para el estudio iconográfico de la pintura maya del área norte«, in: *Universidad de México*, Revista de la Universidad Nacional Autónoma de México, Coordinación de Humanidades, UNAM, Januar–Februar, Nr. 528–529, S. 26–30, 1995.

Tate, Caroline E., *Yaxchilán: The design of the Maya ceremonial city*, Austin, 1992.

Valdes, Juan Antonio, u. a., *Obras Maestras del Museo de Tikal*, Guatemala, Parque Nacional Tikal, Instituto de Antropología e Historia de Guatemala, Ministerio de Cultura y Deportes, 1994.

Willey, Gordon R., *An Introduction to American Archaeology*, Bd. 1, North and Middle America, Prentice Hall, 1966.

IV Die Glyphenschrift

Ayala Falcón, Maricela, *El fonetismo en la escritura maya*, Cuaderno 17, IIF, Centro de Estudios Mayas, UNAM, Mexiko, 1985.

Ayala Falcón, Maricela, »La escritura jeroglífica maya«, in: *Los Mayas su tiempo antiguo*, S. 147–197, IIF, Centro de Estudios Mayas, UNAM, Mexiko, 1995.

Berlin, Heinrich, »El glifo ›emblema‹ en las inscripciones mayas«, *Journal de la Société des Américanistes*, Bd. 47, S. 111–119, 1958.

Berlin, Heinrich, »Glifos nominales en el sarcófago de Palenque«, in: *Humanidades*, 2 (10), S. 1–8, Universidad de San Carlos, Guatemala, 1959.

Codex Dresden. Die Maya-Handschrift der Königlichen Bibliothek zu Dresden, hrsg. v. E. Förstemann, Leipzig, 1880.

Coe, Michael D., *Breaking the maya code*, London, 1992. Dt. Ausgabe: *Das Geheimnis der Maya-Schrift. Ein Code wird entschlüsselt*, Reinbek, 1997

Graham, Ian, u. a., *Corpus of Maya Hieroglyphic Inscriptions*, Peabody Museum of Archaeology and Ethnology, Harvard University, Cambridge, 1975–1986.

Grube, Nikolai, »Schrift und Sprachen der Maya«. In: *Die Welt der Maya*, S. 215–239, Mainz, 1992.

Harris, John F. und Stephen K. Stearns, *Understanding Maya Inscriptions. A Hieroglyph handbook*, The University Museum of Archaeology and Anthropology, University of Pennsylvania, Pa., 1992.

Kelley, David, »Kakupacal and the Itzás«, in: *Estudics de Cultura Maya*, Bd. VII: 255–268, Seminario de Cultura Maya, UNAM, Mexiko, 1968.

Lowe, Gareth, Lee, Thomas Jr und Martínez Espinosa Eduardo, *Izapa: An Introduction to the Ruins and Monuments*, Papers of the New World Archaeological Foundation, Nr. 31, Provo, Utah, 1982.

Marcus, J., *Mesoamerican Writing Systems. Propaganda, Myth and History in Four Ancient Civilizations*, Princeton University Press, 1992.

Maudslay, Alfred P., *Biología Centrali-Americana*, 4 Bände, London, 1889–1902, Reprint 1974.

Norman, V. Garth, *Izapa Sculpture*, Papers of the New World Archaeology Foundation, Nr. 30, 2 Bände, New World Archaeological Foundation, Brigham Young University, Provo, 1973 und 1976.

Proskouriakoff, Tatiana, »Historical Implications of a Pattern of Dates at Piedras Negras, Guatemala«, in: *American Antiquity*, Bd. 25, Nr. 4, S. 454–475, 1960.

Proskouriakoff, Tatiana, »Historical data in the inscriptions of Yaxchilán«, Teil I und II, *Estudios de Cultura Maya*, 3. Bd., S. 149–167 und 4. Bd., S. 177–201. Seminario de Cultura Maya, UNAM, Mexiko, 1963–1964.

Schele, Linda, *Notebooks for the Maya Hieroglyphic Workshop at Texas*, Austin, 1979–1987.

Schele, Linda, »The wars of Hanab Pakal«, MS, Preliminary Paper prepared for the 1995 Mesa Redonda de Palenque, 1995.

Schele, Linda und David Freidel, *A Forest of Kings. The Untold Story of the Ancient Maya*, New York, 1990. Dt. Ausgabe: *Die unbekannte Welt der Maya. Das Geheimnis ihrer Kultur entschlüsselt*, München, 1991, Augsburg, 1995.

Schele, Linda und Peter Mathews, *Notebook for the XVIIth Maya Hieroglyphic Workshop at Texas*, Austin, 1993.

Schele, Linda und Mary E. Miller, *The Blood of Kings. Dinasty and ritual in Maya art*, Kimbell Art Museum, New York, 1986.

Schellhas, Paul, »Die Entzifferung der Mayahieroglypen: ein unlösbares Problem?«, in: *Ethnos* 10, S. 44–53, 1945.

Stephens, John und Frederick Catherwood, *Incidents of Travels in Central American, Chiapas and Yucatan*, New York, 1841.
Stuart, David, *Ten Phonetic Syllables,* Research Reports on Ancient Maya Writing, 14, Center for Maya Research, Washington D.C., 1987.
Stuart, David und Stephen Houston, *Classic Maya Place Names*, Dumbarton Oaks Research Library and Collection, Washington. D.C., 1994.
Thompson, J. Eric S., *Maya Hieroglyphic writing. An Introduction*, 1. Auflage, Washington 1950, 2. und 3. Auflage Norman, 1960 und 1971.
Thompson, J. Eric S., *A Catalog of Maya Hieroglyphs* (The Civilization of the American Indian Series), University of Oklahoma Press, Norman, 1962.
Villacorta, J. A. und C. A., *Codices Mayas,* 2. Auflage, Guatemala 1977.

Register

Die **fett** gedruckten Ziffern beziehen sich auf die Abbildungsnummern der Farbtafeln.